交通工程教学指导分委员会"十三五"规划教材
高等学校交通运输与工程类专业规划教材

Road Survey and Design

道路勘测设计

（第2版）

裴玉龙　主　编
程国柱　张　倩　副主编

人民交通出版社股份有限公司
China Communications Press Co.,Ltd.

内 容 提 要

本教材结合最新的标准、规范及细则,系统讲解了公路与城市道路勘测设计的基本理论和方法,介绍了 GPS 数据采集技术、无人机航测技术等先进勘测手段,阐述了 BIM 技术在道路设计中的应用及发展趋势。同时,本教材强调实用设计方法的讲解,通过大量的设计计算示例和工程实践案例,提高了教材的实用性。

本教材共 10 章,包括:1. 绪论、2. 汽车行驶理论、3. 平面设计、4. 纵断面设计、5. 横断面设计、6. 选线和定线、7. 路线交叉设计、8. 路线设计实用方法、9. 道路附属设施设计、10. 道路改扩建设计。

本教材可作为高等学校道路桥梁与渡河工程专业、交通工程专业及土木工程专业公路与城市道路方向本科学生的教学用书,也可供从事公路、城市道路及有关道路工程的设计、施工、科研及管理等工作技术人员参考。

图书在版编目(CIP)数据

道路勘测设计 / 裴玉龙主编. —2 版. — 北京:人民交通出版社股份有限公司,2018.3
ISBN 978-7-114-14596-4

Ⅰ.①道… Ⅱ.①裴… Ⅲ.①道路测量—高等学校—教材②道路工程—设计—高等学校—教材 Ⅳ.①U412

中国版本图书馆 CIP 数据核字(2018)第 056351 号

交通工程教学指导分委员会"十三五"规划教材
高等学校交通运输与工程类专业规划教材

书　　名:	道路勘测设计(第 2 版)
著 作 者:	裴玉龙
责任编辑:	肖　鹏　李　晴
责任印刷:	张　凯
出版发行:	人民交通出版社股份有限公司
地　　址:	(100011)北京市朝阳区安定门外外馆斜街 3 号
网　　址:	http://www.ccpress.com.cn
销售电话:	(010)59757973
总 经 销:	人民交通出版社股份有限公司发行部
经　　销:	各地新华书店
印　　刷:	北京市密东印刷有限公司
开　　本:	787×1092　1/16
印　　张:	26.5
字　　数:	618 千
版　　次:	2009 年 10 月　第 1 版 2018 年 8 月　第 2 版
印　　次:	2018 年 8 月　第 2 版　第 1 次印刷　共第 6 次印刷
书　　号:	ISBN 978-7-114-14596-4
定　　价:	59.00 元

(有印刷、装订质量问题的图书由本公司负责调换)

第2版前言

我国道路交通事业经历了近40年的高速发展,已取得了瞩目的成就和长足的进步。截至2017年末,全国公路总里程已达477.35万km,其中高速公路里程达到13.65万km,高速公路通车里程已居世界首位。随着城镇化进程的不断加快,城市道路建设在城市建设总投资中的比重也逐年上升,道路基础设施建设及管理水平不断提高。在道路交通事业不断发展的同时,道路勘测设计的理念、方法、标准、规范也在不断更新、发展。此外,随着交通运输需求的不断增加及道路使用者对交通运输环境要求的持续提高,现有道路的改扩建工程也已成为当前我国道路交通建设事业中的一项重要内容。

"十二五"以来,国家、交通运输部及住房和城乡建设部先后对公路及城市道路相关标准及规范进行了全面修订、补充、完善和更新。公路方面,发布实施了《公路工程技术标准》(JTG B01—2014)、《公路路线设计规范》(JTG D20—2017)、《公路项目安全性评价规范》(JTG B05—2015)《公路交通安全设施设计规范》(JTG D81—2017)、《公路交通安全设施设计细则》(JTG/T D81—2017)、《公路养护安全作业规程》(JTG H30—2015)、《公路立体交叉设计细则》(JTG/T D21—2014)、《高速公路改扩建设计细则》(JTG/T L11—2014)等一系列标准、规范、规程及细则。城市道路方面,近年来,住房和城乡建设部在20世纪90年代发布的标准规范体系的基础上,更新和补充了大量标准及规范,如《城市道路工程设计规范》(CJJ 37—2012)(2016年版)、《城市道路路线设计规范》(CJJ 193—2012)、《城市道路交叉口规划规范》(GB 50647—2011)、《城市道路交叉口设计规程》(CJJ 152—2010)、《城市道路交通设施设计规范》(GB 50688—2011)、《城市道路交通标志和标线设置规范》(GB 51038—2015)等。新标准及新规范的实施,体现了我国道路建设事业发展的新理念。及时将最新的技术标准及行业规范在道路勘测设计课程教学中反映出来,是本教材修编再版的重要目的之一。

近年来,我国的道路建设理念发生了较大的转变,更加注重集约、安全、舒适、生态、环保等,"以人为本""功能主导""模拟自然"等理念正广泛应用在道路建设中,并已取得较好的效果。同时,随着信息科技水平的飞速发展,道路设计方法手段也在不断革新。本教材在修编过程中,一方面注重反映目前我国道路建设中较为先进、实用的设计及建设理念;另一方面,通过对道路实用设计方法的讲解和介绍,着力解决目前大多数教材普遍存在的与工程实践脱节的问题,力求理论性、实用性、技术先进性兼备。

本教材较上版教材在以下方面有较大改进:

(1) 更新、修改和补充了与新标准、新规范、新统计公报、新国家规划有关的技术数据及相关内容,增加了对我国道路设计标准规范发展历程的总结分析。

(2) 完善了道路勘测设计程序的介绍,增加了"道路勘测"相关内容。

(3) 补充了大量的线形设计计算示例,提高了教材的实用性。

(4) 增加了对超多车道(十车道)断面的探讨性分析。

(5) 增加了"总体设计""路线走廊带选择""特殊地区选线"等方面的内容。

(6) 增加了"数字地面模型在公路选线中的应用"相关内容及工程实例。

(7) 增加了对国内外新型交叉形式的相关内容介绍。

(8) 补充完善了道路与高速铁路交叉、与各类管线交叉的相关设计规定。

(9) 增加了"交叉口计算机辅助设计"的相关内容。

(10) 增加了"第八章路线设计实用方法"。针对路线平面设计、纵断面设计、横断面设计、平面交叉、互通式立体交叉、路基土石方调配等内容,并以工程实例为依托,详细介绍了目前常用的线形设计实用方法,同时介绍了BIM技术在道路设计中的应用趋势。

(11) 增加了"线形设计检验与安全性评价"相关内容。

(12)增加了"客运汽车停靠站""公路U形转弯设施""不停车收费系统(ETC)""低影响开发雨水系统(海绵城市)排水设施""快速公交系统(BRT)""多层车库"等新型道路附属设施相关内容。

(13)增加了"第十章 道路改扩建设计"。介绍了道路改扩建的设计特点、设计流程、设计方法及设计案例。

(14)适当删减了较为陈旧的内容,个别章节适当压缩、合并。

(15)适当简化了与本专业其他课程教材重叠较多的内容。

(16)全书进一步统校通改,尽量避免错、漏、重、缺。

本教材由裴玉龙(东北林业大学)任主编并统稿,程国柱(东北林业大学)、张倩(山东东泰工程咨询有限公司)任副主编。全书共10章,各章编写分工为:裴玉龙负责第一、二、三、六章;程国柱负责第四、七章;张倩负责第八、十章;王连震(东北林业大学)负责第五、九章。东北林业大学陈辉、郭明鹏、马部珍、朱艳、张枭、陈贺飞、宁宇驰、李嘉吉等参加了本书书稿的绘图与校对工作。

本教材撰写过程中参阅了大量的文献资料,由于条件所限,未能与原著者一一取得联系,引用与理解不当之处,敬请见谅!

限于作者的学识和水平,书中错误和不当之处在所难免,恳请读者和专家不吝赐教。

裴玉龙　于哈尔滨

2018年5月

目录

第一章　绪论 ………………………………………………………………………… 1
　第一节　我国道路交通系统现状及发展 …………………………………………… 1
　第二节　道路的分类及基本组成 …………………………………………………… 9
　第三节　道路设计相关交通参数 …………………………………………………… 15
　第四节　道路分级及等级选用 ……………………………………………………… 18
　第五节　道路设计控制要素 ………………………………………………………… 20
　第六节　道路勘测设计阶段 ………………………………………………………… 23
　第七节　本课程研究的主要内容及教学安排 ……………………………………… 33
　习题与思考题 ………………………………………………………………………… 34
第二章　汽车行驶理论 ……………………………………………………………… 35
　第一节　汽车的动力特性 …………………………………………………………… 35
　第二节　汽车的行驶稳定性 ………………………………………………………… 51
　第三节　汽车的制动性 ……………………………………………………………… 57
　第四节　汽车行驶特性与道路设计的关系 ………………………………………… 59
　习题与思考题 ………………………………………………………………………… 60
第三章　平面设计 …………………………………………………………………… 62
　第一节　概述 ………………………………………………………………………… 62
　第二节　直线和圆曲线 ……………………………………………………………… 64
　第三节　缓和曲线 …………………………………………………………………… 74
　第四节　平曲线组合类型及算例 …………………………………………………… 82
　第五节　超高和加宽 ………………………………………………………………… 102
　第六节　行车视距 …………………………………………………………………… 109
　习题与思考题 ………………………………………………………………………… 118
第四章　纵断面设计 ………………………………………………………………… 120
　第一节　概述 ………………………………………………………………………… 120

第二节	纵坡	122
第三节	竖曲线	128
第四节	平纵线形组合	136
第五节	爬坡车道	141
第六节	避险车道	144
习题与思考题		147

第五章 横断面设计 ... 148

第一节	概述	148
第二节	道路横断面组成及宽度	152
第三节	路拱及合成坡度	160
第四节	边沟、边坡及挡土墙	163
第五节	道路用地与建筑限界	168
第六节	路基土石方计算及调配	178
习题与思考题		181

第六章 选线和定线 ... 182

第一节	概述	182
第二节	总体设计	185
第三节	路线走廊带的选择	188
第四节	选线和定线的基本内容	190
第五节	平原微丘区选线	195
第六节	山岭重丘区选线	198
第七节	特殊地区选线	211
第八节	定线	212
第九节	纸上移线	221
第十节	数字地面模型在公路选线中的应用	225
习题与思考题		230

第七章 路线交叉设计 ... 231

第一节	概述	231
第二节	道路平面交叉类型及交通组织	233
第三节	平面交叉口平面设计	242
第四节	平面交叉口竖向设计	253
第五节	立体交叉分类及适用条件	266
第六节	互通式立体交叉设计	272
第七节	其他交叉	278
习题与思考题		279

第八章 路线设计实用方法 ... 281

| 第一节 | 概述 | 281 |
| 第二节 | 平面线形设计实用方法 | 282 |

第三节　纵断面设计实用方法…………………………………………………287
　　第四节　横断面设计实用方法…………………………………………………291
　　第五节　道路交叉设计实用方法………………………………………………295
　　第六节　土石方调配实用方法…………………………………………………302
　　第七节　线形设计检验及安全性评价…………………………………………307
　　第八节　基于BIM技术的道路集成化设计发展趋势…………………………312
　　第九节　设计成果………………………………………………………………314
　　习题与思考题……………………………………………………………………327

第九章　道路附属设施设计……………………………………………………………328
　　第一节　概述……………………………………………………………………328
　　第二节　公路服务设施设计……………………………………………………332
　　第三节　公路管理设施设计……………………………………………………344
　　第四节　道路排水设计…………………………………………………………349
　　第五节　城市公共交通设施设计………………………………………………356
　　第六节　停车场设计……………………………………………………………361
　　第七节　道路照明设施设计……………………………………………………366
　　第八节　道路绿化设计…………………………………………………………377
　　习题与思考题……………………………………………………………………378

第十章　道路改扩建设计………………………………………………………………379
　　第一节　概述……………………………………………………………………379
　　第二节　道路改扩建类型………………………………………………………381
　　第三节　道路改扩建设计程序…………………………………………………385
　　第四节　道路改扩建设计关键技术……………………………………………391
　　第五节　道路改扩建施工期交通组织设计……………………………………395
　　第六节　道路改扩建设计的工程实例…………………………………………399
　　习题与思考题……………………………………………………………………408

参考文献……………………………………………………………………………409

第一章 绪论

第一节 我国道路交通系统现状及发展

一、道路运输特点

1. 现代交通运输方式

由于社会生产与消费的需要,人们必须克服空间上的阻碍,实现人和物的移动,为具体实现这种移动提供服务所进行的经济活动称为交通运输。

交通运输与国民经济有着不可分割的密切关系。交通运输是国民经济的命脉,是联系工业和农业、城市和乡村、生产和消费的纽带,是国民经济的"先行官"。交通运输的发展,是一个国家得以繁荣强大所必需的重要物质基础。要实现国民经济的现代化,首先必须实现交通运输现代化。

我国幅员辽阔、人口众多、物产丰富,要发展国民经济、提高人民物质文化生活水平、保障国家安全,就必须有一个四通八达、组成合理、高效而完善的交通运输系统。

现代交通运输系统由铁路、公路、航空、管道、水路等运输方式构成,它们各具特点,承担不同的运输任务,又互相联系、互相补充,形成综合运输能力。铁路运输投资大、建设周期长,但是运输能力大、速度较快、运输成本和能耗都较低、通用性能好、受自然条件的影响也比较小，宜承担中长距离客货运和大宗物资的运输；航空运输在快速运送旅客、运载紧急物资方面具有优越性，宜承担大中城市间长距离客运以及边远地区高档和急需物资运输，但运输成本高、能耗大；管道运输多用于原油、成品油、天然气、煤炭（加水或添加剂）等的运输；水路运输则以其低廉的运价具有明显的经济效益优势。

2. 道路运输的特点

道路运输主要包括公路运输与城市道路运输两类。与其他运输方式相比，道路运输具有如下特点：

（1）机动灵活。能适应各种地形，可以在规定时间和地点迅速集中和分散货物。

（2）"门到门"运输。在货物集散点直接装卸，不需要中转，从而节省时间和费用，减少货损，尤其适用于短途运输。

（3）通达性好。可以深入到边远地区或山区，直接与任何工矿企业厂区或居民点相连。

（4）投资少，社会效益高。与铁路、航空等运输方式相比，道路运输投资较少、见效快，能给沿线广大地区带来显著的社会、经济效益。

（5）运输成本偏高。由于汽车燃料价格偏高、服务人员多、单位运量小，导致运输成本一般高于铁路和水路运输。

3. 道路运输的地位和作用

公路运输的特点决定了公路运输在整个交通运输业中的基础地位及重要作用。

（1）公路运输机动灵活、快速直达，是最便捷的具有送达功能的运输方式，可以实现"门到门"运输。这是公路运输的独特优势。

（2）公路运输可以为其他运输方式组织运输生产提供集疏运的条件。各不同运输方式之间的衔接也需要公路运输来完成倒载换装。

（3）公路运输覆盖面广，通达深度强。到2017年末，全国所有的县、99.99%的乡镇、99.98%的建制村均通了公路。公路运输对城乡经济的发展具有举足轻重的作用，特别是在我国中西部和其他一些经济不发达地区，公路运输仍是最主要的运输方式。

（4）公路客货运量在综合运输体系中所占的比例很高。2017年公路运输完成的客、货运量分别占全社会客、货运量的81.19%和78.81%，完成的旅客、货物周转量分别占29.76%和34.67%。

（5）公路运输是世界各国各种运输方式中发展最快的一种，现已成为许多国家主要的运输方式。在当今世界，公路交通的现代化程度已经成为衡量一个国家交通发展水平的重要标志。至2017年末，全国拥有公路营运汽车1 450.22万辆，其中，载客汽车81.61万辆、2 099.18万客位；载货汽车1 368.62万辆、11 774.81万吨位。

城市道路运输也是道路运输中不可或缺的重要组成部分。至2016年末，我国城市道路长度38.2万km，道路面积75.4亿m^2，人均城市道路面积15.80m^2。全国有30个城市建成轨道交通运输系统，线路长度3 586km，车站数2 383个，配置车辆19 284辆；全国有39个城市在建轨道交通运输系统，线路长度4 870km，车站数3 080个。至2017年末，全国拥有公共汽电车运营线路56 786条，运营线路总长度106.9万km。其中，公交专用车道10 914.5km；BRT线路长度3 424.5km。

二、我国道路交通运输系统建设

1. 我国综合交通运输体系建设

中华人民共和国成立以来,经过 60 多年的建设,我国目前已基本形成了由铁路、公路、水运、航空和管道等五种运输方式组成的具有一定规模的综合交通运输系统。

(1)铁路

到 2017 年末,全国铁路营业里程达到 12.7 万 km。其中,高速铁路营业里程超过 2.5 万 km。全国铁路路网密度 132.2km/万 km^2。其中,复线里程 7.2 万 km,电气化里程 8.7 万 km。

(2)公路

到 2017 年末,全国公路总里程达 477.35 万 km。全国公路路网密度 49.72km/百 km^2,增加 0.81km/百 km^2。公路养护里程 467.46 万 km,占公路总里程 97.9%。

全国高速公路里程 13.65 万 km。其中,国家高速公路 10.23 万 km。全国高速公路车道里程 60.44 万 km。

全国等级公路里程 433.86 万 km,占公路总里程 90.9%。其中,二级及以上公路里程 62.22 万 km,占公路总里程 13%。各行政等级公路里程分别为:国道 35.84 万 km、省道 33.38 万 km、县道 55.07 万 km、乡道 115.77 万 km、村道 230.08 万 km。

全国农村公路(含县道、乡道、村道)里程 400.93 万 km。通公路的乡(镇)占全国乡(镇)总数 99.99%,其中通硬化路面的乡(镇)占全国乡(镇)总数 99.39%;通公路的建制村占全国建制村总数 99.98%,其中通硬化路面的建制村占全国建制村总数 98.35%。

全国公路桥梁 83.25 万座、5 225.62 万 m。其中,特大桥 4 646 座、826.72 万 m,大桥 91 777 座、2 424.37 万 m。全国公路隧道 16 229 处、1 528.51 万 m,其中,特长隧道 902 处、401.32 万 m,长隧道 3 841 处、659.93 万 m。

(3)水路

到 2017 年末,全国内河航道通航里程 12.70 万 km。等级航道 6.62 万 km,占总里程 52.1%。其中,三级及以上航道 1.25 万 km。各等级内河航道通航里程分别为:一级航道 1 546km,二级航道 3 999km,三级航道 6 913km,四级航道 10 781km,五级航道 7 566km,六级航道 18 007km,七级航道 17 835km,等外级航道 6.09 万 km。各水系内河航道通航里程分别为:长江水系 64 857km,珠江水系 16 463km,黄河水系 3 533km,黑龙江水系 8 211km,京杭运河 1 438km,闽江水系 1 973km,淮河水系 17 507km。

到 2017 年末,全国港口拥有生产用码头泊位 27 578 个。其中,沿海港口生产用码头泊位 5 830 个;内河港口生产用码头泊位 21 748 个。全国港口拥有万吨级及以上泊位 2 366 个。其中,沿海港口万吨级及以上泊位 1 948 个,内河港口万吨级及以上泊位 418 个。

(4)民航

到 2017 年末,全国共有颁证民用航空机场 229 个,其中定期航班通航机场 228 个,定期航班通航城市 224 个。全年旅客吞吐量达到 100 万人次以上的通航机场有 84 个,年旅客吞吐量达到 1 000 万人次以上的有 32 个。年货邮吞吐量达到 10 000t 以上的有 52 个。

(5)城市道路

到 2016 年末,全国城市道路长度 38.2 万 km,道路面积 75.4 亿 m^2,其中人行道面积 6.9

亿 m²。人均城市道路面积15.80m²。除此以外，这些年来许多城市还修建、改造了各种互通式与分离式立体交叉、快速道路、高架路、干道等城市交通基础设施。

2. 我国道路设计发展历程

道路是国家经济和社会发展的重要基础设施，社会经济水平和交通运输需求决定着道路交通的发展进程，而道路交通的发展也制约着社会经济发展水平。自20世纪50年代开始，一些经济发达国家的汽车生产量和保有量大幅度增加，致使交通出行需求激增，进而带来了道路建设，特别是高速公路建设的迅猛发展。中国自改革开放以来，道路建设规模也不断扩大。

与此同时，随着道路工程领域相关研究的不断深入，道路新结构、新工艺、新材料等不断涌现，新技术应用水平和研究水平也达到了空前的广度和深度，道路的设计、建设与管理水平得到较大的提高。

道路路线设计理念是在一定的历史时期，受工程建设、社会经济环境的影响，设计者在长期的工程实践、思维活动和交流中所形成的，对于公路路线设计的理性认识、理想追求及其设计思想观念和设计哲学观点，是具有相对稳定性、延续性和指向性的设计认识，是理性的观念体系。

20世纪90年代中期至今，国家采取了扩大内需的积极财政政策，大规模启动基础设施建设项目，公路工程建设迎来了前所未有的发展机遇，汽车交通量的增长对公路建设的需求也日益强烈，修建高速公路成了公路建设的主旋律。

同时，国家经济环境的改善使技术标准与工程造价之间的矛盾不再突出。路线设计理论也逐步由以往的"技术设计"思路发展为"以人为本"的新理念，体现了路线设计对"人—车—路—环境"综合考虑的发展趋势。近20年来，灵活性设计、宽容性设计、综合最优化设计等多样化设计理念相继出现。目前，综合最优化设计的理念已得到广泛认可。

在2000年以前，道路路线设计研究更多考虑设计方法、设计效率，如采用以计算机辅助道路设计系统等为代表的实用工具以及当时道路自身的要求，均体现了高等级公路建设"量"的要求；而进入21世纪之后，随着"以人为本""安全、舒适、环保、生态"等设计新理念的逐步深化，道路路线设计必然要考虑"人—车—路—环境"的相互影响，要求在设计阶段即考虑安全、舒适、效率等运营效果，并反馈修正、优化路线设计，体现了对提高路线设计"质"的追求。

在道路设计相关标准及依据方面，交通部于1981年首次颁布实施了《公路工程技术标准》，之后结合公路建设的实际需要在1988年、1997年相继进行了修订。1994年，交通部以《公路工程技术标准》(1981年版)所规定的公路等级、主要技术指标和设计的基本要求为依据，针对新建及改建公路路线设计，首次颁布实施了《公路路线设计规范》(JTJ 011—1994)，在《公路工程技术标准》(1981年版)的基础上进一步细化了路线设计的要点及指标限值，提出了路线设计的基本原则、基本流程，强调高速公路、一级公路应特别注重线形设计，使之在视觉上能诱导视线，保持线形的连续性，使驾乘人员在生理和心理上有安全感和舒适感。

随着道路几何设计理论、技术手段和方法的不断革新，在总结1997年以来全国公路工程建设经验的基础上,通过开展 12 项关键技术研究,并充分借鉴和吸收国外相关技术标准和先进技术,原交通部于 2004 年 1 月修订发布了《公路工程技术标准》(JTG B01—2003),并相继颁布实施了以《公路工程技术标准》(JTG B01—2003)为上位规范的《公路路线设计规范》(JTG D20—2006)等一系列设计规范及细则,用以全面指导公路设计。本轮修订及发布的规范进一步明确了各级公路的功能和技术指标,突出体现了公路工程建设中安全、环保以及以人为本的指导思想和建设理念。

《公路工程技术标准》(JTG B01—2003)发布实施的 10 年,是我国经济社会及道路建设高速发展的 10 年。随着经济及道路交通的不断发展,我国公路建设正由总量扩张向挖潜增效、提高服务转变;同时,节约资源、保护环境等理念对公路建设提出了更高的要求。为充分满足公路建设发展的新要求,2014 年 9 月,交通运输部发布了《公路工程技术标准》(JTG B01—2014)(以下简称《标准》)。在本《标准》的修订准备工作中,首次引入了对前一版标准的后评估工作,通过对法律属性、标准的基本框架、标准条文和技术指标的综合评估,对有问题和争议的条文逐条评估,对技术指标的适应性等方面进行逐项评估,确定了本次《标准》修订中应重点强化功能引导,体现新政策、新要求。《标准》中贯彻了以功能为主导的原则,明确了功能在确定技术标准和指标中的主导地位;进一步明确了指标的适用条件和范围,使指标应用更为灵活有序;合理调整了交通工程设施配置标准,以保障安全和服务水平;明确了"标准"和"规范"的控制范围,直接影响技术标准和建设规模的最低(或极限)指标由《标准》规定,其余移至相关设计规范;完善了特殊地区和改扩建标准,提高了《标准》的适应性和广泛性。在《标准》的修编及颁布实施的同时,《公路路线设计规范》(JTG D20—2017)、《公路沥青路面设计规范》、《公路交通安全设施设计规范》、《公路交通安全设施设计细则》等大部分规范也相继启动新一轮修编工作,用于更好地指导公路设计。

在公路设计标准及规范不断革新的同时,自 2012 年起,住房和城乡建设部在广泛调查研究、认真总结实践经验、吸收科研成果、参考国外现行标准并广泛征求意见的基础上,针对城市道路开始了新一轮的规范修订及补充工作,并于 2012 年 1 月发布了《城市道路工程设计规范》(CJJ 37—2012),用以替代执行了 22 年的《城市道路设计规范》(CJJ 37—1990)。《城市道路工程设计规范》(CJJ 37—2012)(以下简称《设计规范》)作为城市道路通用规范,在章节编排和内容深度及组成上较原 1990 年规范均有了较大变化,主要修订了原 1990 年规范中关于通行能力、道路分类与分级、设计速度、机动车单车道宽度、路基压实标准等内容;增加了道路服务水平、设计速度 100km/h 的道路平纵面设计技术指标、景观设计等内容;明确了平面交叉和立体交叉的分类和适用条件;突出了"公交优先""以人为本"的设计理念;强化了交通安全和管理设施的设计要求。

除《标准》及《公路路线设计规范》(JTG D20—2017)以外,近年来,交通运输部、住房和城乡建设部还结合道路设计需要,先后颁布实施了《城市道路交叉口设计规程》(CJJ 152—2010)、《高速公路改扩建设计细则》(JTG/T L11—2014)、《城市道路路线设计规范》(CJJ 193—2012)等多个规范、细则及规程,用于全面指导道路设计。

经过数十年的实践及应用,伴随着科学技术的不断进步,相关研究也对规范和标准的更新提出了新的思路和建议。同时,随着旧路改建工程的增多,对现有道路线形参数的提取和恢复也将成为路线几何设计中的研究热点之一。

三、我国道路交通运输系统发展规划

1. 国家综合交通运输体系规划

《国民经济和社会发展第十三个五年规划纲要》(以下简称《纲要》)中提出要"坚持网络化布局、智能化管理、一体化服务、绿色化发展,建设国内国际通道连通、区域城乡覆盖广泛、枢纽节点功能完善、运输服务一体高效的综合交通运输体系"。

(1) 互联互通支撑引领经济社会发展

《纲要》同时强调要"加快完善安全高效、智能绿色、互联互通的现代基础设施网络,更好发挥对经济社会发展的支撑引领作用"。在完善现代综合交通运输体系方面,应构建内通外联的运输通道网络,建设现代高效的城际城市交通,打造一体衔接的综合交通枢纽,推动运输服务低碳智能安全发展。

我国将构建横贯东西、纵贯南北、内畅外通的综合运输大通道,加强进出疆、出入藏通道建设,构建西北、西南、东北对外交通走廊和海上丝绸之路走廊。在城镇化地区大力发展城际铁路、市域(郊)铁路,形成多层次轨道交通骨干网络,高效衔接大中小城市和城镇;实行公共交通优先,促进网络预约等定制交通发展。

(2) 明确十大方面交通建设重点工程

"十三五"时期明确了高速铁路、高速公路、"四沿"通道、民用机场、港航设施、城市群交通、城市交通、农村交通、交通枢纽、智能交通十大方面交通建设重点工程。

"十三五"期间,高速铁路营业里程将达到 3 万 km、覆盖 80% 以上的大城市;新建改建高速公路通车里程约 3 万 km;基本贯通沿海高速铁路、沿海高速公路和沿江高速铁路,加快建设沿边公路和沿边铁路;新增民用运输机场 50 个以上;新增城市轨道交通运营里程约 3 000km;实现具备条件的建制村通硬化路和班车,实现村村直接通邮。

(3) 放宽交通等领域市场准入

在加强供给侧结构性改革、增强持续增长动力方面,要更好激发非公有制经济活力。大幅放宽交通等领域市场准入,消除各种隐性壁垒,鼓励民营企业扩大投资、参与国有企业改革。在项目核准、融资服务、财税政策、土地使用等方面一视同仁。

在深挖国内需求潜力、开拓发展更大空间方面,要增强消费拉动经济增长的基础作用。完善物流配送网络,促进快递业健康发展;加快建设城市停车场和新能源汽车充电设施;加强旅游交通、自驾车营地等设施建设,迎接正在兴起的大众旅游时代。

(4) 发挥有效投资对稳增长的关键作用

要发挥有效投资对稳增长和调结构的关键作用。深化投融资体制改革,继续以市场化方式筹集专项建设基金,推动地方融资平台转型改制进行市场化融资,探索基础设施等资产证券化,扩大债券融资规模。完善政府和社会资本合作模式,用好 1 800 亿元引导基金。

(5) 农村公路服务精准扶贫脱贫

着力改善农村公共服务。具备条件的乡镇和建制村要加快通硬化路、通客车,完成 1 000 万以上农村贫困人口脱贫任务,坚持精准扶贫脱贫,因人因地施策,解决好通路等问题。

(6) 打造陆上经济走廊和海上合作支点

要扎实推进"一带一路"建设。统筹国内区域开发开放与国际经济合作,共同打造陆上经济走廊和海上合作支点,推动互联互通。构建沿线大通关合作机制,建设国际物流大通道。

《"十三五"现代综合交通运输体系发展规划》于2017年2月3日由国务院印发。规划明确,"十三五"时期,我国交通运输发展正处于支撑全面建成小康社会的攻坚期、优化网络布局的关键期、提质增效升级的转型期,将进入现代化建设新阶段。规划的主要目标是到2020年,基本建成安全、便捷、高效、绿色的现代综合交通运输体系,部分地区和领域率先基本实现交通运输现代化。

(1)网络覆盖加密拓展。高速铁路覆盖80%以上的城区常住人口100万以上的城市,铁路、高速公路、民航运输机场基本覆盖城区常住人口20万以上的城市,内河高等级航道网基本建成,沿海港口万吨级及以上泊位数稳步增加,具备条件的建制村通硬化路,城市轨道交通运营里程比2015年增长近一倍,油气主干管网快速发展,综合交通网总里程达到540万km左右。

(2)综合衔接一体高效。各种运输方式衔接更加紧密,重要城市群核心城市间、核心城市与周边节点城市间实现1~2h通达。打造一批现代化、立体化综合客运枢纽,旅客换乘更加便捷。交通物流枢纽集疏运系统更加完善,货物换装转运效率显著提高,交邮协同发展水平进一步提升。

(3)运输服务质量提质升级。全国铁路客运动车服务比重进一步提升,民航航班正常率逐步提高,公路交通保障能力显著增强,公路货运车型标准化水平大幅提高、货车空驶率大幅下降,集装箱铁水联运比重明显提升,全社会运输效率明显提高。公共服务水平显著提升,实现村村直接通邮,具备条件的建制村通客车,城市公共交通出行比例不断提高。

(4)智能技术广泛应用。交通基础设施、运载装备、经营业户和从业人员等基本要素信息全面实现数字化,各种交通方式信息交换取得突破。全国交通枢纽站点无线接入网络广泛覆盖。铁路信息化水平大幅提升,货运业务实现网上办理,客运网上售票比例明显提高。基本实现重点城市群内交通一卡通互通,车辆安装使用ETC比例大幅提升。交通运输行业北斗卫星导航系统前装率和使用率显著提高。

(5)绿色安全水平提升。城市公共交通、出租车和城市配送领域新能源汽车快速发展。资源节约集约利用和节能减排成效显著,交通运输主要污染物排放强度持续下降。交通运输安全监管和应急保障能力显著提高,重特大事故得到有效遏制,安全水平明显提升。

2. 国家公路网规划

我国的公路网发展规划主要经历了三大阶段:1981年,原国家计划委员会、国家经济委员会和交通部印发的《国家干线公路网(试行方案)》明确,国道由"12射、28纵、30横"共70条路线组成,总规模约11万km;2004年,国家发展和改革委员会印发的《国家高速公路网规划》明确,国家高速公路网由"7射、9纵、18横"等路线组成,总规模约8.5万km;2013年5月,国家发展和改革委员会同交通运输部编写的《国家公路网规划》(2013—2030)获国务院批复。

《国家公路网规划》(2013—2030)的规划目标是:形成布局合理、功能完善、覆盖广泛、安全可靠的国家干线公路网络,实现首都辐射省会、省际多路连通、地市高速通达、县县国道覆盖。1 000km以内的省会间可当日到达,东中部地区省会到地市可当日往返、西部地区省会到地市可当日到达;区域中心城市、重要经济区、城市群内外交通联系紧密,形成多中心放射的路网格局;有效连接国家陆路门户城市和重要边境口岸,形成重要国际运输通道,与东北亚、中亚、南亚、东南亚的联系更加便捷。其中,普通国道全面连接县级及以上行政区、交通枢纽、边境口岸和国防设施;国家高速公路全面连接地级行政中心,城镇人口超过20万的中等及以上城市,重要交通枢纽和重要边境口岸。

《国家公路网规划》(2013—2030)的国家公路网总规模40.1万km,由普通国道和国家高速公路两个路网层次构成。

(1)普通国道网

由12条首都放射线、47条北南纵线、60条东西横线和81条联络线组成,总规模约26.5万km。按照"主体保留、局部优化,扩大覆盖、完善网络"的思路,调整拓展普通国道网:保留原国道网的主体,优化路线走向,恢复被高速公路占用的普通国道路段;补充连接地级行政中心和县级节点、重要的交通枢纽、物流节点城市和边境口岸;增加可有效提高路网运行效率和应急保障能力的部分路线;增设沿边沿海路线,维持普通国道网相对独立。

①12条首都放射线:北京—沈阳、北京—抚远、北京—滨海新区、北京—平潭、北京—澳门、北京—广州、北京—香港、北京—昆明、北京—拉萨、北京—青铜峡、北京—漠河、北京环线。

②47条北南纵线:鹤岗—大连、黑河—大连、绥化—沈阳、烟台—上海、秦皇岛—深圳、威海—汕头、乌兰浩特—海安、二连浩特—淅川、苏尼特左旗—北海、满都拉—防城港、银川—榕江、兰州—龙邦、策克—磨憨、西宁—澜沧、马鬃山—宁洱、红山嘴—吉隆、阿勒泰—塔什库尔干、霍尔果斯—若羌、喀纳斯—东兴、东营—深圳、同江—哈尔滨、嘉荫—临江、海口—三亚(东)、海口—三亚(中)、海口—三亚(西)、张掖—孟连、丹东—东兴、饶河—盖州、通化—武汉、嫩江—双辽、牙克石—四平、克什克腾—黄山、兴隆—阳江、新沂—海丰、芜湖—汕尾、济宁—宁德、南昌—惠来、正蓝旗—阳泉、保定—台山、呼和浩特—北海、甘其毛都—钦州、开县—凭祥、乌海—江津、巴中—金平、遂宁—麻栗坡、景泰—昭通、兰州—马关。

③60条东西横线:绥芬河—满洲里、珲春—阿尔山、集安—阿巴嘎旗、丹东—霍林郭勒、庄河—西乌珠穆沁旗、绥中—珠恩嘎达布其、黄骅—山丹、文登—石家庄、青岛—兰州、连云港—共和、连云港—栾川、上海—霍尔果斯、乌鲁木齐—红其拉甫、西宁—吐尔尕特、长乐—同仁、成都—噶尔、上海—聂拉木、高雄—成都、上海—瑞丽、广州—成都、瑞安—友谊关、瑞金—清水河、福州—昆明、广州—南宁、秀山—河口、连云港—固原、启东—老河口、舟山—鲁山、洞头—合肥、丹东—阿勒泰、萝北—额布都格、三合—莫力达瓦旗、龙井—东乌珠穆沁旗、承德—塔城、天津—神木、黄骅—榆林、海兴—天峻、滨州港—榆林、东营港—子长、胶南—海晏、日照—凤县、大丰—卢氏、东台—灵武、启东—那曲、上海—安康、南京—德令哈、武汉—大理、察雅—萨嘎、利川—炉霍、台州—小金、张家界—巧家、宁德—福贡、南昌—兴义、福州—巴马、湄洲—西昌、东山—泸水、石狮—水口、佛山—富宁、文昌—临高、陵水—昌江。

(2)国家高速网

由7条首都放射线、11条北南纵线、18条东西横线,以及地区环线、并行线、联络线等组成,约11.8万km,另规划远期展望线约1.8km。按照"实现有效连接、提升通道能力、强化区际联系、优化路网衔接"的思路,补充完善国家高速公路网:保持原国家高速公路网规划总体框架基本不变,补充连接新增20万以上城镇人口城市、地级行政中心、重要港口和重要国际运输通道;在运输繁忙的通道上布设平行路线;增设区际、省际通道和重要城际通道;适当增加有效提高路网运输效率的联络线。

①7条首都放射线:北京—哈尔滨、北京—上海、北京—台北、北京—港澳、北京—昆明、北京—拉萨、北京—乌鲁木齐。

②11条南北纵线：鹤岗—大连、沈阳—海口、长春—深圳、济南—广州、大庆—广州、二连浩特—广州、呼和浩特—北海、包头—茂名、银川—百色、兰州—海口、银川—昆明。

③18条东西横线：绥芬河—满洲里、珲春—乌兰浩特、丹东—锡林浩特、荣成—乌海、青岛—银川、青岛—兰州、连云港—霍尔果斯、南京—洛阳、上海—西安、上海—成都、上海—重庆、杭州—瑞丽、上海—昆明、福州—银川、泉州—南宁、厦门—成都、汕头—昆明、广州—昆明。

此外包括6条地区性环线以及若干条并行线、联络线等。

根据《"十三五"现代综合交通运输体系发展规划》中的内容，"十三五"时期，交通运输行业应加快推进由7条首都放射线、11条北南纵线、18条东西横线，以及地区环线、并行线、联络线等组成的国家高速公路网建设，尽快打通国家高速公路主线待贯通路段，推进建设年代较早、交通繁忙的国家高速公路扩容改造和分流路线建设。有序发展地方高速公路。加强高速公路与口岸的衔接。同时，加快普通国道提质改造，基本消除无铺装路面，全面提升保障能力和服务水平，重点加强西部地区、集中连片特困地区、老少边穷地区低等级普通国道升级改造和未贯通路段建设。推进口岸公路建设。加强普通国道日常养护，科学实施养护工程，强化大中修养护管理。推进普通国道服务区建设，提高服务水平。积极推进普通省道提级、城镇过境段改造和城市群城际路段等扩容工程，加强与城市干道衔接，提高拥挤路段通行能力。强化普通省道与口岸、支线机场以及重要资源地、农牧林区和兵团团场等有效连接。全面加快农村公路建设。除少数不具备条件的乡镇、建制村外，全面完成通硬化路任务，有序推进较大人口规模的撤并建制村和自然村通硬化路建设，加强县乡村公路改造，进一步完善农村公路网络。加强农村公路养护，完善安全防护设施，保障农村地区基本出行条件。积极支持国有林场林区道路建设，将国有林场林区道路按属性纳入各级政府相关公路网规划。

第二节　道路的分类及基本组成

一、道路的分类

道路按其使用特点可分为公路、城市道路、厂矿道路、林区道路及乡村道路等。

1. 公路

公路是指连接城市、乡村，主要供汽车行驶的具备一定技术条件和设施的道路。其中，工矿、农林、国防等部门投资修建，主要供部门使用的公路称为专用公路。在城市、工矿、林区港口等内部的道路，以及旅游点内部的道路都不属于公路范畴，但穿过城镇的路段仍属公路。

不同分类标准下的公路划分也有所不同：

①按功能可分为：主要干线公路、次要干线公路、主要集散线公路、次要集散线公路、支线公路；

②按技术等级可分为：高速公路、一级公路、二级公路、三级公路、四级公路；

③按行政等级可分为：国道、省道、县道、乡道、专用公路。

各种分类虽有不同，但也相互联系。例如，国道多为主要干线公路或次要干线公路，技等级常采用高速公路、一级公路或二级公路。

2. 城市道路

城市道路是指在城市范围内,供车辆及行人通行的,具备一定技术条件和设施的道路。城市道路是城市组织生产、安排生活、搞活经济、物质流通所必需的交通设施,也是城市市政设施的重要组成部分。

根据城市道路在城市道路网中的地位、交通功能以及对沿线服务功能的不同,我国现行《设计规范》将城市道路分为以下4类:

①快速路

快速路应中央分隔、全部控制出入、控制出入口间距及形式,应实现交通连续通行,单向设置不应少于两条车道,并应设有配套的交通安全与管理设施。

快速路两侧不应设置吸引大量车流、人流的公共建筑物的进出口。

快速路在特大城市或大城市中设置,主要起联系市区各主要地区、市区和主要的近郊区卫星城镇、主要对外公路的作用。其主要为城市远距离交通服务,具有较高设计速度和较高的通行能力。

快速路的主要技术要求为:

a. 设计速度为60~100km/h;

b. 当两侧设置辅路时,应采用四幅路;当两侧不设置辅路时,应采用两幅路。主路只允许机动车行驶,禁止行人和非机动车进入;

c. 每个行车方向至少有两条机动车道,中间设置宽度不小于1m的中央分隔带;

d. 大部分交叉口采用立体交叉(人行横道亦应设立体交叉);

e. 控制快速车道的出入口,车辆只能在指定的地点进出。

由于我国许多特大城市的快速路多沿原有道路选线,两侧有成片建筑,所以仍要在快速车道的两侧设辅路和没有分隔带的非机动车道及人行道,但只能右转进入,在指定的路口才允许左转。出入口可利用互通式立体交叉设置或在适当的路段上设置。

②主干路

主干路应连接城市各主要分区,应以交通功能为主。

主干路联系城市的主要工业区、住宅区、港口、车站、货运中心等,承担城市的主要客货运交通,是城市内部的交通大动脉。主干路一般设六条车道或四条机动车道加有分隔带的非机动车道。主干路一般不设立体交叉,而是采用扩宽交叉口引道的办法来提高通行能力。个别流量特别大的主干路交叉口,也可设置立体交叉。主干路沿线不宜设置吸引大量车流、人流的公共建筑(特别是在交叉口附近);必须设置时,建筑物应后退,让出停车和人流疏散场地。主干路沿线也不宜开发成商业街,街坊出入口应尽量设在侧面支路。

③次干路

次干路应与主干路结合组成干路网,应以集散交通的功能为主,兼有服务功能。

次干路是城市中数量较多的一般的交通性道路,配合主干路组成城市干路网,起联系各部分和集散交通的作用,宜采用单幅路或双幅路。次干路一般不设立体交叉,部分交叉口可以扩大,并加以渠化,一般可设4条车道,也可不设单独的非机动车道。次干路兼有服务功能,允许两侧布置吸引车流、人流的公共建筑,但应设停车场。

④支路

支路宜与次干路和居住区、工业区、交通设施等内部道路相连接,应以解决局部地区交通,以服务功能为主。

支路是一个地区内(如居住区内)的道路,是地区通向干路的道路。部分支路用以补充干路网的不足,可以设置公共交通线路,也可以作为自行车专用道。支路上不宜通行过境交通,只允许通行为地区服务的交通。

此外,根据城市的不同情况,还可规划公交专用道、自行车专用道、有轨电车专用道、商业步行街、货运道路等专用道路。

3. 厂矿道路

指主要为工厂、矿山运输车辆通行的道路,通常分为厂内道路、厂外道路和露天矿山道路。厂外道路为厂矿企业与国家公路、城市道路、车站、港口相衔接的道路或是连接厂矿企业分散的车间、居住区之间的道路。

4. 林区道路

指修建在林区的主要供各种林业运输工具通行的道路。由于林区道路的位置、交通性质及功能不同,林区道路的技术要求应按专门修订的林区道路工程技术标准执行。

5. 乡村道路

乡村道路是指修建在乡村、农场,主要供行人及各种农业运输工具通行的道路,由县统一规划。由于乡村道路主要为农业生产服务,一般不列入国家公路等级标准。

各类道路由于其位置、交通性质及功能均不相同,在设计时其依据、标准及具体要求也不相同,要特别注意。

二、公路基本组成

公路是建设在大地表面供各种车辆行驶的带状空间三维结构物,它主要由公路主体、排水及防护工程、结构物及构造物和其他附属设施等四部分组成。

1. 公路主体

路基路面是公路的主要工程结构物,是公路的主体。路基是按照路线位置和一定的技术要求修筑的带状构造物,是路面的基础,承受由路面传来的行车荷载(图1-1)。路基必须坚实、稳定,以抵御车辆和自然因素对其本身的作用和影响。

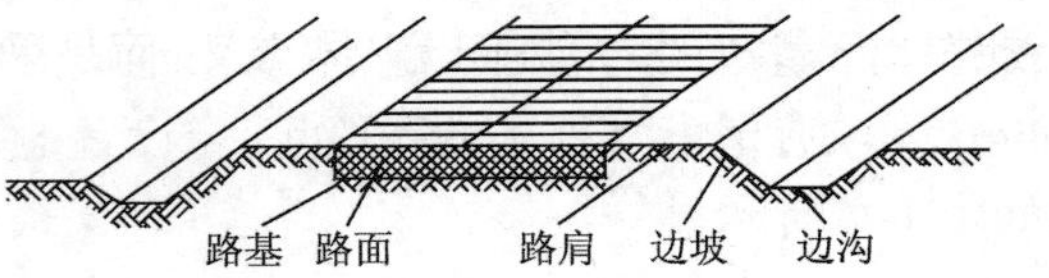

图1-1 公路路基

当路线高于天然地面时,路基填筑成路堤形式;当低于天然地面时,路基挖成路堑形式;当公路路基一部分为填方形式、另一部分为挖方形式时,称为半填半挖路基。三种路基的形式如图1-2所示。

路面是用各种材料的混合料铺筑在路基上供车辆行驶的层状结构物,是公路的行车部分(图1-3)。它应达到所要求的强度、平整度和粗糙度,以保证车辆在其上能够以一定速度安全而舒适地行驶。

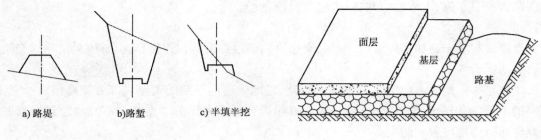

图 1-2 路基形式   图 1-3 路面结构

路面的宽度取决于车道数和每条车道的宽度。在路面两侧各设置一条一定宽度的路肩，其作用是从两侧支持路面，并在必要时供临时停车而不阻碍其他车辆的正常运行。

路面的结构类型及厚度应根据交通量及其组成情况、公路等级、使用任务、性能、当地材料及自然条件，并结合路基进行综合设计。路面按照力学性质可分为柔性路面和刚性路面两大类，路面结构一般由面层、基层(底基层)和必要的功能层组成。路面面层类型及适用范围见表 1-1。

路面面层类型及适用范围　　　　　　　　　　　　　　表 1-1

面 层 类 型	适 用 范 围
沥青混凝土	高速公路、一级公路、二级公路、三级公路、四级公路
水泥混凝土	高速公路、一级公路、二级公路、三级公路、四级公路
沥青贯入、沥青碎石、沥青表面处治	三级公路、四级公路

2. 排水及防护工程

(1) 排水系统

在自然条件中，水对路基稳定的威胁最大，因此应重视公路排水系统的规划、设计与建设。

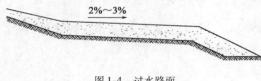

图 1-4 过水路面

公路排水系统按排水方向分为纵向排水系统和横向排水系统。纵向排水系统常采用边沟、截水沟和排水沟等形式，横向排水系统一般采用桥涵、路拱、过水路面(图 1-4)、渗水路堤(图 1-5)等形式。

排水系统按其排水位置不同又可分为地面排水系统和地下排水系统。地面排水系统主要是排除路基范围内的雨水、积水及由地形等原因汇集而又受到公路阻隔的地表水。在地下水位较高或有地下水露头的路段，还应设置地下排水系统。盲沟就是常用的地下排水系统设施，如图 1-6 所示。

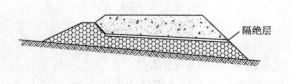

图 1-5 渗水路堤

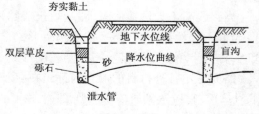

图 1-6 盲沟

(2)防护工程

防护工程对于保证道路结构稳定,保持公路与自然环境协调都有重要的意义。防护工程主要包括边坡坡面防护及挡土墙等支挡构造物防护等。

坡面防护,主要是为了保护路基免受雨水冲刷,防止和延缓软弱岩土表面的风化、碎裂及剥蚀,从而保护路基边坡的整体稳定性,也可以起到美化道路环境的作用。常用的坡面防护形式有植草防护、工程防护(混凝土抹面、拱形骨架、砌石、锚喷混凝土等)等。植草防护多用于土质边坡,工程防护多用于石质边坡或不稳定土体边坡。

3.结构物及构造物

1)跨越结构物

(1)桥涵

一条公路往往需要跨越大小不同的河流、沟谷以及其他障碍物,这时一般需要修筑桥梁和涵洞等结构物(图1-7)。当桥涵结构物的标准跨径大于或等于5m或多孔跨径大于或等于8m时称为桥梁,否则称为涵洞。桥梁按其跨径及全长又可分为小桥、中桥、大桥及特大桥等。公路立体交叉中也常采用桥梁来跨越其他公路、匝道、铁路等设施或障碍。

(2)隧道

公路穿越山岭、置于地层内的结构物称为隧道(图1-8)。山区公路为了跨越垭口、避免过大的工程量、改善平纵线形或缩短里程,采用隧道穿越往往是较理想的方案。随着我国高等级公路建设水平的不断提高,对公路平纵线形提出了更高的要求,施工条件限制和投资等问题也都得以解决,公路隧道方案已被广泛采用。

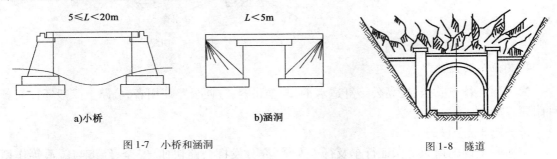

图1-7 小桥和涵洞　　　　图1-8 隧道

2)支挡构造物

在横坡陡峻的山坡上或沿河一侧路基边坡受水流冲刷威胁的路段,为保证路基稳定和减少填方数量,加固路基边坡的构造物通常称为支挡构造物。常见的支挡构造物有:挡土墙(图1-9)、护脚(图1-10)、填石路基(图1-11)和砌石护坡(图1-12)等。

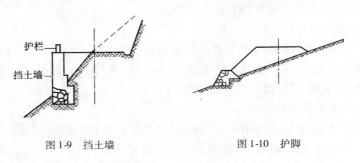

图1-9 挡土墙　　　　图1-10 护脚

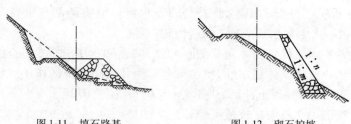

图 1-11　填石路基　　　　　图 1-12　砌石护坡

3) 特殊构造物

除上述常用的支挡构造物外,在山区地形、地质特别复杂路段,为保证公路连续、路基稳定,并克服特殊地形条件,有时需要修建一些山区特殊构造物,如悬出路台(图 1-13)、明洞(图 1-14)等。

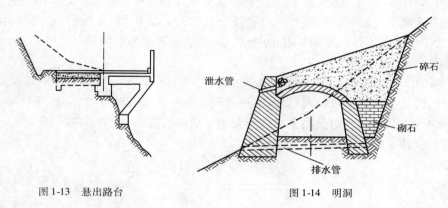

图 1-13　悬出路台　　　　　图 1-14　明洞

4. 其他附属设施

为了保证行车安全、提高公路舒适水平、改善路容、方便公路使用者,公路上一般还设有各种附属设施。

(1) 交通安全设施

交通安全设施指为了保证行车及行人安全,充分发挥公路快速、安全、经济与舒适等作用而设置的设施,包括交通标志、标线、护栏、视线诱导设施、隔离栅、防落网、防眩设施、防风(沙)栅、积雪标杆等。

(2) 交通管理设施

交通管理设施指为保障公路交通系统正常安全运行,需要设置的必要的管理设施,包括监控、收费、通信、供配电、照明和管理养护等设施。

(3) 交通服务设施

交通服务设施指为方便公路使用者并保证行车安全,在公路沿线适当地点设置的必要的服务设施。服务设施是公路交通运输体系的基本组成,是体现公路交通文化的窗口。服务设施主要包括服务区、停车区和客运汽车停靠站等。

(4) 绿化与环境保护设施

绿化与环境保护设施是公路不可缺少的组成部分。进行公路环境保护工作是现代公路建设的迫切任务。绿化有稳定路基、荫蔽路面、美化路容、降低路基含水率、诱导行车方向、增加行车安全等功能,在某些特殊地区还有减轻积雪和洪水对公路危害的作用。

三、城市道路基本组成

在城市里,沿街两侧建筑红线之间的空间范围为城市道路用地,该用地由以下各个不同功能部分组成:

(1)供各种车辆行驶的车行道。其中供汽车、无轨电车、摩托车行驶的为机动车道;供有轨电车行驶的为有轨电车道;供自行车、三轮车、平板车和畜力车行驶的为非机动车道。

(2)专供行人步行交通用的人行道。

(3)起卫生、防护与美化作用的绿化带。

(4)用于排除地面水的排水系统,如街沟或边沟、雨水口、窨井、雨水管等。

(5)为组织交通、保证交通安全的辅助性交通设施,如交通信号灯、交通标志、交通岛、护栏等。

(6)交叉口和交通广场。

(7)停车场和公共汽车停靠站台。

(8)沿街的地上设备,如照明灯柱、架空电线杆、给水栓、邮筒、清洁箱、接线柜等。

(9)地下的各种管线,如电缆、煤气管、给水管、污水管等。

(10)在交通高度发达的现代城市,还建有高架道路、人行过街天桥、地下道路、地下人行道、轻轨交通和地下铁道等。

第三节 道路设计相关交通参数

一、速度

速度是描述交通流状态的基本参数之一,在道路设计中至关重要,它是指车辆在单位时间内行驶的距离。

1. 设计速度

设计速度是道路几何设计的基本依据之一。目前我国普遍采用基于设计速度的路线设计方法,道路的曲线半径、纵坡、超高、车道宽度、路肩宽度等要素都与设计速度有关。各级公路设计速度的规定如表1-2所示。

各级公路设计速度　　　　　表1-2

公路等级	高速公路			一级公路			二级公路			三级公路		四级公路	
设计速度(km/h)	120	100	80	100	80	60	80	60	40	40	30	30	20

各级城市道路设计速度的规定如表1-3所示。

各级城市道路设计速度　　　　　表1-3

城市道路等级	快速路			主干路			次干路			支路		
设计速度(km/h)	100	80	60	60	50	40	50	40	30	40	30	20

2. 运行速度

运行速度是指在特定路段上，在干净、潮湿条件下，85%的驾驶员行车不会超过的行驶速度，简称V85。运行速度V85是通过在典型公路上行驶车辆的实际行驶速度观测，经统计、分析、总结其数据分布，回归出第85位的速度并得到运行速度的测算模型。

欧美等国家已广泛应用基于运行速度的公路设计方法，将运行速度概念贯穿于路线设计的始终。在我国，运行速度则一般用来对公路的设计进行检验。相邻路段运行速度之差应小于20km/h，同一路段运行速度与设计速度之差宜小于20km/h。

二、交通量

交通量又称交通流量，是指单位时间内通过道路（或道路上某一条车道）指定地点或断面的车辆数。道路设计交通量是确定道路技术标准及建设规模的重要依据之一。设计交通量的选用既要考虑适应一定时期内的交通需求，又要兼顾道路投资和使用年限。

1. 交通量的表达方式

从交通量的概念来看，随着指定的单位时间的不同，交通量的数值是不同的。一般来说，交通量有年交通量、日交通量、小时交通量和不足1h的交通量几种表达方式。在公路与城市道路的设计中，我们一般以年交通量与小时交通量作为设计依据。

2. 年交通量预测

年交通量是公路与城市道路设计的重要指标之一，公路设计需要以预测年交通量为依据。

根据《标准》中的规定，高速公路和一级公路的设计交通量预测年限为20年，二、三级公路设计交通量预测年限为15年，四级公路可根据实际情况确定。

根据《设计规范》中的规定，道路交通量达到饱和状态时的道路设计年限：快速路、主干路应为20年；次干路应为15年；支路宜为10~15年。

3. 设计小时交通量

在道路设施规划设计时，必须考虑到应满足绝大多数最大交通流方向上的高峰交通量，同时，还要避免建成后大多数时间车流量很低造成资源浪费、投资效益低的情况出现。因此，有必要选择一个适当的小时交通量作为道路规划设计的依据，这就是设计小时交通量。

一般来说道路设计小时交通量宜采用年第30位小时交通量，特殊情况下可根据项目特点与需求，在当年第20~40位小时交通量之间取值。

4. 车辆折算系数

车辆换算系数就是确定一种车型为标准车，取其系数为1，根据各种车辆行车时所占用道路程度，分别确定其换算系数。

公路与城市道路设计时都以小客车为标准车型，但换算系数有所不同。

《标准》中对换算系数的规定如表1-4所示。

各汽车代表车型及车辆折算系数 表1-4

汽车代表车型	小客车	中型车	大型车	汽车列车
车辆折算系数	1.0	1.5	2.5	4.0

《设计规范》中对换算系数的规定如表 1-5 所示。

车 辆 折 算 系 数　　　　　　　　表 1-5

汽车代表车型	小客车	大型客车	大型货车	铰接车
车辆折算系数	1.0	2.0	2.5	3.0

三、通行能力

通行能力是指在一定的道路、环境和交通条件下,单位时间内道路某个断面上所能通过的最大车辆数,是道路设施在特定条件下所能通过车辆的极限值。道路条件、交通条件、控制条件和交通环境等都会影响道路通行能力。因此,对条件不同的道路设施及其各组成部分分别进行通行能力分析是道路设计的必要步骤。根据道路设施和交通实体的不同,通行能力可分为机动车通行能力、非机动车通行能力和人行设施通行能力。从我国道路规划设计和运营角度,通行能力可分为基本通行能力、设计通行能力和可能通行能力三种。

1. 基本通行能力

基本通行能力是指在理想的道路、交通、控制和环境条件下,道路组成部分的一条车道或车行道的均匀段上或一横断面上,不论服务水平如何,1h 所能通过标准车辆的最大数量。

2. 设计通行能力

设计通行能力是指在预测的道路、交通、控制及环境条件下,一条设计中的道路某个组成部分的一条车道或在一条车行道对上述诸条件有代表性的均匀段或横断面上,在所选用的设计服务水平下,1h 所能通过的车辆(在混合交通道路上为标准汽车)的最大数量。

3. 可能通行能力

可能通行能力是指在实际或预测的道路、交通、控制及环境条件下,一条已知道路某个组成部分中的一条车道或在一条车行道对上述诸条件有代表性的均匀段或横断面上,不论服务水平如何,1h 所能通过的车辆(在混合交通道路上为标准汽车)的最大数量。

由于基本、设计和可能三种通行能力的划分不能完全满足和充分表达交通状况的通行能力关系,加之可能通行能力与设计通行能力两者的概念划分不够明确,难以区分,所以在 1965 年出版的美国交通工程师协会编制的《道路通行能力手册》中,已不再提三种通行能力的划分概念,但这三种通行能力的概念在我国的相关研究与分析过程中还经常运用。

设计通行能力和可能通行能力的主要区别是:可能通行能力是以基本通行能力为基础,考虑到实际的道路和交通状况,确定其修正系数,再以此修正系数乘以前述的基本通行能力,即得到可能通行能力;而设计通行能力是指道路根据使用要求的不同,按不同服务水平条件下所具有的通行能力,也就是要求道路所承担的服务交通量,通常作为道路规划和设计的依据。

四、服务水平

服务水平是衡量交通流运行条件及驾驶员和乘客所感受的服务质量的一项指标,通常根据交通量、速度、行走时间、行驶自由度、交通间断、舒适性和方便性等指标确定。

1. 服务水平分级

根据《标准》规定,我国现阶段把公路服务水平分为六级。一级服务水平,交通流处于完全自由流状态;二级服务水平,交通流处于相对自由流状态;三级服务水平,交通流处于稳定流的上半段;四级服务水平,交通流处于稳定流范围下限;五级服务水平,交通流处于拥堵流的上半段,是接近最大通行能力时的状态;六级服务水平,是拥堵流的下半段,是通常意义上的强制流或阻塞流。

城市道路的服务水平分级与公路有所不同。根据《设计规范》的规定,城市快速路的服务水平分为四级:一级服务水平,交通流处于自由流状态;二级服务水平,交通流处于稳定流中间范围;三级服务水平,交通流处于稳定流下限;四级服务水平,交通流处于不稳定流状态。

关于其他等级道路通行能力和服务水平的分析、评价,由于目前国内尚未有成熟的研究成果,《设计规范》中只提出了设计要求,未给出具体的分析方法和内容,可参考美国《道路通行能力手册》中的相关内容。

2. 服务水平的选用

《标准》中规定,各级公路的服务水平不得低于表 1-6 的规定。

各级公路设计服务水平　　　　　　表 1-6

公路等级	高速公路	一级公路	二级公路	三级公路	四级公路
服务水平	三级	三级	四级	四级	—

此外,《标准》中还规定一级公路作为集散公路时,设计服务水平可以降低一级;长隧道及特长隧道路段、非机动车和行人密集路段、互通式立体交叉的分合流区段以及交织区段,设计服务水平可降低一级。

第四节　道路分级及等级选用

一、公路技术等级及选用

《标准》中将公路分为高速公路、一级公路、二级公路、三级公路及四级公路 5 个技术等级。公路技术等级应根据公路功能、路网规划、交通量,并充分考虑项目所在地区的综合运输体系、远期发展规划等,从全局出发,结合公路的使用任务、性质而综合论证确定,并应遵循下列原则:

(1) 主要干线公路作为公路网中结构层次最高的主通道,应选用高速公路。

(2) 次要干线公路作为主要干线公路的补充,应选用二级及二级以上公路。当设计交通量达到 15 000pcu/d 时,宜选用一级及一级以上公路;当设计交通量达到 10 000pcu/d 时,且沿线纵横向干扰较大,宜选用一级公路;当设计交通量低于 10 000pcu/d 时,可选用二级公路。

(3) 主要集散公路连接干线公路与支线公路,宜选用一级公路、二级公路。当设计交通量达到15 000pcu/d时,可选用一级公路;当设计交通量在5 000～15 000pcu/d时,可选用二级公路;当设计交通量达到10 000pcu/d,且沿线纵横向干扰较大时,宜选用一级公路;当设计交通量低于5 000pcu/d时,宜选用二级公路。

(4)次要集散公路服务于县乡区域交通,宜选用二级公路、三级公路。当设计交通量达到5 000pcu/d时,宜选用二级公路;当设计交通量低于5 000pcu/d时,宜选用三级公路。

(5)支线公路宜选用三级公路、四级公路。当设计交通量达到5 000pcu/d时,宜选用二级公路。

同一公路可分段选用不同的技术等级;同一技术等级可分段选用不同的设计速度。不同技术等级、不同设计速度的设计路段之间应选择合理的衔接位置或地点,过渡应顺适,衔接应协调。

各级公路设计交通量的预测应符合以下规定:高速公路和具有干线功能的一级公路的设计交通量按20年预测;具有集散功能的一级公路,以及二、三级公路的设计交通量按15年预测;四级公路可根据实际情况确定。

(1)高速公路为专供机动车分方向、分车道行驶,全部控制出入的多车道公路。设计速度一般为120km/h,不宜低于100km/h,受地形等条件限制时可以选用80km/h。

(2)一级公路为供机动车分方向、分车道行驶,可根据需要控制出入的多车道公路。作为干线的一级公路,设计速度宜采用100km/h,受地形、地质等条件限制时可采用80km/h。作为集散的一级公路,设计速度宜采用80km/h,受地形、地质等条件限制时可采用60km/h。

高速公路和作为干线的一级公路的局部特殊困难路段,且新建工程可能诱发工程地质灾害时,经论证后该局部路段的设计速度可采用60km/h,但长度不宜大于15km或仅限于相邻两互通式立体交叉之间的路段。

(3)二级公路为供机动车行驶的双车道公路。作为干线的二级公路,设计速度宜采用80km/h,受地形、地质等条件限制时可采用60km/h。作为集散的二级公路,设计速度宜采用60km/h,受地形、地质等条件限制时可采用40km/h。

(4)三级公路为供机动车、非汽车混合行驶的双车道公路。设计速度宜采用40km/h,受地形、地质等条件限制时可采用30km/h。

(5)四级公路为供机动车、非汽车混合行驶的双车道或单车道公路。四级公路设计速度宜采用30km/h,受地形、地质等条件限制时可采用20km/h。

二、城市道路分级及选用

城市道路应按道路在道路网中的地位、交通功能以及对沿线的服务功能等进行分级。《设计规范》中将城市道路分为快速路、主干路、次干路和支路4个等级。《设计规范》对道路的设计速度、横断面形式和车道宽度也作了详细的规定,如表1-7所示。

各类各级城市道路主要技术指标　　　　表1-7

城市道路类别	道路级别	设计速度（km/h）	双向机动车车道数（条）	机动车道宽度（m）	采用的横断面形式
快速路	—	100,80,60	≥4	3.75	四幅路

续上表

城市道路类别	道路级别	设计速度（km/h）	双向机动车车道数（条）	机动车道宽度（m）	采用的横断面形式
主干路	Ⅰ	60	≥4	3.75	四幅路、三幅路
	Ⅱ	50	3~4	3.5~3.75	三幅路、双幅路
	Ⅲ	40	2~4	3.5~3.75	三幅路、双幅路、单幅路
次干路	Ⅰ	50	2~4	3.5~3.75	三幅路、双幅路
	Ⅱ	40	2~4	3.5~3.75	双幅路、单幅路
	Ⅲ	30	2	3.5	双幅路、单幅路
支路	Ⅰ	40	2	3.5	单幅路
	Ⅱ	30	2	3.25~3.5	单幅路
	Ⅲ	20	2	3.0~3.5	单幅路

第五节　道路设计控制要素

进行道路设计时，应首先明确该道路在道路网中的地位和作用，根据确定的设计小时交通量和道路设计通行能力，分析确定道路的横断面形式，进而根据有关设计控制条件进行平面、纵断面、路基、路面、桥涵、交叉口、交通设施、照明、公交站点等一系列设计工作。影响道路设计的因素很多，起根本性控制作用的因素为人、车、路及环境四个方面。关于人（包括驾驶员和乘客）的影响可参阅交通工程学的相关介绍，作为设计依据的其他因素有：设计速度、交通量、通行能力、设计车辆、设计年限和建筑限界等。设计速度、交通量及通行能力已在前面作了介绍。本节主要对公路和城市道路设计依据中的设计车辆、公路用地范围、城市道路红线、设计年限及抗震、荷载和防灾标准等方面进行介绍。

一、设计车辆

（1）公路路线及路线交叉几何设计所采用的设计车辆外廓尺寸规定如表1-8所示。

公路设计车辆外廓尺寸　　表1-8

车辆类型	总长(m)	总宽(m)	总高(m)	前悬(m)	轴距(m)	后悬(m)
小客车	6	1.8	2.0	0.8	3.8	1.4
大型客车	13.7	2.55	4.0	2.6	6.5+1.5	3.1
铰接客车	18	2.5	4.0	1.7	5.8+6.7	3.8
载重汽车	12	2.5	4.0	1.5	6.5	4
铰接列车	18.1	2.55	4.0	1.5	3.3+11	2.3

（2）城市道路设计采用的设计车辆外廓尺寸规定如表1-9所示。

城市道路设计车辆外廓尺寸　　　　　　　表 1-9

车辆类型	总长(m)	总宽(m)	总高(m)	前悬(m)	轴距(m)	后悬(m)
小客车	6	1.8	2.0	0.8	3.8	1.4
载重汽车	12	2.5	4.0	1.5	6.5	4.0
铰接车	18	2.5	4.0	1.7	5.8＋6.7	3.8

二、公路用地范围

在公路建设过程中,应遵照合理利用土地、切实保护耕地、促进经济社会可持续发展的原则,合理确定公路建设规模、技术指标和施工方案,确定公路用地范围。

1. 公路主体

新建公路路堤两侧排水沟外边缘(无排水沟时为路堤或护坡道坡脚)以外,或路堑坡顶截水沟外边缘(无截水沟为坡顶)以外不小于 1m 范围内的土地为公路路基用地范围;在有条件的地段,高速公路和一级公路不小于 3m,二级公路不小于 2m 范围内的土地为公路路基用地范围。

改建公路可参照新建公路用地范围的规定执行。

2. 交通设施

(1)在风沙、雪害等多发的特殊地区,需设置防护林,种植固沙植物,安装防沙或防雪栅栏,设置反压护道(为防止软弱地基产生剪切、滑移,保证路基稳定,对积水路段和填土高度超过临界高度路段,在路堤一侧或两侧填筑起反压作用的具有一定宽度和厚度的土体)等设施时,应根据实际需要确定其用地范围。

(2)桥梁、隧道、互通式立体交叉、分离式立体交叉、平面交叉、交通安全设施、服务设施、管理设施、绿化及料场、苗圃等,应根据实际需要确定其用地范围。

(3)有条件或环境保护要求种植多行林带的路段,应根据实际需要确定其用地范围。

三、城市道路红线

城市道路红线是指划分城市道路、城市建筑用地、生产用地及其他备用地的分界控制线。红线之间的宽度就是道路用地范围。

所谓规划道路红线也就是规划道路的边界线,因为道路以外的用地要进行各种建设,建筑物的修建是百年大计,所以划定红线是非常重要的。

红线的作用是控制街道两侧建筑不侵占道路规划限界,因此,它不但是具体道路单项工程的设计依据,也是城市公用设施(地面线杆、地下管线、绿化带、照明设备、公共交通停靠站等)用地的依据。从红线规划的意义和作用来看,不仅要从一个城市各类干道全面布局来考虑,而且还要对各类街道的技术设计原则提出要求,以便很好地解决局部地区建设方面的有关设计问题。

在城市总体规划时,道路网规划主要是解决城市中各类干道的走向、位置、功能性质及交叉口控制点的相对位置等问题。在做红线规划时,则要具体解决城市道路及与之相关的工程设施的近、远期建设问题,如确定其横断面形式和各组成部分的几何尺寸等。

红线设计的主要内容有:

(1)确定道路红线宽度:根据道路的功能、性质,考虑道路横断面形式,确定机动车道、非机动车道、人行道和绿化带等组成部分的合理宽度,从而确定道路的总宽度及红线宽度。

(2)确定红线位置:在城市总体规划基础上,对新建区道路,选择规划道路中心位置,并拟定道路横断面宽度,绘出道路红线;对旧城改建道路,规划红线应根据少拆迁原则,以一侧拓宽为宜,对于长期控制、逐步形成的道路,定位时可按照现有道路中线不动,两侧建筑平均后退确定。

(3)确定交叉口形式:根据各交叉口的类型与具体条件和近、远期结合的要求,确定交叉口用地范围、具体位置和尺寸,并以红线方式绘在平面图上。

(4)确定控制点的坐标和高程:规划道路中线的转折点和各条道路的交点,即控制点的平面位置可直接实地测量,高程则由竖向规划、设计确定。

四、设计使用年限

1.公路路面结构设计使用年限

《标准》规定沥青混凝土路面:高速公路、一级公路设计使用年限不少于15年;二级公路不少于12年;三级公路不少于10年;四级公路不少于8年。

《标准》规定水泥混凝土路面:高速公路、一级公路设计使用年限不少于30年;二级公路不少于20年;三级公路不少于15年;四级公路不少于10年。

2.城市道路路面结构设计使用年限

《设计规范》对城市道路各种类型路面结构设计使用年限规定如表1-10所示。

路面结构的设计使用年限(年)　　　　　　　　　　　　表1-10

道路技术等级	路面结构类型		
	沥青路面	水泥混凝土路面	砌块路面
快速路	15	30	—
主干路	15	30	—
次干路	15	20	—
支路	10	20	10(20)

砌块路面采用混凝土预制块时,设计使用年限为10年,采用石材时为20年。

五、抗震、防灾及荷载标准

1.抗震及防灾

(1)公路抗震及防灾标准

根据《中国地震动参数区划图》(GB 18306—2015),《标准》中不再采用地震基本烈度的概念,而改为地震动峰值加速度系数。地震基本烈度与地震动峰值加速度系数之间的关系如表1-11所示。

地震基本烈度与地震动峰值加速度系数的对应关系　　　　　　表1-11

地震动峰值加速度系数(g)	<0.05	0.05	0.10	0.15	0.20	0.30	≥0.40
地震基本烈度	<6	6	7	7	8	8	≥9

公路的抗震设计应符合以下规定：
①地震动峰值加速度系数小于或等于0.05地区的公路工程,可采用简易设防。
②地震动峰值加速度系数在0.05~0.40之间地区的公路工程,应进行抗震设计。
③地震动峰值加速度系数大于或等于0.40地区的公路工程,应进行专门的抗震研究和设计。
④做过地震小区划地区的公路工程,应按主管部门审批的地震动峰值加速度系数进行抗震设计。

公路路基设计洪水频率为:高速公路和一级公路为100年一遇;二级公路为50年一遇;三级公路为25年一遇;四级公路按具体情况确定。城市周边地区的公路路基设计洪水频率应结合城市防洪标准,考虑救灾通道、排洪和泄洪需求综合确定。

（2）城市道路工程抗震及防灾标准

城市道路工程抗震、防灾设计应符合以下规定：
①道路工程应按国家规定的工程所在地区的抗震标准进行设防。
②城市桥梁设计宜采用100年一遇的洪水频率,对特别重要的桥梁可提高到300年一遇。对城市防洪标准较低的地区,当按100年一遇或300年一遇的洪水频率设计,导致桥面高程较高而引起困难时,可按相交河道或排洪沟渠的规划洪水频率设计,且应确保桥梁结构在100年一遇或300年一遇洪水频率下的安全。
③道路应避开泥石流、滑坡、崩塌、地面沉降、塌陷、地震断裂活动带等自然灾害易发区;当不能避开时,必须提出工程的管理措施,保证道路的安全运行。

2. 设计荷载

（1）公路设计荷载

《标准》中公路汽车荷载分为公路—Ⅰ级和公路—Ⅱ级两个等级,由车道荷载和车辆荷载组成,并规定如下：
①车道荷载由均布荷载和集中荷载组成,用于桥梁整体结构分析计算。
②车辆荷载用于桥梁结构局部分析计算和涵洞、桥台、挡土墙压力等的分析计算。
③车道荷载与车辆荷载的作用不得相互叠加。

（2）城市道路设计荷载

城市道路路面结构的轴载应以双轮组单轴载100kN为标准轴载。对有特殊荷载使用要求的道路,应根据具体车辆确定路面结构计算荷载。城市桥涵的汽车荷载分为城-A级、城-B级两个等级、设计应符合《城市桥梁设计规范》(CJJ 11—2011)的规定。

第六节　道路勘测设计阶段

一、道路基本建设程序

道路基本建设工程项目一般包括规划、可行性研究、勘测设计、施工及管理养护等5个阶段。在我国,由于不同类型道路的管理主体、建设管理体制等不尽相同,目前,道路勘测设计多以公路勘测设计为主。根据我国《公路工程基本建设管理办法》(1983年2月17日交通部颁

布)规定,公路基本建设程序为:
(1)根据长远规划或项目建议书,进行可行性研究;
(2)根据可行性研究,编制计划任务书(也称设计计划任务书,下同);
(3)根据批准的计划任务书,进行现场勘测,编制初步设计文件和概算;
(4)根据批准的初步设计文件,编制施工图和施工图预算;
(5)列入年度基本建设计划;
(6)进行施工前的各项准备工作;
(7)编制实施施工组织设计及开工报告,报上级主管部门核备;
(8)严格执行有关施工的规程和规定,坚持正常施工秩序,做好施工记录,建立技术档案;
(9)编制竣工图表和工程决算,办理竣工验收。

二、可行性研究

可行性研究是道路建设项目前期工作的重要内容,是建设项目立项、决策的主要依据。道路建设项目可行性研究是通过对项目影响区域内的经济、社会、交通运输现状及规划的调查和研究,进而进行评价预测和必要的踏勘工作,在此基础上对项目建设的必要性、技术可行性、经济合理性、实施可能性及风险可控性等方面进行综合性研究论证的工作。

道路建设项目可行性研究按其工作阶段可分为预可行性研究和工程可行性研究。预可行性研究是通过实地踏勘和调查,重点研究项目建设的必要性和建设时机,初步确定建设项目的通道和走廊带,并对项目的建设规模、技术标准、建设资金、经济效益等进行必要的分析论证,编制研究报告,作为项目建议书的依据。工程可行性研究报告的编制原则上以批准的项目建议书为依据,并应进行充分的调查研究,通过必要的测量和地质勘查,对可能的建设方案从技术、经济、安全、环境等方面进行综合比选论证,研究确定项目起、终点,提出推荐方案,明确建设规模,确定技术标准,估算项目投资,分析投资效益,编制研究报告。工程可行性研究报告一经批准即作为初步设计应遵循的依据,工程可行性研究阶段投资估算与初步设计概算之差应控制在投资估算的10%以内。

1. 预可行性研究的主要内容

(1)概述。包括项目背景、编制依据、研究过程及内容、建设的必要性、主要结论、问题及建议。

(2)经济社会和交通运输发展现状及规划。包括研究区域概况、项目影响区域经济社会现状及发展、项目影响区域交通运输现状及发展。

(3)交通量分析及预测。包括交通调查及分析、相关运输方式的调查及分析、预测思路与方法、交通量预测。

(4)建设的必要性。重点分析拟建项目在区域经济社会发展、城镇及路网规划、综合运输体系、满足交通需求等方面的定位和作用,阐述项目建设的必要性和建设时机。

(5)建设条件、技术标准及建设方案。

(6)投资估算及资金筹措。按照交通运输部《公路工程基本建设项目投资估算编制办法》(JTG M20—2011),说明材料单价和征地拆迁费用依据及主要定额调整原因等,并给出各方案总估算汇总表。

(7)经济评价。包括评价依据和方法、经济费用效益分析(含敏感性分析)、财务分析及评价结论。

(8) 节能评价。包括建设期耗能分析、运营期节能措施、主要节能措施、节能评价。

(9) 社会评价。包括项目的社会影响分析、项目与所在地的互适性分析、社会风险分析及对策建议、社会评价结论。

(10) 风险分析。对于特殊复杂的重大项目,应进行风险分析,主要包括项目主要风险因素识别、风险程度分析、防范和降低风险措施。

(11) 问题及建议。存在的主要问题及建议。

(12) 附件。包括相关会议纪要、地方意见、部门意见等。

2. 工程可行性研究的主要内容

(1) 概述。包括项目背景、编制依据、研究过程、建设的必要性、主要结论、问题及建议。对于直接进行工程可行性研究的公路项目,应对项目建设的必要性、建设时机等进行详细论证。

(2) 经济社会和交通运输发展现状及规划。包括研究区域概况、项目影响区域经济社会现状及发展、项目影响区域交通运输现状及发展、相关公路技术状况及存在的问题、交通运输发展趋势等。

(3) 交通量分析及预测。包括公路交通调查与分析、相关运输方式的调查与分析、预测思路及方法、交通量预测。

(4) 技术标准。根据拟建项目在区域公路网中的功能与定位、交通量预测结果,综合考虑地形条件、投资规模、环境影响及拟建项目连接的其他工程项目情况等影响因素,在对通行能力及服务水平进行分析的基础上,按照现行《标准》相关规定,确定项目拟采用的技术等级、设计速度、车道数及路基宽度荷载标准、抗震设防标准、隧道建筑界限、交通工程及沿线设施等具体指标。对于跨越有通航要求的河流上的桥梁,应明确通航标准等指标。

(5) 建设方案。包括地形、地质、水文、气候、城镇规划、产业布局、资源分布、环境敏感点、文物、筑路材料及运输条件、拟建项目与相关路网的衔接关系等建设条件,以及制约建设方案的其他主要因素,建设项目起终点论证、备选方案的拟订,综合考虑建设条件、工程规模及投资、经济评价、环境影响、土地占用等因素,进行方案比选后提出推荐方案,并对推荐方案概况进行概略设计等。

(6) 投资估算及资金筹措。按照交通运输部《公路工程基本建设项目投资估算编制办法》(JTG M20—2011)、《公路工程估算指标》(JTG/T M21—2011)等执行。应说明主要材料来源、材料单价、征地拆迁补偿费用依据、标准及主要定额调整原因等,并给出各方案总估算汇总表。工程可行性研究的投资估算与项目建议书投资估算差别较大时,应说明原因。

(7) 经济评价。包括评价依据、评价方法、评价方案的设定,经济费用效益分析、财务分析、敏感性分析、评价结论等。

(8) 实施方案。分析工程的施工条件和特点,研究制约工程进度、质量、造价的关键环节,提出工期安排等实施方案。对于改扩建项目,应该包括施工期交通组织方案。

(9) 土地利用评价。包括区域土地利用、类型及人均占有量、推荐方案占用土地、主要拆迁建筑物的种类和数量、对当地土地利用规划影响、与《公路建设项目用地指标》(建标〔2011〕124号)的符合性分析,以及提出土地使用集约化的措施。

(10) 工程环境影响分析。包括沿线环境特征分析、推荐方案对工程环境的影响等,并提出减轻工程环境影响的对策等。

(11) 节能评价。包括建设期耗能分析、运营期节能分析、项目运营管理耗能分析、项目使用者节能计算、对当地能源供应的影响分析、主要节能措施、节能评价。

(12) 社会评价。分析项目对所在地社会的正、负面影响。主要包括对居民收入、生活水平与质量、就业的影响，对不同利益群体的影响，对所在地文化、教育、卫生的影响等；调查当地政府、企业、居民及道路主要使用者对建设项目的支持程度，分析项目与当地社会环境的相互适应性，并进行社会风险分析，提出社会评价结论。

(13) 风险分析。包括主要风险因素识别、风险程度分析、防范和降低风险的措施。

(14) 问题及建议。

(15) 附件。包括相关审查意见、会议纪要、地方意见、部门意见等。

三、道路勘测

道路勘测是开展道路设计之前必要的基础工作。勘测资料及数据是否齐全、准确，是否满足规范要求，将直接影响设计的准确性及有效性。因此，道路勘测过程中必须严谨认真、实事求是、精心勘测，注重技术经济效益，兼顾对环境和社会的影响，为设计环节提供正确、完整的数据和资料，以保证设计文件的质量。

道路勘测应充分利用目前先进的测量设备及手段，包括全站仪、GPS-RTK 设备、手持 GPS 设备、航空摄影、微型无人机等先进仪器及手段，以提高勘测速度及勘测质量。

道路勘测工作应全面推行质量管理制度，对一切外业资料、原始记录和计算成果应及时进行严格检查，有完善的签字制度并层层负责。勘测工作完成后，应组织有关单位验收。

各种测量标志的规格、书写方式及图表格式，应按照交通运输部现行的有关规定执行。地形图图式应按照国家测绘局的现行图式要求表示，如有补充，应增绘图例。

各种测量仪器和设备，是测量人员不可缺少的生产工具。对于贵重的精密仪器，在使用前要认真阅读使用说明书，按规定的方法操作，平时应加强保养和维护，按规定定期检校。

道路勘测主要分为初测和定测两个阶段。初测的目的是根据批复的项目工程可行性研究报告所拟定的路线基本走向和布线原则，对各备选方案进行现场勘测，选择最优方案，并收集编制初步设计文件所需的勘测调查资料。道路定测，又称为详测，即定线测量，是指施工图阶段的外业勘测和调查工作。定测的主要目的是根据批准的初步设计文件、确定的修建原则和工程方案，结合自然条件与环境，通过优化设计后进行实地定桩放线，准确测定路线线位和构筑物位置，为道路施工图设计提供准确、可靠的勘测调查资料。

1. 初测

(1) 准备工作

在开展初测之前，应根据需要搜集与项目相关的技术、经济、社会及自然条件等资料，包括三角点、导线点、水准点、地质、水文、气象资料，地震基本烈度，沿线路网，以及城建、文物、通信、国土、国防等部门与本项目相关的规定及规划等；应根据批复的工程可行性研究报告，在地形图、数字化地面模型或航测图片上进行研究，确定勘测方案；应根据初步确定的勘测方案，编制工作大纲和技术设计书。在工作大纲中应明确测设组织形式、测设人员、人员分工、工作阶段划分、各阶段工期、质量保证措施等。在技术设计书中应写明资料搜集及可利用情况、仪器设备状况、测设内容、测设方法、测设深度、采用的技术标准及提供的资料等。

（2）现场踏勘

前期准备工作完成后，根据初步拟定的勘测方案，核查所搜集的地形图的地形、地物变化点对初拟方案的影响；核查沿线居民点、农田水利设施、主要建筑设施和不良地质的分布情况对初拟方案的影响；核查各类管线、重要历史文物、名胜古迹、旅游风景区、自然保护区、景观区的分布情况对初拟方案的影响。根据以上核查调整完善初拟勘测方案。现场踏勘过程中，应对沿线重点工程和复杂的大桥、中桥、隧道、互通式立体交叉等，逐一落实其位置与设置条件。对重要的路线方案、与地方规划或设施有干扰的路线方案，应征求当地政府或主管部门的意见。如果为改建项目，还应对原有旧路的路线线形、路基、路面、桥涵、防护和排水系统、交通事故与主要病害情况进行踏勘。应对国家及有关部门布设的控制点的可利用性进行核查，对测区地形、植被覆盖情况、气象、交通条件等有所了解和掌握。通过现场踏勘，确定初测路线地形图测图范围和地形图测量方案。

（3）主要内容

初测包括平面控制测量、高程控制测量、地形图测绘、路线勘测与调查、其他勘测与调查、内业工作等。

平面控制测量主要包括公路、桥梁、隧道的平面控制测量。平面控制测量应采用 GPS 测量、导线测量、三角测量、三边测量等方法进行，路线平面控制测量宜采用导线测量方法进行。二级及二级以上公路必须进行平面控制测量。平面控制测量应对原有控制点进行检测，控制测量坐标系统与待测公路的坐标系统不一致时，应进行换算；原有平面控制点不能满足公路放线要求时，应按规定予以加密。

高程控制测量应采用水准测量或三角高程测量的方法进行，高程变化平缓的地区可使用 GPS 测量的方法进行，但应对作业成果进行充分的检核。二级及二级以上公路必须进行高程控制测量，三四级公路应进行高程控制测量。路线高程控制点相邻点间距以 $1\sim1.5km$ 为宜，特大型构造物每一端应埋设两个（含两个）以上高程控制点。高程控制点距路线中心线距离应大于 $50m$，宜小于 $300m$。应对原有高程控制点进行检测，原高程系统与待测公路高程系统不一致时，应进行换算。

地形图测绘范围应根据公路等级、地形条件及设计需要等合理确定，应能满足线形优化及构造物布置的需要。二级及二级以上公路为中线每侧不宜小于 $300m$。采用现场定线时，地形图的测绘范围中线每侧不宜小于 $150m$。高速公路和一级公路采用分离式路基时，地形图应覆盖中间带；当两条路线相距很远或中间带为大河或高山时，中间带地形图可不测绘。当公路等级低且无须利用地形图进行纸上定线时，亦可利用纵、横断面资料，配合仪器测量现场勾绘地形图。

2. 定测

（1）准备工作

应搜集工程可行性研究、初设阶段勘测、设计的有关资料以及审查、批复意见。根据勘测任务的内容、规模和仪器设备情况，拟订勘测方案。在勘测之前，应对初步设计所搜集的资料进行现场核查，对沿线地形、地貌及地物的变化情况进行核查，对初测阶段设置的平面、高程控制点的点位分布情况进行全面检查。

（2）主要内容

高等级公路一般采用两阶段或三阶段勘测。对方案明确、地形地质条件比较简单的二、

三、四级公路的勘测,可采用一次定测,定测作业组一般分为选线组、测角组、中桩组、水平组、横断面组、路基路面组、桥涵隧道组、内业组等若干组。定测的工作内容主要包括选线、放线、中线敷设、中桩高程测量、横断面测量、地形测量、内业工作等。具体测量方法及要求详见测量学相关教材。

    3. 道路勘测新技术

    1) 全球定位系统(GPS)数据采集技术

    GPS 在我国测绘行业的应用起步较晚,但发展迅速,近年来,在 GPS 应用基础研究和实用软件开发等方面均取得了大量的成果。发展至今,GPS 数据采集技术已成为道路勘测工作过程中数据采集的最主要方式。

    (1) GPS 全球定位系统的组成

    GPS 全球定位系统主要由空间星座部分(GPS 卫星星座)、地面监控部分和用户设备三大部分组成。

    ①空间星座部分。全球定位系统的空间星座部分由分布在 6 个近似圆形轨道平面内的 24 颗工作卫星组成(每个轨道上有 4 颗),其中有 3 颗是备用卫星。轨道平均高度为 20 200km,卫星运行周期为 11 小时 58 分。同时在地平线以上的卫星数目随时间和地点而异,最少为 4 颗,最多可达 11 颗。这样,在地球上任何地点任何时刻均至少可同时观测到 4 颗卫星。

    GPS 卫星的主要功能是接收、存储和处理地面监控系统发射来的导航电文及其他有关信息;向用户连续不断地发送导航与定位信息,并提供时间标准、卫星本身的空间实时位置及其他在轨卫星的概略位置;接收并执行地面监控系统发送的控制指令。

    ②地面监控部分。GPS 的地面监控系统主要由分布在全球的 5 个地面站组成,其中主控站(MCS)1 个,设在美国科罗拉多州的斯普林斯,负责协调和管理所有地面监控系统的工作;注入站(GA)3 个,分别设在印度洋的迭戈加西亚太平洋的卡瓦加兰,和南大西洋的阿松森群岛,其主要任务是通过一台直径为 3.6m 的天线,将来自主控站的卫星星历、钟差、导航电文和其他控制指令注入相应卫星的存储系统,并监控注入信息的正确性;监控站 5 个,除上述 4 个地面站具有监控站功能外,还在夏威夷设有 1 个,其主要任务是连续观测和接收所有 GPS 卫星发出的信号并监控卫星的工作状况,将采集到的数据连同当地气象观测资料和时间信息经初步处理后传送到主控站。

    ③用户设备部分。GPS 的用户设备部分包括 GPS 接收机硬件、数据处理软件、微处理机及其终端设备等。GPS 信号接收机是用户设备部分的核心,一般由主机、天线和电源三部分组成。其主要功能是跟踪接收 GPS 卫星发射信号并进行变换、放大处理,以便测出 GPS 信号从卫星到接收机天线的传播时间,解译导航电文,实时计算测站的三维位置,乃至三维速度和时间。GPS 接收机根据其用途可分为导航型、大地型和授时型;根据接收的卫星信号频率,又可分为单频(L1)和双频(L1、L2)接收机。

    精密定位测量时一般采用大地型双频或单频接收机,单频接收机适用于 10km 左右或更短距离的精密定位工作,双频接收机可进行长距离的精密定位。与单频接收机相比,双频接收机结构复杂,价格更昂贵。

    (2) GPS 的坐标系统

    GPS 定位采用 WGS-84 世界大地坐标系统(World Geodetic System),该坐标系具有自身的几何定义和严格的物理定义,高程以椭球面为基准。但道路与交通工程中采用的是国家或地方独立坐标系统,高程则以大地水准面为基准面,故 GPS 测量结果必须经过坐标转换。

利用 GPS 建立控制网通常采用国家坐标系或地方独立坐标系,把已知点作为起算数据进行 GPS 网平差(平差的目的是消除 GPS 网观测值之间的不符值,同时完成从 WGS-84 坐标系到地面坐标系的转换,一般由软件完成),得到平差后的各待定点坐标以及 GPS 与已知点之间的旋转、尺度等参数。在进行 GPS 与地面测量数据的三维联合平差时,一般均认为 WGS-84 坐标系与已知点坐标系之间的旋转角是微小量,这对于国家坐标系是没有什么问题的,如:石太、铜九线计算出的尺度与旋转参数均很小。应用在城市或工程中的地方独立坐标系,由于旋转角可能不是微小量,这样可能给平差结果带来不利影响,不过现在已有成熟的方法来消除这种不利影响。GPS 用于数据采集、定线等工程中,可利用已知的平移、旋转尺度参数把 GPS 成果换算到地方独立坐标系。

GPS 测量得到的信息不仅包含平面信息,而且包含高程信息,但 GPS 求得的是相对于椭球面的大地高差。由于大地水准面的不规则性使得它与椭球面的差距是变化的,因此如何把 GPS 测得的大地高差转化为水准高差是 GPS 定位中十分重要的问题。目前解决这一问题的方法有考虑地形改正、利用重力及水准资料求高程异常、采用曲面拟合等。

(3) GPS 定位方法

GPS 进行定位的方法,按特定点在测量中所处的状态来分有静态定位和动态定位两种方法;按定位结果分类,有绝对定位和相对定位两种方法。在道路工程中,主要采用静态相对定位法和动态差分定位法。关于各种定位方法的原理可查阅有关书籍,在此仅作简要介绍。

①静态相对定位法。静态相对定位,是至少有两台 GPS 接收机同时接收卫星信号,经过信号的差分处理可精确地计算出两点在 WGS-84 大地坐标系中的三维坐标差,根据其中一点的坐标可推算出另一点的坐标。由于静态相对定位精度高、速度快,因此广泛应用于大地测量、形变观测、工程测量等领域中。

目前,在道路工程中采用 GPS 静态相对定位法,主要是用于建立各种道路工程控制网及航测外控点等。随着高等级公路的迅速发展,道路建设对勘测技术提出了更高的要求,当建设线路长、已知点少时,用常规测量手段不仅布网困难,而且难以满足高精度的要求。目前国内已逐步采用 GPS 技术建立线路首级高精度控制网,比如沪宁高速公路、沪杭高速公路上海段就是利用该技术建立了首级控制网,然后用常规方法布设导线加密。实践证明:GPS 技术在数十公里范围内的点位误差只有 2cm 左右,达到了用常规方法难以实现的精度。

②动态差分定位法。动态差分定位,是将一台 GPS 接收机置于基准站不动,而另一台(或几台)接收机处于运动状态,根据基准站与移动站信号的差分解算出移动站各时刻的位置参数。该测量方法的数据处理有实时处理及后处理两种方式:实时处理需要实时地把基准站的信息传到移动站,故需要传递数据的发射装置与接收设备(称为数据链);后处理无须实时传递数据。根据不同的应用目的可以选用不同的处理方式。如:在导航时需要连续提供目前所处的位置、速度等信息,故采用实时处理;在利用动态 GPS 测定某些点的坐标时,可通过后处理进行计算。

GPS 测量包含三维信息,可用于数字地面模型的数据采集、中线放样以及纵断面测量。在中线平面位置放样的同时,可获得纵断面。在进行中线放样过程中,不断地把基准站的数据由数据链传到移动站,从而得到移动站的实时位置,与计算机辅助设计系统相结合,可在计算机屏幕上看到目前位置与设计坐标之间的差异。

GPS 数据采集技术具有广泛的应用前景，测量过程无须通视，减少了常规测量方法的中间环节，因此速度快、精度高，具有明显的经济和社会效益。另外，在航测成图与选线过程中，用常规方法进行外控点测量需要许多过渡点，不仅效率低，精度也难以保证，同时还存在不少无检测条件的支点，易发生错误。利用 GPS 测定外控点可直接在外控点间构成图形，精度高、速度快，且可以适当加入检核条件，具有较高的可靠性。机载动态差分 GPS 应用于航测在德国和加拿大已取得成功。用载波相位差分测出每个摄影中心的三维坐标，而不再需要外控点的测量。

(4) GPS 静态相对定位测量作业程序

GPS 测量的外业工作包括选点、建立观测标志、野外观测以及成果质量检核等；内业工作主要包括 GPS 测量的技术设计、数据处理以及技术总结等。按照 GPS 测量实施的工作顺序，可分为技术设计、选点与建立标志、外业观测、成果检核与数据处理等阶段。下面简要介绍静态相对定位测量的作业程序，它是 GPS 测量中最常用的精密定位方法。一般 GPS 网应由同步观测边（即同一时间段内观测的基线边）构成闭合图形（称为同步环，如同时用三台接收机同步观测三条基线边而构成的三角形网，用四台接收机同时观测四条或六条基线边而构成的四边形网等），以增加检核条件，提高网的可靠性，各独立的同步环可通过点连、边连或网连三种基本方式构成一个整体网，又可额外增加若干条复测基线闭合条件和非同步图形（异步环）闭合条件，从而进一步提高 GPS 网的几何强度及可靠性。各点观测次数的确定，通常应遵循"网中每点必须至少独立设站观测两次"的基本原则。

①选点。由于 GPS 测量时各观测站之间无须通视，选点工作较常规大地测量灵活、简便。但由于其本身的特点，应将点位选在交通方便、易于安置接收机设备的地方，且视野开阔，以便于同常规地面控制网联测；应避开对电磁波有强烈吸引、反射干扰影响的金属或其他障碍物体（如高压线、高层建筑等）。点位选定之后，应按要求埋设标石等标志，并做好记录。

②外业观测。外业观测是指利用 GPS 接收机采集来自 GPS 卫星的电磁波信号，其作业过程可分为天线安置、接收机操作和观测记录。天线的妥善安置是实现精密定位的重要条件之一，其具体内容包括：对中、整平、定向和量取天线高。

接收机操作的自动化程度很高，只需按动若干功能键，按显示屏幕上的提示进行即可。观测记录的形式一般有两种：一种是由接收机自动形成并保存在机载存储器中，另一种是由操作员直接记录在测量手薄中。

③成果检验与数据处理。观测时应在测区及时对外业观测数据进行严格的检核，确保数据准备无误后才能进行 GPS 网的平差计算和数据处理。GPS 测量数据量、信息量大，所采用的数学模型、计算方法形式多样，数据处理过程相当复杂，一般均借助于电子计算机及相应软件来完成。

2) 微型无人机航测技术

微型无人机航测技术是无人机技术与摄影测量技术结合的最新成果，是传统勘测技术的重要补充，以其高分辨率、高几何精度、操作灵活、适用性强、成本低等特点，被广泛应用于各类工程建设、地形图更新、资源开发、基础测绘等方面。近几年，无人机航测技术在道路勘测工作中得到了推广，但因为道路勘测精度要求苛刻、测区范围狭窄、形状复杂等原因，目前在我国道路勘测中的应用正处于探索阶段，作为传统勘测手段的有效补充和延伸。

(1) 微型无人机航测系统的构成

微型无人机航测系统主要包括无人机航飞硬件系统和数字处理软件系统两部分。无人机航飞硬件系统主要由飞行平台和地面配套设备两部分组成。飞行平台上装有飞行控制系统和影像获取设备,地面配套设备主要包括遥控设备、信息接收和信息处理终端。软件系统主要包括外业控制软件、数据后处理软件。外业控制软件主要用于飞行任务的设计、规划、控制及飞行效果检查;数据后处理软件主要用于原始数据的分析处理。微型无人机航测系统构成见图1-15。

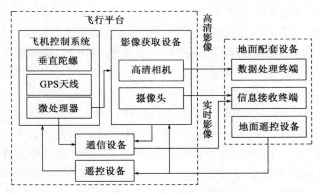

图1-15 微型无人机航测系统构成

(2)微型无人机航测系统的作业流程

①准备工作。对无人机的主要性能参数(飞行速度、飞行高度、工作环境、控制半径、续航时间、最大抗风、最大荷载等)及测区基本概况进行充分了解。

②无人机起降点的确定。通过实地考察,选择空旷平坦区域作为无人机起降点,保证无人机起降作业的安全性。

③航线设计。将事先准备好的测区地形图数据导入无人机的控制系统。根据设计技术任务书的要求,设计计算飞行高度、分辨率、拍摄宽度、航向重叠率、旁向重叠率等,利用测区地图规划飞行区域。

④布设像控点。像控点的布设在航向与旁向重叠范围内,当像控点不能被相邻航线公用时则应分别布点。选像控点时应避免阴影,以免影响质量。在现场埋设地标,并利用RTK测出三维坐标。为充分保证像控点精度,应充分利用已知控制点、基础控制点均匀分布,敷设像控点。

⑤外业实测。选择在天气晴朗、风力在7级以下的条件下,定义好无人机的风向、起降点,让飞机起飞,飞行过程中实施监控,落地后检查收录数据是否完好,相片质量是否满足要求,必要时应进行二次飞行。

⑥自动化数字处理。将采集到的航空影像数据直接导入TBC(Trimble Business Center)摄影模块、测量模块处理得到高质量的成果,从而生成数字地面模型。

⑦数据精度分析。精度分析应按照《1:500 1:1000 1:2000地形图航空摄影测量内业规范》(GB/T 7930—2008)及《公路勘测规范》(JTG C10—2007)要求进行评定分析。评定内容主要包括影响质量和数字精度。

四、道路设计基本流程

道路设计是指具体完成一条道路所进行的内业设计工作,是在外业勘测的基础上进行的。

内业设计包括路线设计、结构设计及概预算编制等工作。

道路设计应根据道路的性质和要求分阶段进行,其具体做法有:一阶段设计、两阶段设计和三阶段设计 3 种。

(1) 一阶段设计

对于技术简单、方案明确的小型建设项目,可采用一阶段设计,即直接根据批准的设计任务书要求,一次做详细测量并编制施工图设计。

一阶段施工图设计应根据可行性研究报告批复意见及测设合同的要求,拟定修建原则,确定设计方案和工程量,提出文字说明、图表资料及施工组织计划,编制施工图预算,满足审批的要求,适应施工的需要。

(2) 两阶段设计

道路工程基本建设项目,一般应采用两阶段设计,即按初步设计和施工图设计两阶段进行。第一阶段,根据批准的设计任务书,进行踏勘测量,并编制初步设计文件;第二阶段,根据批准的初步设计、审批意见及测设合同,进行详细测量,并编制施工图设计文件。

初步设计阶段的目的是确定设计方案。应根据批复的可行性研究报告、测设合同要求,拟定修建原则,选定设计方案,计算工程量及主要材料数量,提出施工方案的意见,编制设计概算,提供方案说明及图表资料。初步设计文件经审查批复后,则为订购主要材料、机具、设备,安排重大科研试验项目,联系征用土地、拆迁,进行施工准备,编制施工图设计文件和控制建设项目投资等的依据。

施工图设计应根据初步设计批复意见、测设合同,进一步对所审定的修建原则、设计方案、技术方案加以具体和深化,最终确定各项工程量,提出文字说明和适应施工需要的图表资料以及施工组织计划,并编制施工图预算。

(3) 三阶段设计

对于技术上复杂而又缺乏经验的建设项目或建设项目中的个别路段、特殊大桥、互通式立体交叉、隧道等,必要时应采用三阶段设计,即分初步设计、技术设计和施工图设计三个阶段。

技术设计阶段应根据初步设计批复意见、测设合同的要求,对重大、复杂的技术问题,通过科学实验、专题研究,加深勘探调查及分析比较,解决初步设计中未解决的问题,落实技术方案,计算工程量,提出修正的施工方案,修正设计概算,批准后作为编制施工图设计的依据。

五、各阶段设计文件编制深度

可行性研究文件一般应包括概述、现状及发展、交通分析及预测、技术标准、建设方案与规模、环境影响分析与节能评价、投资估算与资金筹措、经济评价、实施方案、社会评价、新技术应用与科研项目建议、研究结论与建议、附件等 13 个部分。

初步设计文件一般包括设计说明书、工程概算、主要材料及设备表、主要经济指标、附件和设计图纸等 6 个部分。

施工图设计文件一般包括设计说明书、施工图预算、工程量和材料用量表以及设计图纸等 4 个部分。

采用一阶段设计的建设项目,应编制施工图预算。采用两阶段设计的建设项目,初步设计编制设计概算,施工图设计编制施工图预算。采用三阶段设计的建设项目,初步设计编制设计概算,技术设计编制修正概算,施工图设计编制施工图预算。

第七节　本课程研究的主要内容及教学安排

一、本课程研究的主要内容及方法

道路勘测设计课程的研究内容主要包括道路设计标准与设计文件组成、选线、定线、平、纵、横断面几何设计、交叉设计、附属设施设计、道路改扩建设计等。由此可见，道路勘测设计课程的主要研究对象是道路几何设计和路线勘测的理论与方法。只有掌握了道路勘测设计的基本理论与方法，才能合理地进行道路设计。所以说，道路勘测设计是交通类土建类工程专业的一门重要专业课，是实用性、实践性、操作性、综合性均很强的一门课程。

本课程内容主要包括道路设计基础、道路几何线形设计、道路选线定线、路线交叉设计、路线设计实用方法、道路附属设施设计、道路改扩建设计等 7 大部分。第一部分内容包括绪论和汽车行驶理论，安排在第一章和第二章；第二部分内容包括平面设计、纵断面设计、横断面设计，安排在第三章、第四章和第五章；第三部分内容为选线和定线，安排在第六章；第四部分为路线交叉设计，主要包括道路平面交叉、道路立体交叉及管线交叉，安排在第七章；第五部分为路线设计实用方法，主要包括平面、纵断面、横断面设计及路线交叉设计、土石方调配等的实用设计方法，安排在第八章；第六部分内容为道路附属设施设计，安排在第九章；第七部分内容为道路改扩建设计，安排在第十章。

二、本课程与相关课程的关系

道路勘测设计课程与许多课程关系密切，这是因为它涉及地质、水文、测绘、航测遥感、材料、结构、美学、环境、汽车、社会、经济、心理与生理、计算机等一系列学科或课程。要学好并充分应用道路勘测设计的理论与方法，必须具备坚实而广泛的知识和技能。就现行专业教学计划而言，工程地质、测量学、土质学与土力学、道路建筑材料、水力学、桥涵水文等课程是本课程的先修课程，交通工程学、路基路面工程、桥梁工程、计算机语言、工程经济与管理、环境工程学、社会经济学等课程与本课程关系密切，互相渗透、互相影响。

道路勘测设计课程既研究整个路线方案的布局、走向、技术标准等宏观问题，又研究具体的道路线形、立交形式及其布置、桥涵位置及形式、工程量计算等微观技术问题。路基路面工程、桥梁工程研究的大多是结构方面的具体技术设计问题。尽管各门课程的研究内容各不相同，但它们之间的联系密切。例如，就桥梁设计而言，桥梁结构设计是桥梁工程课程的内容，但桥位的选择就要根据桥梁的规模在综合考虑桥梁工程和勘测设计要求的基础上确定；再如路基路面设计，就路基路面本身的设计而言，它是路基路面工程课程的内容，但对于路基填土高度的确定、路面垫层的设置等问题，则应综合考虑路基路面、土质学、纵断面线形等因素综合确定。

三、有关教学计划及安排

道路勘测设计是一门综合性课程，具有实践性、操作性强的特点。道路勘测设计课程一般包括理论授课、课程设计和生产实习等 3 个环节，对每个教学环节分别进行考核和评定，以保证学生切实掌握道路勘测设计相关专业技能和知识。

【习题与思考题】

1-1 现代运输方式有哪几类？道路运输的特点有哪些？

1-2 道路设计的主要交通参数有哪些？

1-3 作为道路设计指标的设计速度，其数值应根据哪些因素来确定？

1-4 按照道路功能划分，我国公路可分为哪几类？

1-5 同一条路线，各个路段的设计行车速度不应差别过大，为什么？

1-6 试分析公路和城市道路的组成有何不同。

1-7 道路设计为什么除满足近期交通量需要外，还应满足远期交通量的需要？近、远期的设计使用年限一般为多少年？

1-8 道路红线的定义及作用是什么？

1-9 公路建设的基本程序有哪些？

1-10 初步设计文件由哪几部分组成？施工图设计的内容与初步设计有何不同？

第二章
汽车行驶理论

道路主要是为汽车行驶服务的,道路设计应以满足汽车行驶的要求为前提,即安全、迅速、经济与舒适。因此,研究汽车在道路上的行驶特性及其对道路设计的具体要求是道路设计的理论基础,是制定道路几何线形标准的理论依据。本章主要介绍汽车的动力特性及其与道路设计的基本关系。

第一节 汽车的动力特性

本节主要介绍汽车与道路设计有密切关系的以下动力特性:
(1)汽车的牵引力;
(2)汽车的行驶阻力;
(3)汽车的行驶条件及动力平衡方程;
(4)汽车的动力因数和动力特性图;
(5)汽车的速度特性;
(6)汽车的爬坡能力。

一、牵引力

汽车行驶需要不断克服行驶中所遇到的各种运动阻力,为克服这些阻力,汽车必须具备足够的动力——牵引力。汽车的动力来自它的内燃发动机,燃料在发动机内燃烧,将热能转变为机械能,产生有效功率 N_e,使发动机的曲轴上具有扭矩 M_e,M_e 通过传动系统传到驱动轮产生牵引力,从而推动汽车以一定的速度行驶。

1. 汽车发动机外特征曲线

由功率的基本计算公式得:

$$N_e = \frac{M_e \cdot \omega}{1\,000}$$

$$\omega = \frac{2\pi n_e}{60}$$

则:

$$N_e \approx \frac{M_e \cdot n_e}{9\,549} \tag{2-1}$$

式中:N_e——发动机有效功率,kW;
M_e——发动机曲轴扭矩,N·m;
n_e——发动机曲轴转速,r/min;
ω——发动机曲轴转动角速度,rad/s。

式(2-1)为发动机功率 N_e、扭矩 M_e 和转速 n_e 间的关系式,它表征发动机的基本特性。如在同一坐标系内分别将 N_e、M_e 及单位燃料消耗量 q_e 与 n_e 之间的函数关系以曲线表示,则此曲线称为发动机特性曲线。汽车油门的开度不同,发动机的特性曲线亦不相同。发动机油门全开时的特性曲线称为发动机外特性曲线。

图 2-1 所示为某汽车发动机的外特性曲线。图中的 N_e-n_e 曲线通过汽车台架试验获得,M_e-n_e 曲线按式(2-1)绘制,n_{emin} 为发动机的最小稳定工作转速,随着曲轴转速的不断提高,发动机所发出的扭矩以及功率都在增加。当曲轴转速为 n_M 时,发动机扭矩达最大值 M_{emax},如果进一步提高曲轴转速则发动机扭矩将下降,但是发动机功率仍将继续增加,直至其最大值 N_{emax}(发动机的最大功率 N_{emax} 和最大扭矩 M_{emax},以及与其相应的曲轴转速 n_N 及 n_M,通常记载在发动机的技术说明书中)。如再继续提高曲轴转速,则发动机所发出的功率由于汽缸充气恶化、机械损失加剧等原因将逐渐降低。此时发动机的磨损甚为严重,因此一般发动机设计时均使其最大转速 n_{emax} 不大于最大功率时之转速 n_N 的 125%。

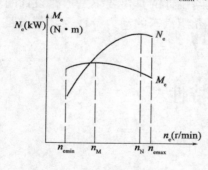

图 2-1 某汽油发动机外特性曲线

如找不到发动机的试验数据,发动机外特性曲线也可由下面公式来近似估算:

$$\begin{cases} N_e = N_{emax}\left[\dfrac{n_e}{n_N} + \left(\dfrac{n_e}{n_N}\right)^2 - \left(\dfrac{n_e}{n_N}\right)^3\right] \\ M_e = M_{emax} - \dfrac{M_{emax} - M_P \cdot (n_M - n_e)^2}{(n_N - n_M)^2} \end{cases} \tag{2-2}$$

式中:M_P——最大功率时相应的扭矩;
其他符号意义同前。

2. 牵引力与曲轴扭矩的关系

(1) 发动机扭矩的传递

发动机曲轴的扭矩,经传动系的离合器、变速箱、传动轴、主传动器而传到汽车的驱动轮上。当离合器接合时,发动机曲轴上的扭矩 M_e 就传到变速箱中。在变速箱中,扭矩随所用排挡的速比 i_k (发动机曲轴转速与变速箱输出转速之比)和机械效率 η_k 而变。因此传到传动轴上的扭矩为:

$$M_n = M_e i_k \eta_k$$

这一扭矩经传动轴被传到主传动器上后,还要随主传动器的主传动比 i_0 (主传动器输入和输出的转速之比)和机械效率 η_0 而变。因此,经主传动器的半轴而传到汽车驱动轮上的扭矩值为:

$$M_k = M_n i_0 \eta_0 = M_e i_0 \eta_0 i_k \eta_k$$

令 $\eta_m = \eta_0 \eta_k$,η_m 称为传动系的机械效率,对于载重汽车一般为 0.8~0.85,对于小客车一般为 0.85~0.95。则:

$$M_k = M_e i_0 i_k \eta_m \tag{2-3}$$

(2) 牵引力 P_t 与曲轴扭矩 M_e 的关系

由于受力情况的不同,汽车车轮有驱动轮与从动轮之分。驱动轮上有发动机曲轴传来的扭矩 M_k,在扭矩 M_k 的作用下车轮滚动前进。而从动轮上则无扭矩 M_k 的作用,从动轮的滚动是由驱动轮上使汽车前进的力——牵引力经车架传动给从动轮的轮轴上而产生向前的运动。一般汽车(载重车及客车)均为前轮从动,后轮驱动,而某些特殊用途的汽车(如越野车及牵引车)也有前后轮均为驱动轮的情况。图 2-2 所示为驱动轮的受力情况分析。在驱动轮上作用了扭矩 M_k、行驶的总阻力 P、驱动轮垂直负荷 G 以及路面对车轮的垂直反力 G_1 和水平反力 F。为计算方便,用一对力偶 P_t 和 P_k 代替 M_k,P_k 作用于路面与轮缘上,克服行驶阻力 P,推动汽车行驶,即为汽车的牵引力。有:

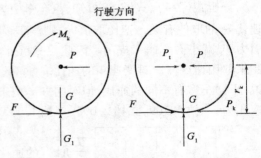

图 2-2 驱动轮受力分析

$$P_t = \frac{M_k}{r_k}$$

将式(2-3)代入上式得:

$$P_t = \frac{M_e i_0 i_k \eta_m}{r_k} \tag{2-4}$$

式中:P_t——汽车牵引力,N;

r_k——车轮工作半径,即计入轮胎弹性变形后的车轮半径,m。

车轮工作半径 r_k 与轮毂尺寸、内胎气压、外胎构造、路面的刚性与平整性及车轮上的荷载有关。其值一般为 $0.93 r_0 \sim 0.96 r_0$,r_0 为未变形前轮胎的自由半径。r_k 可用下列近似公式计算:

$$r_k = 0.025\,4 \left[\frac{d}{2} + b(1-\lambda) \right]$$

式中:d——轮辋半径,m;

b——轮缘宽度,m;

λ——轮胎变形系数,对于小型客车取12%~14%,对于载重汽车及公共汽车取10%~12%,对于超低压轮胎取12%~18%。

3. 车速与曲轴转速的关系

如果汽车的驱动轮与路面间没有滑转或滑移,则驱动轮转速与汽车行驶速度之间有下列关系:

$$V = \frac{2\pi r_k n_k \times 60}{1\,000} \approx 0.377 r_k n_k$$

式中:V——汽车行驶速度,km/h;

n_k——驱动轮转速,r/min。

由前面叙述可知,发动机曲轴转速 n_e 需经变速箱和主传动器的变速之后,才能传到驱动轮上,即:

$$n_k = \frac{n_e}{i_0 i_k}$$

则:

$$V = 0.377 \frac{r_k n_e}{i_0 i_k} \tag{2-5}$$

4. 汽车牵引特性曲线

分析式(2-4)、式(2-5)可知,汽车牵引力 P_t 和车速 V 的大小与主传动器速比 i_0 及变速箱速比 i_k 的取值有关。速比取值大,则汽车牵引力 P_t 就大,但是车速 V 会降低;反之,则汽车牵引力 P_t 减小而车速 V 提高。因此,一般在汽车构造设计时,均兼顾两者并考虑附着条件的限制来取用速比值。对变速箱的速比 i_k 而言,其值还随汽车所使用的排挡而变,对某一排挡来说,不同车型有不同的速比,但对同一车型来讲则为定值。如一汽大众捷达2015款手动挡变速比为:一挡3.769,二挡2.095,三挡1.433,四挡1.079,五挡0.851,主减速器传动器速比 i_0 为3.182。对主传动器速比 i_0 而言,不同的车型有不同的速比。

如果已知发动机的特性曲线,则可根据式(2-4)和式(2-5)绘制汽车不同挡位上牵引力与速度的关系曲线,称为汽车的牵引特性曲线。

如图2-3所示为一具有五挡变速器汽车的牵引特性图,图中曲线Ⅰ、Ⅱ、Ⅲ、Ⅳ、Ⅴ分别表示一、二、三、四、五挡时汽车牵引力与汽车行驶速度的关系曲线。

汽车的牵引特性对研究汽车的牵引性能至关重要。诸如汽车的牵引力与行驶速度的关系、不同挡位汽车牵引力的变化、汽车的最大行驶速度、最大加速度、最大爬坡度等均可借助牵引特性加以分析。

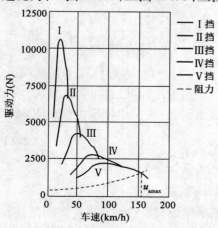

图2-3 汽车的牵引特性曲线

二、行驶阻力

当汽车在水平道路上匀速行驶时,必须克服来自地面的滚动阻力和来自空气的空气阻力。

滚动阻力用符号P_f表示,空气阻力用符号P_w表示。当汽车在坡道上上坡行驶时,还必须克服汽车重力沿坡道的分力,称为坡道阻力,用符号P_i表示。汽车加速行驶时,所需克服汽车的阻力,称为惯性阻力,用符号P_j表示。因此,汽车行驶的总阻力为:

$$\sum F = P_f + P_w + P_i + P_j$$

上述诸阻力中,滚动阻力和空气阻力在任何行驶条件下均存在,坡道阻力和惯性阻力仅在一定行驶条件下存在。汽车在水平道路上匀速行驶时则没有坡度阻力和惯性阻力。

1. 滚动阻力

汽车的轮胎具有弹性,所以当车轮滚动时,轮胎会反复地发生变形。车轮轮胎的变形属弹塑性体的变形,其变形特性如图2-4所示。

图中纵坐标G_k表示外力,横坐标l表示物体的变形,带有箭头的线段表示变形曲线;曲线OCA为加载变形曲线,曲线ADE为卸载变形曲线。由图2-4可以看出,弹塑性体在相同的变形情况下,加载和卸载过程中所受的外力是不相同的,加载力大于卸载力。

车轮在路面上滚动,就是一个不断地加载与卸载的过程。如图2-5所示,在法线ab的左边,车轮逐渐滚向路面,这就是加载(压缩)过程,此时变形曲线相当于图2-4中的OCA曲线,在法线ab处具有最大变形。在法线ab右边车轮逐渐离开路面,这是卸载(恢复)过程,此时变形曲线相当于图2-4中的ADE曲线。

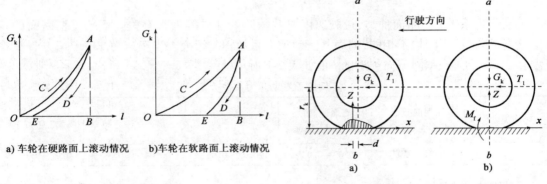

图2-4 弹塑性体变形特性　　　　　　图2-5 车轮在路面上滚动时的受力情况

车轮的变形在法线ab的左右是对称的,即车轮的变形在ab的左右对称点上是相同的。车轮法线ab的对称点上虽具有相同的变形,但由于法线的左边为压缩区,右边为恢复区,所以其受力大小不同,在压缩区受力较大,因此车轮与路面的接触面上,法向单位压力对法线ab而言是不对称的,其分布情况如图2-5a)所示。

如果以Z表示法向单位压力之合力(即车轮法向反作用力),则力Z就与车轮负荷G_k大小相等、方向相反。但法向反作用力与Z的作用点较车轮法线前移了一个距离d,因而产生了一个滚动阻力矩M_f。其值为:

$$M_f = G_k d$$

如将法向反作用力Z平移至车轮法线位置,则车轮在路面上滚动时的受力情况可画成图2-5b)所示形式,即滚动时有滚动阻力矩M_f阻碍车轮滚动。欲使车轮在路上等速滚动,必须在车轮中心加一推力T_1,它与地面切向反作用力构成一力偶矩来克服滚动阻力矩。由平衡条件得:

$$T_1 r_k = M_f$$

$$T_1 = \frac{M_f}{r_k} = G_k \frac{d}{r_k}$$

令 $f = \dfrac{d}{r_k}$，则：

$$T_1 = G_k f \quad 或 \quad f = \frac{T_1}{G_k}$$

式中：f——滚动阻力系数。

由上述可知，滚动阻力系数是车轮在一定条件下滚动时，所需推力与车轮负荷之比，即单位车重所需的推力。

以上分析是针对单个车轮进行的。对整个车辆，为克服滚动阻力矩所必需的推力为：

$$T = \sum T_1 = \sum G_k f = G_a f \tag{2-6}$$

汽车行驶时，为克服滚动阻力矩所需的推力对汽车而言是一种行驶阻力，称为滚动阻力 P_f，即：

$$P_f = G_a f$$

式中：G_a——汽车的总重力。

当汽车在坡度角为 α 的公路上行驶时，其车轮负荷变为 $G_a \cos\alpha$，则其滚动阻力为：

$$P_f = G_a \cos\alpha f$$

滚动阻力系数 f 与路面种类、行驶速度以及轮胎的性质等因素有关。不同类型路面的表面平整度、形状和刚度均不相同，因而其滚动阻力系数相差很大。当车速为 50km/h，并且车轮类型和压力一定时，不同路面类型的 f 值如表 2-1 所示。

不同路面滚动阻力系数 f 表 2-1

路面类型	水泥混凝土及沥青混凝土路面	表面平整的黑色碎石路面	碎石路面	干燥平整的土路	潮湿不平整的土路
f	0.01~0.02	0.02~0.025	0.03~0.05	0.04~0.05	0.07~0.15

滚动阻力系数受行驶速度的影响如图 2-6 所示。可见，当车速 $V<50$km/h 时，f 变化不大；当车速 $V>100$km/h 时，f 增长较快；当车速 V 达到 150~200km/h 时，f 迅速增长，并且轮胎发生"驻波"现象。因此，在汽车高速行驶时应考虑车速对 f 的影响。

在进行汽车动力分析时，当 $V<50$km/h 时，良好路面上小汽车的 f 值可用下式计算：

$$f = 0.0165[1 + 0.01(V-50)]$$

或用下式估算：

$$f = 0.0116 + 0.000142V$$

对于货车，一般胎压高、行驶速度低，推荐用下式估算：

$$f = 0.0076 + 0.000056V$$

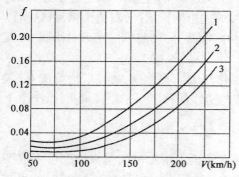

图 2-6 滚动阻力系数与行驶速度的关系
1-胎压为 0.15MPa；2-胎压为 0.25MPa；3-胎压为 0.35MPa

轮胎的性质包括轮胎的气压、材料和结构等。轮胎气压越高,变形越小,滚动阻力系数也越小。轮胎的材料及结构直接影响轮胎的变形和刚度,对滚动阻力系数影响也很大,如图 2-7 所示。对轮胎的胎面橡胶材料、花纹形式和轮胎内部结构进行合理选择,有利于减小滚动阻力系数,这也是提高汽车燃油经济性的重要措施之一。

2. 坡度阻力

汽车在上坡道上行驶时(图2-8),汽车重力沿坡道的分力表现为汽车坡道阻力。其值为:

$$P_i = \pm G_a \sin\alpha$$

式中:P_i——坡度阻力,N;
α——道路坡度角;
"$\pm$"——"+"表示汽车上坡行驶,P_i 与汽车行进方向相反;"$-$"表示汽车下坡行驶,P_i 与汽车行驶方向相同。

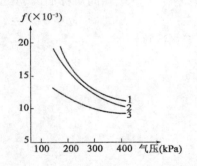

图 2-7 滚动阻力系数与轮胎气压的关系
1-斜交胎;2-带束斜交胎;3-子午线轮胎

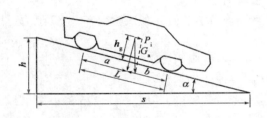

图 2-8 汽车的坡度阻力

公路纵向斜坡的陡缓程度通常用坡度 i 来表示,坡度是纵坡的垂直高度与其水平长度之比的百分率,即:

$$i = \frac{h}{s} = \tan\alpha$$

因公路纵坡坡度角 α 很少超过 10°,故可用 $\tan\alpha$ 代替 $\sin\alpha$。所以,坡度阻力可写为:

$$P_i = \pm G \tan\alpha = \pm G_a i \tag{2-7}$$

由于坡道阻力与滚动阻力均属于与道路有关的阻力,而且与汽车的重力成正比,故可把这两种阻力合在一起称作道路阻力,以 F_ψ 表示,即:

$$F_\psi = F_f + F_i = Gf\cos\alpha + G\sin\alpha$$

当 α 不大时,$\cos\alpha \approx 1$,$\sin\alpha \approx i$,则:

$$F_\psi = Gf + Gi = G(f+i)$$

令 $f+i=\psi$,ψ 称为道路阻力系数,则:

$$F_\psi = G\psi$$

3. 空气阻力

汽车直线行驶时,受到的空气作用力在行驶方向上的分力称为空气阻力。空气阻力分为压力阻力和摩擦阻力,而压力阻力又分为 4 部分:形状阻力、干扰阻力、内循环阻力和诱导阻力。

汽车因前后压力差所引起的阻力,称为压差阻力,其值与车身外形有关,又称形状阻力,占空气阻力的 55%～60%。

车身向外凸出部分,如车门把手、后视镜、天线、踏脚板、翼子板和牌照等所引起的阻力,称为干扰阻力,又称表面阻力,占空气阻力的 12%～18%。

由于空气通过散热器和发动机罩内腔所产生的阻力,称为冷却系阻力,又称内循环阻力,占空气阻力的 10%～15%。

由于汽车上下部分压力差所引起的阻力称为诱导阻力,占空气阻力的 5%～8%。

由于空气介质与车身外表面的摩擦所引起的阻力,称为摩擦阻力,其值与车身表面质量(光洁度)及面积有关,占空气阻力的 8%～10%。

为了简化计算,采用集中作用的空气阻力 P_w 来代替上述分布在整个汽车各部位上的阻力。空气阻力 P_w 的作用点通常称为汽车的风帆中心,它位于汽车纵向对称面内,其位置可用试验方法来确定。

由空气动力学的研究和试验得知,空气阻力可用下式计算:

$$P_w = C\rho F v_H^n$$

式中:P_w——空气阻力,N;

C——流线型系数;

ρ——空气密度,一般 $\rho = 1.2258 \text{kg/m}^3$,$\text{kg/m}^3$;

F——汽车迎风面面积,m^2;

v_H——汽车与空气的相对速度,m/s;

n——随车速变化的指数,当 $v_H < 1\text{m/s}$ 时,$n=1$;当 $1 < v_H < 330\text{m/s}$ 时,$n=2$;当 $v_H > 330\text{m/s}$ 时,$n=3$。

在汽车行驶中,一般取 $n=2$,在地面附近空气密度变化甚小,可视为常数,将上式的 C 与 ρ 的乘积以系数 K 取代之,在计算中又近似地取相对速度 v_H 等于车速 $v(\text{m/s})$,则:

$$P_w = KFv^2 = \frac{KFV^2}{13} \tag{2-8}$$

式中:K——空气阻力系数,kg/m^3,其值可由道路试验、风洞试验等方法测得;

V——车速,km/h。

汽车迎风面积 F,即汽车在其纵轴的垂直面上的投影面积,可用投影法测得,也可用下式近似计算。

载重汽车和公共汽车:

$$F = BH$$

小客车:

$$F = 0.78B_1H$$

式中:B——汽车轮距,m;

H——汽车总高度,m;

B_1——汽车的最大宽度,m。

乘积 $K \cdot F$ 称为汽车流线型因数,可用以评定汽车的整体流线型,一般汽车的空气阻力系数、迎风面积和流线型因数值见表 2-2,常见车型的流线型因数见表 2-3。

一般汽车的 K、F、$K \cdot F$ 值　　　　　　　　　　　　　　　　　　　表 2-2

车　型	K(kg/m³)	F(m²)	KF(kg/m)
闭式车身小客车	0.20～0.35	1.6～2.8	0.3～0.9
敞式车身小客车	0.40～0.50	1.5～2.0	0.6～1.0
载重汽车	0.50～0.70	3.0～5.0	1.5～3.5
车厢式车身大客车	0.25～0.40	4.5～6.5	1.0～2.6

常见车型的流线型因数(KF)值　　　　　　　　　　　　　　　　　　　表 2-3

车　型	KF(kg/m)	车　型	KF(kg/m)
重汽豪沃 T7H	1.59	新款雅阁	0.52
福田欧曼 EST	1.60	国产皇冠	0.53
东风天龙	1.54	一汽捷达	0.60
欧曼 ETX	2.90	奇瑞·风云	0.57
解放 J6L	3.10	华晨宝马	0.59
宇通 T7	0.91		

注：为方便起见，表 2-2、表 2-3 中系数单位换算时 g 均取 $10\text{m}/\text{s}^2$。

汽车列车的空气阻力较其单独行驶时的空气阻力大，但并不等于牵引车与挂车单独行驶时的空气阻力之和。汽车列车的空气阻力与挂车的数目及各节车之间的相对位置有关，处于列车中部的挂车的空气阻力较小，最后一节挂车的空气阻力较大。近似计算时，可取每节挂车的空气阻力为其牵引车的 20%，则对 n 节挂车的汽车列车，其空气阻力为：

$$P_\text{w} = \frac{(1+0.2n)KFV^2}{13}$$

式中，车速 V 的单位为 km/h。

4. 惯性阻力

汽车变速行驶时，需要克服其变速运动时所产生的平移惯性力和车上各回转部件变速时的惯性力矩，称其为惯性阻力 P_j。

汽车平移质量的惯性阻力 P_j1 为：

$$P_\text{j1} = \frac{G_\text{a}}{g}\frac{\mathrm{d}v}{\mathrm{d}t}$$

汽车上各回转部件（如飞轮、离合器、变速器、齿轮、传动轴、主传动器、车轮等）的转动惯量，以发动机飞轮及汽车车轮的数值为最大，通常忽略其他部件的影响而不计。

如以 J_e、$\sum J_\text{k}$ 分别表示发动机飞轮和全部车轮的转动惯量，以 $\mathrm{d}\omega_\text{e}/\mathrm{d}t$、$\mathrm{d}\omega_\text{k}/\mathrm{d}t$ 分别表示发动机飞轮和车轮的角加速度，则飞轮的惯性力矩 M_je 和车轮的惯性力矩 M_jk 为：

$$M_\text{je} = J_\text{e}\frac{\mathrm{d}\omega_\text{e}}{\mathrm{d}t}$$

$$M_\text{jk} = \sum J_\text{k}\frac{\mathrm{d}\omega_k}{\mathrm{d}t}$$

将上述惯性力矩换算成作用在车轮上的力矩，并除以车轮工作半径 r_k，则得回转部件的惯性阻力 P_j2，其值为：

$$P_{j2} = \frac{J_e \frac{d\omega_e}{dt} i_0 i_k \eta_m}{r_k} + \frac{\sum J_k \frac{d\omega_k}{dt}}{r_k}$$

P_{j1} 与 P_{j2} 之和即为汽车的惯性阻力 $P_j(\text{N})$。

发动机飞轮的角加速度与车轮的角加速度有下列关系：

$$\frac{d\omega_e}{dt} = i_k i_0 \frac{d\omega_k}{dt}$$

而车轮的角加速度与汽车的线加速度的关系为：

$$\frac{d\omega_k}{dt} = \frac{1}{r_k} \frac{dv}{dt}$$

将关系式代入，则得：

$$P_j = \left(\frac{G_a}{g} + \frac{J_e i_k^2 i_0^2 \eta_m}{r_k^2} + \frac{\sum J_k}{r_k^2} \right) \frac{dv}{dt}$$

如取：

$$\delta = 1 + \frac{g}{G_a} \frac{\sum J_k}{r_k^2} + \frac{g}{G_a} \frac{J_e i_k^2 i_0^2 \eta_m}{r_k^2}$$

则：

$$P_j = \pm \frac{\delta G_a}{g} \frac{dv}{dt}$$

式中，δ 称为汽车回转质量换算系数。由于 J_e、J_k、i_0、η_m 及 G_a 等对某一具体汽车而言均为常数，仅 i_k 随不同挡位而定，故 δ 的计算式又可写为：

$$\delta = 1 + \delta_1 + \delta_2 \cdot i_k^2 \tag{2-9}$$

式中 δ_1 与 δ_2 分别为考虑汽车车轮和发动机飞轮惯性影响而引用的两个系数，对一般汽车而言，其系数值变化不大。δ_1 在 0.03～0.05 之间；δ_2 对于小客车在 0.05～0.07 之间，对于载重汽车在 0.04～0.05 之间。

当汽车滑行或制动时，发动机系脱开，则：

$$\delta = 1 + \delta_1$$

汽车车轮的回转质量换算系数 δ_1，还可按下面经验公式进行计算：

对于小客车 $\qquad\qquad\delta_1 = 0.05 \dfrac{G_0}{G}$

对于载重车 $\qquad\qquad\delta_1 = 0.07 \dfrac{G_0}{G}$

式中：G_0——汽车空车重力，N；

G——汽车满载总重力，N。

按上式计算所得的几种国产车型的 δ_1 值，见表 2-4。

几种国产车型的 δ_1 值　　　　　表 2-4

车　型	空车重力 G_0（N）	总重力 G（N）	轮胎规格（数目）	δ_1
宝马 3 系 2017 款	14 357	18 032	225/50R17(4)	0.039 810
爱丽舍 2017 款	11 760	15 435	185/65R15(4)	0.038 095

续上表

车 型	空车重力 G_0 (N)	总重力 G (N)	轮胎规格（数目）	δ_1
捷达2017款	10 976	14 651	175/70R14(4)	0.037 458
桑塔纳2017	10 927	14 602	175/70R14(4)	0.037 416
迈腾2017	14 112	17 787	215/60R16(4)	0.039 669
帕萨特2017	14 651	18 326	215/60R16(4)	0.039 973

注：轮胎规格项中，225/50R17 的 225 表示轮胎宽度为 225mm，50 表示轮胎扁平率为 50%，R 表示子午线轮胎，17 表示轮胎内径为 17 英寸。

三、汽车的行驶条件

1. 汽车行驶的必要条件

为使汽车运动，汽车的牵引力必须与汽车运动时所遇到的各项阻力之和平衡，即：

$$P_t = P_f \pm P_i + P_w \pm P_j \tag{2-10}$$

式中，P_i 前的"+"表示上坡，"-"表示下坡；P_j 前的"+"表示加速，"-"表示减速；P_f 与 P_w 恒为正值。

将前面的有关公式代入得：

$$\frac{M_e \cdot i_k \cdot i_0 \cdot \eta_m}{r_k} = G_a \cdot f \pm G_a \cdot i + \frac{K \cdot F \cdot V^2}{13} \pm \delta \frac{G_a}{g} \cdot \frac{dv}{dt} \tag{2-11}$$

式(2-10)、式(2-11) 称为牵引平衡方程，即汽车的牵引力 P_t 必须等于各阻力之和。这是汽车行驶的必要条件（亦称驱动条件）。

2. 汽车行驶的充分条件

由汽车驱动轮的受力分析（图 2-2）可知，汽车的牵引力与路面对车轮的水平反力大小、方向均相同，而路面对车轮的水平反力受轮胎与路面间附着条件的制约。若轮胎与路面间摩擦力很小，不能提供足够的水平反力，则轮胎将在路面上打滑，甚至空转。因此，汽车的牵引力必须小于等于轮胎与路面间的摩擦力（路面对轮胎水平反力的极限值），即：

$$P_t \leq G \cdot \varphi \tag{2-12}$$

式中：G——驱动轮荷重，N；对于全轮驱动的汽车，为汽车总重；对于后轮驱动的汽车，一般小汽车：$G = 0.5G_a \sim 0.65G_a$，载重汽车：$G = 0.5G_a \sim 0.8G_a$；

φ——轮胎与路面间的摩擦系数。

式(2-12) 即为汽车行驶的充分条件，亦称附着条件。

把式(2-10) 和式(2-12) 结合起来，便是汽车行驶的充分必要条件，亦称为汽车运动的驱动与附着条件，即：

$$P_t = P_f \pm P_i + P_w \pm P_j \leq G \cdot \varphi \tag{2-13}$$

3. 道路摩擦系数

道路摩擦系数 φ 与路面的粗糙程度、潮湿泥泞程度、轮胎花纹和气压、车速、荷载重量等因素有关。各类路面上 φ 的平均值见表 2-5。

各类路面的摩擦系数平均值 表2-5

路面类型	路面状况			
	干燥	潮湿	泥泞	水滑
水泥混凝土路面	0.7	0.5	—	—
沥青混凝土路面	0.6	0.4	—	—
过渡式及低级路面	0.5	0.3	0.2	0.1

汽车在干燥而粗糙的路面上(如水泥混凝土路面)行驶时,突出的坚硬矿质小颗粒都被压入胎面橡皮内,阻止轮胎与路面间的相对滑移,摩擦系数可达0.7以上。在干燥而平整的土路上,摩擦系数取决于嵌入轮胎花纹内的土颗粒在水平方向上的剪切破坏力。在不平整的低级公路上,由于减小了轮胎与路面的接触面积,摩擦系数较低。

当路面潮湿或泥泞时,其表面坑洼都被泥浆填满,阻碍了轮胎与路面间的接触,使摩擦系数降低;在冬季结冰的公路上,路面粗糙程度很小,摩擦系数将降低到0.1以下。

车轮胎面花纹和内胎气压对摩擦系数的影响很大。表2-6所示为某一汽车在荷载相同的情况下,采用两种轮胎气压和花纹时,附着力的变化情况。

附着力随轮胎花纹、气压的变化 表2-6

路面		硬质泥土路		草地		砂地	
轮胎气压(MPa)		0.35	0.55	0.35	0.55	0.35	0.55
装用不同轮胎时的附着力(10^3N)	越野花纹	25	23	17	15	8	6
	普通花纹	21.5	20	14	11	6	5
两者相差值(10N)		3.5	3	3	4	2	1
越野胎提高(%)		16.3	15.0	21.4	36.3	33.3	20.0

由表2-6可以看出:当胎压由0.35MPa增加到0.55MPa时,越野花纹胎的摩擦系数降低了8%~25%,普通花纹胎的摩擦系数降低了7%~21%,当土壤表层越松散时,气压变化的影响也越大;在同一种路面、同一种胎压下,将普通胎换为越野胎,则摩擦系数可提高15.0%~36.3%。

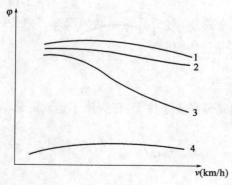

图2-9 摩擦系数与行驶速度的关系
1、2-干燥路面;3-潮湿路面;4-结冰的路面

车辆行驶速度对φ值的影响由路表状况而定。在硬路面上提高行驶速度时,摩擦系数有所降低;在潮湿路面上提高行驶速度时,液体层不易被挤出,摩擦系数将显著降低;而路面结冰,提高车速后可使轮胎与冰面的接触时间缩短,接触面间不易形成水膜,摩擦系数略有提高(图2-9)。

为满足汽车行驶的充分必要条件,对道路设计而言,一方面要增加路表面的粗糙程度,加强路面排水,使路面具有较大的摩擦系数;另一方面要提高路面质量,使路面平整,以减小滚动阻力,并力求降低线路纵坡,以减小坡度阻力。

四、动力因数和动力特性图

1. 动力因数

分析汽车牵引平衡方程中的各个力,可以知道牵引力 P_t 和空气阻力 P_w 直接与汽车的构造及行驶速度有关,滚动阻力 P_f 和坡度阻力 P_i 取决于汽车所行驶的道路状况与坡度,而惯性阻力 P_j 取决于汽车的行驶状态。因此可将牵引平衡方程写为:

$$P_t - P_w = G_a \cdot f \pm G_a \cdot i \pm \frac{\delta G_a}{g} \cdot \frac{dv}{dt}$$

式中等号左边的 $P_t - P_w$ 称为汽车的后备牵引力,其值与汽车的构造和行驶速度有关;等号右边的各项阻力与道路状况和行驶状态有关,在一般行驶速度范围内,可认为不受行驶速度的影响。

利用上式,虽可以对汽车的动力性能进行各种分析,但是由于在上述公式中,包含汽车的构造参数(如 M_e、G_a、K、F 等),这对不同汽车是不同的,故很难对不同汽车的动力性能进行比较。例如,具有相同牵引力的两种汽车,如果其重量不同或者外型不同时,则与汽车总重量 G_a 成正比例的滚动阻力 P_f、坡度阻力 P_i 以及惯性阻力 P_j 亦有所不同,空气阻力 P_w 也有差异。显然,重量轻而外形较好的汽车具有较好的动力性。因此,比较各种汽车的牵引性能,应尽可能消去汽车的构造参数。将上式两侧除以汽车总重 G_a,就得到汽车单位重量的比量牵引平衡方程:

$$\frac{P_t - P_w}{G_a} = f \pm i \pm \frac{\delta}{g} \cdot \frac{dv}{dt} \tag{2-14}$$

令 $\frac{P_t - P_w}{G_a} = D$,称之为动力因数。其含义是:某型号汽车在海平面高度上,满载情况下,单位车重所具有的后备牵引力(又叫单位车重所具有的牵引潜力)。当汽车作匀速行驶时,$dv/dt = 0$ 则:

$$D = f \pm i = \psi$$

式中:ψ——$f \pm i$,其值仅与道路状况和坡度有关,称为道路阻力系数。

2. 动力特性图

由于 P_t、P_w 和 G_a 只取决于汽车的结构特点,和道路条件无关,因此,如已知汽车发动机的外特性曲线,则可绘出动力因数 D 与车速 v 间的关系曲线,称为动力特性图。如图 2-10 所示为奥迪 Q5 2.0TSI 进取型动力特性图。

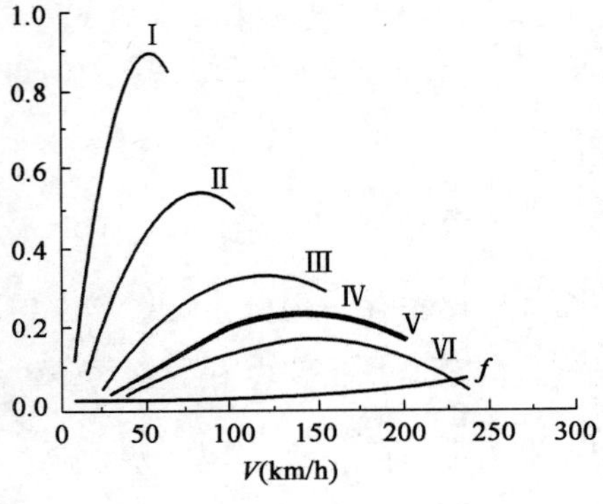

图 2-10 奥迪 Q5 汽车动力特性

3. 海拔荷载系数

动力特性图是按海平面及汽车满载的情况下绘制的,对不同海拔、荷载下的动力因数应进行修正,其修正系数称为海拔荷载系数 λ,有:

$$\lambda = \xi \cdot \frac{G_a}{G_T}$$

式中:λ——海拔荷载系数;

ξ——海拔系数,如图 2-11 所示为海拔系数图;
G_a——满载时汽车重力,N;
G_T——实际装载时汽车重力,N。

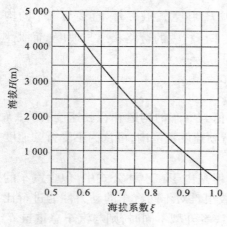

图 2-11 海拔系数

考虑海拔荷载系数后,式(2-14)应改写为:

$$\lambda \cdot D = f \pm \frac{\delta}{g} \cdot \frac{dv}{dt} = \psi \pm \frac{\delta}{g} \cdot \frac{dv}{dt}$$

或

$$D = \frac{1}{\lambda}\left(\psi \pm \frac{\delta}{g} \cdot \frac{dv}{dt}\right)$$

在以后的讨论中,为方便计算,均未考虑海拔荷载系数。但在实际应用时,动力因数值须乘以 λ 后再按计算式计算。

4. 受附着力限制的动力因数

根据汽车行驶的充分条件可知,牵引力的最大值为:

$$P_{tmax} = G \cdot \varphi$$

将其代入动力因数计算式,则得受附着条件限制的动力因数 D_φ:

$$D_\varphi = \frac{G \cdot \varphi - P_w}{G_a} \tag{2-15}$$

如在动力特性图上绘出 $D_\varphi = f(v)$ 关系曲线,如图 2-10 中的虚线所示,则可划分出实际可能利用的动力曲线范围。只有在 D_φ 曲线下的动力特性曲线部分,才可以分析汽车的牵引平衡问题。

利用动力特性图,可以求出汽车在某一行驶条件下(即道路阻力系数 ψ 为某一定值时)行驶时能够保持的速度 v,并可决定汽车克服此行驶阻力所采用的排挡,同时还可近似决定在比最高速度低的任何速度 v 下所能产生的加速度,以及求得任一挡位时汽车所能克服的坡度等。

五、车速特性

1. 道路条件一定时的最高车速

最高车速是指在良好的路面条件下,稳定行驶的汽车所能够达到的最大行驶速度。此时,加速度为零,即 $\frac{dv}{dt} = 0$,则 $D = \psi$。由 $D = \psi$ 直线与 $D = f(v)$ 曲线的交点(如图 2-12 所示的 c 点)所对应的速度 v_c,即道路阻力系数为 ψ 时,汽车可能的最大行驶速度。

2. 临界速度

对某一排挡的动力特性曲线,动力因数 D 均有一定的使用范围,且存在一个最大值 D_{max}(如图 2-12 所示的 d 点),其所对应的速度 v_k 称为该挡的临界速度。

当汽车采用大于 v_k 的速度行驶时,如图 2-12 所示的 1 点,在 $d \sim 1$ 的曲线范围内,v 与 D 成反比关系。当所遇道路阻力增加时,则汽车可降低车速、增加 D 值以克服道路阻力。若增加的阻力消失,则速度很容易提高到 v_1 行驶。这种行驶情况称为稳定行驶。

如果汽车采用小于 v_k 的速度行驶,如图 2-12 所示的 2 点,在 2~d 的曲线范围内,v 与 D 成正比关系。此时,若道路阻力增加,汽车降低车速行驶,而 D 值反而减小,这样动力因数更加不足,迫使汽车熄火停车。这样的行驶情况称为不稳定行驶。

由此可知,临界速度 v_k 是汽车稳定行驶的极限最小速度。因此,一般汽车行驶速度均应采用大于同一挡位的 v_k 值。

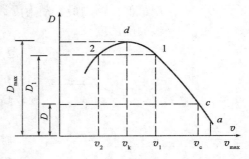

图 2-12 汽车在一个排挡的动力特性

3. 最高速度

汽车的最高速度是指油门全开,汽车满载(不带挂车)在路面平整坚实的平直路段上,以直接挡稳定行驶时所能达到的最大速度。如图 2-12 所示的 a 点对应的速度 $v_{\max}$。

4. 最小稳定速度

汽车的最小稳定速度是指汽车满载(不带挂车)在路面平整坚实的平直路段上,以最低挡(Ⅰ挡)行驶时的临界速度,而且以该速度行驶时,传动系不发生颤动或敲击声,在突然踏下加速踏板时发动机不熄火。

汽车的最高速度和最小稳定速度是评价汽车动力性能的主要指标。两者的差值越大,表示汽车对道路阻力的适应性能越强。因此,在进行道路设计时,应对行驶在道路上的主要车型的这两项指标加以了解,以便在设计时控制道路阻力的变化范围。

六、爬坡能力

1. 汽车的最大爬坡度

汽车的爬坡性能是指汽车克服由于路面坡度产生的阻力的能力,通常用汽车最大爬坡度来评定。汽车最大爬坡度是指汽车在坚硬的路面上,用最低挡位稳定行驶时所能克服的最大坡度。

当汽车作上坡稳定行驶时,$\dfrac{\mathrm{d}V}{\mathrm{d}t}=0$,则由前述可知:

$$i = D - f$$

由于低排挡时,汽车的爬坡能力比较大,坡度角 α 也比较大,因 $\cos\alpha$ 约等于 1,$\sin\alpha$ 约等于 $i(\tan\alpha)$,则:

$$D_{\max} = f \cdot \cos\alpha + \sin\alpha$$

解此三角函数方程可得最大坡度角:

$$\alpha_{\max} = \arcsin \frac{D_{\max} - f\sqrt{1-D_{\max}^2+f^2}}{1+f^2} \tag{2-16}$$

则汽车的最大爬坡度为:

$$i_{\max} = \tan\alpha_{\max}$$

式中:$\alpha_{\max}$——用最低排挡可爬的最大坡度角;

D_{max}——用最低排挡的最大动力因数；

i_{max}——最大爬坡度。

2. 汽车的动力上坡

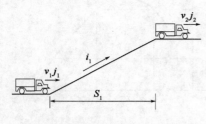

图 2-13　汽车动力上坡

在实际行驶时，汽车通常在上坡之前加速，使汽车可得到较高的车速，然后利用上坡时的减速惯性力来提高爬坡能力，这种用惯性力克服坡度的方法叫动力上坡。

假定汽车用一个排挡动力上坡，以速度 v_1 驶入坡段，并以速度 v_2 驶出坡段，则可能克服的坡度 i_1 和相应的坡长 S_1，可用下面方法求得，如图 2-13 所示。

在动力特性图上，由速度 v_1 和 v_2，可求得相应的动力因数值 D_1 和 D_2，则由式（2-14）可得相应的加速度：

$$j_1 = \frac{g}{\delta}(D_1 - \psi)$$

$$j_2 = \frac{g}{\delta}(D_2 - \psi)$$

为简化计算，假设汽车在整个坡道上行驶时为匀减速行驶，则可近似地取其平均值为 j_v，即：

$$\frac{dv}{dt} = j_v = \frac{j_1 + j_2}{2} = \frac{g}{\delta}\left(\frac{D_1 + D_2}{2} - \psi\right)$$

上式两边同时乘以 vdt，由 $vdt = ds$，得：

$$vdv = \frac{g}{\delta}\left(\frac{D_1 + D_2}{2} - \psi\right)ds$$

$$\frac{\delta}{g}\int_{v_1}^{v_2} vdv = \left(\frac{D_1 + D_2}{2} - \psi\right)\int_0^{s_1} ds$$

$$\frac{\delta(v_2^2 - v_1^2)}{2g} = \left(\frac{D_1 + D_2}{2} - \psi\right)S_1$$

$$\frac{\delta(V_2^2 - V_1^2)}{254} = \left(\frac{D_1 + D_2}{2} - f - i_1\right)S_1$$

$$S_1 = \frac{\delta(V_2^2 - V_1^2)}{254\left(\frac{D_1 + D_2}{2} - f - i_1\right)} \tag{2-17}$$

$$i_1 = \frac{D_1 + D_2}{2} - f - \frac{\delta(V_2^2 - V_1^2)}{254 S_1} \tag{2-18}$$

式中：i_1——汽车变速行驶时所能克服的坡度；

S_1——汽车变速行驶时所能克服的坡长，m；

v、V——分别为以 m/s 和 km/h 为单位计的速度值。

由式（2-17）、式（2-18）可知，汽车在坡道上变速行驶时，所能克服坡道的坡度与长度是相关联的。当 i_1 值大时，则 S_1 值小；反之，i_1 值小时，则 S_1 值大。

求汽车在坡道上以某一排挡作动力上坡时能克服的最大坡度与坡长,通常取驶入坡道的速度为该挡位的最大速度 v_{max},驶出坡道的速度为该挡位的临界速度 v_k,代入式(2-17)、式(2-18)计算。

汽车动力上坡分析是道路纵断面设计中对较大纵坡的坡长进行限制的主要依据。

第二节 汽车的行驶稳定性

汽车行驶稳定性是指汽车行驶过程中,在受到外部因素作用时,自行保持或迅速恢复原行驶状态和方向,不致丧失控制而产生侧滑、倒溜和倾覆等现象的能力。汽车稳定性的好坏对行驶速度、行车安全以及通过性等都有直接的影响。

汽车行驶的稳定性可用纵向稳定性和横向稳定性两项指标来衡量。纵向稳定性即指汽车在坡度较大的坡道上行驶时,抵抗绕后轴或者前轴倾覆以及纵向倒溜的能力;横向稳定性即指汽车在转向或在具有横向坡度的道路上行驶时,抵抗发生侧向滑移和侧向翻车的能力。

汽车行驶稳定性受以下3个方面因素的影响。

(1)汽车本身的结构参数

包括汽车本身的重心位置(高低及平面位置)、钢板弹簧的刚度、轮胎性能、前后悬架的形式以及制动性能等。

(2)驾驶员的操作过程

若驾驶员注意力集中、技术熟练、动作敏捷、转向时缓慢转向、正确采取制动措施,则能使汽车保持稳定的行驶状态;反之,如驾驶员对情况反应迟钝或操作失误,就可能导致汽车失稳。

(3)其他因素

包括装载是否正确,道路的纵、横坡度,路面附着情况,以及汽车变速行驶和曲线行驶时的惯性力大小等。

一、纵向稳定

汽车在行驶过程中,随着运动状态的改变,作用在前后轮上的法向反作用力也相应变化。若汽车在某一运动状态下,前轮的法向反作用力为零,则汽车将发生前轴车轮离地而导致纵向倾覆;当后轮的法向反作用力为零时,根据附着条件,其牵引力将不复存在,汽车将丧失行驶的可能。此两种情况均为汽车的纵向失稳,会导致汽车的纵向倾覆或倒溜。

1.汽车行驶过程中的纵向受力分析

以后轴驱动的双轴汽车为例,其在直线坡道上作上坡行驶时的受力情况见图2-14。

汽车平移质量的惯性阻力 P_{j1}、坡度阻力 P_j 及汽车重力垂直于路面的分力 $G_a \cdot \cos\alpha$ 作用在汽车的重心 C_g 上,P_{j1} 的作用方向在汽车加速行驶时与汽车行驶方向相

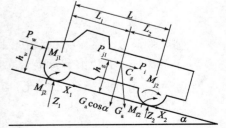

图2-14 汽车直线上坡行驶时的受力
G_a-汽车总重力;C_g-汽车重心;α-道路坡角;h_g-汽车重心高度;h_w-风压中心高度;L-汽车轴距,L_1、L_2-汽车重心距前、后轴的距离

反,减速行驶时与汽车行驶方向相同。空气阻力 P_w 可视为作用在汽车正面风压中心的集中力。回转惯性力矩 M_{j1} 及 M_{j2} 的作用方向,在汽车加速行驶时与车轮的回转方向相反,反之则相同,其值为:

$$M_{j1} = J_{k1} \frac{d\omega_k}{dt}$$

$$M_{j2} = J_e \cdot \frac{d\omega_e}{dt} \cdot i_0 \cdot i_k \cdot \eta_m + J_{k2} \frac{d\omega_k}{dt}$$

此外,作用在汽车上的力还有路面对汽车的反作用力。汽车车轮上的法向反作用力 Z_1 及 Z_2,与接触面垂直,并通过车轮中心;滚动阻力矩 M_{f1} 及 M_{f2},其作用方向与车轮回转方向相反,由前所述可知滚动阻力矩值为:

$$M_{f1} = Z_1 \cdot f \cdot r_k$$
$$M_{f2} = Z_2 \cdot f \cdot r_k$$

汽车车轮上的切向反作用力 X_1 及 X_2 作用在车轮与路面的接触面上,并与车轮接触面的切线方向一致,从动轮的切向反作用力 X_1 的作用方向与汽车行驶方向相反,而驱动轮的切向反作用力的作用方向则与汽车行驶方向相同。

就汽车的纵向稳定性而言,以汽车上陡坡时最为不利。由于汽车上陡坡时,常以低速度行驶,则上述汽车所受诸力中的 M_{j1}、M_{j2}、M_{f1}、M_{f2}、P_w、P_{j1} 等项可略去不计。将其余作用力分别对汽车前轮接地点及后轮接地点取矩,有:

$$Z_1 \cdot L + P_i \cdot h_g = G_a \cdot \cos\alpha \cdot L_2$$
$$Z_2 \cdot L + P_i \cdot h_g = G_a \cdot \cos\alpha \cdot L_1$$

考虑到 $P_i = G_a \cdot \sin\alpha$,则:

$$Z_1 = \frac{G_a \cdot \cos\alpha \cdot L_2 - G_a \cdot \sin\alpha \cdot h_g}{L} \tag{2-19}$$

$$Z_2 = \frac{G_a \cdot \cos\alpha \cdot L_1 - G_a \cdot \sin\alpha \cdot h_g}{L} \tag{2-20}$$

2. 纵向倾覆

当汽车的前轮法向反作用力 Z_1 为 0 时,汽车的前轮将离地而导致纵向倾覆,此时的道路坡度角即为汽车不发生纵向倾覆的纵向极限坡度角 α_0。由式(2-19)可知,当 $Z_1 = 0$ 时,则:

$$G_a \cdot \cos\alpha_0 \cdot L_2 - G_a \cdot \sin\alpha_0 \cdot h_g = 0$$

$$\tan\alpha_0 = \frac{L_2}{h_g} \tag{2-21}$$

当公路的坡度角 $\alpha \geq \alpha_0$ 时,汽车即失去控制并可能绕后轴倾覆。

汽车下坡行驶时,如 Z_2 为 0,汽车的后轮将离地而导致前翻。由式(2-20)可知,当 $Z_2 = 0$ 时,$\tan\alpha_0 = L_1/h_g$,而对于一般汽车,均有 L_1/h_g 和 L_2/h_g 远大于 1,因此,道路设计中的纵坡角通常都能保证汽车不发生纵向倾覆。

由式(2-21)可知,汽车重心至后轴的距离 L_2 越大,汽车重心高度 h_g 越小,则汽车所能克服的纵向坡度越大,汽车的纵向稳定性也就越好。

3. 纵向倒溜

由汽车的行驶条件可知,当道路坡角过大,路面对轮胎的切向反作用力小于坡度阻力 $G_a \cdot$

$\sin \alpha_r$ 时,汽车驱动轮将发生滑转而倒溜。对于后轮驱动的汽车,驱动轮不发生滑移的临界状态为:

$$G_a \cdot \sin \alpha_r = Z_2 \cdot \varphi$$

式中: α_r ——汽车驱动轮不发生滑转时,公路纵向的极限坡度角。

将式(2-20)代入上式整理得:

$$\tan \alpha_r = \frac{L_1 \varphi}{L - h_g \varphi} \approx \frac{L_1 \varphi}{L} \approx \frac{G}{G_a} \varphi \tag{2-22}$$

对前轮驱动的汽车,驱动轮不发生滑移的临界状态为:

$$G_a \cdot \sin \alpha_r = Z_1 \cdot \varphi$$

将式(2-19)代入上式整理得:

$$\tan \alpha_r = \frac{L_2 \cdot \varphi}{L + h_g \cdot \varphi} \approx \frac{L_2 \cdot \varphi}{L} \approx \frac{G}{G_a} \varphi$$

上式和式(2-22)的最终结果相同,说明无论前轮驱动还是后轮驱动的汽车,极限坡度角均近似等于 $\arctan\left(\dfrac{G}{G_a}\varphi\right)$。

当公路的坡度角 $\alpha \geqslant \alpha_r$ 时,由于驱动轮受附着条件的限制,所能提供的牵引力不足以克服 α_r 的坡度,汽车即发生滑转而倒溜。

4. 纵向稳定性的保证

由以上分析可知,汽车在纵向上存在两种不稳定现象:纵向倾覆和纵向倒溜,而倾覆比倒溜更加危险。如果 $\alpha_r < \alpha_0$,则汽车在上坡行驶时发生倒溜的现象先于倾覆出现,这样就避免了汽车的纵向倾覆。因此设计汽车时,应满足 $\alpha_r < \alpha_0$,即:

$$\frac{L_1 \varphi}{L - h_g \varphi} < \frac{L_2}{h_g}$$

考虑有 $L_1 + L_2 = L$,整理上式后得:

$$\varphi < \frac{L_2}{h_g} \tag{2-23}$$

对汽车设计来说,式(2-23)即为后轮驱动汽车保证纵向不发生倾覆的条件。同理,对于前轮驱动且下坡行驶的汽车,纵向不发生倾覆的条件应满足 $\alpha_r < \alpha_0$,即:

$$\frac{L_2 \cdot \varphi}{L - h_g \cdot \varphi} < \frac{L_1}{h_g}$$

进一步整理得:

$$\varphi < \frac{L_1}{h_g}$$

一般汽车均能满足上述条件并有富余,但在运营中,应严格按照装载要求,对装载高度、位置加以限制,以免重心过高(h_g 大)和过于靠前(L_1 小)或过于靠后(L_2 小)而破坏稳定条件。

对道路设计来说,应保证上坡行驶的汽车不发生纵向倒溜。这就要求道路纵坡满足 $\alpha < \alpha_r$,即:

$$\tan \alpha < \tan \alpha_r \approx \frac{G}{G_a} \varphi \tag{2-24}$$

一般的载重汽车满载时，$G/G_a = 0.65 \sim 0.79$（表2-7），而 φ 值在不利状态下：泥泞时为0.2，冰滑时为0.1，代入式(2-24)，则：

泥泞时 $\qquad\qquad\qquad \tan\alpha < 0.13 \sim 0.158$

冰滑时 $\qquad\qquad\qquad \tan\alpha < 0.065 \sim 0.079$

这就是之后要讨论的道路极限纵坡、超高横坡、合成坡度等指标值确定的理论依据之一。

部分国产车满载时的轴荷分配　　　　表2-7

汽车型号		陕汽 M3000	福田奥铃 CTS	江淮骏铃 V5	比亚迪 BYD6460EV	长安客车 SC6483	长安 SC6692	长江客车 FDC6819T DABEV09	金龙客车 XMQ6850A GBEVL13
前轴	载质量(kg)	7 000	1 850	1 545	1 235	855	1 035	3 200	4 500
	比例(%)	28	41.1	36	50.1	36.4	39.8	32.3	34.6
后轴	载质量(kg)	18 000	2 645	2 745	1 190	1 495	1 565	6 700	8 500
	比例(%)	72	58.9	64	49.9	63.6	60.2	67.7	65.4

二、横向稳定

汽车在平曲线上行驶时，会受到侧向力的作用，例如重力、空气阻力的侧向分力和离心力等。汽车在侧向力的作用下，当车轮的侧向反作用力等于附着力时，汽车将沿着侧向力的作用方向滑移；侧向力同时将引起左右车轮法向反作用力的改变，当一侧车轮上的法向反作用力变为零时，则将发生侧向翻车。

1.汽车在平曲线上行驶时的横向受力分析

汽车在有横坡的道路上作曲线行驶时的受力情况如图2-15所示。汽车的重力 G_a 和离心力 C 作用在汽车的重心 C_g 上，空气阻力在横向上的分力作用在汽车正面风压中心，其值较小，可略去不计。此外还有路面对车轮的法向反作用力 N_1、N_r，以及路面对车轮的侧向反作用力 Y'_1、Y'_r。

(1) 法向反作用力

对汽车的左右轮分别取矩，可得：

$$N_r \cdot B + (C \cdot \cos\beta \pm G_a \cdot \sin\beta) h_g = (C \cdot \sin\beta + G_a \cdot \cos\beta) \frac{B}{2}$$

$$N_1 \cdot B - (C \cdot \cos\beta \pm G_a \cdot \sin\beta) h_g = (C \cdot \sin\beta + G_a \cdot \cos\beta) \frac{B}{2}$$

进一步整理得：

$$N_r = \frac{(C \cdot \sin\beta + G_a \cdot \cos\beta) \frac{B}{2} - (C \cdot \cos\beta \pm G_a \cdot \sin\beta) h_g}{B} \qquad (2-25)$$

$$N_1 = \frac{(C \cdot \cos\beta \pm G_a \cdot \sin\beta) h_g + (C \cdot \sin\beta + G_a \cdot \cos\beta) \frac{B}{2}}{B} \qquad (2-26)$$

式中，"±"的"+"表示重力和离心力在平行于路面方向上的分力是同向的，即汽车在未设超高的双坡路面外侧行驶;"-"与上相反,表示汽车在未设超高的双坡路面内侧行驶。

(2)横向作用力

由图 2-15 可以看出,汽车在平曲线上行驶所产生的横向作用力 Y 为:

$$Y = C \cdot \cos\beta \pm G_a \cdot \sin\beta$$

通常 β 角很小,则 $\cos\beta \approx 1$,$\sin\beta \approx \tan\beta = i_0$。

$$Y = C \pm G_a \cdot i_0 \quad (2\text{-}27)$$

式中:i_0——路面横坡度;

"$\pm$"——意义同前。

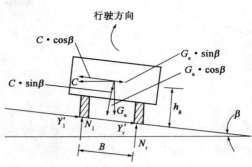

图 2-15 汽车在横坡道上曲线行驶时的受力
β-道路横坡角;h_g-汽车重心高度;B-轮距

离心力 C 由下式计算:

$$C = \frac{G_a}{g} \cdot \frac{v^2}{R} \quad (2\text{-}28)$$

式中:v——汽车行驶速度,m/s;

g——重力加速度,m/s²;

R——道路平曲线半径,m。

将式(2-28)代入式(2-27)中,则:

$$Y = \frac{G_a \cdot v^2}{g \cdot R} \pm G_a \cdot i_0 = G_a \left(\frac{v^2}{g \cdot R} \pm i_0 \right) \quad (2\text{-}29)$$

由于汽车横向稳定性不取决于 Y 的绝对值,而决定于汽车单位质量的相对横向力。称横向力 Y 与车重的比值为横向力系数 μ,即:

$$\mu = \frac{Y}{G_a} = \frac{v^2}{g \cdot R} \pm i_0 \quad (2\text{-}30)$$

由上式可得:

$$R = \frac{v^2}{g(\mu \pm i_0)}$$

$$v = \sqrt{g \cdot R(\mu \pm i_0)} \quad (2\text{-}31)$$

式(2-31)即为公路平面设计中圆曲线半径的计算公式及已知半径条件下的限速计算公式。

注意:式(2-31)中的"+""-"的意义与前述意义相反,即汽车在双坡路面外侧行驶时取"-",在双坡路面内侧行驶时取"+"。

(3)侧向反作用力

路面对车轮的侧向反作用力 Y'($Y' = Y'_1 + Y'_r$),受路面附着条件的限制,其最大值为:

$$Y'_{max} = G_a \cdot \varphi_y$$

式中:φ_y——横向摩擦系数。

当汽车在平曲线上行驶时,作用在车轮上的力不仅有切向牵引力 P_t,还有横向力 Y,此时车轮与道路在接触面上形成一个总反作用力 P',P' 的极限值为:

$$P'_{max} = G_a \cdot \varphi$$

同理,牵引力 P_t 的极限值为:

$$P_{tmax} = G_a \cdot \varphi_x$$

式中:φ_x——纵向摩擦系数。

由于
$$P'^2_{max} = P^2_{tmax} + Y'^2_{max}$$

所以
$$\varphi^2 = \varphi_X^2 + \varphi_Y^2 \tag{2-32}$$

分析式(2-32)可知,横向摩擦系数 φ_Y 的取值要受汽车行驶状态(即切向牵引力 P_t 的大小)的限制,当无切向力而仅有横向力时,φ_Y 取极限值 φ;当无横向力而仅有切向力时,φ_X 取极限值 φ;当两个方向都受力时,φ_X、φ_Y 均不能采用极限值,而是当附着力用于切向部分大一些时,则用于抵抗横向力部分就小一些,反之亦然,这是受总的附着力限制的结果。根据试验与经验,一般采用:

$$\varphi_X = 0.7\varphi \sim 0.8\varphi$$
$$\varphi_Y = 0.6\varphi \sim 0.7\varphi$$

2. 横向倾覆

在倾斜的横坡面上做曲线运动的汽车,由于横向力的作用,当位于曲线内侧车轮上的法向反作用力为零时,汽车将发生横向倾覆。对图 2-15 中所示的车辆,$N_r = 0$ 为汽车发生倾覆的临界状态,由式(2-25)得:

$$(C \cdot \sin\beta + G_a \cdot \cos\beta)\frac{B}{2} - (C \cdot \cos\beta \pm G_a \cdot \sin\beta)h_g = 0$$

$$(C \cdot i_0 + G_a)\frac{B}{2} = (C \pm G_a \cdot i_0)h_g$$

由于 $Y = C \pm G_a \cdot i_0$,并考虑 $C \cdot i_0$ 与 G_a 相比其值甚小而略去不计,则上式可简化成:

$$\mu = \frac{Y}{G_a} = \frac{B}{2h_g} \tag{2-33}$$

根据上述分析可知,当 $\mu > B/2h_g$ 时,汽车将发生横向倾覆。而 μ 值与 R 和 v 有关。将式(2-33)代入式(2-31)中,可得出 R 为定值时,为保证不发生横向倾覆,汽车行驶的最大速度,以及当 v 为定值时,平曲线所能采用的最小曲线半径,即:

$$v_{max} = \sqrt{g \cdot R\left(\frac{B}{2h_g} \pm i_0\right)}$$

$$R_{min} = \frac{v^2}{g\left(\frac{B}{2h_g} \pm i_0\right)} \tag{2-34}$$

3. 横向滑移

汽车在平曲线上行驶时,既存在着使汽车向外侧滑移的横向力 Y,同时也存在着阻止汽车向外侧滑移的横向反力 Y'。横向反力 Y' 受附着条件的限制,即横向反力 $Y'_{max} = G_a \cdot \varphi_Y$。当横向力 Y 大于附着力 Y'_{max} 时,汽车将发生横向滑移,由平衡条件可知:

$$Y = Y'_{max} = G_a \cdot \varphi_Y$$

即:
$$\mu = \frac{Y}{G_a} = \varphi_Y \tag{2-35}$$

当 $\mu > \varphi_Y$ 时,汽车将发生横向滑移,将式(2-35)代入式(2-31)中,可得出当 R 为定值时为保证不发生横向滑移,汽车所能行驶的最大速度,以及当 v 为定值时,平曲线所能采用的最小曲线半径,即:

$$v_{\max} = \sqrt{g \cdot R(\varphi_Y \pm i_0)}$$
$$R_{\min} = \frac{v^2}{g(\varphi_Y \pm i_0)} \qquad (2\text{-}36)$$

4. 抵抗横向倾覆与横向滑移的比较

比较式(2-33)和式(2-35),倾覆与滑移现象何者先出现,取决于 $B/2h_g$ 与 φ_Y 的数值,若 $B/2h_g > \varphi_Y$,则滑移先于倾覆出现;反之,则倾覆先于滑移出现。

现代汽车由于轮距较宽、重心低,一般 $B/2h_g$ 均大于 φ_Y(通常 $B/2h_g = 1$,而 $\varphi_Y < 0.5$),所以出现滑移的现象先于倾覆。在道路设计中,若能保证汽车不滑移($\mu < \varphi_Y$),则同时也就保证了倾覆稳定性。但必须注意,若长途客车的车顶上行李装载过重,或载重汽车装货过高,此时重心提高也有可能首先出现倾覆现象,故一般对车辆装载高度应有所限制。

第三节 汽车的制动性

汽车的制动性是指汽车行驶时能在短距离内停车且维持行驶方向稳定性和在下长坡时能维持一定车速的能力。汽车的制动性能直接关系到汽车的行驶安全,与路线设计的行车视距、山区公路中陡坡长度指标及缓和坡段的设置等有关。

1. 汽车制动性能评价指标

汽车的制动性能主要由下列3方面来评价:

(1) 制动效能,即制动距离与制动减速度。

(2) 制动效能的恒定性,即抗热衰退性能。

(3) 制动时汽车的方向稳定性,即制动时汽车不发生跑偏、侧滑以及失去转向能力的性能。

制动效能是指在良好路面上,汽车以一定的初速度制动到停车的制动距离或制动时汽车的反向加速度,它是制动性能最基本的评价指标。另两个评价指标主要用于汽车设计制造。

表 2-8 列出了乘用车制动相关规范对行车制动器制动性的部分要求。

乘用车制动规范对行车制动器制动性的部分要求 表 2-8

项 目	中国 ZBT 24007-1989	欧盟 (EEC)71/320	中国 GB 7258-2004	美国 联邦 135
试验路面	干水泥路面	附着良好	$\varphi \geq 0.7$	skid no81
载重	满载	一个驾驶员或满载	任何荷载	轻、满载
制动初速度	80km/h	80km/h	50km/h	96.5km/h(60mile/h)
制动时的稳定性	不许偏出3.7m通道	不抱死跑偏	不许偏出2.5m通道	不抱死偏出3.66m(12ft)
制动距离	$\geq 5.9\text{m/s}^2$,50.7m	$\leq 50.7\text{m}$,$\geq 5.8\text{m/s}^2$	$\leq 20\text{m}$,$\geq 5.9\text{m/s}^2$	$\leq 65.8\text{m}(216\text{ft})$
踏板力	$\leq 500\text{N}$	$< 490\text{N}$	$\leq 500\text{N}$	66.7N~667N(15ft~1 501ft)

2. 制动时车轮的受力

汽车受到与行驶方向相反的外力时，才能从一定的速度制动到较小的速度直至停车。这个外力只能由地面和空气提供。但由于空气阻力相对较小，所以实际上外力主要是由地面提供的，称之为地面制动力。地面制动力越大，制动加速度越大，制动距离也越短，所以地面制动力对汽车制动性具有决定性影响。

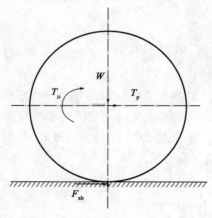

图2-16 车轮在制动时的受力情况

图2-16给出了在良好硬路面上制动时车轮的受力情况。图中对于滚动阻力偶矩和减速时的惯性力、惯性力偶矩均忽略不计。T_μ是车轮制动器中摩擦片与制动鼓或盘相对的摩擦力矩，单位为N·m；F_{xb}是地面制动力，单位为N；W为车轮垂直荷载，T_p为车轴对车轮的推力，F_{xb}为地面对车轮的法向反作用力，单位均为N。

显然，从力矩平衡得到：

$$F_{xb} = \frac{T_\mu}{r}$$

式中：r——车轮半径，m。

地面制动力是使汽车制动而减速行驶的外力，但是地面制动力取决于两个摩擦力：一个是制动器内制动摩擦片与制动鼓或制动盘间的摩擦力；一个是轮胎与地面间的摩擦力——附着力。

在轮胎周缘为了克服制动器摩擦力矩所需的力称为制动器制动力，以符号F_μ表示。它相当于把汽车架离地面，并踩住制动踏板，在轮胎周缘沿切线方向推动车轮直至它不能转动所需要的力，显然：

$$F_\mu = \frac{T_\mu}{r}$$

式中：T_μ——制动器的摩擦力矩，N·m。

一、制动平衡

汽车的制动过程就是人为地增加汽车的行驶阻力，使汽车的动能转化为热能的过程。车轮制动即利用制动器内的摩擦阻力矩来形成路面对车轮的切向摩擦阻力——制动力P。制动力P会阻止车轮前进，在紧急制动时P值最大，此最大值取决于轮胎与路面间的附着力。在附着力较小的路面上，当制动力大于附着力时，车轮将在路面上滑移，使制动方向失去控制。因此，P有极大值。

$$P = G_a \varphi \tag{2-37}$$

式中：G_a——分配到制动轮上的汽车重力，现代汽车全部车轮均为制动轮，一般制动时采用后轮制动，紧急制动时采用前后轮均制动；

φ——路面与轮胎之间的附着系数。

车辆制动时速度减小很快，因此可略去空气阻力的影响，制动平衡方程为：

$$P + P_f + P_i + P_j = 0$$

即：

$$G_a\varphi + G_a f + G_a i + \delta \frac{G_a}{g}\frac{dv}{dt} = 0 \tag{2-38}$$

$$a = \frac{dv}{dt} = -\frac{g}{\delta}(\varphi + f + i) \tag{2-39}$$

式中：a——制动减速度，m/s^2。

二、制动距离

汽车制动的全过程包括驾驶员发现前方障碍物或接到紧急停车信号后作出行为反应、制动器起作用、持续制动和放松制动器4个阶段。一般所指的制动距离是汽车从制动生效到汽车完全停住这段时间内所走的距离。

由式(2-39)得：

$$S = \frac{\delta}{g(\varphi + f + i)}\int_{V_1}^{V_2} V dV$$

即：

$$S = \frac{V_1^2 - V_2^2}{254(\varphi + f + i)} \tag{2-40}$$

式中：S——制动距离，m；
  V_1——制动初速度，km/h；
  V_2——制动终速度，km/h。

车辆停止时，$V_2 = 0$，则：

$$S = \frac{V_1^2}{254(\varphi + f + i)}$$

第四节 汽车行驶特性与道路设计的关系

一、与道路平面设计的关系

道路线形是曲线与直线连接而成的空间立体线形形状，也就是道路中心线的空间描绘。道路线形设计的好坏，直接影响车辆行驶的安全性。在道路路线设计时，要对平曲线、竖曲线的最小半径加以限制，以免汽车产生离心力过大而引起驾驶员和乘客的不舒适，同时要正确地进行平、纵面线形组合，以及与周围环境景观的协调配合，以增进驾驶员和乘客在视觉上、心理上的舒适感。此外，路面平整、少尘，并对道路进行绿化以美化路容也很重要。

汽车在弯道行驶时，最小转弯半径是指当转向盘转到极限位置，汽车以最低稳定车速转向行驶时，外侧转向轮的中心在支承平面上滚过的轨迹圆半径。如果圆曲线最小半径设计不合理，会使汽车发生侧滑或者侧翻。另外，将道路设计成缓和曲线的形式，行驶过程中汽车的离心加速度会逐渐变化，通过曲率的逐渐变化，可使汽车转向操作的行驶轨迹及路线更顺畅，行驶更加平顺安全。

行驶在曲线上的汽车由于受离心力的作用，行驶的稳定性受到影响。为了保证行车的安全及舒适,我国相关标准规范规定了圆曲线在不同情况下的最小值。不同情况下圆曲线半径的取值及规定将在第三章中详细介绍。

二、与道路纵断面设计的关系

通过对汽车行驶特性的分析可知,汽车的爬坡能力是有限的。道路纵坡越陡,坡长越长,对行车影响越大。主要表现在:上坡使行车速度显著下降,甚至要换较低挡克服坡道阻力;易使水箱"开锅",导致汽车爬坡无力,甚至熄火;下坡制动次数频繁,易使制动器发热而失效,甚至造成事故。

长期以来,有关道路设计规范只对某些技术指标,如平曲线半径、纵坡坡度及坡长、竖曲线半径等作出了规定,而对平曲线长度、平面与纵断面线形组合(如弯坡路段)的特殊性考虑甚少,评价道路设计的优劣一般仅论其工程质量和造价,很少论其使用安全性,从而导致在道路的某一段或某一点上经常发生交通事故,即形成事故多发段或事故多发点。

汽车行驶速度是确定道路几何线形的基本依据,同时也是影响工程造价和运输效率的主要因素,它对缩短行程时间,提高汽车运输周转率、节约燃料、减少轮胎磨耗都具有重要意义,因而是公路质量反映在运输经济上的主要指标。圆曲线半径较小时,车辆行驶速度一般会有所降低。但对于陡的下坡路段,由于汽车的动量关系,往往容易致使车辆加速行驶,造成圆曲线上车速增大,进而影响行车安全。为了提高车速,充分发挥汽车行驶的动力性能,同时保证行车安全,在路线设计中要根据《标准》的要求,严格控制圆曲线半径、最大纵坡及其坡长,合理地设置超高、加宽和缓和曲线,保证平、纵面有足够的视距,并尽可能地采用大半径曲线及平缓的纵坡。

【习题与思考题】

2-1 汽车的动力特性包括哪几个方面?

2-2 如何计算汽车的动力因数?

2-3 为什么汽车的车速越大时,作用在汽车上的牵引力反而越小?

2-4 汽车行驶稳定性主要受哪些因素的影响?

2-5 试论述汽车行驶特性与道路设计的关系。

2-6 汽车在小半径平面弯道上作高速行驶时,为什么会表现出横向不稳定的情况?为什么汽车高速行驶时在弯道内侧要比在外侧显得稳定?

2-7 已知哈尔滨市市郊某公路为沥青路面($f=0.02$),纵坡为5%,试问满载时的解放牌CA-10B型载重汽车($G_r=80kN$)能否以等速$V=40km/h$上坡行驶?能上坡行驶的最大等速是多少?要用哪一个排挡?

2-8 应用动力特性图,分别计算解放牌汽车在上下坡时(坡度均为1%),从40km/h加速到45km/h的加速时间和加速行程(空气阻力可忽略不计,$G_k=60kN$),并验算附着力。

2-9 在气候良好、交通量不大时,部分驾驶员会采用较设计速度更高的速度行驶,特别是在低速公路上。据测,一些冒险型驾驶员驾驶时车辆的 μ 可大至 0.3。问:在半径为 50m、超高率为 0.06 的弯道上,这类汽车的安全行驶速度最大可为多少?

2-10　在冰雪路面上,为保证行车安全,一般驾驶员会降低车速,以保持转弯时 μ 不超过 0.07。问:在半径为 50m、超高率为 0.06 的弯道上,车速应不超过多少?

第三章
平面设计

第一节 概 述

一、路线基本内容

道路是一条带状的三维空间实体,是由路基、路面、桥梁、涵洞、隧道和沿线设施所组成的线形构造物。一般所说的路线是指道路中线的空间形态。路线在水平面上的投影称作道路的平面线形,见图 3-1a);沿着中线竖直剖切,再行展开就成为纵断面,见图 3-1b);中线上任一桩号的法向切面是道路在该桩号的横断面,见图 3-1c)。路线设计是指合理确定路线空间位置和各部分几何尺寸的工作。为了设计和研究工作的方便,通常把路线设计分解为道路的平面设计、纵断面设计和横断面设计,三者应分别进行,但相互关联,其设计效果一般需要通过透视图来检验。

公路和城市道路的路线位置受到社会经济、自然地理和技术条件等多个因素的制约。设计者的任务是在充分调查研究、结合大量资料的基础上,设计出一条符合一定技术标准、满足行车要求、工程费用最省的路线。在设计的顺序上,一般是在尽量顾及纵断面、横断面的前提下先定平面,之后沿这个平面线形进行高程测量和横断面测量,取得地面线和地质、水文及其他必要的资料后,再设计纵断面和横断面。为求得线形的均衡、土石方数量的减少以及构造物的节省,必要时再修改平面,这样经过几次反复,可得到一个满意的结果。路线设计的范围仅限于路线的几何性质,不涉及结构。有关道路结构设计的具体内容会在路基路面和桥梁工程等课程中讲述。

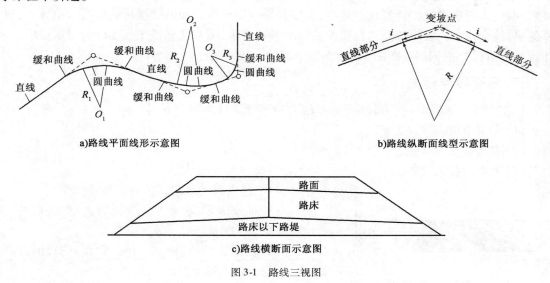

图 3-1　路线三视图

二、汽车行驶轨迹

现代道路的主要服务对象是汽车,所以研究汽车行驶规律是道路设计的首要任务。在路线平面设计过程中,主要考查汽车的行驶轨迹。只有当平面线形与该轨迹相符合或接近时,才能保证行车的顺畅与安全。

汽车行驶轨迹在几何性质上有以下特征:

(1)轨迹线是连续的,即在任何一点上不出现错头、折点或间断;

(2)轨迹线的曲率是连续的,即轨迹上任何一点不出现两个曲率值;

(3)轨迹线的曲率对里程或时间的变化率是连续的,即轨迹上任何一点上不出现两个曲率变化率值。

早期公路的几何要素只有直线和圆曲线两种,平面路线的圆曲线和直线相切,这样的线形满足第(1)条汽车行驶轨迹的几何性质[图3-2a)],但在直线与圆曲线相切的那一点上却有两个曲率值:直线上的曲率值为零,圆曲线上的曲率值为$1/R$。

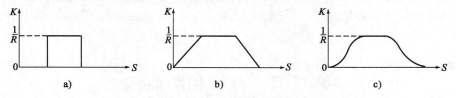

图 3-2　各种平面线形要素组合的曲率

随着交通量的增长和车速的提高,这种公路线形与汽车行驶轨迹之间偏离明显,于是在直线和圆曲线之间引入一条曲率逐渐变化的缓和曲线。实践证明,公路(特别是高速公路)在设置了缓和曲线后可以有效提高路线在视觉上的平顺度与线形上的连续性,路线也更容易被行驶的车辆跟踪。缓和曲线、直线和圆曲线是现代公路平面线形的主要组成要素。

63

这三种线形要素的组合,满足了行驶轨迹性质的第(1)、(2)条[图 3-2b],但在直线与缓和曲线以及缓和曲线与圆曲线相接的点上,曲率的变化却不连续。要满足第(3)条的要求,必须使曲率变化率值连续[图 3-2c],采用三次抛物线或回旋线形式的缓和曲线均可达到这一要求,但由于三次抛物线计算比较复杂,在实践中应用较少。而回旋线形式的缓和曲线不仅计算简单,符合汽车行驶轨迹几何性质的前两个基本要求,而且能满足工程实践的精度要求。因此,我国现行《标准》规定采用回旋线作为公路的缓和曲线。

三、平面线形要素

行驶中的汽车导向轮(或转向轮)旋转面与车身纵轴之间有下列三种关系:
(1)夹角角度为零;
(2)夹角角度为常数;
(3)夹角角度为变数。

与上述三种关系对应的行驶轨迹线为:
(1)曲率为零(曲率半径为无穷大)的线形,即直线,如图 3-3 所示。
(2)曲率为常数(曲率半径为常数)的线形,即圆曲线,如图 3-4 所示。
(3)曲率为变数(曲率半径为变数)的线形,即缓和曲线(回旋线),如图 3-5 所示。

图 3-3 直线路段

图 3-4 圆曲线路段

图 3-5 缓和曲线路段

道路平面线形由上述三种基本几何线形,即直线、圆曲线和缓和曲线的合理组合而构成,称之为"平面线形三要素"。在低等级道路上,为简化设计,也可以只使用直线和圆曲线两种要素。平面线形三要素是平面路线的基本组成部分,但对各要素所占比例及使用频率并无统一规定。各要素只要使用合理、配置得当,即可满足汽车行驶要求。具体的几何参数则要视地形情况和人的视觉、心理、道路技术等级等条件来确定。

道路平面设计应根据汽车行驶性能和行驶轨迹要求,合理确定各种线形要素的几何参数,保持线形的连续性与均衡性,使线形与地形、地物、环境、景观相协调,并与纵面线形和横断面相互配合。

第二节 直线和圆曲线

一、直线

直线是平面线形最基本要素之一,一般在选线、定线时,只要地势平坦,无大的地物、地形障碍,选线、定线人员都会首先考虑使用直线。笔直的道路给人以简捷、直达的良好印象。汽车在直线上行驶时受力简单,方向明确,驾驶操作简易。从测设的角度来说,直线只需定出两点即可方便地测定方向和距离。另外,直线路段还能提供良好的超车条件。直线的这些优点使其成为公路和城市道路设计中使用最为广泛的线形要素。

但在道路路线设计过程中,过长的直线会给道路工程造成不好的影响,高速公路尤其如此。一方面,长直线线形在大多数情况下难以与地物、地形相协调、吻合,若长度运用不当,不仅破坏了道路整体线形的连续性,也难以达到线形设计自身的协调;另一方面,过长的直线容易使驾驶人员感到单调、疲倦,难以准确目测车间距离,于是产生尽快驶出直线的急躁情绪,一再加速以致超过规定车速,这样很容易导致交通事故的发生。因此在运用直线线形并决定其长度时必须持谨慎态度,不宜采用过长直线。受地形条件或其他特殊情况限制而采用长直线时,应结合沿线具体情况采取相应的技术措施。当具体项目中因条件限制采用长直线时,应结合运行速度分析和安全性评价,增设必要的提醒和警示标志,避免出现驾驶疲劳等现象。

《公路路线设计规范》(JTG D20—2017)(以下简称《规范》)规定:

为保证线形连续性,圆曲线间的直线长度不宜过短。对圆曲线间直线长度的判断评价,与道路所采用的技术标准、设计速度、相邻路段的几何指标取值均密切相关。

1. 同向曲线间的直线最小长度

同向曲线之间插入较短的直线段时,在视觉上容易产生把直线和两端的曲线看成反向曲线的错觉,当直线过短时,甚至会把两个曲线看成是一个曲线。这种线形破坏了道路整体线形的连续性,且容易造成驾驶员操作失误,设计中应尽量避免。由于这种线形组合所产生的缺陷主要来自驾驶员的错觉,所以对同向曲线间直线的最小长度应加以限制,使前方相邻曲线在驾驶员的视距以外便可避免上述缺点。因此,《规范》和《设计规范》推荐同向曲线间直线最小长度(以 m 计)以不小于设计速度(以 km/h 计)的 6 倍为宜。这一规定在设计速度较高的道路($V \geq 60$km/h)上应尽可能保证,而对于低速道路($V \leq 40$km/h)则有所放宽,可参考执行。在受到地形条件限制时,无论高速道路还是低速道路,都宜在同向曲线之间插入大半径曲线或将两曲线做成复曲线、卵形曲线或 C 形曲线。

2. 反向曲线间的直线最小长度

反向曲线之间,考虑到为设置超高和加宽缓和段的需要以及驾驶员转向操作的需要,如无缓和曲线时,宜设置一定长度的直线作为加宽(超高)过渡段。我国现行《规范》和《设计规范》均规定反向曲线间最小直线长度(以 m 计)以不小于设计速度(以 km/h 计)的 2 倍为宜。若反向曲线分别已设缓和曲线,在受到限制的地段也可将两反向缓和曲线首尾相接,但被连接的两条缓和曲线和圆曲线宜满足一定的条件。

3. 直线的运用

下述路段可采用直线:

(1)不受地形、地物限制的平坦地区或山涧谷地,例如戈壁滩、草原、大平原等;
(2)市镇及其近郊,或规划方正的农耕区等;
(3)长大桥梁、隧道等构造物路段;
(4)路线交叉点及其前后路段;

（5）双车道公路提供超车的路段。

直线的最小极限长度可参考表 3-1 选用。

直线最小极限长度参考值 表 3-1

设计速度(km/h)		120	100	80	60	40	30	20
最小直线长度(m)	同向曲线间 6V	720	600	480	360	240	180	120
	反向曲线间 2V	240	200	160	120	80	60	40

当采用长直线线形时应注意下述问题：

（1）长直线上纵坡不宜过大，因为长直线加陡坡在下坡行驶时很容易导致超速行车。

（2）长直线与大半径凹形竖曲线组合为宜，这样可以使生硬呆板的直线得到一些缓和或改善。

（3）道路两侧地形过于空旷时，宜采取种植不同树种或设置一定建筑物、雕塑、广告牌等措施，以改善单调的景观。

（4）长直线尽头的平曲线，除曲线半径、超高、加宽、视距等必须符合规定外，还必须采取设置标志、增加路面抗滑能力等安全措施。

二、圆曲线

圆曲线是平面线形中常用的线形要素。各级公路和城市道路不论转角大小，均应设置圆曲线。圆曲线是平曲线中的主要组成部分，平面线形中常用的单曲线、复曲线、双交点或多交点曲线、虚交点曲线及回头曲线等一般都包括圆曲线。本节将讨论圆曲线半径的限制值、圆曲线半径值的选定、圆曲线最小长度等问题。

1. 圆曲线半径的确定原则

汽车在圆曲线道路上行驶时，除受重力外，还受到离心力的影响。离心力的产生使汽车在圆曲线上行驶时可能发生两种不稳定的危险：一是汽车向外滑移的出现；二是向外倾覆。从图 3-6 中可以看出，当离心力 C 大于摩擦力 X_1、X_2 时，汽车将向外滑移；当倾覆力矩（$C \cdot h$）大于稳定力矩 $\left(\dfrac{1}{2}b \cdot G\right)$ 时，汽车就会向外倾覆。由于现代汽车的制造标准都能保证 h 较小，使 $C \cdot h \leqslant \dfrac{1}{2}b \cdot G$，所以向外倾覆危险很小，即向外滑移更易发生。为了减少或消除向外滑移现象的出现，我们可以将路面外侧提高，使之向内倾斜（即设置超高）。但向内倾斜角过大时，又会使汽车向内滑移。所以为了保证在圆曲线上安全行车，必须根据汽车、圆曲线半径以及路面的具体情况，采取合适的路面横向坡度（即超高值），以保证力系的平衡。

汽车在平曲线上行驶时的受力分析在第二章已作了详细介绍，根据车辆在弯道上行驶时的受力状况及各种力的关系，可推导出下式：

$$R = \frac{v^2}{g(\mu + i_y)}$$

式中：R——圆曲线半径，m；

v——汽车行驶速度，m/s；

μ——横向力系数,极限值为路面与轮胎之间的横向摩阻系数;
i_y——路面横向坡度。

若将设计速度的单位换成 km/h,则:

$$R = \frac{V^2}{127(\mu + i_y)} \tag{3-1}$$

在公路等级确定后,设计速度为定值,圆曲线半径 R 仅与横向力系数和路面横向坡度 i_y 有关。

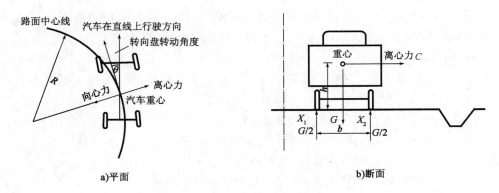

图 3-6 汽车在弯道上行驶时的受力情况

2. 圆曲线最小半径

1) 圆曲线最小半径的分类及确定原则

圆曲线最小半径是以汽车在曲线部分能安全而又顺适地行驶所需要的条件而确定的。圆曲线最小半径的实质是汽车行驶在公路曲线部分时,所产生的离心力等横向力不超过轮胎与路面的摩阻力所允许的界限。

由式(3-1)可知,确定圆曲线最小半径值的关键是合理确定横向力系数 μ 和路面横向坡度 i_y。当圆曲线半径较小时,由于受离心力的作用使行车条件变坏,为保证行车安全和一定的舒适水平,势必造成降低行车速度的后果,或者牺牲舒适水平来保证一定的行车速度,这两种情况都是设计中应避免的。因此,应对圆曲线的最小半径加以限制。

《标准》中给出了直接影响行车安全性的圆曲线最小半径的两种值,即"最小值"和"不设超高最小半径"。而《规范》中给出了圆曲线最小半径的"一般值"和"极限值"。各类不同圆曲线最小半径的区别在于曲线行车舒适性的差异。在进行线形设计时,应结合沿线地形等因素,合理选用不小于"最小值"("极限值")的圆曲线半径;在不得已的情况下,才可使用"最小值"(极限值)。

2) 横向力系数(μ)的选用

横向力系数的大小直接影响乘车人的舒适感。车辆在曲线上行驶的必要条件是横向力系数不能超过路面与轮胎之间的横向摩阻系数。车辆在曲线上的横向力系数直接影响汽车行驶的稳定性、乘坐的舒适性、轮胎的磨损与燃料消耗。为了确定横向力系数的设计值,既要实测路面与轮胎之间的摩擦系数范围,还要考虑驾乘人员在行驶中所能忍受的横向力的大小和其舒适感,综合平衡二者后才能确定。

(1) 汽车行驶的稳定性

汽车在弯道上行驶的稳定性,主要是指横向抗滑稳定,即保证汽车不会在路面上产生横向滑移,抗滑稳定性取决于路面的状况、车速及路面类型等,其中与路面的状况关系最大。为保证汽车在弯道上行驶时轮胎不在路面上滑移,应使横向力系数 μ 小于轮胎与路面之间的横向摩擦系数 φ_y。一般在潮湿状态下水泥混凝土路面的 φ_y 值为 0.4~0.6,沥青路面为 0.4~0.8,路面冰冻、积雪时为 0.2~0.3,在平滑的冰雪路面上可降至 0.15,所以 μ 值取 0.10~0.15 对一般公路来说是足够安全的。

当 μ = 0.15~0.16 时,可保证汽车在干燥或潮湿的道路上以较高的速度安全行驶;按 μ = 0.07 设计的弯道,在路上结冰的情况下,汽车通常也能安全行驶。

(2) 乘坐的舒适性

μ 值不同,汽车在弯道上行驶时乘客也有不同的感觉。根据试验得知,μ 值对乘客的感觉影响如下:

① 当 μ < 0.10 时,不感到有曲线存在,很平稳;
② 当 μ = 0.15 时,略感到有曲线存在,但尚平稳;
③ 当 μ = 0.20 时,已感到有曲线存在,并略感到不平稳;
④ 当 μ = 0.35 时,明显感到有曲线存在,并明显感到不平稳;
⑤ 当 μ > 0.40 时,转弯时感到非常不平稳,站立不住且有倾倒的危险。

在《标准》的修编过程中,"公路横向力系数"专题项目研究组通过测试,获得了小客车、大客车、大中型货车在43个观测路段上运行时乘车人的舒适度感受数据,运用心理学方法和统计方法分析整理得出各种车型在不同行驶速度下对应的横向力系数阈值(图3-7)。

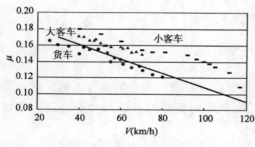

图3-7 横向力系数取值示意图

经过对43个观测点极限摩阻系数的测试,样本路段的极限横向摩阻系数均在0.3以上,设计用横向力系数(0.10~0.17)较极限横向摩阻系数偏小,安全度较高,基本可以避免横向滑移的危险。

根据以上分析,《标准》在计算最小圆曲线半径时所采用横向力系数及超高值见表3-2。

圆曲线最小半径的横向力系数及超高值   表3-2

设计速度(km/h)	120	100	80	60	40	30	20
横向力系数	0.10	0.12	0.13	0.15	0.15	0.16	0.17
超高值(%)	6	6	6	6	6	6	6
	8	8	8	8	8	8	8
	10	10	10	10	10	10	10

由表3-2可以看出,《标准》规定的超高值变化范围在6%~10%之间。计算圆曲线最小半径时,分别用6%、8%和10%的超高值代入计算,将计算结果取整,即得出《标准》规定的圆曲线最小半径"极限值",如表3-3所示。

圆曲线最小半径极限值(m)　　　　　　　　　表3-3

设计速度(km/h)	120	100	80	60	40	30	20
$i_y=10\%$	570	360	20	115	50	30	15
$i_y=8\%$	650	400	250	125	55	30	15
$i_y=6\%$	710	440	270	135	60	35	15

3) 路面横向坡度(超高值)的选用

根据是否设置超高,路面横向坡度的选用有两种情况:一种是不设超高,这时路面横向坡度采用1.5%或2.0%,而另一种是设置超高。为了减少或抵消离心力的作用,可采用较大的超高。但在公路上行驶的车辆速度并不一致,特别是在混合交通的公路上更是如此。对于低速行驶的车辆,以及因故障或其他原因停在弯道上的车辆,其离心力接近或等于零。这时,若采用的超高值 i_y 过大,超出轮胎与路面间的摩擦系数,车辆有沿着路面的最大合成坡度方向产生滑移的危险,因此要求:

$$i_{y\max} < \varphi_w \tag{3-2}$$

式中:$i_{y\max}$——允许采用的最大超高值;

φ_w——一年中气候恶劣季节轮胎与路面间的摩擦系数。

同一设计速度下,采用的最大超高值不同,圆曲线最小半径应是不同的。公路拟采用的最大超高值主要根据交通量、交通组成和公路行车环境等条件确定。对于大型货运车辆占比较高的公路,宜采用较小的最大超高值;对于存在积雪冰冻情况的地区,公路最大超高不应大于6%;对于城市区域,考虑到非机动车等通行特点,公路最大超高不宜大于4%。

制定最大超高值,除根据公路所在地区的气候条件外,还必须给予驾驶员和乘客心理上的安全感。对山岭及丘陵地区、城市近郊、交叉口以及有相当数量非机动车行驶的道路,最大超高值应比一般公路小些。

《标准》中用于圆曲线最小半径计算所采用的横向力系数及超高值,见表3-2。

4) 圆曲线最小半径"极限值"

根据采用最大超高值的不同,在同一设计速度条件下,圆曲线最小半径"极限值"是不相同的。根据式(3-1),当 μ 取极限最大值、路面横坡度取最大超高值时得:

$$R_{\min 极限} = \frac{V^2}{127(\mu_{\max} - i_{y\max})} \tag{3-3}$$

式中:V——设计速度,km/h;

$\mu_{\max}$——允许采用的最大横向力系数;

$i_{y\max}$——最大超高值。

按式(3-3)及表3-2计算,将计算结果取整,即得到《标准》规定的不同设计速度时与最大超高值所对应的圆曲线最小半径"极限值",见表3-3。

5) 圆曲线最小半径"一般值"

平面线形中如果过多地使用极限最小半径,必然降低路线的使用质量,故一般非不得已则不使用。理想的最小半径,一方面是要考虑汽车在这种半径的曲线上以设计速度或以接近设计速度行驶时,旅客有充分的舒适感,另一方面也要注意到地形比较复杂的情况下不会过多地增加工程量。

圆曲线最小半径的"一般值"是指按设计速度行驶的车辆能保证其安全性与舒适性而建议的采用值。参考国内使用经验,确定圆曲线最小半径的"一般值"采用的横向力系数为0.05~0.06。经计算取整,即可得出一般最小半径值,见表3-4。

圆曲线最小半径"一般值"　　　　　　　表3-4

设计速度(km/h)	120	100	80	60	40	30	20
圆曲线最小半径"一般值"(m)	1 000	700	400	200	100	65	30

6) 不设超高的圆曲线最小半径

当圆曲线半径大于某一数值时,可以不设超高,而允许设置与直线路段相同的路拱横坡。考虑到行驶的舒适性,应把横向力系数控制到最小值。《标准》规定,当路拱横坡≤2%时,横向力系数按0.035~0.040取用,并规定当路拱横坡为1.5%时,横向力系数采用0.035;当路拱横坡为2.0%时,横向力系数采用0.040。同时,考虑到现实的路拱横坡在高速公路及一、二、三级公路上还有大于2.0%的情况,对于路拱大于2.0%的情况,《标准》规定横向力系数按0.040~0.050取用,并规定当路拱横坡度为2.5%时,横向力系数采用0.040;当路拱横坡度为3.0%时,横向力系数采用0.045;当路拱横坡度为3.5%时,横向力系数采用0.050。

关于路面横向坡度 i_y,不设置超高时,弯道上采用的是双向路拱横坡形式。根据第二章汽车在弯道行驶时的受力分析,汽车在弯道外侧行驶时是最不利情况,故按式(3-1)可得:

$$R_{\min\text{不设}} = \frac{V^2}{127(\mu - i_y)} \tag{3-4}$$

式中:$R_{\min\text{不设}}$——不设超高圆曲线最小半径,m;
　　　i_y——路面横向坡度(超高值)。

按式(3-4)计算并将结果取整后得到不设超高的圆曲线最小半径,列于表3-5。

不设超高的圆曲线最小半径(m)　　　　　　　表3-5

设计速度(km/h)	120	100	80	60	40	30	20
$i_y \leq 2.0\%$;$\mu = 0.035 \sim 0.040$	5 500	4 000	2 500	1 500	600	350	150
$i_y > 2.0\%$;$\mu = 0.040 \sim 0.050$	7 550	5 250	3 350	1 900	800	450	200

3. 圆曲线最大半径

选用圆曲线半径时,在地形等条件允许的前提下,应尽量采用大半径曲线,使行车舒适,但半径过大,对测设和施工都不利,且过大的半径,驾驶员在大半径圆曲线上行驶时,转向盘几乎与直线上一样无须调整。当圆曲线半径大于9 000m时,视线集中的300m~600m范围内的视觉效果同直线几乎没有区别。因此,《规范》规定,圆曲线最大半径以不超过10 000m为宜。

4. 圆曲线半径值的选定

道路平面线形设计时,应根据沿线地形等情况,尽量选用较大半径。最小半径极限值在不得已的情况下可采用,最小半径一般值是推荐采用的设计值,但在地形条件许可时,应尽量采用大于最小半径一般值的值。条件允许时,应尽量采用大于不设超高的圆曲线最小半径值。

选定圆曲线半径时,应注意前后线形的协调,不应突然采用小半径曲线。长直线或线形较好的路段,应避免紧接采用最小半径极限值。当从地形条件好的区段进入地形条件差的区段时,线形的技术指标应逐渐过渡,防止突变。《标准》及《规范》中对 3 种最小半径值的规定见表 3-6。《设计规范》所规定的极限最小半径、一般最小半径、不设超高最小半径值见表 3-7。

公路圆曲线最小半径 表 3-6

设计速度(km/h)		120	100	80	60	40	30	20
圆曲线最小半径(一般值)(m)		1 000	700	400	200	100	65	30
圆曲线最小半径(极限值)(m)	$I_{max}=4\%$	810	500	300	150	65	40	20
	$I_{max}=6\%$	710	440	270	135	60	35	15
	$I_{max}=8\%$	650	400	250	125	60	30	15
	$I_{max}=10\%$	570	360	220	115	—	—	—
不设超高最小半径(m)	路拱≤2.0%	5 500	4 000	2 500	1 500	600	350	150
	路拱>2.0%	7 500	5 250	3 350	1 900	800	450	200

城市道路圆曲线最小半径 表 3-7

设计速度(km/h)	100	80	60	50	40	30	20
不设超高圆曲线最小半径(m)	1 600	1 000	600	400	300	150	70
设超高圆曲线最小半径一般值(m)	650	400	300	200	150	85	40
设超高圆曲线最小半径极限值(m)	400	250	150	100	70	40	20

5. 平曲线最小长度

平曲线一般由圆曲线和缓和曲线组成。平曲线一般情况下应具有设置缓和曲线(或超高、加宽缓和段)和一段圆曲线的长度,平曲线长度除应满足设置回旋线或超高、加宽过渡的需要外,还应保留一段圆曲线,以保证汽车行驶状态的平稳过渡。平曲线长度理论上应不小于 3 倍回旋线最小长度。各级、各类道路在设计时平曲线长度不宜过短,从线形设计要求方面考虑,曲线长度按最小值的 5~8 倍较适宜。不同设计速度的各级公路平曲线最小长度、平曲线中圆曲线长度规定见表 3-8。不同设计速度的城市道路平曲线与圆曲线最小长度规定如表 3-9 所示。

各级公路平曲线最小长度 表 3-8

公路等级		高速公路			一级公路			二级公路		三级公路		四级公路
设计速度(km/h)		120	100	80	100	80	60	80	60	40	30	20
平曲线最小长度(m)	一般值	600	500	400	500	400	300	400	300	200	150	100
	最小值	200	170	140	170	140	100	140	100	70	50	40
圆曲线长度(m)		100	85	70	50	70	50	70	50	35	25	20

城市道路平曲线与圆曲线最小长度 表 3-9

设计速度(km/h)		100	80	60	50	40	30	20
平曲线最小长度(m)	一般值	260	210	150	130	110	80	60
	最小值	170	140	100	85	70	50	40
圆曲线最小长度(m)		85	70	50	40	35	25	20

6. 小偏角的曲线长

一般说来,公路上每个平曲线的转角 α 都应在地形允许范围内使之尽可能的小,这样才能保证路线的直接,但 α 过小时,曲线长度看上去要比实际的大,使驾驶员对公路产生急转弯的错觉,这种倾向偏角越小越显著。所以偏角较小时,应设置较长的平曲线,使公路形成顺适转弯的感觉,以避免驾驶员枉作减速转弯的准备。

一般认为,凡 α<7° 即属小转角,其最小曲线长的相关规定为:当 α=7° 时,为 6s 的行程;当 α<7° 时,最小曲线长与 α 成反比例增加,其值可用下式计算:

$$L \geq \frac{V}{3.6} \times 6 \times \frac{7}{\alpha} = 11.7 \frac{V}{\alpha} \tag{3-5}$$

式中:L——平曲线长度,包括一个圆曲线和两个缓和曲线,m;
　　　V——设计速度,km/h;
　　　α——路线转角值,以(°)计。当 $\alpha<2°$ 时,取 $\alpha=2°$。

当进行平纵面综合设计时,可将小转角的平曲线放在凸形竖曲线上,这时平曲线虽然要长些,但在视觉上可以得到一定程度的弥补。《规范》中规定:当路线转角小于或等于 7° 时,应设置较长的平曲线,其长度规定见表 3-10。

公路转角小于或等于 7° 时的平曲线长度　　表 3-10

公路等级	高速公路			一级公路			二级公路		三级公路		四级公路
设计速度(km/h)	120	100	80	100	80	60	80	60	40	30	20
一般值(m)	1 400/α	1 200/α	1 000/α	1 200/α	1 000/α	700/α	1 000/α	700/α	500/α	350/α	280/α
最小值(m)	200	170	140	170	140	100	140	100	70	50	40

《设计规范》中对设计速度大于或等于 60km/h 的城市道路小转角(道路中心线转角小于或等于 7°)的平曲线最小长度的规定见表 3-11。

城市道路小转角平曲线最小长度　　表 3-11

设计速度(km/h)	100	80	60
平曲线最小长度(m)	1 200/α	1 000/α	700/α

7. 圆曲线半径的应用

圆曲线能较好地适应地形变化,并可获得圆滑的线形。在确定圆曲线半径时,应注意以下几点:

(1)在条件允许时,尽量选用不设超高的圆曲线半径。

(2)一般情况下,宜采用极限最小半径的 4~8 倍或超高值为 2%~4% 的圆曲线半径。

(3)地形条件不受限制时,曲线半径应尽量大于或接近最小半径的一半;地形条件特殊时,可采用圆曲线极限最小半径。

(4)在选用圆曲线半径时,应与设计速度相适应,尽量与相衔接路段的平、纵线形要素相协调,构成连续且均衡的曲线线形。

8. 圆曲线要素及其计算

1) 简单圆曲线

圆曲线是平面线形设计中最常用的线形要素之一。路线改变方向的交点处,插入与两

直线相切的圆曲线,来实现路线方向的改变,如图 3-8 所示。简单圆曲线的几何要素关系如下:

$$T = R\tan\frac{\alpha}{2} \tag{3-6}$$

$$L = \frac{\pi\alpha R}{180} \tag{3-7}$$

$$E = R\left(\sec\frac{\alpha}{2} - 1\right) \tag{3-8}$$

$$J = 2T - L \tag{3-9}$$

式中:T——切线长,m;
L——曲线长,m;
E——外距,m;
J——校正值,m;
R——曲线半径,m;
α——路线转角,(°)。

在路线测设中,平曲线半径较大,很难确定圆心位置,通常将坐标原点设在曲线起点或终点处。由此,用参数表示的直角坐标方程为:

$$\left.\begin{array}{l}x = R\sin\delta = l - \dfrac{l^3}{6R^2} + \cdots \\ y = R(1 - \cos\delta) = \dfrac{l^2}{2R} - \dfrac{l^4}{24R} + \cdots\end{array}\right\} \tag{3-10}$$

式中:l——任意点 P 到曲线起点或终点的曲线长度,m;
δ——l 弧对应的圆心角,见图 3-9。

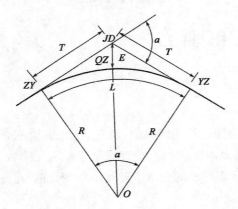

图 3-8　简单圆曲线

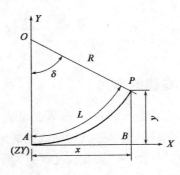

图 3-9　圆曲线直角坐标

如图 3-10 所示,若用极坐标表示,其方程为:

$$\Delta = \frac{1}{2}\delta = \frac{1}{2} \cdot \frac{l}{R} \tag{3-11}$$

$$C = 2R\sin\frac{\delta}{2} \tag{3-12}$$

式中：Δ——曲线上任意点 P 的极角，也称弦角；
$\quad\quad C$——极距，又称弦长，m。

2）复曲线

两个或两个以上不同半径的圆曲线在公切点处首尾相接构成的组合曲线称为复曲线，如图 3-11 所示。复曲线的连接点叫公切点，用 GQ 表示。当复曲线的一个曲线半径 R_1 已确定时，另一曲线半径 R_2 即可求得：

$$R_2 = \frac{L_{AB} - T_1}{\tan\frac{\alpha_2}{2}} = \frac{L_{AB} - R_1\tan\frac{\alpha_1}{2}}{\tan\frac{\alpha_2}{2}} \tag{3-13}$$

式中符号如图 3-11 所示。

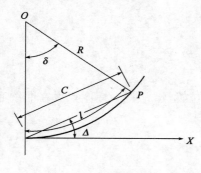

图 3-10　圆曲线的极坐标

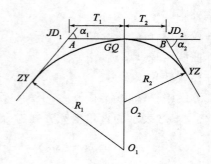

图 3-11　复曲线

由于复曲线是由不同半径的多个圆曲线组合而成的，因此，线形比较灵活，对地形、地物和环境有较强的适应性，是山区公路上常见的线形。

第三节　缓 和 曲 线

一、缓和曲线的作用

当汽车从直线进入圆曲线时，驾驶员应逐渐改变前轮的转向角，使其适应相应半径的圆曲线。前轮的逐渐转向是在进入圆曲线前的某一路段内完成的。在直线上半径为无穷大，在进入圆曲线上时，半径为 R，从直线过渡到圆曲线，汽车行驶的曲率半径是不断变化的，这一变化路段即为缓和曲线段。

缓和曲线具有以下 4 个作用：

(1) 使汽车从一个曲线过渡到另一曲线的行驶过程中的离心加速度逐渐变化。

(2) 作为超高和加宽变化的过渡段。

(3) 通过其曲率的逐渐变化，可适应汽车转向操作的行驶轨迹。

(4) 与圆曲线配合，以构成美观及视觉协调的最佳线形。

为了起到上述作用，所设计的缓和曲线不但要有合理的形式，还要具有足够的长度。

二、缓和曲线的性质

缓和曲线的方程式应与汽车行驶轨迹一致。该轨迹的曲线半径与转角 ϕ 成反比例变化。汽车的转角 ϕ 从公路直线段上为零增到圆曲线上的固定值(图 3-12)。

汽车在曲线上行驶轨迹的曲线半径 ρ 的方程式,可参照图 3-12 求得。

设汽车在缓和曲线上的行驶速度为 $v(\mathrm{m/s})$,行驶 $t(\mathrm{s})$ 后,转向盘转动角度为 φ,前轮的转动角为 ϕ,两者的关系为:

$$\phi = K\varphi \quad (K \leqslant 1)$$

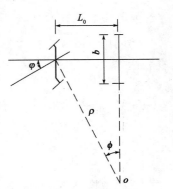

图 3-12　汽车的转弯行驶

转向盘转动的角速度为 ω,t 秒后的转动角度为 $\varphi = \omega t$,前轮的转动角度为:

$$\phi = K\varphi = K\omega t$$

汽车前后轮轴距为 L_0,则汽车的转动半径为:

$$\rho = \frac{L_0}{\sin\phi} \approx \frac{L_0}{\phi} = \frac{L_0}{K\omega t}$$

汽车沿缓和曲线行驶 t 秒,在曲线上行驶的距离为 l,则:

$$l = vt = v\frac{L_0}{K\omega} \cdot \frac{1}{\rho}$$

设 $v\dfrac{L_0}{K\omega} = C$ 常数,则:

$$l = \frac{C}{\rho} \tag{3-14}$$

此式即为汽车等速行驶,同时以不变的角速度转动转向盘所产生的轨迹。汽车匀速从直线段驶入圆曲线段或从圆曲线段驶入直线段的轨迹半径值随其行驶距离而递减或递增,相应缓和曲线上任一点的半径与其距起点的距离成反比。

三、缓和曲线的形式

1. 回旋线

回旋线是公路上最常用的一种缓和曲线。在数学上,回旋线又叫欧拉曲线,或叫菲涅耳螺旋线、辐射螺旋射线。

回旋线是一种按照特定的规律变化的变曲率曲线。在回旋线上,任意一点的曲率半径与该点至曲线起点的曲线长之乘积为一常数,即:

$$\rho l = C \tag{3-15}$$

式中:C——回旋线常数,表征回旋线曲率半径缓急程度的量,m^2;

　　ρ——回旋线上任意一点的曲率半径,m;

　　l——回旋线上任意一点到曲线起点的曲线长度,m。

为了设计方便,常用 A^2 值来代替回旋线常数 C,则其基本表达式为:

$$\rho l = A^2 \quad 或 \quad \sqrt{\rho l} = A \tag{3-16}$$

式中：A——回旋线参数，m。

回旋线常数 A 的量度是长度单位，与圆曲线半径的量纲一致。这样，在设计回旋线时，就可以像设计圆曲线那样选择参数 A。R 值确定了圆的大小，A 值则确定了回旋线曲率变化的缓急。

2. 三次抛物线

将回旋线基本表达式(3-15)中的曲线长 l 换成横轴上的投影长度 x，即为三次抛物线的基本表达式：

$$\rho x = C \tag{3-17}$$

同样，根据回旋线的直角坐标，可得三次抛物线的直角坐标式：

$$\begin{cases} x = l \\ y = \dfrac{x^3}{6C} \end{cases} \tag{3-18}$$

三次抛物线的一般数学表达式为：

$$y = \rho\, x^3 \tag{3-19}$$

式中：ρ——抛物线常数。

3. 双纽线

从原点开始到曲线上任一点的弦长 a 和曲率半径 ρ 的乘积为一常数的曲线叫双纽线。双纽线也属于螺旋线的一种，如图 3-13 所示，双纽线的基本表达式为：

$$\rho a = C \tag{3-20}$$

双纽线的极坐标表达式为：

$$a_2 = 3C\sin 2\delta \tag{3-21}$$

式中：δ——原点到曲线上任一点 P 的弦长与 X 轴的夹角；

a——弦长，m。

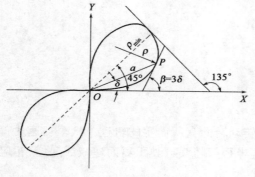

图 3-13 双纽曲线

将式(3-20)代入式(3-21)得：

$$a = 3\rho\sin 2\delta \tag{3-22}$$

当双纽线的极角 $\delta = 45°$ 时，曲率半径最小，以后随着 δ 增大，则曲率半径逐渐增大，直至原点全程转角为 270°。因此，当路线弯道转角较大、半径较小时，特别是回头曲线或立体交叉的匝道上，采用双纽线布置整个弯道，代替两段缓和曲线和一段主圆曲线是较适宜的线形。

4. 三种曲线比较

通过以上分析可知，当极角较小时(5°~6°)，三种曲线非常相近，如图 3-14 所示。随着极角的增加，三次抛物线的长度比双纽线增加要快些，而回旋线的长度增加最慢。回旋曲线的曲率半径减少得最快，三次抛物线减少得最慢。从保证汽车平顺地由直线到圆曲线过渡来看，三种曲线没有太大差异，都可以作为缓和曲线。考虑到使用的方便与习惯，《标准》规定采用回旋线作为缓和曲线。

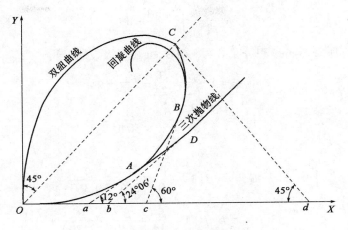

图 3-14 三种缓和曲线比较

四、回旋线的数学表达

1. 回旋线的直角坐标计算

回旋线上的任意一点的法线方向与 Y 轴的夹角即称为缓和曲线角,如图 3-15 中的 β。回旋线可用参数 β 来表示直角坐标,其计算推导如下:

在回旋线上对任意一点 P 取微分单元,则:

$$dl = \rho \cdot d\beta \quad (3-23)$$

$$dx = dl \cdot \cos\beta \quad (3-24)$$

$$dy = dl \cdot \sin\beta \quad (3-25)$$

将式(3-16)代入式(3-23),消去 ρ 得:

$$dl = \frac{A^2}{l} \cdot d\beta$$

两端积分并整理得:

$$l^2 = 2A^2 \cdot \beta \quad (3-26)$$

因 $\beta = 0$ 时,$l = 0$,积分常数为 0,故将式(3-16)代入式(3-26)得:

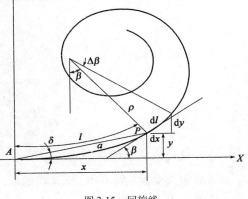

图 3-15 回旋线

$$\rho = \frac{A}{\sqrt{2\beta}}$$

再代入式(3-24)和式(3-25)得:

$$dx = \frac{A}{\sqrt{2\beta}}\cos\beta \cdot d\beta$$

$$dy = \frac{A}{\sqrt{2\beta}}\sin\beta \cdot d\beta$$

积分得:

$$x = \frac{A}{\sqrt{2}}\int_0^\beta \frac{\cos\beta}{\sqrt{\beta}} \cdot d\beta$$

$$y = \frac{A}{\sqrt{2}} \int_0^\beta \frac{\sin\beta}{\sqrt{\beta}} \cdot d\beta$$

上式称为菲涅耳(Fresnel)积分公式,将 $\sin\beta$、$\cos\beta$ 用级数展开得:

$$\cos\beta = 1 - \frac{\beta^2}{2} + \frac{\beta^4}{24} - \frac{\beta^6}{720} + \cdots$$

$$\sin\beta = \beta - \frac{\beta^3}{6} + \frac{\beta^5}{120} - \frac{\beta^7}{5040} + \cdots$$

则可得积分:

$$\int_0^\beta \frac{\cos\beta}{\sqrt{\beta}} \cdot d\beta = 2\sqrt{\beta}\left(1 - \frac{\beta^2}{10} + \frac{\beta^4}{216} - \frac{\beta^6}{9\,360} + \cdots\right)$$

$$\int_0^\beta \frac{\sin\beta}{\sqrt{\beta}} \cdot d\beta = \frac{2}{3}\beta\sqrt{\beta}\left(1 - \frac{\beta^2}{14} + \frac{\beta^4}{440} - \frac{\beta^6}{25200} + \cdots\right)$$

代入菲涅耳积分公式得:

$$x = A\sqrt{2\beta}\left(1 - \frac{\beta^2}{10} + \frac{\beta^4}{216} - \frac{\beta^6}{9\,360} + \cdots\right)$$

$$y = \frac{\sqrt{2}}{3}A\beta\left(1 - \frac{\beta^2}{14} + \frac{\beta^4}{440} - \frac{\beta^6}{25200} + \cdots\right)$$

上式即为用参数 β 表示的回旋曲线方程。将 $\rho \cdot l = A^2$ 代入式(3-26)得:

$$\beta = \frac{l}{2\rho}$$

代入前式得:

$$\left.\begin{array}{l} x = l - \dfrac{l^3}{40\rho^2} + \dfrac{l^5}{3456\rho^4} - \cdots \\[2mm] y = \dfrac{l^2}{6\rho} - \dfrac{l^4}{336\rho^3} + \dfrac{l^6}{42240\rho^5} - \cdots \end{array}\right\} \tag{3-27}$$

2. 回旋曲线要素计算公式

回旋曲线要素(图 3-16)计算式如下。

任意点 P 处的曲率半径:

$$\rho = \frac{A^2}{l} = \frac{l}{2\beta} = \frac{A^2}{\sqrt{2\beta}}$$

P 点的回旋曲线长:

$$l = \frac{A^2}{\rho} = 2\beta\rho = A\sqrt{2\beta}$$

P 点的缓和曲线角:

$$\beta = \frac{l}{2\rho} = \frac{l^2}{2A^2} = 28.6479 \cdot \frac{l}{\rho}$$

曲线内移值:

$$\Delta\rho = y + \rho\cos\beta - \rho$$

P 点的瞬时圆心 M 点的坐标:

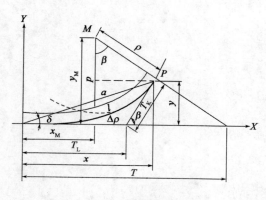

图 3-16 回旋线要素

$$x_M = x - \rho\sin\beta$$
$$y_M = \rho + \Delta\rho$$

长切线长：
$$T_L = x - y\cos\beta$$

短切线长：
$$T_K = \frac{y}{\sin\beta}$$

P 点的弦长：
$$\alpha = \frac{y}{\sin\delta}$$

P 点的弦偏角：
$$\delta = \arctan\frac{y}{x} \approx \frac{\beta}{3} = 9.5493 \cdot \frac{1}{\rho}$$

五、缓和曲线长度的确定

1. 缓和曲线最小长度

缓和曲线必须有足够的长度，以避免离心加速度增长过快和驾驶员转动转向盘过急，应使行车安全、舒适，线形圆滑顺适。缓和曲线的最小长度一般应满足以下4方面的要求。

（1）离心加速度变化率不过大

汽车在缓和曲线上行驶时，由离心力产生的离心加速度 $a = v^2/\rho$，并在 $t(s)$ 时间内从缓和曲线的起点到达缓和曲线终点，汽车通过缓和曲线全长 l_s，曲率半径 ρ 由 0 均匀地变化到 R，离心加速度由 0 均匀地增加到 v^2/R，所以离心加速度的增长率为：

$$a_s = \frac{a}{t} = \frac{v^2}{Rt}$$

设汽车匀速行驶，则：

$$t = \frac{l_s}{v}$$

$$a_s = \frac{v^3}{Rl_s}$$

故

$$l_s = \frac{v^3}{Ra_s}$$

将 $v(\mathrm{m/s})$ 转变为 $V(\mathrm{km/h})$ 得：

$$l_s = 0.0214\frac{V^3}{Ra_s} \tag{3-28}$$

式中：V——设计车速，km/h；

a_s——离心加速度平均变化率，m/s³；

R——圆曲线半径，m。

早在 1909 年，英国人肖特（Shortt）为了使旅客不感到汽车在转弯，曾建议 $a_s \le 0.6\mathrm{m/s^3}$。实际上，人所感觉到的横向力并不是离心力的全部，它不包括被超高抵消的一部分，所以其解释是概略性的,但其基本关系仍是可用的。

限制 a_s 能得出在一定车速和一定曲线半径下的缓和曲线长度。a_s 值的确定主要应根据驾驶的要求,即能从容不迫地操纵汽车,使它比较准确地行驶在相应的车道内。如缓和曲线 l_s 过短,车速又高,驾驶员将要急速地转动转向盘而造成驾驶操纵的紧张和忙乱,甚至会使汽车离开行车道造成事故。

a_s 是检验缓和曲线缓和性的指标,我们称它为"缓和系数",单位是 m/s^3。至于 a_s 采用什么值,各国不尽相同。一般快速道路,英国用 $0.3 m/s^3$,美国用 $0.6 m/s^3$。美国对于交叉口的弯道,设计速度为 80km/h 时用 $0.75 m/s^3$,设计速度为 32km/h 时用 $1.2 m/s^3$。概而论之,高速路至低速路(30~120km/h)可在 $0.3~1.0 m/s^3$ 这样一个很大的范围内取值。高速路可取小些,一般地方道路可大些;平原区可取小些,山岭区可大些;路段可取小些,交叉口要大些。

（2）控制超高附加纵坡不过陡

超高附加纵坡是指超高后的外侧路面边缘纵坡比原设计纵坡增加的坡度。附加纵坡太大,会使行车左右明显摇摆,因此应对其加以控制。

$$l_s = \frac{B \Delta i}{p} \tag{3-29}$$

式中：B——旋转轴至行车道(设路缘带时为路缘带)外侧边缘的宽度,m;

Δi——超高坡度与路拱坡度代数差,%;

p——超高渐变率。

超高坡度在缓和曲线段的变化方式见图3-17。

（3）控制行驶时间不过短

不论缓和曲线的参数如何,都不得使汽车经过时驾驶操纵来不及调整,以至于不能很好地适应前面变化的路况。对于急促的路况变化,也会使旅客感觉不适,因而对缓和曲线上的最短行程时间应进行规定。我国将汽车在缓和曲线上的最短行程时间定为 3s,则缓和曲线最小长度为：

$$l_s = \frac{V}{1.2} \tag{3-30}$$

式中：V——设计速度,km/h。

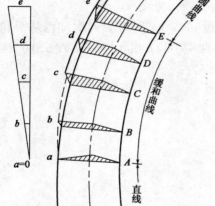

图 3-17 超高坡度在缓和曲线段的变化

（4）符合视觉条件的要求

实践研究认为,缓和曲线最小转向角取 $\beta_1 = 3°10'59'' = 0.0556 \text{rad}$,缓和曲线最大转向角取 $\beta_2 = 28°38'52'' = 0.5 \text{rad}$。

由 $\beta = \frac{l}{2R} = \frac{A^2}{2R^2}$,$A^2 = Rl$ 得：

故

$$A^2 = 2R^2 \beta$$

$$A = R\sqrt{2\beta}$$

当 $\beta = \beta_1$ 时,$A = R\sqrt{2 \times 0.0556} = \frac{R}{3}$,$l = \frac{A^2}{R} = \frac{R}{9}$。

当 $\beta = \beta_2$ 时，$A = R\sqrt{2 \times 0.5} = R, l = R$。
故为使线形舒顺协调，应满足：

$$l = \frac{R}{9} \sim R \tag{3-31}$$

《规范》按汽车在缓和段行驶3s，离心加速度变化率限制在 $0.5 \sim 0.6 \mathrm{m/s^3}$，根据相应等级公路的设计速度，即可计算出缓和曲线最小长度，公路缓和曲线最小长度见表3-12。《设计规范》中规定的城市道路缓和曲线最小长度见表3-13。

公路缓和曲线最小长度　　表3-12

公路等级	高速公路			一级			二级		三级		四级
设计速度(km/h)	120	100	80	100	80	60	80	60	40	30	20
缓和曲线最小长度(m)	100	85	70	85	70	50	70	50	35	25	20

城市道路缓和曲线最小长度　　表3-13

设计速度(km/h)	100	80	60	50	40	30	20
缓和曲线最小长度(m)	85	70	50	45	35	25	20

上述规定值是缓和曲线最小长度，设计时为达到顺适优美的线形和良好的视觉，一般常采用较长的缓和曲线。

应当指出，按离心加速度变化率或超高渐变率计算的缓和曲线长度，是随曲线半径的增大而逐渐减小的，但从视觉上却希望随着曲线半径的增大，缓和曲线应相应增长，设计时应注意这一点。尤其对于高等级公路，应尽可能利用缓和曲线调整线形，以适应地形与景观。

回旋线参数 A 的确定方法与缓和曲线最小长度的确定方法基本相同，由于《标准》中规定了缓和曲线最小长度，故在此仅讨论缓和曲线最小长度的确定方法。l_s 值确定后，A 值可依 $A = \sqrt{Rl_s}$ 这一关系相应确定。

2. 不设缓和曲线的条件

当圆曲线半径相当大时，从几何线形来看，加入缓和曲线与否，线位与形状都没有多大的区别，故可不设缓和曲线。《规范》规定在下述情况下可不设缓和曲线：

(1) 小圆曲线半径大于不设超高圆曲线最小半径(表3-5)时。
(2) 小圆半径大于表3-14中所列半径，且符合下列条件之一时：

复曲线中的小圆临界曲线半径　　表3-14

设计速度(km/h)	120	100	80	60	40	30
临界圆曲线半径(m)	2 100	1 500	900	500	250	130

①小圆曲线按规定设置相当于最小回旋线长的回旋线时，其大圆与小圆的内移值之差 ≤ 0.10m；
②设计速度 ≥ 80km/h 时，大圆半径 R_1 与小圆半径 R_2 之比 <1.5；
③设计速度 <80km/h 时，大圆半径 R_1 与小圆半径 R_2 之比 <2。

《标准》规定，四级公路的直线与小于不设超高的圆曲线最小半径相衔接处，可不设置回旋线，但应设置超高、加宽过渡段。

第四节 平曲线组合类型及算例

一、平面线形组合设计

1. 简单型

直线与圆曲线的组合形式,即按直线—圆曲线—直线的顺序组合而成,如图 3-18 所示。

2. 基本型

基本型即按直线—缓和曲线(A_1)—圆曲线—缓和曲线(A_2)—直线的顺序组合而成的形式。当两回旋曲线的参数相等,即 $A_1 = A_2$ 时,成为对称基本型;当 $A_1 \neq A_2$ 时,称为非对称基本型,如图 3-19 所示。

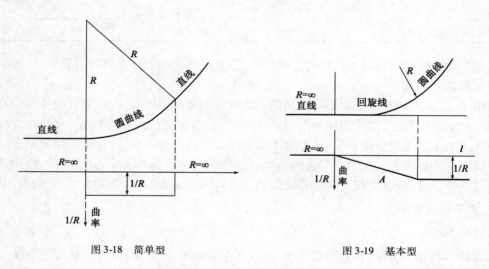

图 3-18 简单型　　　　　　　　　　图 3-19 基本型

A 值的选择使回旋曲线—圆曲线—回旋曲线的长度之比以接近 1∶1∶1 为宜,并注意满足设置基本型平曲线的几何条件:

$$\alpha \geqslant 2\beta_0$$

式中:α——路线转角;
β_0——缓和曲线角。

3. S 型

S 型即用缓和曲线连接两条反向圆曲线的组合形式,如图 3-20 所示。

(1)从行驶力学、线形协调、超高缓和等方面综合考虑,S 型曲线相邻两个回旋线参数 A_1 和 A_2 宜相等,若采用不同的参数时,其值相差不宜过大,应符合下式:

$$\frac{A_1}{A_2} \leqslant 1.5$$

式中:A_1——大圆回旋线参数,m;

A_2——小圆回旋线参数,m。

(2)S 型的两个反向回旋曲线以径相连接为宜。当由于地形或其他条件限制必须插入短直线时,其短直线长度应符合下式要求:

$$L \leqslant \frac{A_1 + A_2}{40}$$

(3)S 型的两圆曲线半径之比不宜过大,以符合下式为宜:

$$\frac{1}{3} \leqslant \frac{R_2}{R_1} \leqslant 1$$

式中:R_1——大圆曲线半径,m;
　　　R_2——小圆曲线半径,m。

4. 凸型

凸型即两同向缓和曲线间不插入圆曲线而径相衔接的组合形式,如图 3-21 所示。

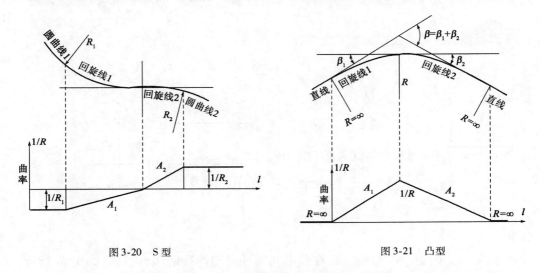

图 3-20　S 型　　　　　　　　　　　图 3-21　凸型

(1)凸型曲线的回旋曲线最小参数及其衔接点处的最小半径值,应符合允许最小 A 值和圆曲线一般最小半径的规定。

(2)设计中,一般情况下最好不采用凸型,只有在地形条件受到限制的山嘴或特殊困难情况下才考虑采用。

5. 复曲线

复曲线是指两个或两个以上半径不同、转向相同的圆曲线径相连接或插入缓和曲线的组合曲线。根据其是否插入缓和曲线可分为以下 3 种形式。

(1)圆曲线直接相连的组合形式

按直线—圆曲线(R_1)—圆曲线(R_2)—直线的顺序组合构成,如图 3-22 所示。

(2)两端带缓和曲线的组合形式

按直线—缓和曲线(A_1)—圆曲线(R_1)—圆曲线(R_2)—缓和曲线(A_2)—直线的顺序组合构成,如图 3-23 所示。

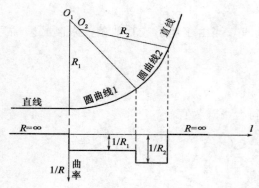
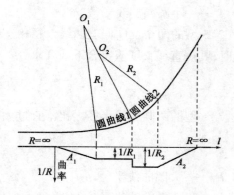

图 3-22 复曲线(圆曲线径相连接的组合)　　　图 3-23 复曲线(两端带缓和曲线的组合)

(3)卵形曲线

按直线—圆曲线(R_1)—缓和曲线(A)—圆曲线(R_2)—直线的顺序组合构成,如图 3-24 所示。

①卵形回旋曲线的参数以满足下式为宜:

$$\frac{R_2}{2} \leq A \leq R_2$$

②两圆曲线半径之比以满足下式为宜:

$$0.2 < \frac{R_2}{R_1} < 0.8$$

③两圆曲线内移值 ΔR 之差以满足下式为宜:

$$0.003 < \frac{D}{R_2} < 0.03$$

式中:D——两圆曲线内移值 ΔR 之差值,m。

6.复合型

两个及两个以上的同向缓和曲线,在曲率相等处径相连接的组合形式,如图 3-25 所示。复合型的两个回旋曲线参数之比以小于 1∶1.5 为宜。复合型除因受地形或其他特殊原因限制外(互通式立体交叉除外),一般较少使用。

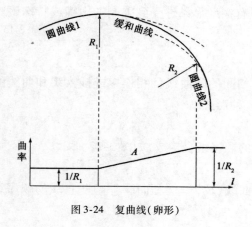
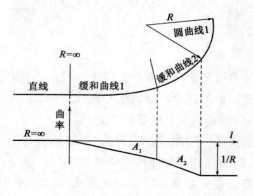

图 3-24 复曲线(卵形)　　　　　　　　　图 3-25 复合型

7. C 型

两同向缓和曲线在其零点径相连接(即连接处曲率为 0，$R = \infty$)，如图 3-26 所示。C 型曲线只有在特殊地形条件下可采用。两个回旋曲线的参数可相等，也可以不相等。

8. 回头曲线

回头曲线是由一个主曲线，两个辅助曲线和主、辅曲线间所夹的直线段而组成的复杂曲线，如图 3-27 所示。

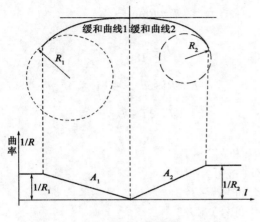

图 3-26 C 型曲线

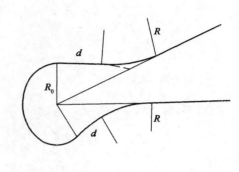

图 3-27 回头曲线

在越岭路线布线中，应尽量利用有利地形自然展线，避免设置回头曲线。三级公路、四级公路在自然展线无法通过需要的距离以克服高差，或因地形、地质条件所限不能采用自然展线时，可采用回头曲线。

回头曲线的设计要求与一般平曲线的规定不同。《规范》规定：两相邻回头曲线之间，应有较长的距离。由一个回头曲线的终点至下一个回头曲线起点的距离，设计速度为 40km/h、30km/h、20km/h 时，分别不应小于 200m、150m、100m。回头曲线各部分的技术指标要求见表 3-15。设计速度为 40km/h 的公路根据地形条件可选用 35km/h 或 30km/h 的回头曲线设计速度。回头曲线前后的线形应连续、均匀、通视良好，两端以布设过渡性曲线为宜，且应设置限速标志、交通安全设施等。

回头曲线技术指标 表 3-15

主线设计速度(km/h)	40		30	20
回头曲线设计速度(km/h)	35	30	25	20
圆曲线最小半径(m)	40	30	20	15
缓和曲线最小长度(m)	35	30	25	20
超高横坡度(%)	6	6	6	6
双车道路面加宽(m)	2.5	2.5	2.5	3.0
最大纵坡(%)	3.5	3.5	4.0	4.5

二、常用曲线的曲线要素计算式及算例

1. 简单圆曲线

（1）计算式

简单圆曲线几何要素包括圆曲线半径 R、路线转角 α、切线长 T、外距 E 及校正值 J 等，如图 3-28 所示。

一般 R、α 为已知，其他曲线要素的计算式为：

$$T = R\tan\frac{\alpha}{2}$$

$$L = \frac{\pi\alpha R}{180}$$

$$E = R\left(\sec\frac{\alpha}{2} - 1\right)$$

$$J = 2T - L$$

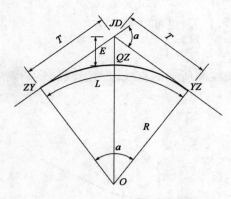

图 3-28 简单圆曲线

主点桩号计算：

$$ZY(桩号) = JD(桩号) - T$$
$$YZ(桩号) = ZY(桩号) + L$$
$$QZ(桩号) = YZ(桩号) - L/2$$
$$JD(桩号) = QZ(桩号) + J/2$$

（2）算例

已知某弯道交点 JD_5，桩号为 K4+099.51，$R = 200$ m，转角 $\alpha = 30°04'00''$，试计算曲线要素和主点桩号。

解：① 曲线要素计算：

$$T = 200 \times \tan\frac{30°04'00''}{2} = 53.71(\text{m})$$

$$L = \frac{\pi}{180} \times 30°04'00'' \times 200 = 104.95(\text{m})$$

$$E = 200 \times \left(\sec\frac{30°04'00''}{2} - 1\right) = 7.08(\text{m})$$

$$J = 2 \times 53.71 - 104.95 = 2.48(\text{m})$$

② 主点桩号计算：

JD_5	K4+099.51
$-T$	53.71
ZY	K4+045.80
$+L$	104.95
YZ	K4+150.75
$-\dfrac{L}{2}$	52.48
QZ	K4+098.27
$+\dfrac{J}{2}$	1.24
JD_5	K4+099.51（校核无误）

2. 基本型曲线

（1）计算式

在简单圆曲线与直线连接的两端，分别插入一段回旋曲线，即构成带缓和曲线的平曲线，这种组合形式叫基本型，如图3-29所示。

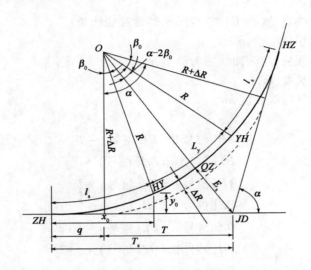

图3-29 带缓和曲线的平曲线要素

其要素计算式如下：

$$\Delta R = \frac{l_s^2}{24R} - \frac{l_s^4}{2384R^3}$$

$$q = \frac{l_s}{2} - \frac{l_s^3}{240R^2}$$

$$\beta_0 = \frac{90}{\pi} \cdot \frac{l_s}{R} = 28.6479 \frac{l_s}{R}$$

$$T_s = (R + \Delta R)\tan\frac{\alpha}{2} + q$$

$$L_s = (\alpha - 2\beta_0) \cdot \frac{\pi}{180} \cdot R + 2l_s$$

或

$$L_s = \frac{\pi_\alpha}{180} \cdot R + l_s$$

$$L_y = L_s - 2l_s$$

$$E_s = (R + \Delta R)\sec\frac{\alpha}{2} - R$$

$$J_s = 2T_s - L_s$$

式中：T_s——总切线长，m；

L_s——总曲线长,m;

E_s——外距,m;

J_s——校正数,m;

R——主曲线半径,m;

α——路线转角;

β_0——缓和曲线终点处(即 HY 或 YH 处)的缓和曲线角;

q——缓和曲线切线增值,m;

ΔR——设缓和曲线后,主圆曲线的内移值,m;

l_s——缓和曲线长度,m;

L_y——平曲线中圆曲线长度,m。

主点桩号计算:

$$ZH(桩号) = JD(桩号) - T_s$$
$$HY(桩号) = ZH(桩号) + l_s$$
$$YH(桩号) = HY(桩号) + L_y$$
$$HZ(桩号) = YH(桩号) + l_s$$
$$QZ(桩号) = HZ(桩号) - L_s/2$$
$$JD(桩号) = QZ(桩号) + J_s/2$$

(2)算例

已知某弯道 JD_6 的桩号为 K4+650.56,$R=300$m,$l_s=60$m,$\alpha=35°00'00''$,试计算曲线要素及主点桩号。

解:①曲线要素计算:

$$\Delta R = \frac{60^2}{24 \times 300} - \frac{60^4}{2\,384 \times 300^3} = 0.50(\text{m})$$

$$q = \frac{60}{2} - \frac{60^3}{240 \times 300^2} = 29.99(\text{m})$$

$$\beta_0 = \frac{90}{\pi} \times \frac{60}{300} = 5.7296(°)$$

$$T_s = (300 + 0.50)\tan\frac{35°00'00''}{2} + 29.99 = 124.74(\text{m})$$

$$L_s = \frac{\pi}{180} \times (35°00'00'' - 2 \times 5.7296) \times 300 + 2 \times 60 = 243.26(\text{m})$$

$$L_y = 243.26 - 2 \times 60 = 123.26(\text{m})$$

$$E_s = (300 + 0.50)\sec\frac{35°00'00''}{2} - 300 = 15.08(\text{m})$$

$$J = 2 \times 124.74 - 243.26 = 6.22(\text{m})$$

②曲线主点桩号计算:

JD_6	K4+650.56
$-T_s$	124.74
ZH	K4+525.82
$+l_s$	60.00
HY	K4+585.82

$$\frac{+L_y\qquad\qquad 123.26}{YH\qquad\qquad K4+709.08}$$

$$\frac{+l_s\qquad\qquad 60.00}{HZ\qquad\qquad K4+769.08}$$

$$\frac{-\dfrac{L_s}{2}\qquad\qquad 121.63}{QZ\qquad\qquad K4+647.45}$$

$$\frac{+\dfrac{J_s}{2}\qquad\qquad 3.11}{JD_6\qquad K4+650.56(校核无误)}$$

3. 对称凸型曲线

(1) 计算式

当基本型曲线的圆曲线长度为 0 时，即构成了凸型曲线，如图 3-30 所示。此时，应满足以下几何条件：

$$\alpha = 2\beta_0 \qquad (3\text{-}32)$$

计算时，可根据半径反算缓和曲线长，或根据缓和曲线长反算半径值 R，或根据线形或地形条件（T 或 E）反算主曲线半径 R 和缓和曲线长 l_s，依此即可计算其他曲线要素。

已知

$$\beta_0 = \frac{90°}{\pi}\cdot\frac{l_s}{R}$$

将上式代入式(3-32)，则：

$$\alpha = \frac{l_s}{R}\cdot\frac{180°}{\pi}$$

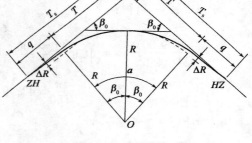

图 3-30 凸型曲线

若选定 l_s，则：

$$R = \frac{180°}{\pi}\cdot\frac{l_s}{\alpha}$$

若选定 R，则：

$$l_s = \frac{\pi}{180}\cdot\alpha\cdot R$$

若用切线长控制，即 T_s 为已知，则有：

$$T_s = (R+\Delta R)\tan\frac{\alpha}{2} + q$$

将

$$l_s = \frac{\pi}{180}\cdot\alpha\cdot R$$

$$\Delta R = \frac{l_s^2}{24R}$$

$$q = \frac{l_s}{2} - \frac{l_s^3}{240R^2}$$

逐步代入并经整理，可得：

$$R = \frac{T}{\left(1 + \frac{\alpha^2}{24}\right)\tan\frac{\alpha}{2} + \frac{\alpha}{2} - \frac{\alpha^3}{240}} \quad (3\text{-}33)$$

式中：α——转角，弧度。

若用外距控制，即 E_s 为已知，则有：

$$E_s = (R + \Delta R)\sec\frac{\alpha}{2} - R$$

$$l_s = \frac{\pi}{180} \cdot \alpha \cdot R$$

联立求解可得：

$$R = \frac{E_s}{\left(1 + \frac{\alpha^2}{24}\right)\sec\frac{\alpha}{2} - 1} \quad (3\text{-}34)$$

(2) 算例

已知某公路 JD_8，其转角 $\alpha = 42°49'00''$，要求控制切线长 $T_s = 65\text{m}$，试按凸型曲线计算曲线半径 R 和缓和曲线长 l_s。

解：由式(3-33)得：

$$R = \frac{65}{\left(1 + \frac{(42°49'00'')^2}{24 \times 180^2} \times \pi^2\right)\tan\frac{42°49'00''}{2} + \frac{42°49'00'' \times \pi}{2 \times 180} - \frac{(42°49'00'')^3}{240} \times \left(\frac{\pi}{180}\right)^3} = 84.08(\text{m})$$

$$l_s = \frac{\pi}{180} \times 42°49'00'' \times 84.08 = 62.83(\text{m})$$

4. 非对称凸型曲线

(1) 计算式

当凸型曲线两缓和曲线长度（或缓和曲线参数）不相等时，即构成非对称凸型曲线，计算时通常选定一端缓和曲线长度及半径，再解算另一缓和曲线长度，即可求出所有曲线要素。

如图 3-31 所示，已知 l_s、R 及 α，则第一缓和曲线的要素为：

$$\beta_{01} = \frac{l_{s_1}}{2R}(\text{rad})$$

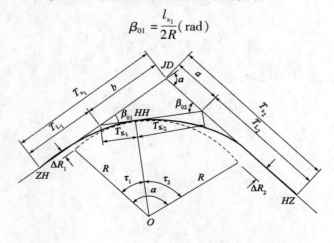

图 3-31 非对称凸型曲线

$$x_{01} = l_{s_1} - \frac{l_{s_1}^3}{40R^2} + \frac{l_{s_1}^5}{3456R^4}$$

$$y_{01} = \frac{l_{s_1}^2}{6R} - \frac{l_{s_1}^4}{336R^3} + \frac{l_{s_1}^6}{42240R^5}$$

第一缓和曲线的长切线长为:
$$T_{L_1} = x_{01} - y_{01} \cdot \cot\beta_{01}$$

第一缓和曲线的短切线长为:
$$T_{K_1} = y_{01} \cdot \csc\beta_{01}$$

第二缓和曲线的缓和曲线角为:
$$\beta_{02} = \alpha - \beta_{01}$$

其他要素 l_{s_2}、x_{02}、y_{02}、T_{L_2}、T_{K_2} 均可按上述式计算。

解三角形可得边长:
$$b = (T_{K_1} + T_{K_2}) \cdot \frac{\sin\beta_{02}}{\sin\alpha}$$

$$a = (T_{K_1} + T_{K_2}) \cdot \frac{\sin\beta_{01}}{\sin\alpha}$$

切线长:
$$T_{s_1} = T_{L_1} + b$$
$$T_{s_2} = T_{L_2} + a$$

(2) 算例

已知某公路 JD_{12} 的转角 $\alpha = 76°26'00''$,$R = 100\mathrm{m}$,$l_{s_1} = 100\mathrm{m}$,试按非对称凸型计算切线长。

解:先计算第一缓和曲线:
$$\beta_{01} = \frac{100}{2 \times 100} = 0.5(\mathrm{rad}) = 28°38'52''$$

$$x_{01} = 100 \times \left(1 - \frac{100^2}{40 \times 100^2} + \frac{100^4}{3456 \times 100^4}\right) = 97.53(\mathrm{m})$$

$$y_{01} = \frac{100^2}{6 \times 100} \times \left(1 - \frac{100^2}{56 \times 100^2} + \frac{100^4}{7040 \times 100^4}\right) = 16.37(\mathrm{m})$$

$$T_{K_1} = 16.37 \times \csc 28°38'52'' = 34.15(\mathrm{m})$$

$$T_{L_1} = 97.53 - 16.37 \times \cot 28°38'52'' = 67.56(\mathrm{m})$$

第二缓和曲线:
$$\beta_{02} = 76°26' - 28°38'52'' = 47°47'08'' = 0.834(\mathrm{rad})$$

$$l_{s_2} = 2 \times 100 \times 0.834 = 166.80(\mathrm{m})$$

$$x_{02} = 166.80 \times \left(1 - \frac{166.80^2}{40 \times 100^2} + \frac{166.80^4}{3456 \times 100^4}\right) = 155.57(\mathrm{m})$$

$$y_{02} = \frac{166.80^2}{6 \times 100} \times \left(1 - \frac{166.80^2}{56 \times 100^2} + \frac{166.80^4}{7040 \times 100^4}\right) = 44.12(\mathrm{m})$$

$$T_{k_2} = 44.12 \times \csc 47°47'08'' = 59.57(\mathrm{m})$$

$$T_{L_2} = 155.57 - 44.12 \times \cot 47°47'08'' = 115.54(\mathrm{m})$$

解三角形，求边长：

$$b = (34.15 + 59.57) \times \frac{\sin 47°47'08''}{\sin 76°26'00''} = 71.40(\text{m})$$

$$a = (34.15 + 59.57) \times \frac{\sin 28°38'52''}{\sin 76°26'00''} = 46.22(\text{m})$$

切线长：

$$T_{s_1} = 67.56 + 71.40 = 138.96(\text{m})$$
$$T_{s_2} = 115.54 + 46.22 = 161.76(\text{m})$$

5. 虚交点平曲线

当路线交点因地物、地形条件影响在实地无法钉设，或路线转角较大、交点过远时，可在两相交直线方向，选择两个辅助交点（JD_A、JD_B）设置一条基线边 AB 来代替交点 JD 敷设的曲线叫虚交点曲线如图3-32所示。

虚交点曲线根据曲线形式不同又可分为简单圆曲线和基本型平曲线。

虚交点曲线由于用两个辅助交点代替交点来敷设路线主点桩，除按单交点方法计算曲线要素外，还应求算出从辅助交点 A 和 B 起算的切线长度 T_A 和 T_B，方可确定曲线各主点桩桩位。

(1) 计算式

虚交点曲线计算多用解虚交三角形的方法，如图3-32所示，A、B 为辅助交点，L_{AB} 为基线长，C 为虚交点，ACB 为虚交三角形，求算出边长 a、b 后即可求出 T_A、T_B。

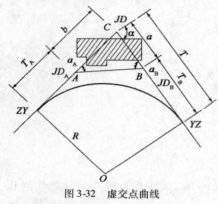

图3-32 虚交点曲线

由正弦定理：

$$a = \frac{\sin \alpha_A}{\sin \alpha} \cdot L_{AB}$$

$$b = \frac{\sin \alpha_B}{\sin \alpha} \cdot AB$$

则：

$$T_A = T - b$$
$$T_B = T - a$$

式中：a、b——虚交三角形边长，m；

L_{AB}——辅助交点间距，即辅助基线长，实测求得，m；

α_A、α_B——辅助交点转角，实测求得；

T_A、T_B——辅助交点至曲线起、终点距离，m；

T——按单交点曲线计算的切线长，m；

α——路线转角，$\alpha = \alpha_A + \alpha_B$。

(2) 算例

①算例一

已知某弯道 JD_4 交点的辅助交点转角 $\alpha_A = 55°56'00''$，$\alpha_B = 12°02'00''$，基线长 $AB = 58.13$m，半径 $R = 100$m，试计算曲线要素 T_A、T_B。

解:路线总转角为:
$$\alpha = \alpha_A + \alpha_B = 67°58'00''$$

解虚交三角形求边长:
$$a = \frac{\sin 55°56'00''}{\sin 67°58'00''} \times 58.13 = 51.95(m)$$

$$b = \frac{\sin 12°02'00''}{\sin 67°58'00''} \times 58.13 = 13.07(m)$$

切线总长:
$$T = 100 \times \tan\frac{67°58'00''}{2} = 67.41(m)$$

曲线起、终点到辅助交点的距离:
$$T_A = 67.14 - 13.07 = 54.34(m)$$
$$T_B = 67.14 - 51.95 = 15.46(m)$$

②算例二

已知某弯道 JD_7 的辅助交点转角 $\alpha_A = 50°30'$,$\alpha_B = 42°02'00''$,$AB = 69.15m$,曲线半径 $R = 80m$,$l_s = 40m$,试计算曲线要素 T_A、T_B。

解:路线总转角:
$$\alpha = 50°30'00'' + 42°02'00'' = 92°32'00''$$

解虚交三角形,求算边长:
$$a = \frac{\sin 53°30'00''}{\sin 92°32'00''} \times 69.15 = 53.41(m)$$

$$b = \frac{\sin 42°02'00''}{\sin 92°32'00''} \times 69.15 = 46.35(m)$$

切线总长:
$$T = \left(80 + \frac{40^2}{24 \times 80}\right) \times \tan\frac{92°32'00''}{2} + \left(\frac{40}{2} - \frac{40^3}{240 \times 80^2}\right) = 104.45(m)$$

曲线起终点到辅助交点距离:
$$T_A = 104.45 - 46.35 = 58.10(m)$$
$$T_B = 104.45 - 53.41 = 51.04(m)$$

6. 非对称基本型曲线

当基本型平曲线主曲线两端缓和曲线长度(或参数)不相等时,即构成非对称基本型曲线。如图 3-33 所示。

(1)计算式

①计算主曲线转角 α_y 及主曲线切线长 T_y:
$$\alpha_y = \alpha - \beta_{01} - \beta_{02}$$
$$T_y = R \cdot \tan\frac{\alpha_y}{2}$$

②解 $\triangle BCD$,求出 d、c:
$$d = (T_y + T_{k_2}) \cdot \frac{\sin\beta_{02}}{\sin(\alpha_y + \beta_{02})}$$

$$c = (T_y + T_{k_2}) \cdot \frac{\sin \alpha_y}{\sin(\alpha_y + \beta_{02})}$$

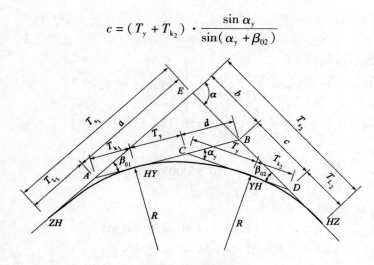

图 3-33 非对称基本型

③解 $\triangle ABE$，求出 a、b：

$$a = (T_{k_1} + T_y + d) \cdot \frac{\sin(\alpha - \beta_{01})}{\sin\alpha}$$

$$b = (T_{k_1} + T_y + d) \cdot \frac{\sin \beta_{01}}{\sin\alpha}$$

④计算切线长 T_{s_1}、T_{s_2}：

$$T_{s_1} = T_{L_1} + a$$

$$T_{s_2} = T_{L_2} + b + c$$

（2）算例

已知某公路 JD_6，转角 $\alpha = 31°10'00''$，$R = 300\mathrm{m}$，$l_{s_1} = 60\mathrm{m}$，$l_{s_2} = 75\mathrm{m}$。试按非对称基本型曲线计算切线长。

解：①计算缓和曲线要素：

$$\beta_{01} = \frac{60}{2 \times 300} \times \frac{180}{\pi} = 5.73° = 5°44'00''$$

$$\beta_{02} = \frac{75}{2 \times 300} \times \frac{180}{\pi} = 7.16° = 7°09'00''$$

$$x_{01} = 60 \times \left(1 - \frac{60^2}{40 \times 300^2}\right) = 59.94(\mathrm{m})$$

$$y_{01} = \frac{60^2}{6 \times 300} \times \left(1 - \frac{60^2}{56 \times 300^2}\right) = 2.0(\mathrm{m})$$

$$x_{02} = 75 \times \left(1 - \frac{75^2}{40 \times 300^2}\right) = 74.88(\mathrm{m})$$

$$y_{02} = \frac{75^2}{6 \times 300} \times \left(1 - \frac{75^2}{56 \times 300^2}\right) = 3.12(\mathrm{m})$$

$$T_{L_1} = x_{01} - y_{01} \cot \beta_{01} = 59.94 - 2.0 \times \cot 5°44'00'' = 40.02(\mathrm{m})$$

$$T_{L_2} = x_{02} - y_{02}\cot\beta_{02} = 74.88 - 3.12 \times \cot 7°09'00'' = 50.01(\text{m})$$
$$T_{k_1} = y_{01}\csc\beta_{01} = 2.0 \times \csc 5°44'00'' = 20.02(\text{m})$$
$$T_{k_2} = y_{02}\csc\beta_{02} = 3.12 \times \csc 7°09'00'' = 25.07(\text{m})$$

②计算主曲线转角α_y,及切线长T_y:
$$\alpha_y = 31°10'00'' - 5°44'00'' - 7°09'00'' = 18°17'$$
$$T_y = 300 \times \tan\left(\frac{18°17'00''}{2}\right) = 48.28(\text{m})$$

③解三角形,求边长a、b、c、d:
$$d = (48.28 + 25.07) \times \frac{\sin 7°09'00''}{\sin(18°17'00'' + 7°09'00'')} = 73.35 \times \frac{0.1245}{0.4295} = 21.26(\text{m})$$
$$c = 73.35 \times \frac{\sin 18°17'00''}{0.4295} = 53.58(\text{m})$$
$$b = (20.02 + 48.28 + 21.26) \times \frac{\sin 5°44'00''}{\sin 31°10'00''} = 89.56 \times \frac{0.0999}{0.5175} = 17.29(\text{m})$$
$$a = 89.56 \times \frac{\sin(31°10'00'' - 5°44'00'')}{0.5175} = 74.32(\text{m})$$

④切线长:
$$T_{s_1} = 40.02 + 74.32 = 114.34(\text{m})$$
$$T_{s_2} = 50.01 + 17.29 + 53.58 = 120.88(\text{m})$$

三、几种常用平曲线组合的计算示例

对于简单型、基本型和凸型的计算步骤和方法已在上一节作了详细介绍。下面给出S型曲线及复曲线平面线形设计的计算示例,供读者学习时参考。

1. S型及C型曲线

(1)计算方法

S型曲线是两个反向的基本型曲线首尾相接的组合形式,而C型曲线则是两同向的基本型曲线首尾相接的组合形式。其共同的几何特征是:两回旋曲线间的直线长度为零,即计算时要满足的条件是:

$$AB = T_1 + T_2$$

式中:AB——两交点间距;

T_1——第一曲线切线长;

T_2——第二曲线切线长。

计算时通常按控制条件确定并计算一个曲线要素,则第二个曲线的曲线半径(或缓和曲线长度)则用切线长控制反算确定,再计算出第二个曲线的曲线要素。通常采用试算法进行,先确定R反求l_s或先确定l_s反求R。试算工作一般经过两个循环便可达到要求的程度。

(2)算例

已知某公路两交点JD_1、JD_2,间距为130.26m,要求构成S型曲线。如图3-34所示,已确定曲线1的切线长$T_1 = 62.82$m,JD_2的转角$\alpha_2 = 17°56'00''$,试确定JD_2的曲线半径。

解:初拟曲线2的缓和曲线长为40m,由S型曲线的几何条件可得:

$$T_2 = AB - T_1 = 130.26 - 62.82 = 67.44(\text{m})$$

切线增长值可近似按下式计算：

$$q_2 \approx \frac{l_{s_2}}{2} = 20(\text{m})$$

由 $T_2 = (R_2 + \Delta R_2)\tan\dfrac{\alpha_2}{2} + q_2$ 得：

$$R_2 + \Delta R_2 = \frac{T_2 - q_2}{\tan\dfrac{\alpha_2}{2}} = \frac{67.44 - 20}{\tan\dfrac{17°56'00''}{2}} = 300.66(\text{m})$$

初算：

$$\Delta R_2 \approx \frac{l_{s_2}^2}{24 R'_2} = \frac{40^2}{24 \times 300.66} = 0.22(\text{m})$$

曲线 2 的半径：

$$R_2 = 300.66 - 0.22 = 300.44(\text{m})$$

验算：

$$\Delta R_2 = \frac{40^2}{24 \times 300.44} = 0.22(\text{m})$$

与初算相同，半径可以采用。

2. 两圆曲线径相连接的复曲线

(1) 计算方法

该类复曲线是两个或两个以上不同半径同向圆曲线直接相连的组合形式。计算时多用辅助基线法，按切线长度控制条件计算推定圆曲线半径。

如图 3-35 所示，AB 为基线，α_1、α_2 为辅助交点转角，均由实测得到。若 R_1 已选定，则 R_2 即可计算：

$$R_2 = \frac{AB - R_1 \cdot \tan\dfrac{\alpha_1}{2}}{\tan\dfrac{\alpha_2}{2}} = \frac{T_2}{\tan\dfrac{\alpha_2}{2}}$$

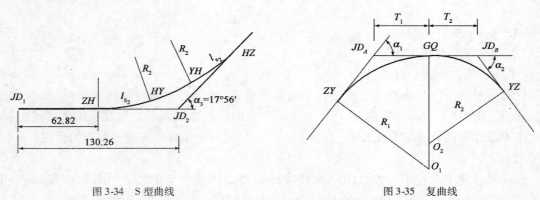

图 3-34　S 型曲线　　　　　图 3-35　复曲线

当为多交点曲线时，则可从已知半径 R_1 的交点 A 开始，逐一用切线控制法计算出各交点

2、3…的圆曲线半径 R_2、R_3…，即可敷设曲线。

(2)算例

已知某复曲线，基线 $AB=61.77\text{m}$，$\alpha_1=59°14'00''$，$\alpha_2=57°44'00''$，$R_1=50\text{m}$，试计算 R_2。

解：切线长为：

$$T_1 = R_1 \cdot \tan\frac{\alpha_1}{2} = 50 \times \tan\frac{59°14'00''}{2} = 28.42(\text{m})$$

$$T_2 = AB - T_1 = 61.77 - 28.42 = 33.35(\text{m})$$

$$R_2 = \frac{T_2}{\tan\frac{\alpha_2}{2}} = \frac{33.35}{\tan\frac{57°44'00''}{2}} = 60.49(\text{m})$$

3. 带缓和曲线的复曲线

(1)两圆曲线径相连接，公切点不在基线上的情况

如图 3-36 所示，已知某公路设计速度 $V=40\text{km/h}$，$\alpha_1=47°34'00''$，$\alpha_2=35°46'00''$，基线 $AB=67.92\text{m}$；已拟定 $R_2=80\text{m}$，$l_{s2}=30\text{m}$，试计算曲线要素(要求公切点 GQ 不在基线 AB 上)。

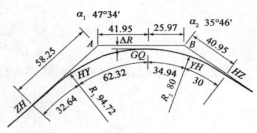

图 3-36 复曲线计算

解：① 计算曲线2：

$$\Delta R_2 = \frac{l_{s2}^2}{24R_2} = \frac{30^2}{24 \times 80} = 0.47(\text{m})$$

$$q_2 = \frac{l_{s2}}{2} - \frac{l_{s2}^3}{240R_2^2} = \frac{30}{2} - \frac{30^3}{240 \times 80^2} = 14.98(\text{m})$$

交点 2 到公切点的距离：

$$T_B = (R_2 + \Delta R_2)\tan\frac{\alpha_2}{2} = (80 + 0.47)\tan\frac{35°46'00''}{2} = 25.97(\text{m})$$

曲线 2 在前切线方向的切线长：

$$T_{s2} = T_B + q_2 = 25.97 + 14.98 = 40.95(\text{m})$$

曲线 2 的圆曲线长：

$$L_{y2} = \frac{\pi}{180}\alpha_2 R_2 - \frac{l_{s2}}{2} = \frac{\pi}{180} \times 35°46'00'' \times 80 - \frac{30}{2} = 34.94(\text{m})$$

交点 2 的曲线总长：

$$L_{s2} = L_{y2} + l_{s2} = 34.94 + 30 = 64.94(\text{m})$$

②计算曲线1

交点 1 到公切点的距离：

$$T_A = AB - T_B = 67.92 - 25.97 = 41.95(\text{m})$$

由于两圆曲线必须在公切点相接，故两圆曲线的内移值相等，即：

$$\Delta R_1 = \Delta R_2 = 0.47(\text{m})$$

由简单圆曲线切线长计算式得：

$$T_A = (R_1 + \Delta R_1) \cdot \tan\frac{\alpha_1}{2}$$

$$R_1 = \frac{T_A}{\tan\frac{\alpha_1}{2}} - \Delta R_1 = \frac{41.95}{\tan\frac{47°34'00''}{2}} - 0.47 = 94.72(\text{m})$$

又知：

$$\Delta R_1 = \frac{l_{s_1}^2}{24R_1}$$

$$\Delta R_2 = \frac{l_{s_2}^2}{24R_2}$$

由 $\Delta R_1 = \Delta R_2$ 得：

$$\frac{l_{s_1}^2}{24R_1} = \frac{l_{s_2}^2}{24R_2}$$

$$l_{s_1} = l_{s_2} \cdot \sqrt{\frac{R_1}{R_2}}$$

由此式可计算出曲线 1 所需的缓和曲线长度：

$$l_{s_1} = 30 \times \sqrt{\frac{94.72}{80}} = 32.64(\text{m})$$

曲线 1 的切线增长值：

$$q_1 = \frac{l_{s_1}}{2} - \frac{l_{s_1}^3}{240R_1^2} = \frac{32.64}{2} - \frac{32.64^3}{240 \times 94.72^2} = 16.30(\text{m})$$

曲线 1 在后切线方向的切线长：

$$T_{s_1} = T_A + q_1 = 41.95 + 16.30 = 58.25(\text{m})$$

曲线 1 的圆曲线长：

$$L_{y_1} = \frac{\pi}{180}\alpha_1 R_1 - \frac{l_{s_1}}{2} = \frac{\pi}{180} \times 47°34'00'' \times 94.72 - \frac{32.64}{2} = 62.32(\text{m})$$

曲线 1 的曲线总长：

$$L_{s_1} = L_{y_1} + l_{s_1} = 62.32 + 32.64 = 94.96(\text{m})$$

整个复曲线的曲线总长：

$$L_s = L_{s_1} + L_{s_2} = 94.96 + 64.94 = 159.90(\text{m})$$

（2）两圆曲线径相衔接，公切点在基线上的情况

所有已知数据同算例1，要求公切点在基线 AB 上。

解：本例中注有编号的公式来源参见下述第（3）部分。

①计算曲线 2

$$\Delta R_2 = 0.47(\text{m})（同算例1）$$
$$q_2 = 14.98(\text{m})（同算例1）$$

交点 2 到公切点距离：

$$T_B = \frac{R_2 + \Delta R_2 - R_2 \cos\alpha_2}{\sin\alpha_2}$$

$$= \frac{80 + 0.47 - 80 \times \cos 35°46'00''}{\sin 35°46'00''}$$

$$= 26.6156(\text{m})$$

(3-35)

曲线 2 在前切线方向的切线长：

$$T_{s_2} = q_2 + \frac{R_2 - (R_2 + \Delta R_2)\cos\alpha_2}{\sin\alpha_2} \tag{3-36}$$

$$= 14.98 + \frac{80 - (80 + 0.47)\times\cos 35°46'00''}{\sin 35°46'00''}$$

$$= 40.14(\text{m})$$

曲线 2 的圆曲线长：

$$L_{y_2} = \frac{\pi}{180}\alpha_2 R_2 - \frac{L_{s_2}}{2} = \frac{\pi}{180}\times 35°46'00''\times 80 - \frac{30}{2} = 34.94(\text{m})$$

曲线 2 的曲线总长：

$$L_{s_2} = L_{y_2} + l_{s_2} = 34.94 + 30 = 64.94(\text{m})$$

②求算曲线 1 的半径，取 $l_{s_1} = 30(\text{m})$

$$A = \frac{1 - \cos\alpha_1}{\sin\alpha_1} = \frac{1 - \cos 47°34'00''}{\sin 47°34'00''} = 0.4407$$

$$B = -(AB - T_B) = -(67.92 - 26.62) = -41.3044$$

$$C = \frac{l_{s_1}^2}{24\sin\alpha_1} = \frac{30^2}{24\times\sin 47°34'00''} = 50.8087$$

$$R_1 = \frac{-B + \sqrt{B^2 - 4AC}}{2A} \tag{3-37}$$

$$R_1 = \frac{41.3044 + \sqrt{41.3044^2 - 4\times 0.4407\times 50.8087}}{2\times 0.4407} = 92.48(\text{m})$$

$$\Delta R_1 = \frac{l_{s_1}^2}{24 R_1} = \frac{30^2}{24\times 92.48} = 0.405(\text{m})$$

$$q_1 = \frac{l_{s_1}}{2} - \frac{l_{s_1}^3}{240 R_1^2} = \frac{30}{2} - \frac{30^3}{240\times 92.48^2} = 14.987(\text{m})$$

计算曲线 1 沿后切线方向的切线长：

$$T_{s_1} = q_1 + \frac{R_1 - (R_1 + \Delta R_1)\cos\alpha_1}{\sin\alpha_1} \tag{3-38}$$

$$= 14.987 + \frac{92.48 - (92.48 + 0.405)\times\cos 47°34'00''}{\sin 47°34'00''} = 55.37(\text{m})$$

计算交点 1 到公切点的距离：

$$T_A = \frac{R_1 + \Delta R_1 - R_1\cos\alpha_1}{\sin\alpha_1} \tag{3-39}$$

$$= \frac{92.48 + 0.405 - 92.48\times\cos 47°34'00''}{\sin 47°34'00''} = 41.31(\text{m})$$

$T_A + T_B = 26.61 + 41.31 = 67.92(\text{m})$（等于基线 AB 长，计算正确）

计算曲线 1 圆曲线长：

$$L_{y_1} = \frac{\pi}{180}\times 47°34'00''\times 92.48 - \frac{30}{2} = 61.78(\text{m})$$

$$L_{s_1} = 61.78 + 30 = 91.78(\text{m})$$

总曲线长：
$$L = L_{s_1} + L_{s_2} = 91.78 + 64.94 = 156.72(\text{m})$$

③式(3-35)~式(3-39)来源说明

设非对称基本型平曲线，其平曲线两端的缓和曲线长为 l_{s_1}、l_{s_2}，半径为 R，转角为 α，则根据交点前切线、后切线之长度计算式：

$$T_H = q_1 + \frac{R + \Delta R_2 - (R + \Delta R_1)\cos\alpha}{\sin\alpha}$$

$$T_Q = q_2 + \frac{R + \Delta R_1 - (R + \Delta R_2)\cos\alpha}{\sin\alpha}$$

将复曲线视为由两个非对称的基本型曲线构成。令交点 1 的 $l_{s_1} \neq 0, l_{s_2} = 0$，则：

$$T_{s_1} = T_H \quad 可得式(3-38)$$
$$T_A = T_Q \quad 可得式(3-39)$$

令交点 2 的 $l_{s_1} = 0, l_{s_2} \neq 0$，则

$$T_B = T_H \quad 可得式(3-35)$$
$$T_{s_2} = T_Q \quad 可得式(3-36)$$

由几何关系 $T_A + T_B = AB$，建立一元二次方程：

$$\frac{1-\cos\alpha_1}{\sin\alpha_1}\Delta R_1^2 - (AB - T_B)R_1 + \frac{l_{s_1}^2}{24\sin\alpha_1} = 0$$

令 $A = \frac{1-\cos\alpha_1}{\sin\alpha_1}, B = -(AB - T_B), C = \frac{l_{s_1}^2}{24\sin\alpha_1}$ 得：

$$AR_1^2 + BR_1 + C = 0$$

解此一元二次方程可得式(3-37)。

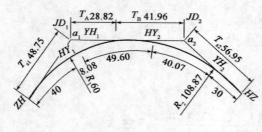

图 3-37

(3) 卵形曲线

已知某公路设计速度 $V = 40\text{km/h}$，实测 $\alpha_1 = 50°30'00''$，$\alpha_2 = 42°02'00''$，基线 $AB = 70.78\text{m}$，已拟定 $R_1 = 60\text{m}, l_{s_1} = 40\text{m}, l_{s_2} = 30\text{m}$，试计算卵型曲线要素(图 3-37)。

解：①计算曲线 1

由基本型曲线公式可计算出曲线 1 的要素：

$$\Delta R_1 = 1.111\text{m}$$
$$q_1 = 19.93\text{m}$$

$$T_{s_1} = (R_1 + \Delta R_1)\tan\frac{\alpha_1}{2} + q_1 = (60 + 1.111) \times \tan\frac{50°30'00''}{2} + 19.93 = 48.5(\text{m})$$

未设缓和曲线时，曲线 1 的切线长，即公切点到交点 JD_1 的距离：

$$T_A = T_{s_1} - q_1 = 48.75 - 19.93 = 28.82(\text{m})$$

未设缓和曲线时，曲线 1 的曲线长：

$$L_1 = \frac{\pi}{180}\alpha_1 R_1 = \frac{\pi}{180} \times 50°30'00'' \times 60 = 52.88(\text{m})$$

曲线 1 的曲线长：

$$L_{s_1} = L_1 + \frac{l_{s_1}}{2} = 52.88 + \frac{40}{2} = 72.88(\text{m})$$

②计算曲线 2

公切点到交点 JD_2 的距离：

$$T_B = AB - T_A = 70.78 - 28.82 = 41.96(\text{m})$$

对于曲线 2：

$$R_2 + \Delta R_2 = T_B \cot\frac{\alpha_2}{2}$$

拟用曲线 2 的缓和曲线长为 30m，将 $\Delta R_2 = \frac{l_{s_2}^2}{24R_2}$ 代入上式得：

$$R_2 + \frac{l_{s_2}^2}{24R_2} = T_B \cot\frac{\alpha_2}{2}$$

$$R_2 + \frac{30^2}{24R_2} = 41.96 \times \cot\frac{42°02'00''}{2}$$

解此一元二次方程，得：

$$R_2 = 108.87(\text{m})$$

曲线 2 的曲线要素即可计算：

$$q_2 = \frac{l_{s_2}}{2} - \frac{l_{s_2}^3}{24R_2^2} = 15.00 - 0.01 = 14.99(\text{m})$$

$$T_{s_2} = T_B + q_2 = 41.96 + 14.99 = 56.95(\text{m})$$

$$L_2 = \frac{\pi}{180}\alpha_2 R_2 = \frac{\pi}{180} \times 42°02'00'' \times 108.87 = 79.87(\text{m})$$

曲线 2 的曲线总长：

$$L_{s_2} = L_2 + \frac{l_{s_2}}{2} = 79.87 + \frac{30}{2} = 94.87(\text{m})$$

曲线总长：

$$L_s = L_{s_1} + L_{s_2} = 72.88 + 94.87 = 167.75(\text{m})$$

中间缓和曲线要素计算：

$$\Delta R_F = \Delta R_1 - \Delta R_2 = 1.111 - 0.344 = 0.767(\text{m})$$

中间缓和曲线的 R_F（R_F 为两圆曲线曲率差的倒数）：

$$R_F = \frac{R_1 \cdot R_2}{R_1 - R_2} = \frac{60 \times 108.87}{108.87 - 60} = 133.665(\text{m})$$

中间缓和曲线的长度：

$$l_F = \sqrt{24R_F \cdot \Delta R_F} = \sqrt{24 \times 133.665 \times 0.767} = 49.60(\text{m})$$

插入中间缓和曲线后，曲线 1 的圆曲线长：

$$L_{y_1} = L_1 - \frac{l_{s_1}}{2} - \frac{l_F}{2} = 52.88 - 20 - 24.80 = 8.08(\text{m})$$

曲线 2 的圆曲线长：

$$L_{y_2} = L_2 - \frac{l_{s_2}}{2} - \frac{l_F}{2} = 79.87 - 15 - 24.80 = 40.07(\text{m})$$

L_{y1}、L_{y2}均大于零,说明l_F可以插入。

第五节 超高和加宽

一、超高及超高缓和段

1. 超高的定义及作用

为迅速排除路面积水,一般把道路路面修筑成具有一定横向坡度的路拱形式。这样在圆曲线路段的弯道上,当汽车沿着双向横坡的外侧车道行驶时,由于车重的平行路面分力与离心力的平行路面分力的方向相同,且均指向曲线外侧,将影响行车的横向稳定。圆曲线半径越小,对汽车行驶的横向稳定影响越大。故在弯道设计时,为了能像在路面内侧车道行驶时那样用车重的平行路面分力抵消一部分横向力,以保证行车的横向稳定,可将外侧车道升高,构成与内侧车道倾斜方向相同具有一定横向坡度的单坡横断面,这样的设置称为超高,如图3-38所示。其单坡横断面的横向坡度叫作超高横坡度,简称超高度。

超高值可由圆曲线最小半径公式得出:

$$i_y = \frac{V^2}{127R} - \mu_0$$

计算超高值i_y时,在一定的设计速度条件下,取用变动的横向力系数μ,其变化范围为$\mu = 0.035 \sim 0.15$,并假定μ与i_y成正比例增减。这样i_y随变动的μ来计算,并随R增大而减小。

对小于不设超高的圆曲线最小半径的曲线设置超高,目的是形成向心力,以平衡高速行驶车辆的离心力。曲线

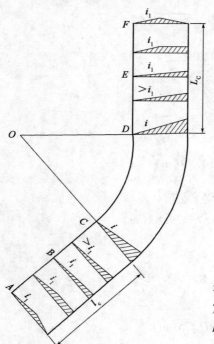

图3-38 曲线的超高

超高与行车速度和路面横向摩阻力密切相关,横向摩阻力的存在对于行驶车辆的稳定、行车的舒适等均有不利影响。

超高设计和超高率计算应考虑将横向摩阻力减至最低程度。因此,对应于确定的行车速度,最大超高值的确定主要取决于曲线半径、路面粗糙率及当地气候条件。美国认为在无冰雪地区公路通常使用的最大超高率为10%,以不超过12%为限;在潮湿多雨以及季节性冰冻地区,过大的超高易引起车辆向内侧滑移,采用最大超高率为8%。澳大利亚认为在超高较大的路段上,当货车的运行车速小于设计速度时,将受到向心加速度的作用,当超高达10%时,上述作用足以使货车翻车。

我国《标准》对最大超高值的规定如下:
(1)一般地区,圆曲线最大超高值应采取8%;
(2)积雪冰冻地区,最大超高值应采取6%;

(3)以通行中、小型客车为主的高速公路和一级公路,最大超高值可采取10%;
(4)城镇区公路,最大超高可采取4%。

《规范》中对各级公路圆曲线部分的最大超高值规定如表3-16所示。对于以通行中、小型客车为主的高速公路和一级公路,最大超高可采用10%。

各级公路圆曲线最大超高值　　　　　　　　　　　　　　　　　　　表3-16

公路等级	高速公路、一级公路	二级公路、三级公路、四级公路
一般地区(%)	8 或 10	8
积雪冰冻地区(%)	6	
城镇区域(%)	4	

《规范》规定,对于二级公路、三级公路、四级公路接近城镇且混合交通量较大的路段,车速受到限制时,其最大超高可适当减小,按表3-17执行。

车速受到限制时最大超高值　　　　　　　　　　　　　　　　　　　表3-17

设计速度(km/h)	80	60	40、30、20
超高值(%)	6	4	2

各圆曲线所设置的超高值应根据设计速度、圆曲线半径、公路条件、自然条件等经过计算确定,必要时应按运行速度予以验算。

2. 超高缓和段

从直线上的路拱双坡断面到圆曲线上具有超高横坡度的单坡断面,有一个逐渐变化的过渡路段,这一逐渐变化的过渡路段称为超高缓和段。四级公路的超高缓和段为直线路段。其他各级公路的超高缓和段原则上应利用缓和曲线路段。

1) 超高过渡方式

(1) 无中间带公路

对无中间带的道路,超高和段内超高的过渡方式一般有两种,即绕未加宽路面内侧边缘旋转(俗称边轴旋转)和绕路面中心线旋转(俗称中轴旋转)。

绕路面内侧边缘旋转(图3-39),首先在超高缓和段之前,将路肩坡度逐渐变为路拱坡度,然后绕路中心线旋转,使外侧车道变成和内侧车道同样的横坡度,最后绕未加宽前的路面内侧边缘旋转,使单坡横断面的坡度达到超高横坡度 i_y 为止。在超高缓和段内每个断面上的各特征点的超高值,可按表3-18所列公式计算。

绕路面内边缘旋转各特征点超高值计算式　　　　　　　　　　　　　表3-18

超高值	计算公式		备注
	$x \leq x_0$	$x > x_0$	
h_c	$b \cdot i_j + (b+B)i_y$		均与设计高程相比较 $x_0 = \dfrac{i_z}{i_y} \cdot L_c$ $e_x = \dfrac{x}{L_c} \cdot e$
h'_c	$b \cdot i_j + \dfrac{B}{2} i_y$		
h''_c	$b \cdot i_j - (b+e)i_y$		
h_{cx}	$b(i_j - i_z) + [b \cdot i_z + (b+B)i_y]\dfrac{x}{L_c}$,(或 $h_{cx} \approx \dfrac{x}{L_c} h_c$)		
h'_{cx}	$b \cdot i_j + \dfrac{B}{2} i_z$	$b \cdot i_j + \dfrac{B}{2} \cdot \dfrac{x}{L_c} i_y$	
h''_{cx}	$b \cdot i_j - (b+e_x)i_z$	$b \cdot i_j - (b+e_x)\dfrac{x}{L_c}i_y$	

表 3-18 公式中:B——路面宽度;
b——路肩宽度;
i_z——路拱坡度;
i_j——路肩坡度;
L_c——超高缓和段长度;
x_0——与路拱同坡度的单向超高点至超高缓和段起点的距离;
x——超高缓和段中任一点至起点的距离;
h_c——路肩外缘最大抬高值;
h'_c——路中线最大抬高值;
h''_c——路基内线最大降低值;
h_{cx}——x 距离处外缘值;
h'_{cx}——x 距离处路中线抬高值;
h''_{cx}——x 距离处路基内缘降低值;
e——路面加宽值;
e_x——x 距离处路面加宽值。

绕路面中心线旋转(图 3-40),首先在超高缓和段之前,将路肩坡度逐渐变为路拱坡度,然后绕路中心线旋转,使外侧车道变成同内侧车道同样的横坡度;继续绕中线旋转,使单坡断面达到超高横坡度 i_y 为止。在超高缓和段内每一断面上各特征点的超高值,可按表 3-19 所列公式计算。

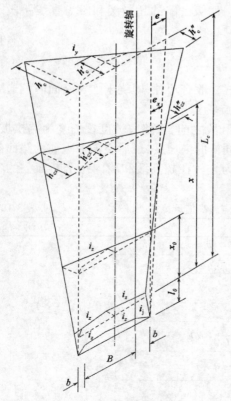
图 3-39 绕路面内侧边缘旋转

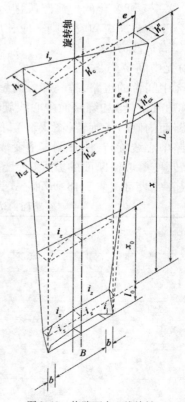
图 3-40 绕路面中心线旋转

绕路面中线线旋转各特征点超高值计算式 表 3-19

超高值	计算公式		备注
	$x \leq x_0$	$x > x_0$	
h_c		$b(i_j - i_z) + \left(b + \dfrac{B}{2}\right)(i_z + i_y)$	均与设计高程相比较 $x_0 = \dfrac{2i_z}{i_z + i_y} \cdot L_c$ $e_x = \dfrac{x}{L_c} \cdot e$
h'_c, h'_{cx}		$b \cdot i_j + \dfrac{B}{2} i_y$(定值)	
h''_c		$b \cdot i_j + \dfrac{B}{2} i_z - \left(b + \dfrac{B}{2} + e\right) i_y$	
h_{cx}	$b(i_j - i_z) + \left(b + \dfrac{B}{2}\right)(i_z + i_y) \dfrac{x}{L_c}$,(或 $h_{cx} = \dfrac{x}{L_c} h_c$)		
h''_{cx}	$b \cdot i_j - (b + e_x) i_z$	$b \cdot i_j + \dfrac{B}{2} i_z - \left(b + \dfrac{B}{2} + e_x\right) \dfrac{x}{L_c}$	

绕边轴旋转情况下路面内侧降低较小,仅因路面内侧加宽而降低一些,但需要缓和段较长;采用绕中轴旋转方法,在同样超高坡度下,缓和段长度比边轴旋转的缓和段长度短,但内侧边缘降低较多。绕中轴旋转方法多用于旧路改建,以便控制路中线高程。

(2) 有中间带公路

对有中间带的公路超高的过渡方式有以下 3 种形式:

① 绕中间带的中心线旋转,如图 3-41a)所示,先将外侧行车道绕中心线旋转,达到内侧行车道的单向横坡后,整个断面再绕中心线旋转,直至超高横坡度值。此时,中央分隔带呈倾斜状,对于中间带≤4.5m 的公路可采用。

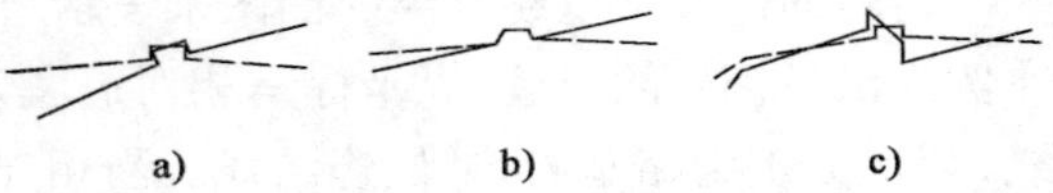

② 绕中央分隔带边缘旋转,如图 3-41b)所示,将两侧行车道分别绕中央分隔带边缘旋转,使之各自成为独立的单向超高断面,此时中央分隔带维持原水平状态。对于各种宽度中间带的公路均可采用。

图 3-41 有中间带公路的超高过渡方式

③ 绕各自行车道中线旋转,如图 3-41c)所示,将两侧行车道分别绕各自的中心线旋转,使之成为独立的单向超高断面,此时中央分隔带两边缘分别升高或降低而成为倾斜断面。车道数大于 4 条的公路可采用。

以上各种超高过渡方式可视条件选用,在一条公路上最好只采用一种。设计时应综合考虑有利于边沟排水、保证填土高度及便于控制构造物高程等因素合理选用。

《规范》中对不同设计速度下超高渐变率的要求见表 3-20。

超高渐变率 表 3-20

设计速度 (km/h)	超高旋转轴位置	
	中线	边线
120	1/250	1/200
100	1/225	1/175
80	1/200	1/150
60	1/175	1/125
40	1/150	1/100
30	1/125	1/75
20	1/100	1/50

2)超高缓和段长度

为了满足行车的舒适性和排水的需求,对超高缓和段的长度必须加以控制,超高缓和段长度按下式计算:

$$L_c = \frac{B' \cdot \Delta i}{q} \tag{3-40}$$

式中:B'——旋转轴至行车道(设路缘带时为路缘带)外侧边缘的宽度,m;

Δi——超高坡度与路拱坡度的代数差,%;

q——超高渐变率,即旋转轴线与行车道(设路缘带时为路缘带)外侧边缘线之间相对升降的比率,其最大允许值为:一级公路为0.5%;其他各级公路,平原微丘区为1%,山岭重丘区为2%。

超高缓和段长度按上式计算结果,应取5m的倍数,并不小于10m。

超高过渡一般应在回旋线全长范围内进行。当回旋线较长时,其超高的过渡可采用以下方式:

①超高过渡段可设在回旋线的某一区段范围内,其超高过渡段的纵向渐变率不得小于1/330,全超高断面宜设置在缓圆点或圆缓点。

②6车道及以上公路宜增设路拱线。

3)超高纵断面图

超高的过渡常以超高纵断面图来表示。该图是以设计高程线为横坐标,在横坐标轴上按比例标出各桩号的位置,纵坐标是相对高程。如图3-42所示,S'、S''分别为路面内、外侧边缘线,J'、J''分别为路基内、外侧边缘线。当相邻两相向或反向曲线相距不远时,为有利于路面排水和获得理想路容,可按图3-42b)、c)中的粗线过渡方式进行修改(细线为未修改时的设计线)。

如图3-42所示为绕中轴旋转时的情况,其他超高过渡方式的纵断面图与其类似,不再赘述。

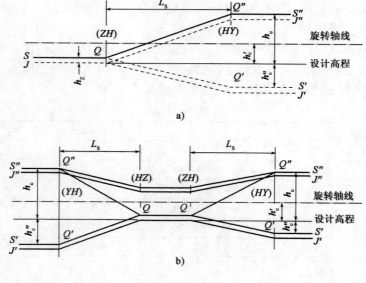

图 3-42

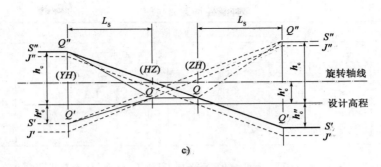

图 3-42 超高纵断面图

二、加宽及加宽缓和段

如图 3-43 所示,汽车在平曲线上行驶时,因为每一车轮沿着各自独立的轨迹运动,汽车在弯道上占据的宽度比直线段大,为保证汽车在弯道上行驶与在直线上行驶具有同样的富余宽度,圆曲线路段的路面必须加宽。图 3-43 中 R 为圆曲线半径;l_0 为汽车后轴至汽车前缓冲器边缘的长度;b 为一个车道的宽度;e 为双车道路面的加宽值。

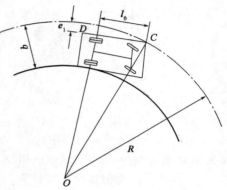

在 $\triangle COD$ 中加可得出下列关系:

$$l_0^2 + (R - e_1)^2 = R^2 \quad 或 \quad e_1 = R - \sqrt{R^2 - l_0^2}$$

若为双车道,取 $e = 2e_1$,则:

$$e = 2(R - \sqrt{R^2 - l_0^2})$$

$$R^2 - l_0^2 = \left(R - \frac{e}{2}\right)^2 = R^2 - R_e + \frac{e^2}{4}$$

图 3-43 圆曲线上的路面加宽

由于 $\frac{e^2}{4}$ 与半径 R 值相比甚小,可忽略不计,因此:

$$e = \frac{l_0^2}{R} \tag{3-41}$$

式(3-41)虽为近似公式,但当圆曲线半径大于 15m 时,其准确程度已足够。加宽值还与汽车行驶速度有关,需考虑由于车速而产生的汽车横向摆动宽度值,其公式为 $\frac{0.1V}{\sqrt{R}}$(经验公式),因此圆曲线上双车道路面加宽值应按下式计算:

$$e = \frac{l_0^2}{R} + \frac{0.1V}{\sqrt{R}} \tag{3-42}$$

《规范》规定:二级公路、三级公路、四级公路的圆曲线半径小于或等于 250m 时,应设置加宽。双车道公路路面加宽值规定见表 3-21。圆曲线上的路面加宽应设置在圆曲线内侧。各级公路的路面加宽后,路基也应相应加宽。

当半径大于 250m 时,由于加宽值较小,且行车道已具有一定富余宽度,故可不作加宽。各级公路的路面加宽后,路基也应相应加宽。

双车道路面圆曲线加宽   表3-21

加宽类别	汽车轴距加前悬(m)	加宽值(m) 圆曲线半径(m)								
		250~200	<200~150	<150~100	<100~70	<70~50	<50~30	<30~25	<25~20	<20~15
第一类	5	0.4	0.5	0.6	0.7	0.9	1.3	1.5	1.8	2.2
第二类	8	0.6	0.7	0.9	1.2	1.5	2.0	—	—	—
第三类	5.2+8.8	0.8	1.0	1.5	2.0	2.7	—	—	—	—

单车道路面加宽值按表3-21所列数值折半。四级公路和山岭重丘区的三级公路采用第一类加宽值,其余各级公路采用第三类加宽值。对不经常通行集装箱运输半挂车的公路,可采用第二类加宽值。

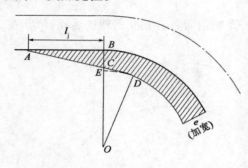

图3-44 加宽缓和段

在圆曲线范围内加宽值为不变的全加宽值,两端设置加宽缓和段,其加宽值由缓和段起点为零按比例增加到圆曲线起点处的全加宽值。在不设缓和曲线的公路上,会在加宽缓和段两端点处形成折点,为了消除折点使线形圆顺,可采用如图3-44所示的插入曲线的连接方式,即使缓和段路面加宽的边缘AC与圆曲线段路面加宽后的边缘弧线切于D点。由A到B的长度是规定的缓和长度,为使路面加宽边缘顺适,必须先求得l长度(即CD),然后由B点顺垂直方向量出BC而定出C点($BC = k \cdot e$),于是延长AC线并截出l长度,就得到D点的位置。l和k的数值近似地由下式计算:

$$l = k \frac{R}{l_j} e \tag{3-43}$$

式中:R——平曲线半径,m;

l_j——规定的加宽缓和段长度,m;

e——路面加宽值,m;

k——修正系数$\left(图3\text{-}44 中, k = \frac{BC}{BE}\right)$。

当曲线同时需超高和加宽时,其加宽、超高的缓和段长度应一致,并选取二者最大值作为统一的设计值;当不设置超高而仅设加宽时,其长度l_j应不小于10m。

对于用缓和曲线作超高和加宽缓和段时,《规范》规定:设置回旋线或超高过渡段时,加宽过渡段长度应采用与回旋线或超高过渡段长度相同的数值;不设回旋线或超高过渡段时,加宽过渡段长度应按照1:15且长度不小于10m的要求设置。

加宽过渡段的渐变应尽量保证变化自然、平滑,避免突变是安全行车的需要。加宽过渡的渐变方式可根据需要采用线性或高次抛物线方式。高速公路、一级公路及对路容有特殊要求的其他公路通常采用四次抛物线渐变方式,二级、三级、四级公路可采用线性加宽渐变方式。二、三、四级公路的加宽过渡应在加宽过渡段全长范围内,按与其长度成比例增加的方式设置。

三、同向曲线、反向曲线的超高、加宽缓和段

对于复曲线,当两圆曲线的超高和加宽不同时,应按超高坡差从公切点向较大半径的曲线内插入超高加宽过渡段,其长度为两超高缓和长度之差或两超高坡度之差相应的超高缓和长度;当两圆曲线不设超高而只有不同的加宽时,应在大半径曲线内设加宽缓和段,其长度应不小于 10m。

对于设中间缓和曲线的同向曲线,其超高、加宽的过渡段应在缓和曲线上完成。

若两同向曲线具有不同的超高而且它们之间直线段很短,又因为各种条件限制无法构成复曲线时,可在该直线段上设置单坡的超高过渡段。

两相邻反向曲线如没有超高和加宽时,它们之间应有设置缓和曲线的长度。对于四级公路须至少具有设置两个超高缓和段长度的距离,工程条件特别困难的山岭区,若长度不够,可将超高缓和段长度的不足部分插入大半径圆曲线内,但两曲线间直线缓和段长度应分别不小于 20m 和 15m。

第六节 行 车 视 距

一、行车视距及其分类

为了行车安全,驾驶人员应能随时看到汽车前面相当远的一段距离,一旦发现前方路面上有障碍物或迎面来车,能及时采取措施,避免相撞,这一必需的最短距离称为行车视距。行车视距是否充分,直接关系到行车的安全,它是公路使用质量的重要指标之一。在平面上的暗弯(处于挖方路段的弯道和内侧有障碍物的弯道)及纵断面上的凸形变坡处有可能存在视距不足的问题,如图 3-45 所示。

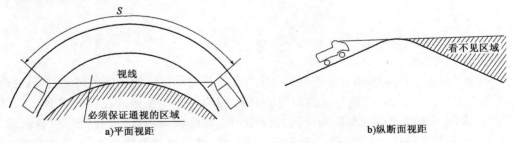

图 3-45 行车视距

计算视距首先应明确驾驶员的目高和前方障碍物的高度(物高)。一般情况下,小客车目高取 1.2m,载重货车目高取 2.0m。物高是个有争论的问题。如果偏于安全方面的考虑,物高应该为零。即驾驶员应该随时看到前方一定距离的路表面,但要保证这样的视距在纵断面上的凸形竖曲线就要相应地增大半径,在工程上是不经济的。如果取一辆汽车顶部的高度,则又偏于危险。公路上出现意外的障碍物,可能是前面车辆上掉下来的货物、路旁滚下的石头或突然窜到公路上来的动物,这些东西都应该被驾驶员很快看到并立即减速停车以免撞上。根据这样的假定和分析,在设计中采用的物高可取 0.10m。

行车视距按照汽车在公路行驶中可能遇到的不同情况可以分为停车视距、会车视距、超车

视距 3 类。公路等级不同,对行车视距的要求也就不同。例如,在高速公路上行驶的车辆,就不会遇到会车的问题,因为高速公路是设有中央分隔带分向行驶的公路设施,故无需保证会车视距,这就是所谓的设计视距问题。设计视距是指某条公路或其中一定长度的设计路段在设计中所采用的行驶视距,它是平面与纵断面设计中应通过验算给予保证的行车视距。

《规范》规定,高速公路、一级公路的设计视距采用停车视距。二、三、四级公路的设计视距应满足会车视距的要求,其长度应不小于停车视距的 2 倍。受地形条件或其他特殊情况限制而采取分道行驶措施的地段,可采用停车视距。

此外,二、三、四级公路应在适当间隔内设置满足超车视距的超车路段。二、三级公路中,宜在 3min 的行驶时间里,提供一次满足超车视距要求的超车路段。一般情况下,不小于路线总长度的 10% ~ 30%。超车路段的设置应结合地形并力求均匀。

二、停车视距

停车视距是指车辆以一定速度行驶中,驾驶员自发现前方有障碍物到汽车在障碍物前能安全停住所需要的最短距离。停车视距可分解为反应距离、制动距离和安全距离 3 部分来研究。

1. 反应距离

反应距离是指当驾驶人员发现前方的障碍物,经过判断决定采取制动措施的那一瞬间到制动器真正开始起作用的那一瞬间汽车所行驶的距离。在这段时间过程中,也可分为"判断时间"和"运行时间"来分析,并可经实验测定。判断时间在很大程度上取决于物体的外形、颜色、驾驶员的视力和机敏度以及大气的可见度等。在高速行车时的"判断时间"要比低速时短一些,这是由于高速行驶时警惕性会更高的缘故。根据测定的资料,设计上取判断时间为 1.5s,运行时间取 1.0s 是较适当的。判断和运行反应的总时间 $t=2.5s$,在这个时间内汽车行驶的距离为:

$$S_1 = \frac{V}{3.6} \cdot t \tag{3-44}$$

式中:V——汽车行驶速度,km/h。

2. 制动距离

制动距离是指汽车从制动生效到汽车完全停住这段时间内所行驶的距离。它可以按功能转换原理求得。汽车制动时,给车轮施加制动力 P,以阻止车轮前进。在急刹车时,取 P 的最大值,而最大的 P 取决于轮胎与路面之间的摩阻力。在摩擦系数较小的路面上,若制动力大于摩阻力,车轮将在路面上滑移,使行车方向失去控制,这是要避免的,所以 P 的极限值为:

$$P = \varphi G$$

式中:φ——路面与轮胎之间的纵向摩擦系数,因轮胎条件(材料、花纹、内压、尺寸等)、路面条件(路面种类、路面的粗糙度、清洁度、干湿程度、温度等)及制动条件(制动时的速度、有无驱动力或制动力)的不同而异,其变化范围较大,在干燥清洁的高级和次高级路面上,约为 0.5 ~ 0.7,潮湿时为 0.3 ~ 0.5,泥泞、冰滑时为 0.1 ~ 0.2;

G——分配到制动轮上的汽车重力,若全部车轮均为制动轮,则等于车重(N)。

制动距离 S_2 与制动力的乘积决定了制动过程所做的功,它是消耗在汽车的动能上使车速由 v_1 减到 v_2,即:

$$(\psi+\varphi)G \cdot S_2 = \frac{G(v_1^2 - v_2^2)}{2g}$$

由此得到:

$$S_2 = \frac{v_1^2 - v_2^2}{2g(\psi+\varphi)}$$

式中:$(\psi+\varphi)G \cdot S_2$——制动距离为$S_2$时,制动过程所做的功,N·m;

　　　ψ——道路阻力系数,包括滚动阻力系数f和纵坡度i;f值较小可忽略不计, i值是变量,具体工程可按实际值代入。

将$g \approx 9.81 \mathrm{m/s^2}$代入,并将$v(\mathrm{m/s})$换算为$V(\mathrm{km/h})$,得:

$$S_2 = \frac{V_1^2 - V_2^2}{254(\varphi \pm i)}$$

汽车停止时,$V_2 = 0$,则:

$$S_2 = \frac{V_1^2}{254(\varphi \pm i)} \tag{3-45}$$

3. 安全距离

汽车完全停止后与障碍物间应保持的最小安全距离。一般为5~10m。因数值较小,计算时已考虑在反应距离中,不另计。

故停车视距为:

$$S_{停} = S_1 + S_2 = \frac{Vt}{3.6} + \frac{V^2}{254(\varphi \pm i)}$$

计算停车视距所采用的φ应能充分保证行车安全的数值,一般按路面在潮湿状态下的φ值计算。行驶速度V的取值:设计速度为80~120km/h时,采用设计速度的85%;设计速度为40~60km/h时,采用计算行车速度的90%;设计速度为20~30km/h时,采用原设计速度。这样计算的结果见表3-22,《标准》对停车视距的规定相当于表列计算值取整后的数值。

停车视距计算表 表3-22

项 目	停 车 视 距						
设计速度(km/h)	120	100	80	60	40	30	20
行驶速度(km/h)	102	85	68	54	36	30	20
摩擦系数φ	0.29	0.30	0.31	0.33	0.38	0.44	0.44
反应距离S_1(m)	70.8	59.0	47.2	37.5	25.0	20.8	13.9
制动距离S_2(m)	141.2	94.8	58.7	34.8	13.4	8.1	3.6
停车视距$S_{停}$(m)	212.0	153.8	105.9	72.3	38.4	28.9	17.5

《标准》及《规范》中规定的各级公路停车视距及货车停车视距(纵坡为平坡时)见表3-23;《设计规范》规定的城市道路停车视距见表3-24。

各级公路停车视距 表3-23

设计速度(km/h)	高速公路、一级公路				二、三、四级公路				
	120	100	80	60	80	60	40	30	20
停车视距(m)	210	160	110	75	110	75	40	30	20
货车停车视距(纵坡为平坡时)(m)	245	180	125	85	125	85	50	35	20

城市道路停车视距　　　　　　表3-24

设计速度(km/h)	100	80	60	50	40	30	20
停车视距(m)	160	110	70	60	40	30	20

三、会车视距

两辆对向行驶的汽车在同一车道上相遇,及时制动并停车所必需的安全视距称为会车视距。会车视距由双方驾驶员反应时间所行驶的距离、双方汽车的制动距离、安全距离3部分组成(图3-46)。《规范》规定会车视距的长度不应小于其停车视距的2倍。

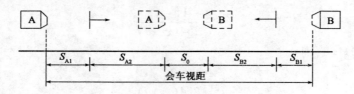

图3-46　会车视距

四、超车视距

在一般双车道公路上行驶着各种不同速度的车辆,当快速车追上慢速车以后,需要占用供对向汽车行驶的车道进行超车。为了超车时的安全,驾驶员必须能看到前面足够长度的车流空隙,以便在相邻车道上没有出现对向驶来的汽车之前完成超车而不阻碍被超汽车的行驶。这种快车利用对向车道超越前面慢车后再回到原来车道所需要的最短距离称为超车视距,见图3-47。超车视距的全程可分为4个阶段。

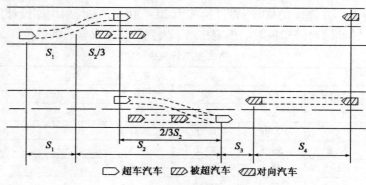

图3-47　超车视距示意图

1. 加速行驶距离 S_1

当超车汽车经判断认为有超车的可能,于是加速行驶移向对向车道,在进入该车道之前的行驶距离为:

$$S_1 = \frac{V_0}{3.6} \cdot t_1 + \frac{1}{2} a \cdot t_1^2 \tag{3-46}$$

式中:V_0——被超汽车的速度,km/h;

　　　t_1——加速时间,s;

a——平均加速度,m/s^2。

2.超车汽车在对向车道上行驶的距离 S_2

该距离的计算为:

$$S_2 = \frac{V}{3.6} \cdot t_2 \qquad (3-47)$$

式中:V——超车汽车的速度,km/h;
t_2——在对向车道上的行驶时间,s。

3.超车完成时,超车汽车与对向汽车之间的安全距离 S_3

这个距离视超车汽车和对向汽车的行驶速度不同采用不同的数值,一般范围为:

$$S_3 = 15 \sim 100m$$

4.超车汽车从开始加速到超车完成时对向汽车的行驶距离 S_4

该距离的计算式为:

$$S_4 = \frac{V}{3.6}(t_1 + t_2) \qquad (3-48)$$

以上 4 个距离之和是比较理想的全超车过程所需视距,但距离较长,在地形比较复杂的地区很难实现。实际上,在计算 S_4 所需的时间时只考虑超车汽车从完全进入对向车道到超车完所行驶的时间就可保证安全了。因为尾随在慢车后面的快车驾驶员往往在未看到前面的安全区段就开始了超车作业,如果进入对向车道之后发现迎面有汽车开来而超车距离不足时还来得及返回自己的车道。因此,对向汽车行驶时间大致为 t_2 的 2/3 就足够了,即:

$$S'_4 = \frac{2}{3} \cdot S_2 = \frac{2}{3} \cdot \frac{V}{3.6} \cdot t_2 \qquad (3-49)$$

于是,最小必要超车视距为:

$$S_{超} = S_1 + S_2 + S_3 + S'_4 \qquad (3-50)$$

在地形困难或其他原因无法满足时,可采用:

$$S_{超} = \frac{2}{3} \cdot S_2 + S_3 + S'_4 \qquad (3-51)$$

V 采用设计速度,设超车汽车和对向汽车都按设计速度行驶。被超汽车的速度 V_0 较计算行车速度 V 低 $5 \sim 20$ km/h,各阶段的行驶时间据实测大致为:$t_1 = 2.9 \sim 4.5$ s,$t_2 = 9.3 \sim 10.4$ s,以此进行计算的超车视距见表 3-25。

超车视距计算表 表 3-25

	V(km/h)		80	60	40	30	20
	V_0(km/h)		60	45	30	20	15
S_1	a(km/h)	0.65	0.63	0.61	0.60	0.60
	t_1(s)	4.2	3.7	3.1	2.9	2.7
	$\frac{V_0}{3.6} \cdot t_1 + \frac{1}{2}a \cdot t^2$(m)	76	51	29	19	13
S_2	t_2(s)	10.4	9.5	8.5	8.0	7.5
	$\frac{V}{3.6} \cdot t_2$(m)	231	158	94	67	42
S_3	(m)	60	40	25	20	15

续上表

	V(km/h)	80	60	40	30	20
	V_0(km/h)	60	45	30	20	15
S_4	$\frac{V}{3.6}(t_1+t_2)$(m)	324	220	129	90	57
S'_4	$\frac{2}{3}S_2$(m)	154	105	63	45	28
$S_1+S_2+S_3+S'_4$(m)		521	354	211	151	98
$\frac{2}{3}\cdot S_2+S_3+S'_4$(m)		368	250	151	110	71

《标准》规定的各级公路超车视距见表 3-26。

二、三、四级公路超车视距　　　　表 3-26

设计速度(km/h)	80	60	40	30	20
一般值(m)	550	350	200	150	100
极限值(m)	350	250	150	100	70

五、识别视距

在公路各类出(入)口区域,由于驾驶员需要及时判识出(入)口的位置、适时选择换道、进行加(减)速驶入(驶出)等操作,存在交通流交织和冲突现象。因此,各级公路的互通立交、避险车道、爬坡车道、服务区、停车区、客运汽车停靠站、加油站等各类出口路段应满足识别视距要求。

不同设计速度公路对应的识别视距宜符合表 3-27 规定。

识 别 视 距　　　　表 3-27

设计速度(km/h)	120	100	80	60
识别视距(m)	350(460)	290(380)	230(300)	170(240)

受地形、地质条件限制路段,识别视距可采用 1.25 倍的停车视距,但应采取必要的限速控制和管理措施。

六、平面视距的保证

汽车在弯道上行驶时,弯道内侧行车视线可能被树木、建筑物、路堑边坡或其他障碍物所遮挡。因此,在路线设计时必须检查平曲线上的视距是否能得到保证,如有遮挡时,则必须清除视距区段内侧适当横净距内的障碍物,如图 3-48 所示。

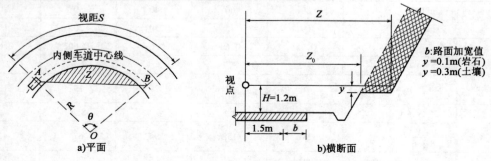

图 3-48　弯道平面视距障碍的清除

图中阴影部分是阻碍驾驶员视线的范围,范围以内的障碍物都应加以清除。Z 为内侧车道上汽车应保证的横净距。

假设驾驶员的视线距离路面 1.2m,驾驶员座位距未加宽时路面内边缘的水平距离为 1.5m。检查平面视距时应以视点为起算点。车辆在弯道上行驶时视点的运动轨迹半径为:

$$R_s = R - \frac{B}{2} + 1.5 \tag{3-52}$$

式中:R——弯道圆曲线半径,m;
　　　B——弯道路面宽度,m。

对平面视距的检查,首先应计算出保证设计视距所需的最大横净距 Z,其次是计算实际条件下所提供的能通视的横净距 Z_0。若 $Z \leqslant Z_0$,设计视距可以得到保证;若 $Z > Z_0$,则应清除障碍物,以满足 $Z \leqslant Z_0$ 的要求。

最大横净距 Z 的计算应根据是否设置缓和曲线以及曲线长度是否大于视距长度等条件分别进行。

1. 未设缓和曲线时的最大横净距

按照视点轨迹曲线的长度和设计视距,可以计算出相应的最大横净距 Z。未设缓和曲线的平曲线有下述两种情况。

(1) 视点轨迹曲线长 L 大于或等于设计视距 S

由图 3-49 知:

$$Z = R_s - R_s \cdot \cos\frac{\gamma}{2} = R_s\left(1 - \cos\frac{\gamma}{2}\right)$$

因

$$S = R_s \cdot \gamma$$

故

$$Z = R_s\left(1 - \cos\frac{S}{2R_s}\right) = R_s\left[1 - \frac{1}{2!}\left(\frac{S}{2R_s}\right)^2 + \cdots\right] \approx \frac{S^2}{8R_s} \tag{3-53}$$

式中:Z——最大横净距,m;
　　　R_s——视点轨迹半径,m;
　　　S——设计视距,m;
　　　γ——设计视距所对应的圆心角,rad。

(2) 视点轨迹曲线长 L 小于设计视距 S

由图 3-50 知:

$$Z = Z_1 + Z_2$$

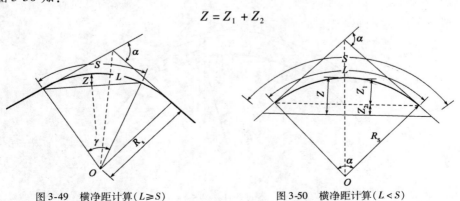

图 3-49　横净距计算($L \geqslant S$)　　　图 3-50　横净距计算($L < S$)

其中:
$$Z_1 = R_s - R_s \cdot \cos\frac{\alpha}{2} = R_s\left(1 - \cos\frac{\alpha}{2}\right)$$

$$Z_2 = \frac{S-L}{2} \cdot \sin\frac{\alpha}{2}$$

则:
$$Z = R_s\left(1 - \cos\frac{\alpha}{2}\right) + \frac{S-L}{2}\sin\frac{\alpha}{2}$$
$$= R_s\left(1 - \cos\frac{L}{2R_s}\right) + \frac{S-L}{2}\sin\frac{L}{2R_s}$$

因:
$$\cos\frac{L}{2R_s} = 1 - \frac{1}{2!}\left(\frac{L}{2R_s}\right)^2 + \cdots \approx 1 - \frac{L^2}{8R_s^2}$$

$$\sin\frac{L}{2R_s} = \frac{L}{2R_s} - \frac{1}{3!}\left(\frac{L}{2R_s}\right)^3 + \cdots \approx \frac{L}{2R_s}$$

故:
$$Z \approx R_s \cdot \frac{L^2}{8R_s^2} + \frac{S-L}{2} \cdot \frac{L}{2R_s} = \frac{L}{8R_s}(2S - L) \tag{3-54}$$

式中:L——视点轨迹曲线长,$L = \pi\alpha R_s/180$,m;

α——L 所对应的圆心角,即路线转向角,rad;

其余符号意义同前。

2.设置缓和曲线时的最大横净距

设置缓和曲线的平曲线,可分为下述 3 种情况。

(1)视点轨迹曲线长 L 大于等于设计视距 S,这种情况与图 3-49 相同,即:
$$Z = R_s\left(1 - \cos\frac{\gamma}{2}\right) \approx \frac{S^2}{8R_s}$$

(2)设计视距 S 介于视点轨迹圆曲线长 L 与视点轨迹平曲线全长 L' 之间,如图 3-51 所示,由图可得:

$$Z = Z_1 + Z_2$$

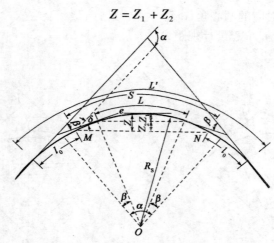

图 3-51 横净距计算($L < S < L'$)

其中
$$Z_1 = R_s\left(1 - \cos\frac{\alpha - 2\beta}{2}\right)$$
$$Z_2 = (l_s - l_0) \cdot \sin\left(\frac{\alpha}{2} - \delta\right)$$

故：
$$Z = R_s\left(1 - \cos\frac{\alpha - 2\beta}{2}\right) + (l_s - l_0) \cdot \sin\left(\frac{\alpha}{2} - \delta\right) \tag{3-55}$$

式中：l_s——缓和曲线长度，m；

l_0——车辆计算位置 M（或 N）到缓和曲线起点的距离，$l_0 = \frac{1}{2}(L' - S)$，m；

L'——视点轨迹平曲线总长，即转角为 α、半径为 R_s 时的平曲线总长，m；

δ——过 M（或 N）点且与平曲线的切点相平行的直线与过 M 和 Hr 的弦 Me 的夹角，rad，其值为：

当 $L < S < L'$ 时，$\delta = \arctan\left\{\frac{l_s}{6R_s}\left[1 + \frac{l_0}{l_s} + \left(\frac{l_0}{l_s}\right)^2\right]\right\}$；

当 $L' < S$ 时，$\delta = \arctan\frac{l_s}{6R_s}$；

L——视点轨迹圆曲线长（不包括缓和曲线长度在内），m；

β——缓和曲线角，rad；

其余符号意义同前。

(3) 设计视距 S 大于视点轨迹平曲线全长 L'，由图 3-52 知：
$$Z = Z_1 + Z_2 + Z_3$$

其中
$$Z_1 = R_s\left(1 - \cos\frac{\alpha - 2\beta}{2}\right)$$
$$Z_2 = \sin\left(\frac{\alpha}{2} - \delta\right) \cdot L_s$$
$$Z_3 = \sin\frac{\alpha}{2} \cdot \frac{S - L'}{2}$$

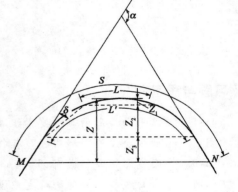

图 3-52　横净距计算（$S > L'$）

则
$$Z = R_s\left(1 - \cos\frac{\alpha - 2\beta}{2}\right) + l_s \cdot \sin\left(\frac{\alpha}{2} - \delta\right) + \frac{S - L}{2} \cdot \sin\frac{\alpha}{2} \tag{3-56}$$

式中：δ——当 $S > L'$ 时，$\delta = \arctan\frac{l_s}{6R_s}$，rad；

其余符号意义同前。

3. 弯道视距的图解法检查

上述方法计算出的横净距 Z 是弯道上的一个最大值，仅对该断面进行检查，并不能保证整个弯道范围内的设计视距均能得到满足。因此，必要时应对整个弯道范围内的设计视距进行检查，最直观的方法是采用图解包络图法。如图 3-53 所示，根据设计视距，沿视点轨迹线方向每隔一定间隔绘出视线方向(按设计视距长确定)即可绘出整个弯道所需的通视范围。依此可进行整个弯道的障碍清除设计工作。

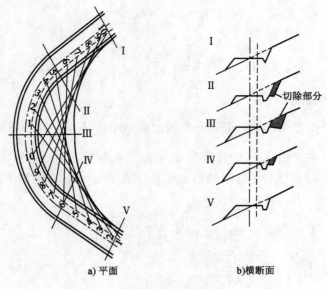

图 3-53 视距包络图

【习题与思考题】

3-1 道路平面线形由哪些要素组成？

3-2 为什么要设置缓和曲线？其作用何在？

3-3 平面线形组合形式有哪些？各自有什么特点？

3-4 缓和曲线最小长度的确定应满足哪些方面的要求？

3-5 设置超高的作用和意义有哪些？超高过渡方式有哪几类？

3-6 在怎样的情况下需要验算停车视距、会车视距和超车视距？如何计算？

3-7 在寒冷积雪地区某一设计速度为 60km/h 的公路上，拟设一半径为 250m 的弯道，问此弯道超高率应取何值？此时的横向力系数为何值？若保证横向力系数不大于 0.035，车辆行驶速度不应超过多少？

3-8 微丘区某二级公路采用沥青混凝土路面，路面横坡为 2%，设计速度为 80km/h。

(1) 试求不设超高的平曲线半径及设置超高($i_{超}=0.08$)的极限最小平曲线半径(建议 μ 分别取 0.040 和 0.15)。

(2) 采用极限最小平曲线半径时，缓和曲线长度应为多少？

(3) 试计算会车视距和停车视距，并结合《公路工程技术标准》(JTG B01—2014)的规定加以分析。

3-9 山岭区某三级公路测设中,测得某相邻两交点偏角(如下图)为 JD_{14} 右偏46°52′00″, JD_{15} 左偏11°20′30″,若选取 $R_{14}=65m$, $R_{15}=120m$。试求两交点偏角间的最短距离应为多少?如实地距离为52.45m,试计算 R_{15} 应为多少才合适?

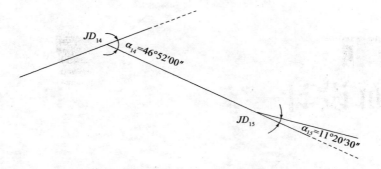

3-10 道路中线一转折处 A,转折角 $\alpha=60°00′00″$,其旁有一重要建筑物,基础尺寸5m× 8m,外边缘距 A 点最短距离有25m,欲保留该建筑(如下图),试问该弯道可能的最小半径为多少?已知该路设计速度为40km/h,道路宽度24m,路拱横坡2%, $\mu=0.1$。

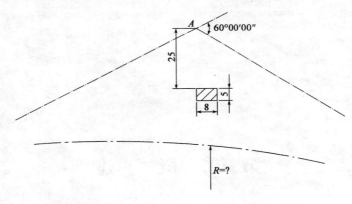

第四章
纵断面设计

第一节 概 述

用一曲面沿着道路中线竖直剖切,展开后即为路线纵断面。纵断面设计的主要任务是根据车辆的动力特性、道路技术等级、当地的自然地理条件及工程经济性等,研究路线起伏程度的大小及长度,以达到行车安全、迅速,运输经济合理,乘客感觉舒适的目的。

一、纵断面线形要素

1. 地面线与设计线

纵断面主要有两条连续线形,一条是地面线,另一条是设计线。地面线是根据中线上各桩位的地面高程点绘出并连接而成的一条不规则的折线,它反映了沿着道路中线的地面起伏变化情况。设计线是经过技术、经济及美学等多方面比较后定出的一条具有规则形状的几何线形,它反映了道路路线的起伏变化情况。

设计线上各桩号点的高程称为设计高程,设计高程的位置视道路等级和建设性质有所不同,《规范》中具体规定如下。

(1)新建公路的路基设计高程:高速公路、一级公路宜采用中央分隔带的外侧边缘高程;

二、三、四级公路采用路基边缘高程。在设置超高、加宽的路段为设超高、加宽前该处边缘高程。

(2)改建公路的路基设计高程:宜按新建公路的规定执行,也可视具体情况而采用中央分隔带中线或行车道中线高程。

沿河及可能受水浸淹的路段,按设计高程推算的最低侧路基边缘高程应高出表4-1规定的洪水频率计算水位加壅水高(因水流受阻而产生的水位升高值)、波浪侵袭高和0.5m的安全高度。

路基设计洪水频率 表4-1

公路等级	高速公路	一级公路	二级公路	三级公路	四级公路
设计洪水频率	1/100	1/100	1/50	1/25	按具体情况确定

沿水库上游岸边布设的路段,按设计高程推算的路基最低侧边缘高程应考虑水库水位升高后地下水位壅升,以及水库淤积后壅水曲线抬高及浪高的影响;在寒冷地区还应考虑冰塞壅水对水位增高的影响。

大、中桥桥头引道(在洪水泛滥范围内)按设计高程推算的最低侧路基边缘高程应高于该桥设计洪水位(包括壅水和浪高)至少0.5m;小桥涵附近按设计高程推算的最低侧路基边缘高程应高于桥(涵)前壅水水位至少0.5m(不计浪高)。

城市周边地区的公路路基设计洪水频率应结合城市防洪标准,考虑救灾通道、排洪和泄洪需求综合确定。

2. 直线与竖曲线

纵断面设计线由直线(即均匀坡度线或直坡段)和竖曲线组成。直线有上坡和下坡之分,用坡度和坡长表示。直线的坡度和长度影响着车辆运输的经济性及行车的安全性,因此有必要加以限制。

纵断面上两相邻坡度线的交点称为变坡点,两相邻坡度线之间的夹角称为变坡角,在数值上等于相邻两纵坡坡度的代数差,即:

$$\omega = i_2 - i_1 \tag{4-1}$$

式中:ω——变坡角;

i_1、i_2——前后两坡度线的坡度值(上坡为"+",下坡为"-")。

变坡点是一系列折点,为保证行车舒适、平顺、安全,并满足视距的要求,而在变坡点处设置的曲线,称为竖曲线。竖曲线有凹形竖曲线和凸形竖曲线两种,如图4-1所示,当$\omega<0$时为凸形竖曲线,当$\omega>0$时为凹形竖曲线。竖曲线可选用圆曲线和抛物线两种形式,由于竖曲线的前后坡差很小,抛物线呈非常平缓的线形,曲率变化较小,所以与圆曲线几乎相同。为便于计算,工程上竖曲线一般采用二次抛物线形式。

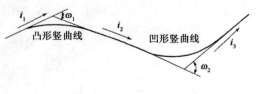

图4-1 竖曲线

二、路线纵断面设计主要内容

路线纵断面设计的主要内容包括以下5部分。

1. 控制点确定

控制点是指影响路线纵坡设计的点,如路线起讫点、越岭垭口、重要桥梁与隧道、地质不良地段的最小填土高度和最大挖方深度、沿溪线的洪水位、路线交叉点、重要城镇通过点及其他路线高程必须通过的点位等。对于山岭重丘区的道路,还应考虑各横断面上横向填挖基本平衡的经济性,以降低工程造价并减小对自然地面横坡与环境的影响。

2. 拉坡设计

确定坡度、坡长需经过反复试验、调整,主要根据项目的技术标准、选线意图,结合地形地势情况,以控制点为设计依据,本着尽量填挖平衡、经济合理的原则,确定变坡点位置,结合坡度及坡长的相关规定,反复试坡调整,确定坡度线,同时注意处理好平面、纵断面线形的相互配合和协调,并避免变坡过于频繁而形成锯齿形的纵断面。此外,变坡点应尽量选取在整桩号处,以便于计算。

3. 纵坡坡度及坡长检验

根据规范要求,应检验各坡段的纵坡坡度与坡长,检验的指标包括:最大纵坡、最小纵坡、桥上及桥头路线的纵坡、隧道部分路线的纵坡、平均纵坡、合成坡度及最小坡长、最大坡长与缓和坡段。各级公路应避免采用最大纵坡值和不同纵坡最大坡长值,只有在为争取高度利用有利地形,或避开工程艰巨地段不得已时方可采用。连续设置长陡纵坡的路段,除上坡方向宜满足通行能力的要求外,还应考虑下坡方向的行驶安全,并应结合前后路段各技术指标设置情况,采用运行速度对连续上坡方向的通行能力及下坡方向的行车安全性进行检验。

4. 竖曲线设计

确定满足规范要求的竖曲线半径,计算竖曲线要素,包括变坡角、竖曲线长度、切线长、外距及各整桩号点的竖距(切线高程与竖曲线高程之差),并检验竖曲线长度是否满足规范要求,条件受限制时还需检验切线长和外距是否满足实际需求,以及根据切线高程与竖距,计算竖曲线各整桩号点的设计高程。

5. 平纵线形组合情况检验

平纵组合后的线形应能自然地诱导驾驶员的视线,使其能及时、准确地判断路线的变化情况,并在视觉上保持线形的连续、顺适和美观。同时,通过合理的平纵线形组合设计,形成适当的合成坡度,使路面不发生滞水现象,以保证行车安全。

第二节 纵 坡

一、纵坡坡度

纵坡坡度即路线的纵坡度,简称"纵坡",用符号 i 表示,其值按式(4-2)计算:

$$i = \frac{H_2 - H_1}{L} = \frac{\Delta H}{L} \tag{4-2}$$

式中:i——纵坡,沿路线前进方向,上坡为"+"、下坡为"-",%;

H_1、H_2——分别为沿路线前进方向的某坡线前后两端点的高程,m;

L——坡线两端点的水平距离,简称坡长,m。

1. 纵坡设计的一般要求

(1)平原地区的纵坡应均匀、平缓;

(2)丘陵地区的纵坡应避免过分迁就地形而起伏过大;

(3)越岭线的纵坡应力求均匀,不应采用最大值或接近最大值的坡度,更不宜连续采用不同纵坡最大坡长值的陡坡夹短距离缓坡的纵坡线形。隧道出口附近应避免急剧的纵坡坡度变化;

(4)山脊线和山腰线除因地形不得已时采用较大的纵坡外,在可能条件下应采用平缓的纵坡。

2. 最大纵坡坡度

最大纵坡坡度(简称最大纵坡)是指在纵坡设计时各等级公路允许采用的最大坡度值,是纵断面线形设计的一项重要指标。最大纵坡的大小将直接影响路线的长短、使用质量、行车安全、运营成本和工程经济性。

各级道路允许的最大纵坡是根据车辆的动力特性、道路技术等级、自然条件及工程经济等因素,综合分析确定。

最大纵坡的主要影响因素有:

(1)汽车动力特性。不同类型的车辆具有不同的动力特性和制动性能,道路功能定位决定了道路上行驶车辆的类型;采用设计车辆所具有的动力特性来确定车辆在规定速度下的爬坡能力和下坡安全性,是确定道路最大纵坡的方法之一。

(2)道路技术等级。不同的道路技术等级对设计速度的要求不同,而车辆所爬行的坡度与行驶速度成反比;为保证各级道路的设计速度,设计时应提供与道路技术等级相适应的纵坡。

(3)自然因素。道路所在地区的地形条件、海拔高度、气温、雨量等自然因素所提供的车辆行驶条件,直接影响着道路设计纵坡的确定。如潮湿多雨地区、长期冰冻地区,均需避免过大的纵坡。

最大纵坡的确定方法主要有计算法和调查分析法两种。

(1)计算法

按规定车型及荷载的标准车辆,以设计速度匀速上坡行驶时,用式(4-3)计算;考虑车辆在坡道上可变速行驶时,按第二章中动力上坡的有关计算式计算。

$$i = D - f \tag{4-3}$$

采用计算法得出的最大纵坡一般为理想最大纵坡,但常因自然条件等的制约,难以直接作为最大纵坡的取值。

(2)调查分析法

我国在制定标准过程中,通过对车辆在坡道上行驶情况的调查,以及对路段行车调查资料、道路交通事故资料等的分析,确定出合理的最大纵坡。因此,应考虑以下3种情况:

①车辆沿纵坡上行时,升坡阻力及其他阻力增加,必然导致行车速度降低。一般坡度越

大,车速降低越快;这样,在较长的陡坡上,将出现发动机水箱"开锅"、气阻和熄火现象,导致行车条件恶化。因此,从车辆爬坡能力角度考虑,应对最大纵坡加以限制。

②车辆沿陡坡下行时,驾驶员频繁制动,制动次数增加,制动器易升温发热以致失效;驾驶员心理紧张、操作频繁,容易引起交通事故。尤其当遇到冰滑、泥泞道路条件时情况将更加严重。因此,从车辆下坡的安全角度考虑,也应限制最大纵坡。

③当纵坡度大于8%时,驾驶员下坡行驶必然频繁刹车。为使拖挂车行驶不困难,最大纵坡应控制在8%以内。但各级道路的要求互不相同,一般道路等级越高,最大坡度越低。海拔2 000m以上的高原地区和长期严寒冰冻地区,从行车安全性考虑,最大坡度也不宜过大。

综上所述,最大纵坡值应从车辆的爬坡能力、车辆在坡段上行驶的安全性、道路技术等级及自然条件等方面通过综合论证来确定。

1) 公路最大纵坡

(1) 一般路段

各级公路的最大纵坡主要考虑载重汽车的爬坡性能和公路通行能力。一般公路偏重于考虑爬坡性能,高速公路、一级公路偏重于考虑车辆的快速安全行驶。交通运输部公路科学研究院1991年《关于纵坡与汽车运行速度和油耗之间关系的研究》和2003年《公路纵坡坡度与坡长限制》的研究结论显示,随着纵坡增大,速度每提高1km/h或装载的货物每增加1t,油耗都将急剧增加,特别是纵坡坡度大于7%时,这种现象尤其突出。考虑到在较长时间内我国交通组成中的货车仍将以载重汽车为主,所以当交通量较大时,各级公路应尽量采用较小的纵坡,最大纵坡应慎用。《标准》与《规范》规定的公路最大纵坡如表4-2所示。

公路最大纵坡　　　　　　　　表4-2

设计速度(km/h)	120	100	80	60	40	30	20
最大纵坡(%)	3	4	5	6	7	8	9

设计速度为120km/h、100km/h、80km/h的高速公路受地形条件或其他特殊情况限制时,经技术经济论证,最大纵坡值可增加1%;但考虑到我国高速公路货运车辆大型化发展趋势和铰接列车爬坡性能弱的现状,该规定应慎用。改扩建公路,设计速度为40km/h、30km/h、20km/h并利用原有公路路段的,经技术经济论证,最大纵坡可增加1%。四级公路位于海拔2 000m以上或积雪冰冻地区的路段,最大纵坡不应大于8%。位于城镇附近且非机动车交通量较大的路段,其最大坡度可根据具体情况适当放缓。

(2) 缓和坡段的最大纵坡

当采用的单一纵坡或多个纵坡组合坡段致使车辆实际爬坡速度降低到接近或低于容许最低速度时,应设置必要长度的缓和坡段,使得车辆能够恢复到不低于容许最低速度。设计速度≤80km/h时,缓和坡段的纵坡不应>3%;设计速度>80km/h时,缓和坡段的纵坡应≤2.5%。

(3) 高原地区最大纵坡折减

在高原地区,随着海拔高度的增加,大气压力、空气温度和密度都逐渐减小。空气密度的减小,使车辆发动机的正常操作状态受到影响,从而使车辆的动力性能受到影响。另外,由于空气密度变小,散热能力也将降低,使得发动机易过热。而经常持久使用低挡,特别容易使发动机过热,并使车辆水箱中的水沸腾而破坏冷却系统。根据试验与分析,当海拔超过3 000m时,应考虑对纵坡予以折减。《规范》规定:设计速度小于或等于80km/h、位于海拔3 000m以上高原地区的公路,最大纵坡应按表4-3的规定予以折减。最大纵坡折减后若小于4%,则仍采用4%。

高原公路纵坡折减值　　　　表4-3

海拔高度(m)	3 000~4 000	4 000~5 000	5 000以上
纵坡折减(%)	1	2	3

(4)桥隧最大纵坡

桥上纵坡的限制条件主要包括桥梁结构受力和构造两个方面,而引道纵坡则主要考虑行车方面的要求,并应同桥上纵坡保持相同。在具体应用时,应根据桥型、结构受力特点和构造要求,选用合适的桥上纵坡。小桥与涵洞处纵坡应随路线进行设计,大、中桥上的纵坡不宜大于4%,桥头引道纵坡不宜大于5%,引道紧接桥头部分的线形应与桥上线形相配合。易结冰、积雪的桥梁纵坡宜适当减小。位于城镇混合交通繁忙处的桥梁,桥面及桥头引道纵坡均不得大于3%。

隧道纵坡的限制条件主要是车辆排放的废气量,其纵坡以3%为上限,纵坡再增大,废气的排放量将急剧增加。对于以机械通风换气的隧道,其最大纵坡最好也小于3%。《规范》规定:隧道内纵坡应大于0.3%并小于3%,但短于100m的隧道不受此限。高速公路、一级公路的中、短隧道,当条件受限制时,经技术经济论证后,最大纵坡可适当加大,但不宜大于4%。一般隧道的纵坡宜设置成单向坡,地下水发育的隧道及特长、长隧道宜采用人字坡。

2)城市道路最大纵坡

(1)机动车道最大纵坡

《设计规范》中城市道路机动车道最大纵坡规定值见表4-4。新建道路应采用小于或等于表中规定的最大纵坡一般值;改建道路、受地形条件或其他特殊情况限制时,可采用最大纵坡极限值。

城市道路机动车道最大纵坡　　　　表4-4

设计速度(km/h)		100	80	60	50	40	30	20
最大纵坡(%)	一般值	3	4	5	5.5	6	7	8
	极限值	4	5	6	6	7	8	8

除快速路外的其他等级道路,受地形条件或其他特殊情况限制时,经技术经济论证后,最大纵坡极限值可增加1.0%。积雪冰冻地区的快速路最大纵坡不应大于3.5%,其他等级道路最大纵坡不应大于6.0%。海拔3 000m以上的高原地区城市道路最大纵坡一般值可减少1.0%,当最大纵坡折减后小于4.0%时,仍可采用4.0%。

(2)非机动车道最大纵坡

城市中的非机动车主要是指自行车,其爬坡能力差,车道应考虑恰当的纵坡度与坡长。非机动车道纵坡宜小于2.5%,当大于或等于2.5%时,应进行最大坡长限制。

机动车与非机动车混合行驶的车行道,宜按非机动车骑行的设计纵坡控制。

(3)桥隧最大纵坡

城市道路特大桥、大桥、中桥的桥面纵坡不宜大于4.0%,桥头引道纵坡不宜大于5.0%。城市道路隧道内的道路最大纵坡不宜大于3.0%,困难时不应大于5.0%。隧道出入口外的接线道路纵坡宜坡向洞外。

3. 最小纵坡坡度

1)公路最小纵坡

公路纵坡不宜小于0.3%。横向排水不畅的路段或长路堑路段,采用平坡(0%)或小于0.3%的纵坡时,其边沟应做纵向排水设计;在弯道超高横坡渐变段上,设计纵坡不宜小于0.3%;对于干旱地区及横向排水良好、不产生路面积水的路段,也可不受此最小纵坡的限制。

2)城市道路最小纵坡

城市道路最小纵坡应符合下列规定:

(1)道路最小纵坡不应小于0.3%;当特殊困难纵坡小于0.3%时,应设置锯齿形街沟或采取其他排水措施。

(2)特大桥、大桥、中桥的桥面最小纵坡不宜小于0.3%,且竖向高程最低点不应位于主桥范围内。

(3)高架路的桥面最小纵坡不应小于0.5%;困难时不应小于0.3%,并应采取保证高架路纵横向及时排水的措施。

4. 平均纵坡坡度

平均纵坡是指在一定长度路段内,连续上坡或连续下坡路段纵向所克服的高差值与该路段的距离之比。它是衡量线形设计质量的一个限制性指标,目的是为了保证车辆安全行驶。公路纵断面设计即使完全符合最大纵坡、坡长限制及缓和坡段的规定,也不能完全保证使用质量。不少路段由于平均纵坡较大,上坡持续使用低速挡,导致车辆水箱开锅;下坡则因制动装置过热而失效,导致交通事故发生,因此有必要控制平均纵坡。

高速公路、一级公路应采用合理的平均纵坡,以保证纵坡路段的通行能力和车辆运行安全。高速公路、一级公路的连续上坡或下坡路段,相对高差大于300m时,平均纵坡不宜大于2.5%;任意连续3km路段的平均纵坡不应大于4.0%。

二、三、四级公路越岭路线连续上坡或下坡路段,相对高差为200~500m时,平均纵坡不应大于5.5%;相对高差大于500m时,平均纵坡不应大于5%,且任意连续3km路段的平均纵坡不应大于5.5%。

二、纵坡坡长

1. 最小坡长

坡长是指变坡点间的水平直线距离。若坡长太短,则变坡点过多,道路纵向起伏变化频繁,导致车辆行驶反复颠簸,从而影响行车的平顺性和安全性,且路容也不美观。此外,坡长过短会导致相邻变坡点之间不能满足设置竖曲线的切线长度要求。因此,应对最小坡长加以限制。

(1)公路最小坡长

《规范》规定的公路最小坡长如表4-5所示。

各级公路最小坡长值 表4-5

设计速度(km/h)	120	100	80	60	40	30	20
最小坡长(m)	300	250	200	150	120	100	60

(2)城市道路最小坡长

通过一段坡道应大于一定的时间,《设计规范》规定为10s,纵坡的最小坡长应符合表4-6的规定,且应大于相邻两个竖曲线切线长度之和。

城市道路最小坡长　　　　　　　　　表4-6

设计速度(km/h)	100	80	60	50	40	30	20
最小坡长(m)	250	200	150	130	110	85	60

道路起讫点一端可不受最小坡长限制。当主干路与支路相交时,支路纵断面在相交范围内可视为分段处理,不受最小坡长限制。对沉降量较大的改建道路,需加铺罩面,为降低工程投资、加快改建速度与减少施工期间的交通影响,可按降低一级的设计速度控制最小坡长,但应满足相邻纵坡坡差小于或等于0.5%的要求。

2. 最大坡长

载重汽车在纵坡上行驶时存在一个稳定车速,与之相对应的有一个稳定坡长。从运行质量看,纵坡长度不宜超过稳定坡长,而稳定坡长的长短则取决于车辆动力性能、驶入坡道的行车速度和坡顶要求达到的速度。车辆动力性能越好,上坡起始速度越高,坡顶要求速度越低,则稳定坡长就越长。

1)公路最大坡长

《标准》根据不同等级公路上实际观测到的载重汽车运行速度,将85%位载重汽车车速作为起始速度,15%位载重汽车车速作为坡顶速度,结合减速冲坡的坡长与车辆运行速度变化的关系,并考虑车辆实际上坡行驶时车速要比冲坡试验时略小的调查结果和汽车工业发展的需要,提出了不同纵坡最大坡长的规定值,如表4-7所示。

公路不同纵坡最大坡长限制(单位:m)　　　　　　　　　表4-7

纵坡坡度(%)	设计速度(km/h)						
	120	100	80	60	40	30	20
3	900	1 000	1 100	1 200	—	—	—
4	700	800	900	1 000	1 100	1 100	1 200
5	—	600	700	800	900	900	1 000
6	—	—	500	600	700	700	800
7	—	—	—	—	500	500	600
8	—	—	—	—	300	300	400
9	—	—	—	—	—	200	300
10	—	—	—	—	—	—	200

高速公路、一级公路连续长、陡下坡路段的平均坡度与坡长不宜超过表4-8规定。超过时,应进行交通安全性评价,提出路段速度控制和通行管理方案,完善交通工程和安全设施,并增设货车强制停车区。

连续长、陡下坡的平均坡度与坡长限制　　　　　　　　　表4-8

平均坡度(%)	<2.5	2.5	3	3.5	4	4.5	5	5.5	6
连续坡长(km)	不限	20.0	14.8	9.3	6.8	5.4	4.4	3.8	3.3
相对高差(m)	不限	500	450	330	270	240	220	210	200

2) 城市道路最大坡长

(1) 机动车道最大坡长

当道路纵坡大于表 4-4 中的一般值时,机动车道纵坡最大坡长应符合表 4-9 的规定。道路连续上坡或下坡,应在不大于表 4-9 规定的纵坡长度之间设置纵坡缓和段。缓和段的纵坡不应大于 3%,其长度应符合表 4-6 中的最小坡长规定。

城市道路机动车道最大坡长　　　　　　　　表 4-9

设计速度(km/h)	100	80	60			50			40		
纵坡(%)	4	5	6	6.5	7	6	6.5	7	6.5	7	8
最大坡长(m)	700	600	400	350	300	350	300	250	300	250	200

(2) 非机动车道最大坡长

当非机动车道的纵坡大于或等于 2.5% 时,其最大坡长应符合表 4-10 的规定。

非机动车道最大坡长　　　　　　　　表 4-10

纵坡(%)		3.5	3.0	2.5
最大坡长(m)	自行车	150	200	300
	三轮车	—	100	150

第三节　竖　曲　线

如前所述,竖曲线的类型分为凹形竖曲线与凸形竖曲线两类,竖曲线的设计指标则包括竖曲线半径与竖曲线长度,竖曲线的最小半径与最小长度主要受缓和冲击、行程时间、视距等因素影响和限制,对二者的数值规定则分为极限值与一般值。极限值是汽车在纵坡变更处行驶时,为了缓和冲击和保证视距所需的最小半径的计算值。在实际设计中,为了安全和舒适,应采用竖曲线一般最小半径的 1.5~2.0 倍或者更大值。当条件受限制时,宜采用大于或接近竖曲线最小半径的"一般值";地形条件特殊、困难而不得已时,方可采用竖曲线最小半径的"极限值"。

一、凹形竖曲线

1. 凹形竖曲线半径

(1) 公路凹形竖曲线

公路对凹形竖曲线最小半径的确定应主要考虑限制离心力不过大,离心力可按下式计算:

$$F = \frac{G}{g} \cdot \frac{v^2}{R} = \frac{GV^2}{127R} \tag{4-4}$$

由上式可得到极限最小半径的计算式如下:

$$R = \frac{V^2}{127} \cdot \frac{G}{F} \tag{4-5}$$

$\frac{F}{G}$ 为单位车重所受到的离心力,参考有关资料取 $\frac{F}{G} = 0.028$,代入上式得:

$$R_{\min} = \frac{V^2}{3.6} \tag{4-6}$$

凹形竖曲线最小半径极限值可根据上述理论公式计算得到。

竖曲线最小半径一般值是竖曲线最小半径极限值的1.5~2.0倍。《标准》与《规范》规定的凹形竖曲线最小半径如表4-11所示。表中的一般值为正常情况下的采用值,极限值为条件受限时,经技术经济论证后可采用的值。

公路凹形竖曲线最小半径 表4-11

设计速度(km/h)		120	100	80	60	40	30	20
凹形竖曲线最小半径(m)	一般值	6 000	4 500	3 000	1 500	700	400	200
	极限值	4 000	3 000	2 000	1 000	450	250	100
视觉所需最小竖曲线半径(m)		12 000	10 000	8 000	6 000	—	—	—

(2)城市道路凹形竖曲线

城市道路凹形竖曲线极限最小半径计算式如下:

$$R_c = \frac{V^2}{13a_0} \tag{4-7}$$

式中:R_c——凹形竖曲线极限最小半径,m;

V——设计速度,m;

a_0——离心加速度,采用$0.28 \mathrm{m/s^2}$。

城市道路凹形竖曲线最小半径极限值的计算值与采用值如表4-12所示。城市道路凹形竖曲线最小半径一般值为极限值的1.5倍,如表4-13所示。非机动车道竖曲线最小半径不应小于100m,非机动车与行人共板道路竖曲线最小半径不应小于60m。

城市道路凹形竖曲线极限最小半径 表4-12

设 计 速 度 (km/h)	极限最小半径(m)	
	计 算 值	采 用 值
100	2 747	3 000
80	1 785	1 800
60	989	1 000
50	686	700
40	439	450
30	247	250
20	109	100

城市道路机动车道凹形竖曲线最小半径一般值 表4-13

设计速度(km/h)	100	80	60	50	40	30	20
凹形竖曲线最小半径一般值(m)	4 500	2 700	1 500	1 050	700	400	150

2.凹形竖曲线视距

汽车前灯的照射角是一定的,但当凹形竖曲线半径不同时,其前灯照射的范围会不同。为使前灯照射的距离满足必要的行车视距要求,需控制凹形竖曲线的最小半径。

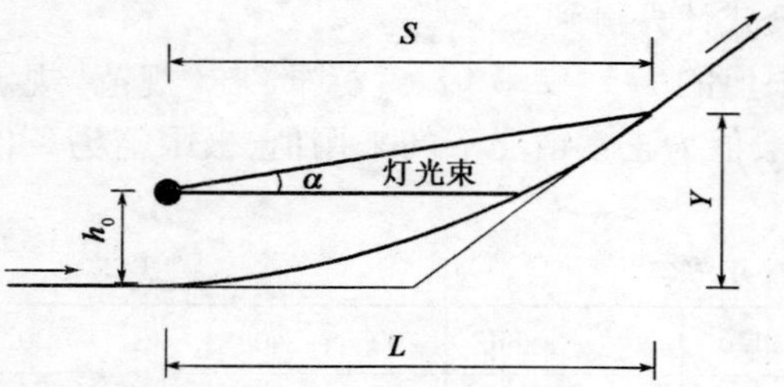

如图4-2所示,设前灯高度为h_0,向上照射角度为α,视距长度为S(取规定值)。

在竖曲线上,设竖曲线长大于视距长,已知竖距$Y = \dfrac{S^2}{2R}$,且$Y = h_0 + S\tan\alpha$,则:

$$R = \frac{S^2}{2(h_0 + S\tan\alpha)} \tag{4-8}$$

取$h_0 = 0.75\text{m}, \alpha = 1°$,得:

$$R_{\min} = \frac{S^2}{(1.5 + 0.0349S)} \tag{4-9}$$

图4-2 灯光视距确定$R_\text{凹}$

二、凸形竖曲线

1. 凸形竖曲线半径

1)公路凸形竖曲线

凸形竖曲线极限最小半径的确定可分为如下两种情况:

(1)凸形竖曲线长度L大于视距长度S

如图4-3所示,L是竖曲线长度,S是沿竖曲线的切线方向丈量的视距长度$S = S_1 + S_2$,d_1与d_2是两部汽车分别行驶到A点和B点时的视线高,R是竖曲线半径。

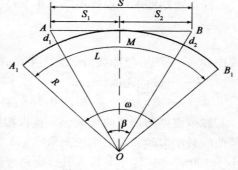

图4-3 $L > S$时R的确定

在△AOM中,有:

$$(R + d_1)^2 = S_1^2 + R^2$$

整理得:

$$S_1^2 = (2R + d_1) \cdot d_1$$

因d_1与R相比很小,可略去d_1,所以:

$$S_1 = \sqrt{2R d_1}$$

同理,在△BMO中可得:

$$S_2 = \sqrt{2R d_2}$$

故:

$$S = S_1 + S_2 = \sqrt{2R}(\sqrt{d_1} + \sqrt{d_2})$$

则:

$$R_\text{凸} = \frac{S^2}{2(\sqrt{d_1} + \sqrt{d_2})^2} \tag{4-10}$$

上式是在$L > S$(即$\omega > \beta$)的条件下计算得到的。如近似取$S = R\beta$,即$\beta = \dfrac{S}{R}$,则有$\omega > \dfrac{S}{R}$,

代入式(4-10),得:

$$\omega > \frac{2(\sqrt{d_1}+\sqrt{d_2})^2}{S} \tag{4-11}$$

如不符合这一条件,则应按 $L<S$ 的情况计算。

当采用停车视距时,$S=S_停$,并取$d_1=1.2\text{m}$,$d_2=0$,由式(4-10)得:

$$R_凸 = \frac{S_停^2}{2d_1} \tag{4-12}$$

若取 $S=S_停$,$d_1=1.2\text{m}$,$d_2=0.1\text{m}$,则:

$$R_凸 = \frac{S_停^2}{2(\sqrt{d_1}+\sqrt{d_2})^2} = \frac{S_停^2}{3.98} \tag{4-13}$$

当采用会车视距时,$S=S_会$,并取$d_1=d_2=1.2\text{m}$,由式(4-10)得:

$$R = \frac{S_会^2}{8d_1} \tag{4-14}$$

通常,$S_会 = 2S_停$。

(2)凸形竖曲线长度 L 小于视距 S

如图4-4所示,因变坡角很小,近似认为折线CP_1P_2D的总长度等于竖曲线长度L,则$P_1P_2 = \frac{L}{2}$,而$L=R\omega$,则:

$$S = AP_1 + P_2B + P_1P_2 = \frac{d_1}{\varphi} + \frac{d_2}{\omega-\varphi} + \frac{R\omega}{2}$$

由最小视距长度可知:

$$S_{\min} = \frac{d_1}{\varphi} + \frac{d_2}{\omega-\varphi}$$

而

$$S_{\min} = \frac{(\sqrt{d_1}+\sqrt{d_2})^2}{\omega}$$

则

$$S = \frac{(\sqrt{d_1}+\sqrt{d_2})^2}{\omega} + \frac{R\omega}{2}$$

由此可得:

$$R_凸 = \frac{2}{\omega}\left[S - \frac{(\sqrt{d_1}+\sqrt{d_2})^2}{\omega}\right] \tag{4-15}$$

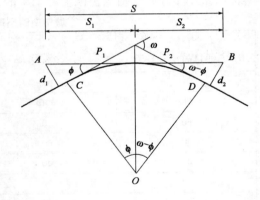

图4-4 $L<S$时R的确定

当采用停车视距时,$S=S_停$,并取$d_1=1.2\text{m}$,$d_2=0$,由式(4-15)得:

$$R_凸 = \frac{2}{\omega}\left(S_会 - \frac{d_1}{\omega}\right) = \frac{2}{\omega}\left(S_停 - \frac{1.2}{\omega}\right) \tag{4-16}$$

当$d_1=1.2\text{m}$,$d_2=0.1\text{m}$,由式(4-15)得:

$$R_凸 = \frac{1}{\omega}\left(2S_停 - \frac{3.98}{\omega}\right) \tag{4-17}$$

当采用会车视距时,$S=S_会$,$d_1=d_2=1.2\text{m}$,由式(4-15)得:

$$R_凸 = \frac{2}{\omega}\left(S_停 - \frac{4.8}{\omega}\right) \tag{4-18}$$

凸形竖曲线最小半径一般值是竖曲线最小半径极限值的 1.5~2.0 倍。《规范》规定的凸形竖曲线最小半径如表 4-14 所示。表中的一般值为正常情况下的采用值，极限值为条件受限时，经技术经济论证后可采用的值。

公路凸形竖曲线最小半径　　　　　　　　　　　　　　　　表 4-14

设计速度(km/h)		120	100	80	60	40	30	20
凸形竖曲线最小半径(m)	一般值	17 000	10 000	4 500	2 000	700	400	200
	极限值	11 000	6 500	3 000	1 400	450	250	100
视觉所需最小竖曲线半径(m)		20 000	16 000	12 000	9 000	—	—	—

2) 城市道路凸形竖曲线

城市道路凸形竖曲线最小半径极限值计算式如下：

$$R_v = \frac{S_s^2}{2(\sqrt{h_e}+\sqrt{h_0})^2} \tag{4-19}$$

式中：R_v——凸形竖曲线最小半径极限值，m；

S_s——停车视距，m；

h_e——驾驶人目高，采用 1.2m；

h_0——物高，采用 0.1m。

城市道路凸形竖曲线最小半径极限值的计算值与采用值如表 4-15 所示。城市道路凸形竖曲线最小半径一般值为极限值的 1.5 倍，如表 4-16 所示。

城市道路凸形竖曲线极限最小半径　　　　　　　　　　　　　表 4-15

设计速度	停车视距	极限最小半径(m)	
(km/h)	(m)	计算值	采用值
100	160	6 421	6 500
80	110	3 035	3 000
60	70	1 229	1 200
50	60	903	900
40	40	401	400
30	30	226	250
20	20	100	100

城市道路机动车道竖曲线最小半径　　　　　　　　　　　　　表 4-16

设计速度(km/h)		100	80	60	50	40	30	20
凸形竖曲线最小半径(m)	一般值	10 000	4 500	1 800	1 350	600	400	150
	极限值	6 500	3 000	1 200	900	450	250	100

2. 凸形竖曲线视距

通常当汽车行驶在凸形竖曲线变坡点附近时，由于变坡角的影响，驾驶员的视线范围内将产生盲区（如图 4-5 所示），此时驾驶员的视距与变坡角的大小及视线高度有密切关系。当变坡角较小时，不设竖曲线也能保证视距；当变坡角较大时，则必须设竖曲线以满足行车视距要求。

凸形竖曲线半径的选定是以提供可靠的行车视距、保证车辆以设计速度安全行驶为前提的。如图4-6所示，d_1为A点处驾驶员的视线高，d_2为B点处驾驶员的视线高或障碍物高度，S为A点看到B点时A、B间的距离，ω为变坡角，φ为驾驶员自A点的视线通过变坡点与上坡方向坡度线所夹的角度，则可得：

$$S = \frac{d_1}{\sin\varphi} + \frac{d_2}{\sin(\omega - \varphi)} \qquad (4-20)$$

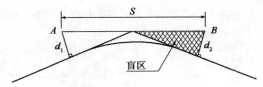
图4-5　凸形竖曲线上的行车视距

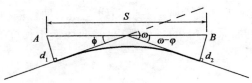
图4-6　凸形竖曲线变坡角与视距

由于φ与ω都很小，故：

$$\sin\varphi \approx \varphi, \sin(\omega - \varphi) \approx \omega - \varphi$$

则：

$$S = \frac{d_1}{\varphi} + \frac{d_2}{(\omega - \varphi)}$$

可见，凸形变坡点处的视距是与变坡角大小和驾驶员视线高度有密切关系的。

对上式求导，可得出最小视距长度$S_{\min}$：

$$S_{\min} = \frac{(\sqrt{d_1} + \sqrt{d_2})^2}{\omega} \qquad (4-21)$$

由式(4-21)可得：

$$\omega_S = \frac{(\sqrt{d_1} + \sqrt{d_2})^2}{S_{\min}} \qquad (4-22)$$

式中：ω_S——与最短视距相适应的变坡角。

当$S_{\min} \geq S$时（S为设计视距），即$\omega_S \leq \omega_{sc}$（$\omega_{sc}$是与设计视距相适应的变坡角）时，则$\omega \leq \dfrac{(\sqrt{d_1} + \sqrt{d_2})^2}{S}$，说明$\omega$很小，视距可得到保证。

当$S_{\min} < S$，即$\omega_S > \omega_{sc}$时，$\omega > \dfrac{(\sqrt{d_1} + \sqrt{d_2})^2}{S}$，说明必须设置一定的凸形竖曲线才能保证视距。

有分隔带的公路，满足停车视距时，$d_1 = 1.2\text{m}$，$d_2 = 0$，此时不设竖曲线的变坡角为$\omega \leq \omega_{sc} = \dfrac{d_1}{S_{停}} = \dfrac{1.2}{S_{停}}(\text{rad})$。

为了保证对向行车时能满足会车视距，$d_1 = d_2 = 1.2\text{m}$，此时不设竖曲线的变坡角为$\omega \leq \dfrac{4d}{S_{会}} = \dfrac{4.8}{S_{会}}$。

由上述讨论可知，不需要设竖曲线就能保证视距的变坡角大小取决于所采用的驾驶员视线高d_1、障碍物高d_2和视距S。

实际上,要不要设竖曲线不仅仅取决于计算的 ω_s 是否大于 ω_{sc},为保证行车的顺适和安全,公路及城市道路在纵坡变更处均应设置竖曲线。

双车道公路在有超车需求的路段,应考虑超车视距要求,采用较大的凸形竖曲线半径或设置必要的标志、标线设施。

三、竖曲线长度

为了使驾驶员在竖曲线上顺适地行驶,竖曲线不宜过短,应在竖曲线范围内有一定的行驶时间,采用 3s 的行程距离,竖曲线最小长度按式(4-23)计算:

$$l_V = \frac{V}{3.6} \times 3 = 0.83V \tag{4-23}$$

式中:l_V——竖曲线最小长度,m;
  V——设计速度,km/h。

设计中,为了行车安全和舒适,应采用竖曲线最小长度的一般值,公路竖曲线最小长度规定如表 4-17 所示,城市道路竖曲线最小长度规定如表 4-18 所示。

公路竖曲线最小长度　　　　　　　　　表 4-17

设计速度(km/h)		120	100	80	60	40	30	20
竖曲线最小长度(m)	一般值	250	210	170	120	90	60	50
	极限值	100	85	70	50	35	25	20

城市道路竖曲线最小长度　　　　　　　表 4-18

设计速度(km/h)		100	80	60	50	40	30	20
竖曲线最小长度(m)	一般值	210	170	120	100	90	60	50
	极限值	85	70	50	40	35	25	20

四、竖曲线计算

1. 竖曲线要素计算公式

竖曲线要素计算如图 4-7 所示。一般 ω 值较小,高程的变化产生的水平距离的变化很小,为了避免繁琐的计算,在设计和施工中竖曲线的切线长 T 及曲线长 L 均采用水平投影长度。

设图上 O 点为所选抛物线的原点,二次抛物线的基本方程式为:

$$z = \frac{x^2}{2R} \tag{4-24}$$

$$i = \frac{dz}{dx} = \frac{x}{R} \tag{4-25}$$

式中:R——二次抛物线的参数(原点的曲率半径),通常称为竖曲线半径,m;
  i——切线斜率,即纵坡度。

由图 4-7 可知,切线上任意一点 Q 与竖曲线上的点 P 之间的竖距 y 可按下式计算:

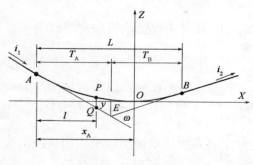

图 4-7　竖曲线要素计算

$$y = Z_P - Z_Q = \frac{1}{2R}(x_A - l)^2 - (Z_A - li_1) = \frac{1}{2R}(x_A^2 - 2x_A l + l^2) - \left(\frac{x_A^2}{2R} - l\frac{x_A}{R}\right) = \frac{l^2}{2R} \quad (4\text{-}26)$$

式中：l——竖曲线上任一点 P 距竖曲线起点 A 或终点 B 的水平距离，m。

则竖曲线长 L 可按下式计算：

$$L = x_B - x_A = Ri_2 - Ri_1 = R(i_2 - i_1) = R\omega \quad (4\text{-}27)$$

由外矢距 E 的计算式：

$$E = \frac{T_A^2}{2R} = \frac{T_B^2}{2R} \quad (4\text{-}28)$$

可知 $T_A = T_B$，又根据 $L = T_A + T_B$，故得切线长 T：

$$T = T_A = T_B = \frac{L}{2} = \frac{R\omega}{2} \quad (4\text{-}29)$$

外矢距 E 可按下式计算：

$$E = \frac{T^2}{2R} = \frac{1}{2R}\left(\frac{R\omega}{2}\right)^2 = \frac{R\omega^2}{8} \quad (4\text{-}30)$$

综上所述，竖曲线要素的计算式汇总于式(4-31)中：

$$\left.\begin{array}{l} L = R\omega \\ T = \dfrac{L}{2} \\ E = \dfrac{T^2}{2R} \\ y = \dfrac{l^2}{2R} \end{array}\right\} \quad (4\text{-}31)$$

式中：R——竖曲线半径，m；

T——切线长，m；

L——竖曲线长，m；

E——外矢距，m；

l——竖曲线上任意一点到曲线起点或终点的水平距离，m；

y——竖曲线上与 l 对应的点到坡度线的高差，通常称为竖距，m。

竖曲线起点桩号计算式为：起点桩号 = 变坡点桩号 – 切线长。

竖曲线终点桩号计算式为：终点桩号 = 变坡点桩号 + 切线长。

凸形竖曲线切线设计高程计算式为：凸形竖曲线切线设计高程 = 变坡点设计高程 – i × 桩间距。

凹形竖曲线切线设计高程计算式为：凹形竖曲线切线设计高程 = 变坡点设计高程 + i × 桩间距。

凸形竖曲线上的设计高程计算式为：凸形竖曲线上的设计高程 = 该桩号在切线上的设计高程 – y。

凹形竖曲线上的设计高程计算式为：凹形竖曲线上的设计高程 = 该桩号在切线上的设计高程 + y。

2. 竖曲线要素计算算例

设计速度为 60km/h 的某公路，一处变坡点的桩号为 K4 + 660，变坡点高程为 386.601m，

两相邻纵坡分别为 $i_1 = +5.5\%$ 和 $i_2 = +4.2\%$,竖曲线半径取为 $R = 4\,000\mathrm{m}$,试按桩间距 10m 设计该竖曲线(要求保留至小数点后 3 位)。

解:$\omega = i_2 - i_1 = -0.013$,故为凸形竖曲线

$$L = R \cdot \omega = 4\,000 \times 0.013 = 52(\mathrm{m})$$

$$T = \frac{R \cdot \omega}{2} = \frac{4\,000 \times 0.013}{2} = 26(\mathrm{m})$$

$$E = \frac{T^2}{2R} = \frac{26^2}{2 \times 4\,000} = 0.085(\mathrm{m})$$

起点桩号 = 变坡点桩号 - 切线长

$$\begin{array}{r} K4 + 660 \\ -)26 \\ \hline K4 + 634 \end{array}$$

终点桩号 = 变坡点桩号 + 切线长

$$\begin{array}{r} K4 + 660 \\ +)26 \\ \hline K4 + 686 \end{array}$$

如表 4-19 所示,首先按照 10m 的桩间距将该竖曲线内所有需要计算的桩号列于表中第 1 行,计算各桩位距竖曲线起点或终点的距离 l,列于表中第 2 行;其次,计算各桩位的竖距 y,列于表中的第 3 行;再次,计算各桩位在切线上的设计高程,列于表中第 4 行;最后,计算各桩位在竖曲线上的设计高程,列于表中第 5 行。

竖曲线上各桩号设计高程的计算　　　表 4-19

桩号	K4+634	K4+640	K4+650	K4+660	K4+670	K4+680	K4+686
l(m)	0.000	6.000	16.000	26.000	16.000	6.000	0.000
y(m)	0.000	0.005	0.032	0.085	0.032	0.005	0.000
切线高程(m)	385.171	385.501	386.051	386.601	386.181	385.761	385.509
设计高程(m)	385.171	385.496	386.019	386.516	386.149	385.756	385.509

第四节　平纵线形组合

平纵线形组合设计除应符合行驶力学要求外,还应考虑道路使用者的视觉、心理与生理方面的要求,从而提高汽车行驶的安全性、舒适性与经济性。道路线形设计的习惯做法是先进行平面设计,后进行纵断面设计。在平面设计时要考虑纵断面设计,同样在纵断面设计时也要与平面线形协调配合。对于设计速度≥60km/h 的道路,必须注意平纵线形的合理组合,保证线形连续、指标均衡、安全舒适;对于设计速度<60km/h 的道路,应在保证行驶安全的前提下,选用合理指标,在条件允许的情况尽量减少和避免不利的线形组合。

一、组合种类

如图 4-8 所示,平面线形为直线或曲线,纵断面线形为直线或凸形、凹形竖曲线组合成

的空间线形共计6类:平面直线与纵断面直线组合、平面直线与纵断面凹形竖曲线组合、平面直线与纵断面凸形竖曲线组合、平面曲线与纵断面直线组合、平面曲线与纵断面竖曲线组合。

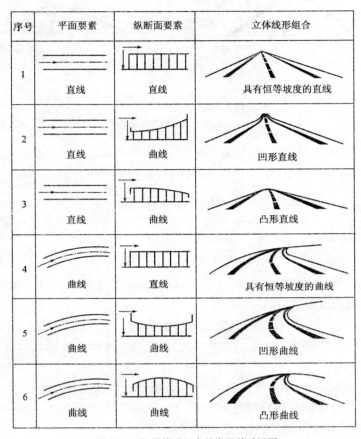

图4-8 平、纵线形组合种类及其透视图

二、组合效果

1. 平面直线与纵断面直线组合

这种线形组合单调、呆板,行驶过程中路线视景不变,容易使驾驶员产生疲劳感,尤其在高速行车时,易导致交通事故。

2. 平面直线与纵断面凹形竖曲线组合

这种组合具有较好的视距,由于纵断面上插入了凹形竖曲线,改善了第一种线形组合生硬、呆板的印象,给驾驶员提供了动态的视觉效果,提高了行车的舒适性。

3. 平面直线与纵断面凸形竖曲线组合

这种组合视距条件差、线形单调,使驾驶员对前方道路情况无法做出准确判断,应尽量避免。

4. 平面曲线与纵断面直线组合

大量透视图分析结果表明,如果平曲线半径选择适当,这种组合视觉效果良好,车辆在这种线形上行驶,可获得较好的景观效果。但是,如果平曲线与纵断面直线组合不当,如平曲线半径过小或直线长度过短,平曲线半径与纵坡不协调,则会导致线形折曲,如图4-9所示。

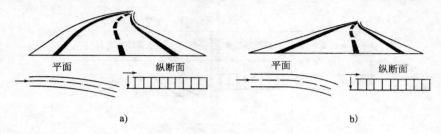

图4-9 平曲线与纵断面直线组合不当

5. 平面曲线与纵断面凸形竖曲线或凹形竖曲线组合

如果曲线半径适宜,平纵线形要素均衡,这两种组合形式可以获得视觉舒适、诱导效果良好的空间曲线。

三、组合要求

1. 平纵线形组合设计原则

(1)应在视觉上自然引导驾驶员的视线,并保持视觉的连续性。任何使驾驶员感到不自然、迷惑和判断失误的线形,必须尽力避免。

(2)保持各要素内部的相对均衡与变化节奏的协调。平纵线形组合,不仅关系到线形的平顺性,还与工程经济性相关。纵断面线形反复起伏,而在平面上采用高标准的线形是无意义的,反之亦然。

(3)平纵组合应得当,形成合理的合成坡度,以利于行车安全和路面排水。

(4)平纵线形组合应注意同公路外部沿线自然景观和地质条件等的配合,配合恰当可以减轻驾驶员的疲劳和紧张程度,同时可以引导视线。

(5)6车道及以上的高速公路,应重视直、曲线(含平、纵面)间的组合与搭配,应在曲线间设置足够长的回旋线或直线,使其衔接过渡顺适,路面排水良好。

2. 公路平纵组合设计要求

(1)平面直线与纵断面直线组合

这种线形组合设计中可采用绿化、标志设置及与路旁设施配合等方法来弥补视景单调的不足,如图4-10所示。

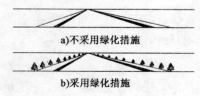

图4-10 平面直线与纵断面直线组合

(2)平面直线与纵断面凹形竖曲线组合

这种组合设计中应注意以下3点:

①避免插入较短的凹形竖曲线,或插入小半径竖曲线,同时不宜和陡坡组合(一般竖曲线半径应大于最小半径的3~4倍),以免产生折点。

②同向竖曲线间,特别是同向凹形竖曲线之间,如直线坡段接近或达到最小坡长时,宜合并设置为单曲线和复曲线,即可改善视觉条件,如图4-11所示。

③长直线的末端不宜插入小半径凹形竖曲线。

(3)平面直线与纵断面凸形竖曲线组合

使用这种组合应注意采用大半径竖曲线,以保证视距。当连续交替出现凹形和凸形竖曲线时,则会造成"驼峰""暗凹""波浪"等视觉效果,一般应尽量避免,如图4-12、图4-13、图4-14所示。

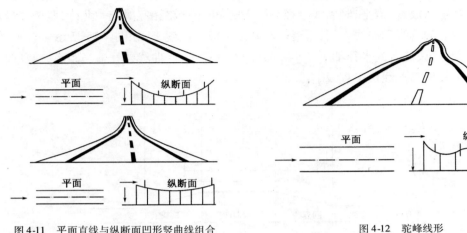

图4-11　平面直线与纵断面凹形竖曲线组合　　　　图4-12　驼峰线形

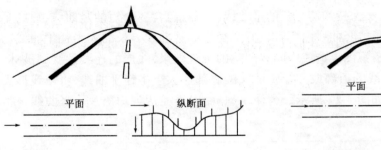

图4-13　暗凹线形

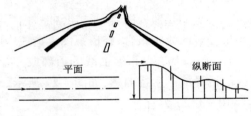

图4-14　波浪线形

(4)平面曲线与纵断面直线组合

平曲线与纵坡组合协调的最小半径可用下式表示:

$$R = 0.2 \times \frac{V^2}{i} + 20 \tag{4-32}$$

式中:R——平曲线半径,m;

　　　i——路线纵坡度,%;

　　　V——车速,km/h。

此外,这种组合还应满足合成坡度的要求,尤其应避免急弯陡坡的组合,避免在长下坡路段接小半径圆曲线的组合。

(5)平面曲线与纵断面凸形竖曲线或凹形竖曲线组合

在设计此种线形组合时应注意以下6点:

①平纵线形组合原则为"相互对应",且平曲线宜较竖曲线长,即所谓的"平包竖"。

《规范》规定,当平曲线半径<2 000m、竖曲线半径<15 000m时,平、竖曲线的相互对应对线形组合显得十分重要;随着平、竖曲线半径的增大,其影响逐渐减小,当平曲线半径>6 000m、竖曲线半径为25 000m时,对线形的影响就显得不敏感了。因此,"相互对应,且平包竖"的设计原则需视平、竖曲线的半径而掌握其对应符合的程度。

当平、竖曲线半径均较小时,其相互对应程度应较严格;随着平、竖曲线半径的同时增大,其对应程度可适当放宽;当平、竖曲线半径均较大时,可不严格相互对应。此外,竖曲线起讫点最好位于平曲线的两缓和曲线中间,不要落在直线上或圆曲线上,如图4-15所示。若平、竖曲线不能较好配合,或两者的半径都小于某一限度时,宜将平、竖曲线拉开适当距离,使平曲线位于直线坡段上或使竖曲线位于直线上。

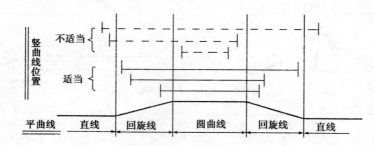

图4-15 平曲线与竖曲线的组合

②平曲线与竖曲线的大小保持均衡。长的平曲线内不宜包含多个短的竖曲线,短的平曲线不宜与短的竖曲线组合,长的竖曲线内不宜设置半径小的平曲线。长的大半径平曲线与短的小半径竖曲线相组合,在透视图上造成中间有凹陷的视觉效果,线形的连续性受到破坏,如图4-16所示;如在凸形竖曲线的顶部或凹形竖曲线的底部插入小半径平曲线,将使线形失去视线的诱导或产生扭曲感,如图4-17所示。为使平、竖曲线半径达到均衡,平、竖曲线半径比以1∶10~1∶20为宜。

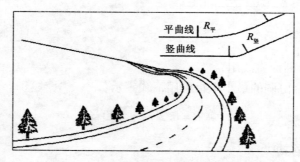

图4-16 长的大半径平曲线与短竖曲线组合

③小半径圆曲线起讫点不宜接近或设在凸形竖曲线的顶部或凹形竖曲线的底部。

④凸形竖曲线顶部与凹形竖曲线底部不得与反向平曲线拐点重合,尤其是凸形竖曲线,容易造成驾驶人员判断失误。

⑤避免平面转角小于7°的平曲线与变坡角较大的凹形竖曲线组合,这种组合平面线形会产生折点,易形成"暗凹""跳跃"现象,如图4-18所示。

⑥避免在长下坡路段、长直线路段或者大半径圆曲线路段的末端接小半径竖曲线的组合。

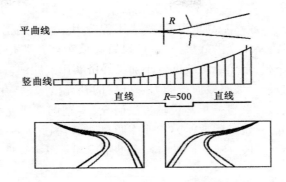

图 4-17　长竖曲线底部插入小半径平曲线

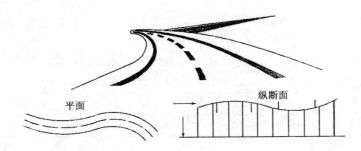

图 4-18　小转角平曲线与坡度角较大的凹形竖曲线组合

3. 城市道路平纵组合设计要求

城市道路平、纵线形组合原则上应"相互对应",且平曲线稍长于竖曲线,即所谓的"平包竖",但这一基本要求需视平、竖曲线的半径而掌握其符合的程度。城市道路由于限制条件较多,对于低等级道路不必强求平纵线形的相互对应。

此外,城市道路平纵组合设计应符合下列规定:

(1)在凸形竖曲线的顶部或凹形竖曲线的底部,不应插入急转的平曲线或反向平曲线。

(2)长直线不宜与陡坡或半径小且长度短的竖曲线组合;长的竖曲线不宜与半径小的平曲线组合。

(3)长的平曲线内不宜包含多个短的竖曲线;短的平曲线不宜与短的竖曲线组合。

(4)纵断面设计不应出现使驾驶人员视线中断的线形。

第五节　爬坡车道

爬坡车道是在陡坡路段主线行车道外侧增设的供载重车行驶的专用车道。载重汽车行驶在陡坡路段时,由于车速降低,影响小客车的正常运行,整个道路的通行能力将受到影响。为了消除上述不利影响,宜在陡坡路段增设爬坡车道,把载重汽车、慢速车从主线车流中分流出去,从而提高主线车辆的行驶自由度,确保行车安全,提高该路段的通行能力。

最理想的是路线纵断面本身应按不需设置爬坡车道的条件来设计纵坡。但这样设计在某些路段往往会造成路线迂回或路基高填深挖,增大工程费用。而采用稍大的道路纵坡值,增设爬坡车道,则可产生既经济又安全的效果。不过,设置爬坡车道并非是最好的措施,解决问题的根本途径还在于精选路线,定出纵坡坡度较小而又经济实用的路线。

爬坡车道作为连续长陡上坡路段通行能力降低后的补充措施,能有效提高路段的通行能力。根据《高速公路纵坡设计关键指标与设计方法研究》专题调查研究结论,由于当前货运主导性车型的综合性能偏低,导致其爬坡能力和速度明显降低,因此,对于货车比例较高的高速公路、一级公路的连续上坡路段,应结合交通量、车型组成和货车主导性车型的性能条件,合理论证是否设置爬坡车道。

一、设置条件

双向四车道高速公路、一级公路及二级公路连续上坡路段,符合下列情况之一者,宜在上坡方向行车道右侧设置爬坡车道。

(1)沿连续上坡方向载重汽车的运行速度降低到表4-20的容许最低速度以下时。

上坡方向容许最低速度　　　　　　　　　　　　　　　表4-20

设计速度(km/h)	120	100	80	60	40
容许最低速度(km/h)	60	55	50	40	25

(2)单一纵坡坡长超过表4-8的规定或上坡路段的设计通行能力小于设计小时交通量时。

(3)经设置爬坡车道与改善主线纵坡不设爬坡车道技术经济比较论证,设置爬坡车道的效益费用比、行车安全性均较优时。

二、设计要点

1. 爬坡车道的起终点与长度

如图4-19与图4-20所示,爬坡车道总长度由起点处分流渐变段长度 L_1、全宽爬坡车道长度($L+L'$)及合(汇)流渐变段长度 L_2 组成。

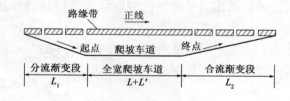

图4-19　爬坡车道平面布置

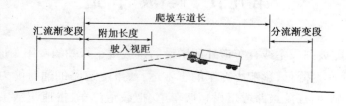

图4-20　爬坡车道纵断面布置

(1)爬坡车道的起点应设于陡坡路段上载重汽车运行速度降低至表4-20"容许最低速度"处。

(2)爬坡车道的终点应设于载重汽车经爬陡坡路段后恢复至"容许最低速度"处,或陡坡路段后延伸的附加长度的端部。该陡坡路段后延伸的附加长度 L' 为车辆驶入正线前加速的路段,其规定值如表4-21所示。

陡坡路段后延伸的附加长度　　　表4-21

附加路段的纵坡(%)	下坡	平坡	上坡			
			0.5	1.0	1.5	2.0
附加长度(m)	100	150	200	250	300	350

(3)相邻爬坡车道相距较近时,宜直接相连。

(4)爬坡车道起、终点处应设置分流、合流渐变段,其长度规定如表4-22所示。

爬坡车道分流、合流渐变段长度　　　表4-22

公 路 等 级	分流渐变段长度 L_1(m)	合流渐变段长度 L_2(m)
高速公路、一级公路	100	150~200
二级公路	50	90

2. 爬坡车道的横断面布置

高速公路、一级公路及二级公路在连续上坡路段设置爬坡车道时,其宽度应不小于3.5m,且不大于4.0m。双向六车道及以上的高速公路、一级公路可不考虑设爬坡车道。

高速公路、一级公路的爬坡车道应紧靠车道的外侧设置,可利用硬路肩宽度,爬坡车道的外侧应设置路缘带和土路肩,如图4-21所示。

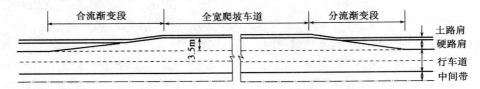

图4-21　高速公路、一级公路爬坡车道横断面布置

高速公路、一级公路爬坡车道长度大于500m时,应在其右侧按规定设置应急停车带,如图4-22所示。

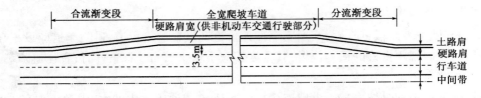

图4-22　长度大于500m的高速公路、一级公路爬坡车道横断面布置

二级公路的爬坡车道应紧靠车道的外侧设置,可利用硬路肩宽度。当需保留原来供非机动车交通行驶时的硬路肩时,该部分应移至爬坡车道的外侧,如图4-23所示。

爬坡车道的曲线加宽按一个车道曲线加宽规定执行。

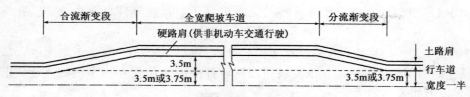

图 4-23 二级公路爬坡车道横断面布置

3. 爬坡车道的超高

爬坡车道的超高横坡度是按爬坡车道的行车速度确定的,因为爬坡车道行车速度低于主线行车速度,故爬坡车道的超高横坡度小于主线的超高。爬坡车道的超高横坡度具体规定如表 4-23 所示。

爬坡车道的超高横坡度   表 4-23

主线的超高坡度(%)	10	9	8	7	6	5	4	3	2
爬坡车道的超高横坡度(%)	5			4				3	2

注:爬坡车道超高横坡的旋转轴为爬坡车道内侧边缘线。

第六节 避险车道

当道路受地形条件限制,平均纵坡无法满足要求时,容易造成下坡车辆制动失灵等严重事故。避险车道是为了让失控车辆尽快驶离行车道,以减少其对公路上正常通行车辆、人员和设施造成危害的容错性工程措施;同时也有利于失控车辆减速停车,减小自身失控危害或减轻事故的严重程度。避险车道一般由减速路面、标志标线、路侧护栏、端部抗撞设施、施救设施等组成。美国加利福尼亚州于 1956 年建设了第一条为失控的卡车而设计的避险车道。在 1956 年到 1977 年期间,美国 20 个不同的州先后规划建设避险车道 60 余条。

二十余年的实践充分证明,避险车道对失控卡车是一项有效的安全措施。美国联邦公路管理局于 1979 年出版的《避险车道设计临时指南》是自在下坡路段设置避险车道以来的第一本指南。

一、设置条件与类型

1. 避险车道的设置条件

连续长、陡下坡路段,应结合交通安全性评价论证设置避险车道,避险车道应设置在长、陡下坡路段的右侧视距良好的适当位置,其宽度不应小于 4.50m。有条件时,宜在避险车道右侧平行设置救援车道。

当长陡下坡平均纵坡 ≥4%,纵坡连续长度 ≥3km,交通组成中的大、中型载重车占 50% 以上,且载重车缺少辅助制动装置时,在危及运行安全处应设置避险车道。对已建公路,事故调查结果是设置避险车道必要性、设置地点等的重要依据;对新建公路,应综合分析地形、纵坡及其长度、可能车速、经济性及环境等因素考虑。

避险车道的基本工作原理是利用汽车上坡时的重力和轮胎与路面间产生的滚动阻力来降

低车速,直至使失控车辆安全停止。合理的车辆减速率是紧急避险车道设计时需考虑的一个因素,此值如太小将会增加避险车道的长度和投资;此值如太大将会因货物的移动及其他外部原因导致驾驶人员受伤及车辆毁坏。减速率一般采用 $0.25g \sim 0.55g$(g 为重力加速度值)较为合适。

2. 避险车道的类型

避险车道主要有如图4-24所示的4种坡度和材料组合类型。4种紧急避险车道形式的优缺点明显,最经济合理的、最有效的形式是上坡砂坑型。形式的选择主要考虑地形、气候、造价、养护维修等因素。

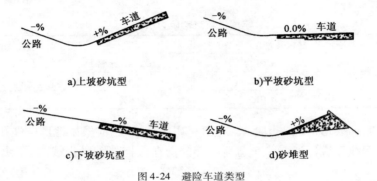

图 4-24 避险车道类型

二、设计要点

避险车道一般设置在长陡下坡地段的右侧视距良好、失控车辆不能安全转弯的主线弯道之前及坡底人口稠密区之前。

1. 平纵线形

避险车道入口应尽量布置在平面指标较高路段,宜以切线方式从主线切出,确保失控车辆安全、顺利驶入。进入避险车道的驶入角不应过大,以避免引起侧翻。避险车道设置示意如图4-25所示。

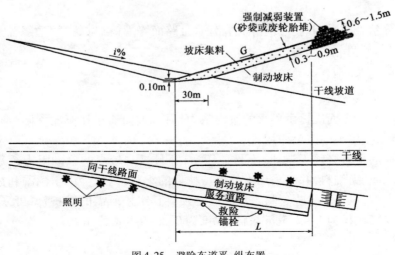

图 4-25 避险车道平、纵布置

避险车道平面应设计为直线,与行车道夹角为3°~5°最佳。避险车道长度需根据失控车辆驶出速度、避险车道纵坡及坡床材料确定。综合考虑汽车滚动阻力和坡度的影响,避险车道长度的计算式如下:

$$L = \frac{V^2}{254(f+i)} \tag{4-33}$$

式中:L——避险车道长度,m;
$\quad\quad V$——车辆驶出速度,km/h;
$\quad\quad f$——滚动阻力系数,不同路面铺装材料的滚动阻力系数不同,见表4-24;
$\quad\quad i$——坡床纵坡。

不同材料滚动阻力系数 表4-24

材料	材料滚动阻力系数 f	材料	材料滚动阻力系数 f
水泥混凝土	0.010	松质碎集料	0.050
沥青混凝土	0.012	松质砂砾	0.100
密实砂砾层	0.015	砂	0.150

避险车道纵断面线形可以采用单坡,也可采用多个坡度,应根据地形条件和工程经济情况综合考虑。纵断面线形应保证避险车道任一部分均在失控驾驶员视线内,平纵布置多为陡上坡断头路。

2. 制动坡床宽度与厚度

因为有时在短时间内会发生两辆或更多的车辆同时需要避险车道,车道宽度应足以容纳一辆以上的失控车辆和一辆服务车辆。制动坡床宽度一般不小于4.5m,服务道路宽度不小于3.5m,总宽度一般不小于8m。制动坡床铺筑厚度一般为0.3~0.9m;避险车道入口处铺筑厚度一般为0.1m,可采用30m长渐变过渡段过渡到正常坡床厚度。

3. 端部处理

当唯一可设置避险车道的地点不能提供足够的长度和坡度以使一辆失控车辆完全停止时,则应增设合适的缓冲装置,例如砂桶、废轮胎护栏或高1.5m、坡度为1.5:1的与避险车道材料相同的锥体。

避险车道分岔处应采用与主线相同的路面,且路面终端(砂坑始端)边缘与避险车道纵向垂直,以使失控车辆两前轮同时进入砂坑。

4. 坡床材料及养护

(1)材料

制动坡床材料一方面应提供更大的滚动阻力,另一方面通过让车轮深陷,形成反推力,降低车速,对车辆产生更大的阻尼作用。

坡床所采用的材料必须无杂质、不易被压实,并且具有较高的滚动阻力系数。如采用集料,应是圆形、均质、无细料,并应采用大的单一粒径的集料,以减少由于潮湿和冰冻引起减速作用不明显或丧失,也可减少当材料被压实后必须将其铲松所需的维护量;可采用碎砾石、砾石、砂等松散材料,粒径为1~2.5cm最佳,厚度为0.3~0.9m。

(2)排水

避险车道周围应设计排水沟,避免车道外侧水流入车道,在寒冷季节因冰冻而破坏避险车道的作用,以及导致细粒土堆积进而填充或污染材料缝隙。

(3)管理养护

应设置完善、醒目的交通设施,特别是预告标志、标线等沿线设施,避免由于视距不良导致驾驶员未发现或来不及操作而错过避险车道。服务车道应适当铺筑路面,并避免造成与避险车道混用。应布置救险锚栓(高速公路间距应为50m、其他公路间距不宜大于90m),以方便使用卷扬机解救失控车辆。当处理完失控车辆后,应迅速恢复避险车道原样。

【习题与思考题】

4-1 公路与城市道路的设计高程是指何位置的高程?

4-2 道路纵坡坡度与坡长设计有哪些规定?

4-3 道路纵断面图中的两条主要连续线形分别指什么?分别代表什么含义?

4-4 竖曲线最小半径与长度的极限值及一般值如何确定?

4-5 道路平纵组合有哪些类型?其特点及设计原则是什么?

4-6 纵断面设计的主要内容及设计要点有哪些?

4-7 在路线平、纵线形组合设计中,平曲线与竖曲线应避免哪些组合?

4-8 爬坡车道的设置条件有哪些?其设计内容包括哪些?

4-9 避险车道的设置条件有哪些?其设计内容包括哪些?

4-10 某公路一变坡点桩号为 K20+100,变坡点高程为 100.28m,两相邻纵坡分别为 $i_1 = +4\%$ 和 $i_2 = -2\%$,竖曲线半径取为 5 000m,试求该竖曲线要素、竖曲线起终点及20m整桩的切线高程与竖曲线设计高程(列表给出)。

第五章 横断面设计

第一节 概 述

道路横断面是指道路中线上各点垂直于路线前进方向的竖向剖面。道路横断面设计是根据道路的用途，结合当地的地形、地质、水文等自然条件来确定横断面的形式、各部分的结构组成和几何尺寸的过程。

一、道路横断面

1. 公路横断面

公路横断面形式应根据公路功能、交通量和地形等条件确定。各级公路横断面形式一般按以下原则选用：

（1）高速公路、一级公路应根据需要采用整体式或分离式断面形式，应根据项目建设条件、用地等因素，因地制宜选用。

（2）二、三、四级公路应采用整体式断面形式。由于二、三、四级公路主要采用双车道，且部分路段允许借用对向车道进行超车，因此应采用整体式断面。当局部采用分离式断面时，应特别注重强化交通组织和交通标志提示，防止误行等现象。

(3)对于双向十车道(多车道、超多车道)及以上车道数的高速公路,可采用复合式断面形式,宜采用内外幅分离的路基断面形式。另外,可引入客货分离形式,利用工程设计、交通管理等手段将高速公路中的客运交通流和货运交通流在空间上加以分离,消除高速公路交通流中客货混合状态。客货分离形式主要有两种,一种是立体分离式,采用下层为路基、上层为高架桥的路基横断面形式,将客货交通的车行道布置于上下两层;另一种是平面分离式,采用整幅路基形式,在客货交通车行道之间设置隔离设施。

各级公路车道数规定如表 5-1 所示。高速公路和一级公路路段车道数应根据设计交通量、设计通行能力确定,当车道数增加时应按双数、两侧对称增加。四级公路一般路段应采用双车道,交通量小且工程特别艰巨的路段可采用单车道,但应间隔设置错车道。

公 路 车 道 数　　　　　　　　　　表 5-1

公路等级	高速、一级公路	二级公路	三级公路	四级公路
车道数(条)	≥4	2	2	2 或 1

2. 城市道路横断面

1)一般路段横断面

城市道路横断面可分为单幅路、两幅路、三幅路及四幅路等 4 种布置形式。当路侧有停车带时,应增加停车带的宽度。

(1)单幅路

如图 5-1 所示,单幅路也称"一块板"断面,适用于交通量不大的次干路、支路及用地不足或拆迁困难的旧城区城市道路。

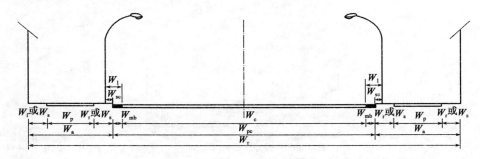

图 5-1　单幅路横断面

(2)两幅路

如图 5-2 所示,两幅路也称"两块板"断面,适用于专供机动车行驶的快速路、非机动车较少的主干路或次干路;对横向高差较大的特殊地形路段,宜采用上下行分行的两幅路。两幅路单向机动车车道数不应少于两条。

(3)三幅路

如图 5-3 所示,三幅路也称"三块板"断面,适用于机动车流量较大、车速较高、非机动车较多的主干路或次干路。三幅路主路单向机动车车道数不应少于两条。

(4)四幅路

如图 5-4 所示,四幅路也称"四块板"断面,适用于机动车流量大、车速高、非机动车多的快速路或主干路。四幅路主路单向机动车车道数不应少于两条。

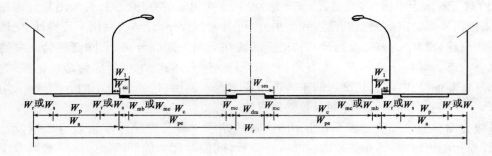

图 5-2 两幅路横断面

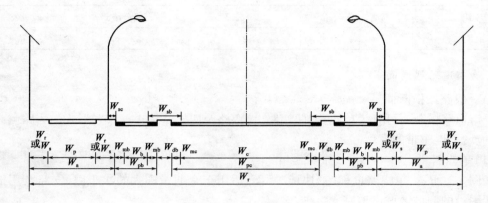

图 5-3 三幅路横断面

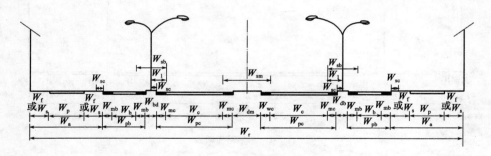

图 5-4 四幅路横断面

2）高架路横断面

高架路横断面可分为整体式和分离式两种布置形式。

（1）整体式

如图 5-5 所示，整体式高架路中，主路上、下行车道间应设置中间防撞设施；辅路宜布置在高架路下的桥墩两侧。

（2）分离式

如图 5-6 所示，分离式高架路中，地面辅路的布置宜与高架路或周围地形相适应，上、下行两幅桥梁桥墩分开布置，辅路宜设在桥下两幅桥中间。

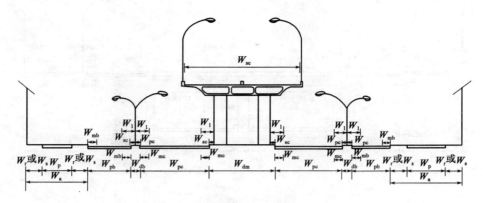

图 5-5　整体式高架路横断面

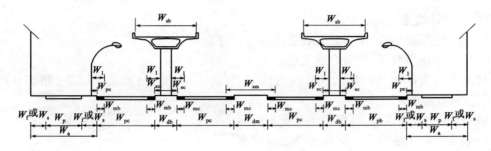

图 5-6　分离式高架路横断面

3）路堑式横断面和隧道式横断面

（1）路堑式横断面

如图 5-7 所示，路堑式横断面中的地面以下路堑部分应为主路，地面两侧或一侧宜设置辅路。

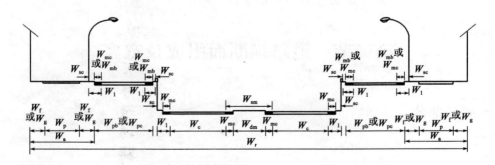

图 5-7　路堑式横断面

（2）隧道式横断面

如图 5-8 所示，隧道式横断面中的地面以下隧道部分应为主路，地面道路宜设置辅路。

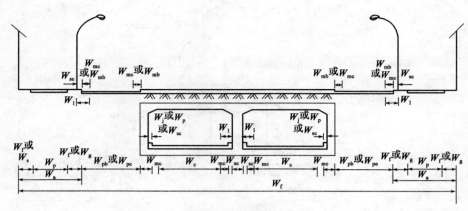

图 5-8 隧道式横断面

二、横断面设计主要内容

横断面设计的主要内容包括：

(1) 确定横断面形式、车道数及各组成部分尺寸；

(2) 确定路拱横坡度，检验合成坡度；

(3) 路基边坡设计，确定边坡形式（直线式、折线式、台阶式）及边坡坡率（路堤及路堑边坡，土质与岩石边坡）；

(4) 边沟、截水沟设计，确定边沟及截水沟形式与尺寸；

(5) 确定公路用地范围与城市道路红线宽度；

(6) 横断面面积计算，土石方数量计算与调配。

实际上，道路横断面形式和尺寸在确定路线平面位置时就已经有了考虑，在纵断面设计中又结合技术标准和地形条件对路基的合理高度做了分析研究，可以初步拟定横断面方案。因此，施工图设计阶段的横断面设计是在总结上述工作的基础上，进行横断面各组成部分的具体设计，绘制横断面设计图纸，作为计算土石方数量和施工的依据。

横断面设计必须结合地形、地质、水文等条件，本着节约用地的原则，选用合理的断面形式，以满足行车舒适、工程经济、路基稳定且便于施工和养护的要求。

第二节 道路横断面组成及宽度

一、组成部分

1. 一般组成

1) 公路

(1) 高速公路与一级公路

如图 5-9 所示，整体式路基的标准横断面应由车道、中间带[中央分隔带、左侧路缘带（路缘带）]、路肩[右侧硬路肩（硬路肩）、土路肩]、边坡组成。

① 车道：车道是道路上供各种车辆行驶部分的总称，包括机动车道和非机动车道。

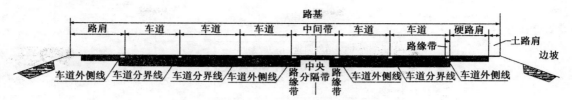

图 5-9 高速公路、一级公路整体式断面形式

②路肩:设于车道的外侧,作为路面的横向支撑,起着保护车道稳定、供临时停放车辆及行人通行的作用,还是侧向净宽的组成部分。

③中间带:高速公路和一级公路上用于分隔对向车辆的带状构造物,中间带由两条左侧路缘带和中央分隔带组成。

④边坡:为了保证路基稳定,设在路基两侧、具有一定坡度的坡面。

如图 5-10 所示,分离式路基的标准横断面应由车道、路肩(右侧硬路肩、左侧硬路肩、土路肩)组成。

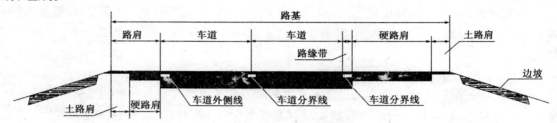

图 5-10 高速公路、一级公路分离式断面形式

复合式断面形式如图 5-11、图 5-12 所示,主线宜以过境交通或小型车辆交通为主,辅线宜以通行区域交通或大型货运车辆为主,且主、辅线两侧均应设置路肩和隔离防护设施。

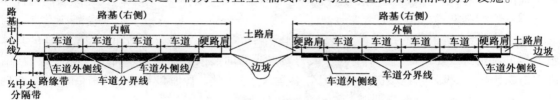

图 5-11 高速公路复合式断面形式(内、外幅路基分离式)

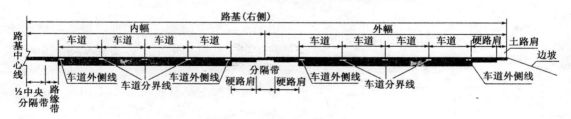

图 5-12 高速公路复合式断面形式(内、外幅路基整体式)

(2)二、三、四级公路

如图 5-13 所示,二级公路路基的标准横断面应由车道、路肩(右侧硬路肩、土路肩)等部分组成;三级公路、四级公路路基的标准横断面应由车道、土路肩等部分组成。

非机动车、行人密集的公路和城市出入口的公路,路基标准横断面可根据需要设置侧分隔带、非机动车道和人行道。

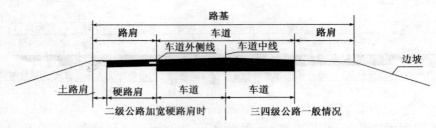

图 5-13 二、三、四级公路典型断面形式

2）城市道路

城市道路横断面一般由机动车道、非机动车道、路侧带（人行道、设施带、绿化带）及分车带等部分组成。

2. 特殊组成

1）公路

公路路基横断面的特殊组成包括：紧急停车带、爬坡车道、避险车道、变速车道、错车道、护坡道、边沟、截水沟、碎落台。其中，爬坡车道与避险车道已在第 4 章中予以介绍，本章不再赘述。

(1) 紧急停车带

紧急停车带是在公路上设置的供临时发生故障或其他原因需紧急停车的车辆使用的临时停车地带。高速公路、一级公路的右侧硬路肩宽度小于 2.5m 时，应设紧急停车带，紧急停车带宽度应不小于 3.5m，有效长度应不小于 40m，间距不宜大于 500m，并应在其前后设置不短于 70m 的过渡段。高速公路、一级公路的特长桥梁、隧道，根据需要可设置紧急停车带，其间距不宜大于 750m。二级公路根据需要可设置紧急停车带，其间距按实际情况确定。

(2) 变速车道

高速公路、一级公路的互通式立体交叉、服务区、停车区、公共汽车停靠站、管理与养护设施等与主线相衔接处设置的供车辆驶入或驶离主线的加速或减速车道统称为变速车道，其宽度应为 3.5m。二级公路在服务区、停车区、客运汽车停靠站、管理与养护设施、加油站、观景台等的各类出入口处，应设置过渡段。

(3) 错车道

四级公路路基段面采用单车道时，在不大于 300m 的距离内选择有利地点设置的供车辆交错避让用的一段加宽车道称为错车道。错车道应能保证驾驶员看到相邻两错车道之间的车辆。设置错车道路段的路基宽度应不小于 6.5m，有效长度不小于 20m，如图 5-14 所示。

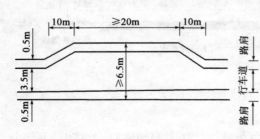

图 5-14 错车道布置

(4) 护坡道

当路堤较高时，为保证路基边坡稳定，在取土坑与坡脚之间，沿原地面纵向保留的有一定宽度的平台称为护坡道。当路肩边缘与路侧取土坑底的高差≤2m 时，取土坑内侧坡顶可与路堤坡脚径相衔接，并采用路堤边坡坡度；当高差 >2m 但 ≤6m 时，应设置宽 1m 的护坡道；当高差 >6m 时，应设置宽 2m 的护坡道。

(5) 边沟

为汇集和排除路面、路肩及边坡流水,在挖方或低填方路基两侧设置的纵向排水沟。

(6) 截水沟

在地面线较陡的挖方路段,为拦截山坡上流向路基的水,在路堑坡顶以外设置的水沟。

(7) 碎落台

在路堑边坡坡脚与边沟外侧边缘之间或边坡上,为防止碎落物落入边沟而设置的具有一定宽度的纵向平台。

2) 城市道路

城市道路特殊断面组成包括应急车道、路肩和排水沟等。

(1) 应急车道

目前我国已建成的快速路中,从单向两车道与三车道的使用效果看,单向双车道快速路未设置应急车道的,车辆发生故障时对车道正常运行影响较大,易造成交通堵塞;而单向三车道时此情况不太严重。这说明在交通量不太大时,其最外侧车道可临时起应急停车带的作用。

因此,当快速路单向机动车道数小于 3 条时,应设宽度不小于 3.0m 的应急车道;当连续设置有困难时,应设置应急停车港湾,间距不应大于 500m,宽度不应小于 3.0m。

应急车道的作用不仅仅是停车,交通拥堵时也可作为交通管理、消防、救护等部门通行特殊车辆的车道。

(2) 路肩

路肩具有保护及支撑路面结构的功能。城市道路与两侧建筑或广场相接时,可不需要路肩。如果城市道路两侧为自然地面或排水边沟时,应设置保护性路肩,用以保护路基的稳定和设置护栏、栏杆、交通标志等设施。

城市道路路肩设置应符合下列规定:

①采用边沟排水的道路,应在路面外侧设置保护性路肩;中间设置排水沟的道路应设置左侧保护性路肩。

②保护性路肩宽度自路缘带外侧算起,快速路不应小于 0.75m,其他等级道路不应小于 0.50m,当有少量行人时,不应小于 1.5m。

③当需设置护栏、杆柱、交通标志时,路肩的宽度应满足设施设置的要求。

二、各组成部分的宽度

1. 车道宽度

1) 公路

车道宽度应根据设计速度确定,《标准》中对车道宽度的规定如表 5-2 所示。八车道及以上公路在内侧车道(内侧第 1、2 车道)仅限小客车通行时,其车道宽度可采用 3.5m;对于通行中、小型客运车辆为主且设计速度为 80km/h 及以上的公路,经论证车道宽度可采用 3.5m;四级公路采用单车道时,车道宽度应采用 3.5m;设置慢车道的二级公路,慢车道宽度应采用 3.5m;公路需要设置非机动车道和人行道的,其宽度宜视实际情况确定。

公 路 车 道 宽 度　　　　　　　　　　表 5-2

设计速度(km/h)	120	100	80	60	40	30	20
车道宽度(m)	3.75	3.75	3.75	3.50	3.50	3.25	3.00

2）城市道路

（1）机动车道

机动车道路面宽度应包括车行道宽度及两侧路缘带宽度，单幅路及三幅路采用中间分隔物或双黄线分隔对向交通时，机动车道路面宽度还应包括分隔物或双黄线的宽度。一条机动车道最小宽度应符合表5-3中的规定。

城市道路一条机动车道最小宽度　　　　　　表 5-3

车 道 类 型	设计速度(km/h)	
	>60	≤60
大型车或混行车道宽度(m)	3.75	3.50
小客车专用车道宽度(m)	3.5	3.25

（2）非机动车道

一条非机动车道宽度应符合表5-4中的规定。非机动车道数宜根据自行车设计交通量与每条自行车道设计通行能力计算确定，车道数单向不应小于两条，宽度不应小于2.5m。非机动车专用道路面宽度应包括车道宽度及两侧路缘带宽度，单向不宜小于3.5m，双向不宜小于4.5m。

一条非机动车道宽度　　　　　　　　　表 5-4

车辆种类	自行车	三轮车
非机动车道宽度(m)	1.0	2.0

主干路及设计速度≥40km/h的次干路，非机动车道宜与机动车道分隔设置。非机动车专用道路的设计速度宜采用15～20km/h，并应设置相应的交通安全、排水、照明、绿化等设施。

2. 分车带宽度

分车带按其在横断面中的不同位置及功能，可分为中间分车带（简称中间带）及两侧分车带（简称两侧带），分车带由分隔带及两侧路缘带组成。

1）公路中间带

多车道公路的中间带在构造上起到了分隔对向交通的作用，对提高高速行车安全性和发挥公路功能具有关键作用。高速公路、一级公路整体式断面必须设置中间带。中间带的主要作用有：

（1）将对向机动车流分开，减少交通事故的发生，提高通行能力；

（2）种植花草灌木或设置防眩网，防止对向车辆灯光炫目，还可起到美化环境的作用；

（3）为沿线设施（如交通标志、标牌、护栏、防眩网、灯柱、地下管线等）的设置提供场地（不可侵入建筑限界以内）；

（4）设于中央分隔带两侧的路缘带，由于有一定宽度且醒目，既能引导驾驶员视线，又可增加行车所需的侧向余宽，从而提高行车的安全性和舒适性。

中间带由中央分隔带和两条左侧路缘带组成。中央分隔带由防护设施和两侧对应的余宽组成。其中,左侧路缘带和余宽提供了安全行车所必需的侧向余宽,并能引导驾驶员的视线。侧向余宽是指公路通行车辆在高速行车时,行车道两侧需要预留的富余宽度,即车道边线到障碍物之间的距离。中间带越宽,作用越明显,但对土地资源十分宝贵的地区,采用过宽的中间带是有困难的。中央分隔带宽度应根据其分隔对象、设置安全护栏等功能需要确定。

《标准》规定左侧路缘带宽度不宜小于表5-5中的值,当设计速度为120km/h、100km/h时,受地形地物限制的路段或多车道公路内侧车道仅限小型车辆通行的路段,左侧路缘带可经论证后采用0.5m。

左侧路缘带宽度　　　　　　　　　　　　　　　　　　表5-5

设计速度(km/h)	120	100	80	60
左侧路缘带宽度(m)	0.75	0.75	0.50	0.50

高速公路和作为干线的一级公路,中央分隔带宽度应根据其对向分隔、设置安全护栏等功能需要确定。中央分隔带宽度的确定,除满足功能的需要外,还要尽量避免路基与桥梁因中央分隔带宽度不同而引起的公路线形和车辆行驶轨迹的频繁变化。在宽度变化前、后应设置必要的过渡段,以保持车辆行驶轨迹的连续性。对于桥梁设置密度较大的公路,路基与桥梁的中央分隔带宽度应取同一值。

对于承担集散功能的一级公路,中央分隔带宽度应根据中间物理隔离措施的宽度确定。这里的中间物理隔离措施是指可不具备安全防护功能、仅具有物理隔离功能的护栏等措施。

中央分隔带宽度≥3.0m时宜采用凹形,植草皮;宽度小于3.0m时可采用凸形,可栽灌木或铺面封闭;对于存在风沙和风雪影响的路段,宜采用平齐式。

互通式立体交叉、隧道、特大桥、服务区设施前后,以及整体式路基与分离式路基的分离(汇合)处,应设置中央分隔带开口。中央分隔带开口间距应视需要而定,最小间距应不小于2km。中央分隔带开口长度不宜大于40m;八车道及以上车道数的高速公路开口长度可适当增长,但不应大于50m,开口处应设置活动护栏。中央分隔带开口应设置在通视良好的路段,若开口设于曲线路段,该曲线半径的超高值不宜大于3%。

中央分隔带宽度小于3.0m时,其开口端部的形状可采用半圆形;中央分隔带宽度≥3.0m时,其开口端部的形状宜采用弹头形。

分离式路基间的间距应满足设置必要的排水和安全防护设施的需要,且与地形、周围景观相配合。分离式路基应适当设置横向连接道,以供维护、维修或应急抢险时使用。

2)城市道路分车带

城市道路分车带最小宽度应符合表5-6中的规定。

分车带最小宽度　　　　　　　　　　　　　　　　　　表5-6

类别		中间带		两侧带	
设计速度(km/h)		≥60	<60	≥60	<60
路缘带宽度(m)	机动车道	0.50	0.25	0.50	0.25
	非机动车道	—	—	0.25	0.25
安全带宽度(m)	机动车道	0.25	0.25	0.25	0.25
	非机动车道	—	—	0.25	0.25

续上表

类别		中间带		两侧带	
侧向净宽(m)	机动车道	0.75	0.50	0.75	0.50
	非机动车道	—	—	0.50	0.50
分隔带最小宽度(m)		1.50	1.50	1.50	1.50
分车带最小宽度(m)		2.50	2.00	2.50(2.25)	2.00

表 5-6 中的侧向净宽为路缘带宽度与安全带宽度之和;括号外为两侧均为机动车道时取值,括号内数值为一侧为机动车道、另一侧为非机动车道时的取值;分隔带最小宽度值按设施带宽度为 1m 考虑,具体应用时,应根据设施带实际宽度确定。

3. 路肩宽度

1）组成及作用

路肩由硬路肩和土路肩组成,其作用是:

(1) 保护路面及支撑路面结构;

(2) 供发生故障的车辆临时停车之用,有利于避免交通紊乱和交通事故;

(3) 充足的宽度和稳定的路肩能给驾驶人以开阔、安全的感觉,有助于提高行车舒适性、避免驾驶紧张;

(4) 为公路的其他设施(如护栏、绿化、电杆、地下管线等)提供设置的场地(设施的设置不得侵入建筑限界以内),也可供养护人员养护操作及避车之用。

2）右侧路肩

各级公路右侧路肩宽度规定如表 5-7 所示,表中的一般值为正常情况下的采用值,最小值为条件受限制时可采用的值。高速公路和作为干线功能的一级公路以通行小客车为主时,右侧硬路肩宽度可采用 2.50m。高速公路局部采用设计速度为 60km/h 的路段,右侧硬路肩宽度不应小于 1.50m。

公路右侧路肩宽度 表 5-7

公路等级		高速公路			一级公路（干线功能）		一级公路（集散功能）和二级公路		三级公路		四级公路	
设计速度(km/h)		120	100	80	100	80	80	60	40	30	30	20
硬路肩宽度(m)	一般值	3.00	3.00	3.00	3.00	3.00	1.50	0.75	—	—		
	最小值	1.50	1.50	1.50	1.50	1.50	0.75	0.25				
土路肩宽度(m)	一般值	0.75	0.75	0.75	0.75	0.75	0.75	0.75	0.75	0.50	0.25（双车道） 0.50（单车道）	
	最小值	0.75	0.75	0.75	0.75	0.75	0.50	0.50				

高速公路、一级公路应在右侧硬路肩宽度内设置右侧路缘带,其宽度为 0.50m。二级公路的硬路肩可供非机动车通行用,非机动车交通量较大的路段,也可采用全铺(在路基全部宽度内铺筑路面)的方式,以便充分利用路肩。

二、三、四级公路在路肩上设置的标志、防护设施等不得侵入公路建筑限界,否则应加宽路肩。

3）左侧路肩

高速公路、一级公路采用分离式路基时,应设置左侧路肩,其宽度规定如表 5-8 所示。高速公路整体式路基双向八车道及以上路段,宜设置左侧硬路肩,其宽度应不小于2.50m。高速公路分离式路基单幅同向四车道及以上的路段,左侧硬路肩宽度不宜小于2.50m。左侧硬路肩宽度内含左侧路缘带,左侧路缘带宽度为0.50m。

高速公路、一级公路分离式路基左侧路肩宽度 表5-8

设计速度(km/h)	120	100	80	60
左侧硬路肩宽度(m)	1.25	1.00	0.75	0.75
左侧土路肩宽度(m)	0.75	0.75	0.75	0.50

4. 城市道路路侧带宽度

城市道路路侧带由人行道、绿化带及设施带等组成。

(1)人行道

人行道宽度必须满足行人安全顺畅通过的要求,并应设置无障碍设施。人行道宽度按下式计算:

$$W_p = \frac{N_w}{N_{w1}} \tag{5-1}$$

式中:W_p——人行道宽度,m;

N_w——人行道高峰小时行人流量,P/h;

N_{w1}——1m宽人行道的设计通行能力,P/h·m。

人行道最小宽度应符合表5-9中的规定,表中的一般值为正常情况下采用的值,最小值为条件受限制时采用的值。

人行道最小宽度 表5-9

项 目	人行道最小宽度(m)	
	一般值	最小值
各级道路	3.0	2.0
商业或公共场所集中路段	5.0	4.0
火车站、码头附近路段	5.0	4.0
长途汽车站附近路段	4.0	3.0

(2)绿化带

绿化带的宽度应符合《城市道路绿化规划与设计规范》(CJJ 75—1997)的相关要求。车行道两侧的绿化应满足道路侧向净宽要求,并不得侵入道路建筑限界和影响视距。

(3)设施带

不同设施独立设置时占用的宽度如表5-10所示。

不同设施独立设置时占用的宽度 表5-10

项 目	宽度(m)	项 目	宽度(m)
行人护栏	0.25~0.50	长凳、座椅	1.0~2.0
灯柱	1.0~1.5	行道树	1.2~1.5
邮箱、垃圾箱	0.6~1.0		

设施带宽度应满足设置护栏、照明灯柱、标志牌、信号灯、城市公共服务等设施的需要,各种设施布局应综合考虑。设施带可与绿化带结合设置,但应避免各种设施和树木间的干扰。

5. 公路路基宽度

公路路基横断面中各组成部分宽度应以满足行车安全要求为前提,根据设计交通量、项目路网功能、各部分所承担功能及沿线地形等建设和通行条件综合确定。公路路基宽度为车道宽度和路肩宽度等各组成部分的宽度之和。当设有中间带、变速车道、爬坡车道、紧急停车带、错车道等时,应包括这些部分的宽度。二级公路设计交通量大于 7 000pcu/d 时,可根据需要设置慢车道,路基宽度中应包括慢车道部分宽度。

非机动车、行人密集的公路和城市出入口的公路,在增加设置侧分隔带、非机动车道(或慢车道)和人行道时,路基总宽度应计入这些部分的宽度。具有集散功能的一级公路可根据需要设置慢车道或部分路段设置慢车道,可利用硬路肩、土路肩的宽度(若宽度不足则另加宽)作为慢车道,并应在机动车道与慢车道之间设置隔离设施;具有集散功能的二级公路可根据需要设置慢车道,利用加固后的路肩作为慢车道时应在机动车道与慢车道之间划线分隔,慢车道应最高限速不应超过 60km/h。四级公路宜采用双车道的路基宽度,交通量小且工程特别艰巨的路段可采用单车道路基宽度。确定路基宽度时,一般上下行方向各部分宽度应对称设置。

第三节 路拱及合成坡度

一、路拱

1. 路拱类型

为了排除行车道的雨水,保证行车安全,将行车道做成中间高两侧低的拱起形状,称为路拱。路拱的形式有直线形、直线加抛物线形、折线形、抛物线形 4 种。

(1)直线形路拱

其特点是中间有屋脊形,横坡一致。适用于路拱横坡小的水泥路面、有中央分隔带的路面及宽度较小的低等级公路路面。

(2)直线加抛物线形路拱

如图 5-15 所示,中间的圆顶部分用圆曲线或抛物线连接,所用曲线长度一般不小于车行道总宽度的 1/10,半径不小于 50m。为便于排水,靠两旁侧石线的横坡度可增加到 3% ~ 4%。其特点是两侧较平缓、中间行车条件得到改善。适用于沥青类路面宽度 20 ~ 50m 的道路,其横坡度可用 1.0% ~ 1.5%。

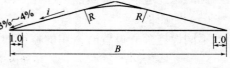

图 5-15 直线加抛物线型路拱

(3)折线形路拱

如图 5-16 所示,其特点是坡度从中央到两侧逐步增大以利于排水,横坡变化缓、对行车有利,适用于多车道水泥混凝土路面。

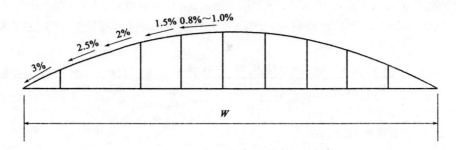

图 5-16 多折线型路拱

(4) 抛物线形路拱

如图 5-17 所示,其特点是中间平、两边陡,有利于行车与排水,但当路面较宽时,边缘坡度过大。二次抛物线形式的路拱,适用于路面宽度小于 12.0m 而横坡度又较大的中级或低级路面。

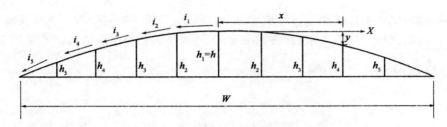

图 5-17 抛物线型路拱

城市道路单幅路应根据道路宽度采用单向或双向路拱横坡,多幅路应采用由路中线向两侧的双向路拱横坡。采用单向坡时一般采用直线形路拱,采用双向坡时一般采用抛物线加直线的路拱。非机动车道路拱形式宜采用直线单面坡。

2. 路拱坡度

行车道最高点、最低点的高差与其水平距离的比值称为行车道路拱坡度,以百分比表示。

(1) 公路

高速公路、一级公路整体式路基的路拱宜采用双向路拱坡度,由路中央向两侧倾斜。位于中等降雨强度地区时,路拱坡度宜为 2%;位于降雨强度较大地区时,路拱坡度可适当增大。高速公路、一级公路分离式路基的路拱宜采用单向横坡,并向路基外侧倾斜,也可采用双向路拱坡度。积雪、冰冻地区宜采用双向路拱坡度。

双向六车道以上公路,当超高过渡段的路拱坡度过于平缓时,可设置两个路拱。对于路拱坡度过于平缓路段,必要时应进行路面排水分析,消除可能的路面积水问题。

二、三、四级公路的路拱应采用双向路拱坡度,由路中央向两侧倾斜。路拱坡度应根据路面类型和当地自然条件确定,但不应小于 1.5%。

(2) 城市道路

城市道路路拱坡度的确定应以有利于路面排水和保障行车安全、平稳为原则,坡度的大小应根据路面宽度、路面类型、表面平整度、粗糙度、设计速度、道路纵坡大小及气候条件等确定。

机动车道及非机动车道路拱设计坡度应符合表 5-11 中的规定;人行道宜采用单向横坡,横坡宜为 1.0%～2.0%;保护性路肩应向道路外侧倾斜,横坡度可比路面横坡度加大 1.0%,宜为 3.0%。

路拱设计坡度 表 5-11

路面类型		路拱设计坡度(%)
	水泥混凝土	1.0～2.0
	沥青混凝土	
	沥青碎石	
	沥青贯入式碎(砾)石	1.5～2.0
	沥青表面处治	
砌块路面	混凝土预制块	2.0
	天然石材	

快速路、降雨量大的地区路拱设计坡度宜取高值,可选 1.5%～2.0%;道路纵坡大时路拱设计坡度取小值,纵坡小时取大值;积雪冰冻地区、透水路面的路拱设计坡度宜采用小值。

二、合成坡度

1. 计算方法

如图 5-18 所示,道路弯道超高横坡度与道路纵向坡度所组成的矢量和,称为合成坡度,其计算式为:

$$i_H = \sqrt{i_z^2 + i_c^2} \tag{5-2}$$

式中:i_H——合成坡度,%;
　　　i_z——路线纵坡,%;
　　　i_c——超高横坡度,%。

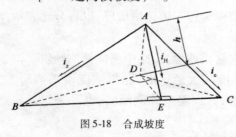

图 5-18　合成坡度

将合成坡度限制在某一范围之内的目的是尽可能避免陡坡与急弯的组合对行车产生不利影响。

2. 设计要求

(1)公路合成坡度

《规范》规定的公路最大合成坡度如表 5-12 所示。

公路的最大合成坡度值 表 5-12

公路等级	高速公路、一级公路				二、三、四级公路				
设计速度(km/h)	120	100	80	60	80	60	40	30	20
合成坡度值(%)	10.0	10.0	10.5	10.5	9.0	9.5	10.0	10.0	10.0

当陡坡与小半径圆曲线相重叠时,宜采用较小的合成坡度,特别是下列情况,其合成坡度必须小于 8%:

①冬季路面有积雪、结冰的地区;

②自然横坡较陡峻的傍山路段；
③非机动车交通量较大的路段。

此外,合成坡度关系到路面排水。合成坡度过小则排水不畅,路面积水易使汽车滑移,前方车辆溅水造成的水幕也会影响通视、降低行车安全性。为此,应保证路面有不小于0.5%的合成坡度。当合成坡度小于0.5%时,应采取综合排水措施,保证路面排水通畅。

(2)城市道路合成坡度

在设有超高的平曲线上,超高横坡度与道路纵坡度的最大合成坡度应符合表5-13的规定。积雪冰冻地区道路的合成坡度应≤6.0%。在超高缓和段的变化处,当合成坡度小于0.5%时,应采取综合排水措施。

城市道路最大合成坡度　　　　　　　　表5-13

设计速度(km/h)	100,80	60,50	40,30	20
最大合成坡度(%)	7.0	7.0	7.0	8.0

第四节　边沟、边坡及挡土墙

一、边沟

挖方、低路堤及路界范围地面低于路界外侧地面的填方路段应在挖方边坡路肩外侧或低路堤的坡脚外侧设置边沟,以汇集和排泄降落在坡面和路面上的路表水。

1. 边沟横断面形式

边沟的横断面形式应根据排水需要及对路侧安全与环境景观的协调等选定,可采用梯形、矩形、三角形及流线型等,如图5-19所示。高速公路、一级公路挖方路段的矩形边沟,在不设护栏的地段,应设置带泄水孔的钢筋混凝土盖板或钢筋加强的复合材料盖板。

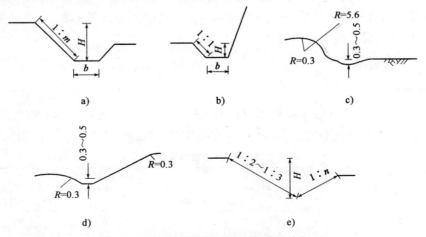

图5-19　边沟的横断面形式示意图(尺寸单位:m)

边沟横断面形式一般采用梯形,梯形边沟内侧边坡为1:1.0~1:1.5,外侧边坡坡度与挖方边坡坡度相同。底宽与深度约 0.4~0.6m,水流少的地区或路段,取低限值或更小,但不宜小于 0.3m;降水量集中或地势偏低的路段,取高限值或更大一些。

石方路段的边沟宜采用矩形横断面,其内侧边坡直立,坡面应采用浆砌片石防护,外侧边坡坡度与挖方边坡坡度相同。

少雨浅挖地段的土质边沟可采用三角形横断面,其内侧边坡宜采用 1:2~1:3,外侧边坡坡度与挖方边坡坡度相同。三角形边沟的水流条件较差、流量较大时沟深宜适当加大。

流线形边沟是将路堤横断面的边角整修圆滑,可以防止路基旁侧积沙或堆雪,适用于沙漠或积雪地区的路基。

2. 边沟纵坡及出口间距

(1) 边沟的纵坡

边沟的纵坡坡度应结合路线纵坡、地形、地质、出水口位置等情况选定,宜与路线纵坡一致,且不宜小于 0.3%,困难情况下,不应小于 0.1%。

当路线纵坡坡度小于沟底最小不淤积纵坡坡度时,边沟宜采用沟底最小不淤积纵坡坡度,并缩短边沟出水口的间距。

(2) 边沟的出水口间距

边沟出水口的间距,应结合地形、地质条件及桥涵和天然沟渠位置,经水力计算确定。梯形、矩形边沟不宜超过 500m,多雨地区不宜超过 300m;三角形和浅碟形边沟不宜超过 200m。

二、边坡

1. 边坡的作用

为保证路基的稳定,把路基的两侧做成具有一定坡度的坡面,称为路基边坡。路基边坡的最高点称为坡顶,填方路基的坡顶为路肩外边缘点,挖方路基的坡顶为边坡与原地面相交点;路基边坡的最低点称为坡脚,填方路基的坡脚为边坡与原地面相交点,挖方路基的坡脚为边沟的外侧沟底。坡顶与坡脚的高差称为边坡高度,坡顶与坡脚的水平距离称为边坡宽度,边坡高度与边坡宽度的比值称为边坡坡率。边坡坡率的大小直接影响路基的稳定性、工程经济性与路侧安全,是横断面设计的重要内容之一。

2. 边坡类型及坡率

(1) 土质路堤

土质路堤的边坡形式和坡率应根据填料的工程力学性质、边坡高度和工程地质条件确定。当地质条件良好,边坡高度不大于 20m 时,其边坡坡率不宜陡于表 5-14 中的规定。

土质路堤边坡坡率 表 5-14

填料类别	边坡坡率	
	上部高度($H \leq 8m$)	下部高度($H \leq 12m$)
细粒土	1:1.5	1:1.75
粗粒土	1:1.5	1:1.75
巨粒土	1:1.3	1:1.50

对边坡高度>20m的土质路堤,边坡形式宜采用阶梯式,边坡坡率由稳定性分析计算确定。浸水路堤在设计水位以下的边坡坡率不宜陡于1:1.75。

(2)砌石路堤

砌石应选用当地不易风化的片石、块石砌筑,内侧填石。岩石风化严重或软质岩石的路段不宜采用砌石路基。如图5-20所示,砌石顶宽a不小于0.8m,基底向内侧倾斜,砌石高度H不宜超过15m,其襟边宽度P按照表5-15采用,砌石边坡的内、外坡坡率不宜陡于表5-16中的规定。

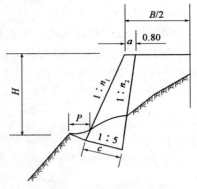

图5-20 砌石路堤

砌石路堤的襟边宽度 表5-15

地基地质情况	襟边宽度(m)	地基地质情况	襟边宽度(m)
轻风化的硬质岩石	0.2~0.6	坚实的粗粒土	1.0~2.0
风化岩石或软质岩石	0.4~1.0		

砌石路堤内、外坡坡率 表5-16

编号	高度(m)	内坡坡率1:n_2	外坡坡率1:n_1
1	≤5	1:0.3	1:0.50
2	≤10	1:0.5	1:0.67
3	≤15	1:0.6	1:0.75

(3)填石路堤

填石路堤可采用与土质路堤相同的路堤断面形式,填石路堤的边坡坡率应根据填石料种类、边坡高度和基底的地质条件确定。易风化岩石与软质岩石用作填料时,应按土质路堤边坡设计。在路堤基底良好时,填石路堤边坡坡率不宜陡于表5-17中的规定。表5-17中的岩石是根据石料的饱和抗压强度指标予以分类的,具体见表5-18。

填石路堤边坡坡率 表5-17

填石料种类	边坡高度(m)			边坡坡率	
	全部高度	上部高度	下部高度	上部	下部
硬质岩石	20	8	12	1:1.1	1:1.30
中硬岩石	20	8	12	1:1.3	1:1.50
软质岩石	20	8	12	1:1.5	1:1.75

岩石分类表 表5-18

岩石类型	抗压强度(MPa)	代表性岩石
硬质岩石	≥60	1.花岗岩、闪长岩、玄武岩等岩浆岩类;2.硅质、铁质胶结的砾岩及砂岩、石灰岩、白云岩等沉积岩类;3.片麻岩、石英岩、大理岩、板岩、片岩等变质岩类
中硬岩石	30~60	
软质岩石	5~30	1.凝灰岩等喷出岩类;2.泥砾岩、泥质砂岩、泥质页岩、泥岩等沉积岩类;3.云母片岩或千枚岩等变质岩类

(4) 土质路堑

土质路堑边坡形式及坡率应根据工程地质与水文地质条件、边坡高度、排水措施、施工方法,并结合自然稳定山坡和人工边坡的调查及力学分析综合确定。边坡高度不大于20m时,边坡坡率不宜陡于表5-19中的规定值。挖方边坡高度超过20m时,应单独进行勘察设计与边坡稳定性评价。

土质路堑边坡坡率 表5-19

土 的 类 别		边坡坡率
黏土、粉质黏土、塑性指数大于3的粉土		1:1.0
中密以上的中砂、粗砂、砾砂		1:1.50
卵石土、碎石土、圆砾土、角砾土	胶结和密实	1:0.75
	中密	1:1.0

(5) 岩质路堑

岩质路堑边坡形式及坡率应根据工程地质与水文地质条件、边坡高度、施工方法,结合自然稳定边坡和人工边坡的调查综合确定,必要时可采用稳定分析方法予以检验。边坡高度(H)不大于30m时,无外倾软弱结构面的边坡坡率可按表5-20确定。

岩质路堑边坡坡率 表5-20

边坡岩体类型	风化程度	边坡坡率	
		$H<15m$	$15m \leq H<30m$
I类	未风化、微风化	1:0.10~1:0.30	1:0.10~1:0.30
	弱风化	1:0.10~1:0.30	1:0.30~1:0.50
II类	未风化、微风化	1:0.10~1:0.30	1:0.30~1:0.50
	弱风化	1:0.30~1:0.50	1:0.50~1:0.75
III类	未风化、微风化	1:0.30~1:0.50	—
	弱风化	1:0.50~1:0.75	
IV类	弱风化	1:0.50~1:1	—
	强风化	1:0.75~1:1	

有可靠的资料和经验时,可不受表5-21的限制,表中的IV类强风化岩石包括各类风化程度的极软岩。此外,岩质挖方边坡高度超过30m时,应单独进行勘察设计与边坡稳定性评价。

三、挡土墙

1. 挡土墙的作用

挡土墙是一种土工构筑物,起着支撑土体、保持土体稳定,使之不致坍塌的作用。在挡土墙横断面中,与被支承土体直接接触的部位称为墙背;与墙背相对的、临空的部位称为墙面;与地基直接接触的部位称为基底;与基底相对的、墙的顶面称为墙顶;基底的前端称为墙趾;基底的后端称为墙踵。

挡土墙的设计应根据使用过程中可能出现的荷载,按承载能力极限状态和正常使用状态进行荷载效应组合,并取最不利组合进行设计。截面尺寸一般按试算法确定,即先根据挡土墙的工程地质条件、填土性质以及墙身材料和施工条件等凭经验初步拟定截面尺寸,然后进行验算,如不满足要求,则修改截面尺寸或采取其他措施。

2. 常见形式及适用范围

挡土墙类型的划分方法较多,一般以挡土墙的结构形式分类为主。常见的挡土墙形式可分为重力式、衡重式、加筋土式、悬臂式、扶壁式、锚杆式、锚锭板式、桩板式等。一般应根据工程需要、土质情况、材料供应、施工技术以及造价等因素合理选择。

(1) 重力式

重力式挡土墙依靠墙身自重抵抗土压力引起的倾覆弯矩,其结构简单,施工方便,能就地取材,应用较为广泛。重力式挡土墙一般由块石或混凝土材料砌筑而成,墙身截面较大。根据墙背倾斜方向可分为仰斜、直立和俯斜3种,如图5-21a)、b)、c)所示。墙高一般小于8m,当 $h = 8 \sim 12m$ 时,宜用衡重式,如图5-21d)。

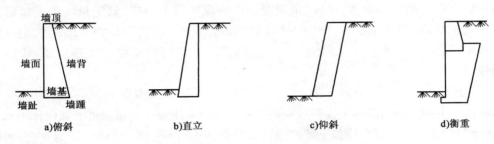

图 5-21　挡土墙形式

石砌重力式挡土墙是依靠墙自重抵御土压力而保持稳定,其形式简单、取材容易、施工简便、适用范围广,但断面尺寸大、墙身较高,对地基承载力的要求较高。此种挡土墙主要适用于地基良好、非地震和沿河受水冲刷地区,常用浆砌片(块)石或混凝土材质。

(2) 衡重式

衡重式挡土墙的上下墙背间有衡重,利用衡重台上填土重力和全墙重心的后移,共同作用维持其稳定。其断面尺寸较重力式小,墙身陡直、下墙墙背仰斜可降低墙高和减少基础开挖量。由于其地基面积较小,对地基承载力的要求较高。此类挡土墙多用于山区、地面横坡陡峻的路肩墙,也可用作路堤墙或路堑墙。由于衡重台以上有较大的容纳空间,上墙墙背加缓冲墙后,可作为拦截崩坠石之用。

(3) 加筋土式

加筋土挡土墙由墙面板、拉筋和填土3部分组成,借拉筋与填土间的摩擦力将土的侧压力传给拉筋,从而稳定土体。加筋土挡土墙属柔性结构,对地基变形适应性好,建筑高度大、占地少。此类挡土墙施工简单,造价较低,外形美观,多用于缺乏石料的地区和大型填方工程。

(4) 钢筋混凝土悬臂式

钢筋混凝土悬臂式挡土墙由立壁、墙趾板、强踵板、3个悬臂梁组成。其断面尺寸较小,墙高时立壁下部的弯矩大。此类挡土墙耗钢筋多,不经济,多适用于缺乏石料的地区,一般高度的路肩墙(墙高≤6m),地基情况可稍差些。

(5) 钢筋混凝土扶壁式

钢筋混凝土扶壁式挡土墙由墙面板(立壁)、墙趾板、墙踵板和扶肋(扶壁)组成,沿悬臂式墙的长度方向，隔一定距离加一道扶壁，把立壁和墙踵板连接起来。钢筋混凝土扶壁式挡土墙属柔性结构，对地基变形适应性好、建筑高度大、占地少。此类挡土墙施工简单，造价较低，外形美观，多适用于缺乏石料的地方，一般高度的路肩墙，地基情况可稍差些，墙高大于 6m 时，较悬臂式经济。

（6）锚杆式

锚杆式挡土墙由锚杆和钢筋混凝土墙面组成，锚杆一端固定在稳定的地层中，另一端与墙面连接，依靠锚杆与地层之间的锚固力（即锚杆抗拉拔力）承受土压力，维持挡土墙的平衡，属轻型结构，较为经济。此类挡土墙基底应力小，对地基承载力要求不高，多适用于墙高较大、缺乏石料的地区或挖基困难的地段。高路堑墙、高路肩墙、抗滑挡土墙等具有锚固条件的情况，需要钻机、压浆泵等设备进行施工，推力较大时锚杆可用锚索代替。

（7）锚定板式

锚定板式挡土墙由锚定板、拉杆、钢筋混凝土墙面和填土组成，锚定板埋置于墙后破裂面后的稳定土层内，利用锚定板产生的抗拔力抵抗侧向土压力，维持挡土墙的稳定。此类挡土墙构建轻简，可预制拼装，便于施工，多适用于缺乏石料的路堤墙和路肩墙，墙高时可分级修建。

（8）桩板式

桩板式挡土墙由钢筋混凝土锚固桩和挡土板组成。利用深埋的锚固桩的锚固作用和被动抗力抵抗侧向土压力，从而维持挡土墙的稳定。此类挡土墙开挖面小，施工较为安全，多适用于岩质地基土压力较大、要求基础深埋、墙高超过一般挡土墙限制的情况，地基强度的不足可由桩的埋深得到补偿。

第五节　道路用地与建筑限界

一、公路用地指标

为贯彻落实科学发展观和节约集约用地基本国策，提高土地利用率、严格保护耕地，加强对公路工程项目建设用地的科学管理，适应公路建设和发展的需要，《公路工程项目用地指标》（建标〔2011〕124 号）对公路项目建设用地指标进行了规定。公路建设用地指标的土地面积为水平投影面积，用地指标所指的土地包括农用地、建设用地和未利用地。

公路选线应将占用土地数量作为重要因素纳入路线方案比选，充分利用荒山、荒坡地、废弃地、布线，最大限度减少占地，特别是耕地。路线设计应合理选用平、纵、横设计指标，特别是直接影响占地的车道数、中间带和硬路肩（紧急停车带）宽度等要素，避免片面追求过高标准。

路基设计应严格控制高填、深挖路基的数量，当挖方深度大于 25m 或填方高度大于 20m 时，应结合占用土地情况进行路桥（隧）方案技术、经济比较，以确定合理的方案。对必须通过耕地的路段，路基设计应通过技术、经济比较，采取设置边坡挡土墙、节地型排水沟和压缩护坡道、碎落台宽度等措施，以减少占地。路基填挖方应认真勘察、精细计算、合理调配，力求自身利用平衡，减少设置取、弃土场；必须设置取、弃土场时，应与改田、造地、复垦相结合。

建设用地指标分为总体指标和分项指标。总体指标宜用于土地利用计划编制和可行性研究阶段;分项指标宜用于初步设计阶段,也可用于可行性研究阶段。

1. 公路建设用地总体指标

公路工程项目建设用地总体指标包括公路的主体工程(路基、桥梁、隧道、交叉等工程)和沿线设施(收费站、服务区、监控通信设备、养护设施等)的用地面积,不包括辅导、支线和连接线的用地面积。

当公路工程项目由不同技术等级或不同路基宽度的路段组成时,应根据不同路段长度分别计算建设用地面积,再累计各段之和得出项目总建设用地面积。

公路工程项目建设用地总体指标按Ⅰ类(平原区)、Ⅱ类(丘陵区)、Ⅲ类(山岭区)地形区分别选取。当公路工程项目处于两个或两个以上地形区时,应根据不同地形区的路段长度分别计算建设用地面积,再累计各段之和得出项目总建设用地面积。

公路工程项目建设用地总体指标一般不应超过表5-21、表5-22和表5-23的规定。当实际公路工程项目的路基宽度与表5-21、表5-22和表5-23中的值不同时,其建设用地总体指标应按表5-24进行调整。当高速公路互通式立体交叉实际间距与表5-21中的值不同时,其建设用地总体指标应按表5-25进行调整。

高速公路工程项目建设用地总体指标 表5-21

地形类别	参数项	单位	八 车 道		六 车 道			四 车 道		
Ⅰ类	路基宽度	m	42	41	34.5	33.5	32	28	26	24.5
	互通立交间距	km	11.7	11.7	12.35	12.35	12.35	13	13	13.39
	指标值	hm²/km	8.615 4	8.531 3	7.831 7	7.746 9	7.619 6	7.137 6	6.966 7	6.783 6
Ⅱ类	路基宽度	m	42	41	34.5	33.5	32	28	26	24.5
	互通立交间距	km	12.6	12.6	13.58	13.58	13.58	14	14	14.42
	指标值	hm²/km	9.302 5	9.214 7	8.466 8	8.377-3	8.243 0	7.594 7	7.414 1	7.227 5
Ⅲ类	路基宽度	m	—	—	—	33.5	32	—	26	24.5
	互通立交间距	km	—	—	—	13.5	13.5	—	15	15
	指标值	hm²/km	—	—	—	8.899 4	8.827 2	—	7.822 7	7.654 3

一级公路工程项目建设用地总体指标 表5-22

地形类别	参数项	单 位	六 车 道		四 车 道		
Ⅰ类	路基宽度	m	33.5	32	26	24.5	23
	互通立交间距	km	19	19	20	20	20
	指标值	hm²/km	6.393 5	6.251 8	5.604 4	5.462 3	5.320 0
Ⅱ类	路基宽度	m	33.5	32	26	24.5	23
	互通立交间距	km	21.85	21.85	23	23	23
	指标值	hm²/km	6.970 0	6.820 7	6.149 4	5.999 6	5.849 9
Ⅲ类	路基宽度	m	—	—	26	24.5	23
	互通立交间距	km	—	—	25	25	25
	指标值	hm²/km	—	—	6.820 5	6.710 5	6.600 5

对位于大型或特大型城市的绕城公路、城市出入口公路及过境公路的路段,当建设标准为

高速公路或一级公路,且主线下穿分离式立体交叉和天桥密集时,其建设用地总体指标可按系数 1.05~1.1 进行调整。

二、三、四级公路工程项目建设用地总体指标 表 5-23

地形类别	参数项	单位	二级公路 双车道	三级公路 双车道		四级公路 双车道	四级公路 单车道
Ⅰ类	路基宽度	m	12	10	8.5	7.5	6.5	—
Ⅰ类	指标值	hm²/km	2.801 4	2.591 6	2.160 8	2.054 9	1.727 9	—
Ⅱ类	路基宽度	m	12	10	8.5	7.5	6.5	—
Ⅱ类	指标值	hm²/km	2.986 4	2.770 8	2.408 4	2.299 2	1.953 1	—
Ⅲ类	路基宽度	m	12	10	8.5	7.5	6.5	4.5
Ⅲ类	指标值	hm²/km	3.618 3	3.433 4	2.608 8	2.512 6	2.281 9	1.927 4

表 5-22 和表 5-23 中的一级公路和二级公路用地指标按非干线公路编制,对于具有干线功能的一级公路和二级公路,其建设用地指标可分别按系数 1.1 和 1.05 进行调整。

路基宽度调整指标(hm²/km) 表 5-24

地形类别	路基宽度每增减 1m		
	高速公路	一级公路	二级公路
Ⅰ类	0.104 7	0.102 2	0.104 9
Ⅱ类	0.130 4	0.117 3	0.118 6
Ⅲ类	0.166 0	0.159 1	0.120 2

高速公路互通式立体交叉间距调整系数 表 5-25

互通立交间距(km)	Ⅰ类地形区			Ⅱ类地形区			Ⅲ类地形区	
	八车道	六车道	四车道	八车道	六车道	四车道	六车道	四车道
5	1.35	1.39	1.43	1.31	1.35	1.40	1.31	1.36
10	1.08	1.09	1.10	1.08	1.09	1.10	1.10	1.11
15	0.98	0.98	0.97	0.99	0.99	0.99	1.00	1.00
20	0.95	0.94	0.93	0.96	0.96	0.95	0.98	0.98
25	0.93	0.92	0.91	0.95	0.94	0.93	0.97	0.96

对基本无植被覆盖的荒漠区(荒滩、戈壁、沙漠等地区)公路,可在Ⅰ类地形区建设用地总体指标基础上,高速公路按系数 2.1、一级及以下公路按系数 1.2 对总体指标进行调整。

当公路通过风沙地区时,应根据风沙范围、沙源、风向、风速、沙丘移动规律、植被覆盖等情况,选定防止路基被风沙吹蚀和掩埋的防护措施,并据以确定用地面积。固定或半固定沙丘地段,可按 25~30hm²/km 增加用地面积;西北地区一般风沙地段可按 100hm²/km 增加用地面积,严重风沙地段可按 131hm²/km 增加用地面积;华北、东北地区,流动沙丘地段可按 55~76hm²/km 增加用地面积。

当公路通过雪害地区时,应根据地形、地貌、植被、气候、风向和积雪厚度等情况,结合路线位置、路基高度等因素,在路线一侧或两侧设置防护设施,并确定相应用地面积。防护宽度为距路堑顶或路堤坡脚外 30~50m,每侧防护可按 2.42~4.42hm²/km 增加用地面积。当路线与冬季主导风向垂直,地形开阔、积雪量大,需设置两排防雪栅时,每侧防护可按10.42hm²/km增加用地面积。

当公路工程项目涉及用地界外的改路、改河、改沟、改渠、改移输电、通信线路和专业管道等改移工程的用地,以及经技术、经济论证必须设置取、弃土场时,应按实际需要单独计列,并应在设计说明中专门叙述。

2. 路基工程用地指标

路基工程用地指标包括路基宽度、护坡道、碎落台、排水设施、防护设施、小桥涵和桥梁桥台等的用地面积。其中路基宽度由行车道、中间带(中央分隔带、左侧路缘带)和路肩(硬路肩、土路肩)等部分组成,不包括公路用地界外改路、改河、改沟、改渠、改移输电、通信线路和专业管道等改移工程及取、弃土场的用地面积。

路基工程用地指标适用于公路工程项目主线路基、支线路基、连接线路基、桥梁引道及隧道洞口外路基的建设用地面积计算。

路基工程用地指标按路基公里长度编制计算,路基公里长度是扣除大中桥(含特大桥)跨径长度、隧道长度和互通式立体交叉主线长度之后的路线长度(单位为 km)。公路工程项目的路基长度乘以路基工程用地指标,并根据不同情况进行调整,即为项目的路基工程总用地面积。

路基工程用地指标采用的用地宽度,各级公路均按路堤两侧排水沟外缘(无排水沟时为路堤或护坡道坡脚)距离,或路堑坡顶截水沟外边缘(无截水沟为坡顶)距离加 1m 计算。高速公路整体式路基工程用地指标一般不应超过表 5-26 和表 5-27 的规定,二、三、四级公路路基工程用地指标一般不应超过表 5-28 的规定。

高速公路整体式路基工程用地指标 表 5-26

地形类别	参数项	单位	八车道		六车道			四车道		
Ⅰ类	路基宽度	m	42.0	41.0	34.5	33.5	32.0	28.0	26.0	24.5
	路基平均高度	m	3.6	3.6	3.6	3.6	3.6	3.6	3.6	3.6
	指标值	hm²/km	6.570 0	6.463 0	5.767 5	5.660 5	5.499 9	5.071 9	4.857 9	4.697 4
Ⅱ类	路基宽度	m	42.0	41.0	34.5	33.5	32.0	28.0	26.0	24.5
	路基平均高度	m	3.8	3.8	3.8	3.8	3.8	3.8	3.8	3.8
	指标值	hm²/km	7.336 8	7.226 7	6.505 5	6.395 4	6.230 2	5.608 6	5.397 2	5.221 1
Ⅲ类	路基宽度	m			33.5	32.0	—		26.0	24.5
	指标值	hm²/km	—	—	8.452 3	8.302 2			7.121 6	6.822 2

一级公路整体式路基工程用地指标 表 5-27

地形类别	参数项	单位	六车道		四车道		
Ⅰ类	路基宽度	m	33.5	32.0	26.0	24.5	23.0
	路基平均高度	m	2.2	2.2	2.2	2.2	2.2
	指标值	hm²/km	5.211 0	5.050 5	4.408 5	4.248 0	4.087 4

续上表

地形类别	参数项	单位	六车道		四车道		
Ⅱ类	路基宽度	m	33.5	32.0	26.0	24.5	23.0
	路基平均高度	m	2.8	2.8	2.8	2.8	2.8
	指标值	hm²/km	5.847 0	5.680 3	5.013 7	4.847 0	4.680 4
Ⅲ类	路基宽度	m	—	—	26.0	24.5	23.0
	指标值	hm²/km	—	—	6.140 6	5.990 6	5.840 6

二、三、四级公路路基工程用地指标　　　　表5-28

地形类别	参数项	单位	二级公路		三级公路		四级公路	
			双车道		双车道		双车道	单车道
Ⅰ类	路基宽度	m	12.0	10.0	8.5	7.5	6.5	—
	路基平均高度	m	1.5	1.5	1.3	1.3	1.1	—
	指标值	hm²/km	2.585 6	2.371 6	1.946 9	1.839 9	1.668 7	—
Ⅱ类	路基宽度	m	12.0	10.0	8.5	7.5	6.5	—
	路基平均高度	m	1.5	1.5	1.2	1.2	1.2	—
	指标值	hm²/km	2.769 9	2.550 0	2.197 0	2.086 7	1.896 2	—
Ⅲ类	路基宽度	m	12.0	10.0	8.5	7.5	6.5	4.5
	指标值	hm²/km	3.648 8	3.448 8	2.632 5	2.532 6	2.269 9	1.906 9

　　高速公路、一级公路边坡联体分离式路基工程用地指标一般不应超过表5-29的规定，两幅完全分离式路基工程用地指标一般不应超过表5-30和表5-31的规定。两幅完全分离式路基内侧边坡坡脚之间的土地，应尽可能修建一定的设施（如通道）使其连通到外侧以便利用，当能够用于公路工程项目以外的其他用途时，该范围土地不计为公路工程项目建设用地；当不能用于其他用途时，则该范围土地可计为公路工程项目建设用地，并单独列表说明。

高速、一级公路边坡联体分离式路基工程用地指标　　　　表5-29

参数项	单位	高速公路			一级公路		
		半幅三车道	半幅双车道		半幅双车道		
半幅路基宽度	m	16.00	13.00	12.25	13.00	12.25	11.25
指标值	hm²/km	7.656 5	6.867 2	6.717 2	6.436 1	6.286 1	6.086 1

高速公路两幅完全分离式路基工程用地指标　　　　表5-30

地形类别	参数项	单位	半幅四车道		半幅三车道		半幅双车道	
Ⅰ类	半幅路基宽度	m	22.00	21.75	17.00	16.75	13.75	13.00
	路基平均高度	m	3.6	3.6	3.6	3.6	3.6	3.6
	指标值	hm²/km	4.429 9	4.403 1	3.894 8	3.868 1	3.547 0	3.466 8
Ⅱ类	半幅路基宽度	m	22.00	21.75	17.00	16.75	13.75	13.00
	路基平均高度	m	3.8	3.8	3.8	3.8	3.8	3.8
	指标值	hm²/km	5.007 3	4.979 7	4.456 8	4.429 2	3.939 2	3.856 2

续上表

地形类别	参数项	单位	半幅四车道		半幅三车道		半幅双车道	
Ⅲ类	半幅路基宽度	m	—	—	16.00	—	13.00	12.25
	指标值	hm²/km	—	—	5.394 4	—	5.028 4	4.953 4

一级公路两幅完全分离式路基工程用地指标　　　表5-31

地形类别	参数项	单 位	半幅三车道		半幅双车道		
Ⅰ类	半幅路基宽度	m	16.75	16.00	13.00	12.25	—
	路基平均高度	m	2.2	2.2	2.2	2.2	—
	指标值	hm²/km	3.318 6	3.238 4	2.917 4	2.837 1	—
Ⅱ类	半幅路基宽度	m	16.75	16.00	13.00	12.25	—
	路基平均高度	m	2.8	2.8	2.8	2.8	—
	指标值	hm²/km	3.851 1	3.767 6	3.433 5	3.350 0	—
Ⅲ类	半幅路基宽度	m	—	—	13.00	12.25	11.25
	指标值	hm²/km	—	—	4.491 7	4.416 7	4.316 7

当实际工程项目的路基宽度与表5-26~表5-31中的值不同时,可按表5-32对路基工程用地指标进行调整。

路基宽度调整指标(hm²/km)　　　表5-32

地形类别	路基宽度每增减1m		
	高速公路	一级公路	二级公路
Ⅰ类	0.107 0	0.107 0	0.106 0
Ⅱ类	0.133 0	0.122 2	0.115 5
Ⅲ类	0.208 3	0.199 2	0.120 0

当实际公路工程项目的路基平均(填挖)高度与表5-26~表5-28、表5-30、表5-31的值不同时,可按表5-33对路基工程用地指标进行调整。

路基平均(填挖)高度调整指标(hm²/km)　　　表5-33

地形类别	路基宽度每增减1m		
	高速公路	一级公路	二级公路
Ⅰ类	0.390 0	0.370 0	0.320 0
Ⅱ类	0.350 0	0.340 0	0.330 0

对基本无植被覆盖的荒漠区(荒滩、戈壁、沙漠等地区)公路,可在Ⅰ类地形区路基工程用地指标的基础上,按表5-34对路基工程用地指标进行调整。

路基平均(填挖)高度调整指标(hm²/km)　　　表5-34

高速公路	一级公路	二级公路
1.36	1.30	1.25

对于特殊地形、地质条件下的路段,当边坡高度、边坡坡率、排水设施尺寸等采用超出公路

路基设计规范规定的一般值时,经相关主管部门审定,路基工程用地指标可按系数 1.05~1.15调整。

设置港湾式紧急停车带的路段,可按 0.240 0hm²/km 增加用地面积;设置爬坡车道的路段,可按 0.275 0hm²/km 增加用地面积;设置避险车道的路段,可按 0.285 0hm²/km 增加用地面积;通信管线埋设于路基排水沟外侧的路段,可按 0.200 0hm²/km 增加用地面积。

设置主线辅助车道的路段和主线分、合流的路段,除按上述指标计算标准路基宽度的用地面积外,尚应按实际设计方案计算需增加的用地面积。

当公路通过风沙、雪害地区,需采取防风沙、防雪害等工程措施时,应按实际设计方案计算相应应增加的用地面积。

3. 用地指标的调整

当公路通过软土、沼泽地区,经设计验算及地基加固方案论证,必须设置反压护道时,应按设计增加用地面积。设计文件中应就设置反压护道的必要性及反压护道部分增加的用地面积予以专门说明。

公路通过地震动峰值加速度 ≥0.10g 的地区,当下卧地基被判定为可液化土,并确定需要加固地基时,应按设计的加固处理范围计算用地面积,其超过公路路基用地指标的部分,应按设计计算数量增加用地面积。

当公路通过滑坡、崩坍、岩堆和泥石流地区时,应按特殊路基整治设计的工程范围增加需要的用地面积,并应在设计文件中专门说明。

当公路通过多年冻土地区时,应根据冻土的类型、性质及现象等因素,采取保护冻土的措施,避免破坏自然生态环境。应结合路面的吸热和散热特性,按照保护冻土的要求增加需要的用地面积,并在设计文件中专门说明。

当高速公路、一级公路或二级公路通过强膨胀土或中等膨胀土地段时,应按设计的路基边坡坡度计算所需增加的公路用地宽度,由此增加相应的用地面积。对通过强膨胀土地段时,若路床填土高度小于 1m,应换填非膨胀土,尚应计入所需增加的取、弃土场用地。

当公路通过盐渍土地区时,应根据盐渍土的含盐性质、盐渍化程度,当地气象、水文条件,路基填料的土类等因素进行处治设计,应根据处治范围增加需要的用地面积,并在设计文件中专门说明。

当公路工程项目需建设防灾设施时,应根据防治的灾害种类、危害情况,结合地形、路线位置,按相关主管部门批准后的设计方案增加用地。

当公路工程项目经土、石方合理调配,并通过技术、经济比较,利用了可供利用的挖方量后,仍不能满足路基填方需要,必须借土时,宜结合当地的土壤性质和水文地质条件集中取土。取土场的位置及取土面积应在占用土地表中按各取土场的位置单独计列,并应在设计说明中予以专门说明。

公路工程项目在技术、经济合理的前提下,经土、石方调配移挖作填后剩余的弃方,应结合当地的地形条件,尽可能选择荒地作为弃土场。弃土场用地应在占用土地表中按各弃土场的位置单独计列,并应在设计说明中予以专门说明。

公路工程项目建设用地总体指标在经土地管理部门审查批准后,各分项工程的用地面积可根据工程本身进展的实际情况,在批准的总指标内适当调整。

二、公路建筑限界

公路建筑限界又称净空,是为了保证公路上各种车辆的正常运行与安全,在一定宽度和高度范围内,不得有任何障碍物侵入的空间范围,由净高和净宽两部分组成。在公路横断面设计中,公路标志、护栏、照明灯柱、电杆、管线、绿化、行道树及跨线桥的梁底、桥台、桥墩等的任何部分不得侵入公路建筑限界之内。

1. 各级公路的建筑限界规定

各级公路的建筑限界规定如图5-22所示。当设置变速车道、爬坡车道、慢车道、紧急停车带、错车道时,建筑限界应包括该部分的宽度。八车道及以上整体式路基的高速公路,设置左侧硬路肩时,建筑限界应包括相应部分的宽度。高速公路、一级公路、二级公路的净高应为5.0m;三级公路、四级公路的净高应为4.5m;桥梁、隧道设置检修道、人行道时,建筑限界应包括相应部分的宽度,检修道、人行道与车行道分开设置时,其净高应为2.50m。路基、桥梁、隧道相互衔接处,其建筑限界应按过渡段处理。隧道最小侧向宽度规定见表5-35。

隧道最小侧向宽度　　表5-35

公路等级	高速公路、一级公路				二、三、四级公路				
设计速度(km/h)	120	100	80	60	80	60	40	30	20
左侧侧向宽度$L_{左}$(m)	0.75	0.75	0.50	0.50	0.75	0.5	0.25	0.25	0.50
右侧侧向宽度$L_{右}$(m)	1.25	1.00	0.75	0.75	0.75	0.5	0.25	0.25	0.50

图5-22中,W为行车道宽度;L_1为左侧硬路肩宽度,L_2为右侧硬路肩宽度;S_1为左侧路缘带宽度,S_2为右侧路缘带宽度;L为侧向宽度,高速公路、一级公路的侧向宽度为硬路肩宽度

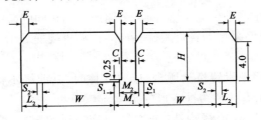

a) 高速公路、一级公路(整体式)

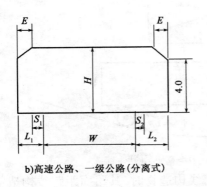

b) 高速公路、一级公路(分离式)

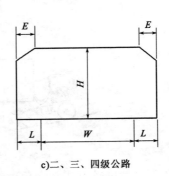

c) 二、三、四级公路

图5-22　公路建筑限界(尺寸单位:m)

（L_1 或 L_2），二、三、四级公路的侧向宽度为路肩宽度减去 0.25m；M_1 为中间带宽度，M_2 为中央分隔带宽度；E 为建筑限界顶角宽度，当 $L \leq 1m$ 时，$E = L$，当 $L > 1m$ 时，$E = 1m$；H 为净空高度；C 为中央分隔带边缘至建筑限界左侧边界线的距离，当设计速度 $> 100km/h$ 时，$C = 0.5m$，当设计速度 $\leq 100km/h$ 时，$C = 0.25m$。

2. 建筑限界的边界线划定

（1）建筑限界的上缘边界线

如图 5-23a）所示，一般路拱路段的上缘边界线为水平线；如图 5-23b）所示，设置超高路段的上缘边界线与超高横坡平行。

（2）建筑限界两侧的边界线

如图 5-23a）所示，不设超高的路段，上缘边界线应为水平线，两侧边界线应与路面超高横坡垂直；如图 5-23b）所示，设置超高的路段，上缘边界线应与超高横坡平行，两侧边界线与路面超高横坡垂直。

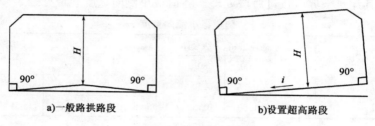

图 5-23 建筑限界的边界线划定

3. 净空与预留

（1）根据公路在路网中的地位与位置，同一公路应采用相同的净空高度。

（2）三、四级公路的路面采用沥青贯入、沥青碎石、沥青表面处治或砂石路面时，净空高度宜预留 20cm。

（3）中央分隔带或路肩上设置桥梁墩台、标志立柱时，其前缘不得侵入公路建筑限界，且不得紧贴建筑物设置，应留有护栏缓冲变形的余宽。

（4）凹形竖曲线上方设有跨线构造物时，其净高应满足鞍式列车有效净空的要求，如图 5-24 所示。

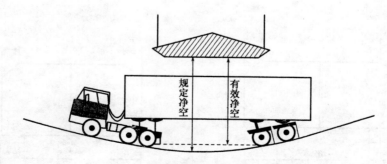

图 5-24 凹形竖曲线上方有效净空高度

（5）公路下穿宽度较宽或斜交角度较大的跨线构造物时，其路面距跨线构造物下缘任一点的净高均应符合相应净空高度的要求。

三、城市道路建筑限界

1. 建筑限界几何形状

如图 5-25 所示,城市道路建筑限界几何形状应为上净高线和两侧侧向净宽边线组成的空间界线,顶角宽度(E)不应大于机动车道或非机动车道的侧向净宽(W_1)。道路建筑限界内不得有任何物体侵入。

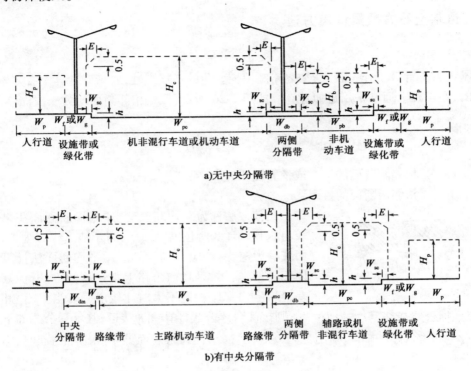

图 5-25 城市道路建筑限界

2. 城市道路净高要求

城市道路的最小净高应符合表 5-36 的规定,同一等级道路应采用相同的净高。

城市道路与公路及不同净高要求的道路之间应衔接过渡,并应设置必要的指示、诱导标志及防撞等设施。对加铺罩面、冬季积雪的道路,净高宜适当预留。对通行无轨电车、有轨电车、双层客车等特种车辆的道路,最小净高应满足特种车辆通行的要求。

城市道路最小净高　　　　表 5-36

车道类型	行驶车辆类型	最小净高(m)
机动车道	各种机动车	4.5
	小客车	3.5
非机动车道	自行车、三轮车	2.5
人行道	行人	2.5

第六节 路基土石方计算及调配

路基土石方数量计算和调配的目的是通过计算,提出挖方的利用;填方的来源及其运距、运量,为选定合适的施工方案和施工机具、安排工程进度、编制工程预算等提供依据。

一、路基土石方数量计算方法

1. 计算方法

路基土石方计算工作量较大,加之路基填挖变化的不规则性,要精确计算土石方体积是十分困难的,在工程上通常采用近似计算。如图 5-26 所示,假定相邻断面间为一棱柱体,则其体积为:

$$V_1 = \frac{1}{2}(A_1 + A_2)L \tag{5-3}$$

式中:A_1、A_2——相邻两断面的填方或挖方面积,m^2;

　　　L——相邻两断面的桩距,m。

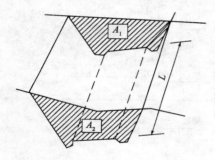

图 5-26 平均断面法

此种方法称为平均断面法,路基横断面面积是原地面线与路基设计线所包围的面积,高于地面线者为填,低于地面线者为挖,两者应分别计算。用平均断面法计算土石方体积简便、实用,是目前公路上常采用的方法,但其精度较差,只有当 A_1、A_2 相差不大时才较准确。当 A_1、A_2 相差较大时,则按棱台体公式计算更为接近,其计算公式如下:

$$V = \frac{1}{2}(A_1 + A_2)L\left(1 + \frac{\sqrt{m}}{1+m}\right) \tag{5-4}$$

$$m = \frac{A_1}{A_2}, A_2 > A_1 \tag{5-5}$$

2. 应注意的问题

(1)施工图设计阶段

在施工图设计阶段,计算路基土石方数量时需注意以下问题:

①填方数量包括路堤土石方量、原地面处理增加的工程量、路堤沉降增加的工程量。同时,桥涵、隧道、路面等结构物所占的空间,应从路基土石方工程量中扣除。

②挖方数量包括路堑土石方量、原地面处理增加的工程量、路面结构层增加的土石方数量、排水设施开挖增加的土石方数量。

③填方体积以压实方计量,挖方是以天然密实方计量。在土石方调配中,要找到土石方不同状态的换算系数。

(2)施工阶段

在公路施工阶段,填方数量除了包括施工图设计阶段的土石方量,还应包括路堤宽填增加的土石方数量(为了满足压实度要求必须进行宽填,宽填宽度为单层单侧宽填 50cm 左右)。此外,计价土石方数量为挖方数量与借方数量之和。

二、路基土石方数量调配

路基土石方数量调配是指将路基挖方合理移用于填筑路堤,以及适当布置取土坑及弃土坑的土石调运和运量计算工作。通过土石方调配,合理解决各路段土石平衡与利用问题,达到填方有所"取",挖方有所"用",尽量少"借"少"废",少占耕地。

1. 运距与运量

(1) 免费运距

免费运距是指只计挖方费用而不计算运费的某一特定距离。在该距离内的运输消耗已反映在基本定额中,因而不再计算运费。如人工运输的免费运距为 20m,推土机为 20m,铲运机为 100m 等。

(2) 平均运距

平均运距是指土石方调配时,从挖方体积重心到填方体积重心的距离。为简化设计计算,通常平均运距按挖方路段中心到填方路段中心的距离计。

(3) 超运运距

当平均运距小于或等于免费运距时,不另计运费;当平均运距大于免费运距时,超出的运距称为超运运距,超运运距的运输应另加运费。

(4) 经济运距

经济运距是指路堤所需的土石方采用"纵向调运"或"路外借土"的运距限度,可用下式求算:

$$L_{经} = \frac{B_1 + B_2}{T} + L_{免} \tag{5-6}$$

式中:$L_{经}$——经济运距,km;
B_1——借方单价,元/m³;
B_2——弃方单价,元/m³;
T——超运运费单价,元/m³/km;
$L_{免}$——免费运距,km。

当调运距离小于或等于经济运距时,采用"调"是经济的,若调运距离超过经济运距,则应考虑就近借土。

(5) 运量

土石方运量为平均运距与土石方调配数量的乘积。土石方调配时,超运运距的运土需另加计运费,故运量应按平均超运运距计。运量的计算式为:

$$W = Q \cdot n \tag{5-7}$$

式中:W——运量,m³;
Q——调配土石方数量,m³;
n——平均超运运距的数量级,其值为:

$$n = \frac{L - L_{免}}{L_{级}} \tag{5-8}$$

式中:L——平均运距,m;

$L_{级}$——超运距的数量级单位,m,如人工运输10m为一级,即 $L_{级}=10m$。

2. 调配原则

在进行路基土石方调配的过程中,应遵循以下原则:

(1)在半填半挖断面中,应首先考虑在本路段内移挖作填进行横向平衡,然后再作纵向调配,以减小总的运输量。

(2)土石方调配应考虑桥涵位置对施工运输的影响,一般大沟不作跨越调运,同时应注意施工的可能性与方便性,尽可能避免和减少上坡运土。

(3)为使调配合理,必须根据地形情况和施工条件,选用适当的运输方式,确定合理的经济运距,用以分析工程用土是调运还是外借。

(4)土石方调配"移挖作填"时,要综合考虑弃方和借方所带来的费用、赔偿青苗损失及对农业产生的影响等。

(5)不同的土方和石方应根据工程需要分别进行调配,以保证路基稳定和人工构造物的材料供应。

(6)位于山坡上的回头曲线路段,要优先考虑上下线的土石方竖向调运。

(7)对于借土和弃土,应事先同地方管理部门商量,妥善处理。应结合地形、农田规划等因素,合理选择借土地点,并综合考虑借土还田、整地造田等措施;弃土应不占或少占耕地,在可能条件下宜将弃土平整为可耕地,防止乱弃乱堆,或堵塞河流、损坏农田。

3. 调配方法与步骤

土石方调配有许多种方法,公路工程设计中多用土石方计算表调配法,即在路基土石方数量计算表上作土石方调配。其调配的步骤如下:

(1)对路基土石方数量计算表中的"挖方""填方"栏的计算复核无误后,将桥涵位置、陡坡、大沟等标注于表旁,供调配时参考。

(2)计算并填写表中"本桩利用""填缺""挖余"各栏。当以石作填土时,石方数应填入"土"中,并以符号区别之;然后按填、挖方分别进行核算,核算式为:填方 = 本桩利用 + 填缺,挖方 = 本桩利用 + 挖余。

(3)根据"填缺""挖余"的分布情况,可以大致看出调运的方向及数量,并按此进行初试调配。调配时应先按施工方法、运输方式来选定经济运距,并以此确定最大调运距离。经调配后,如有填方不足,不足部分按借方计;如有未调用的挖方,则按废方计。

(4)复核初试调配并符合上述要求后,在表中"纵向调配示意"栏上,用箭头线表示调配方向,并标注调运土、石方数量及平均超运运距"级数"。

(5)调配完成后,应分页进行核算,核算式为:

$$借方 = 填缺 - 远运利用$$

$$废方 = 挖余 - 远运利用$$

(6)本公里调配完毕,应进行本公里合计,总闭合核算除上述外尚有:

$$跨公里调入方 + 挖方 + 借方 = 跨公里调出方 + 填方 + 废方$$

(7)土石方调配一般在本公里内进行,必要时也可跨公里调配,但需将调配的方向及数量分别注明,以免混淆。

(8)每公里土石方数量计算与调配完成后,需汇总列入路基每公里土石方数量表,并进行

全线总计与核算,至此完成全部土石方计算与调配工作,全线总的调运量核复式为:
$$挖方 + 借方 = 填方 + 废方$$
目前,在实际生产设计中,多采用土石方调配软件进行动态调配。

【习题与思考题】

5-1 公路与城市道路的横断面形式有哪些?
5-2 试述公路与城市道路横断面的一般组成与特殊组成。各组成部分宽度如何确定?
5-3 各级公路对路肩的宽度要求是什么?路肩的作用是什么?
5-4 道路横断面设计的主要内容有哪些?
5-5 路拱的形式有哪些?路拱横坡如何确定?
5-6 试述合成坡度的定义,以及为何要限制合成坡度?合成坡度如何确定?
5-7 试述道路边坡的类型及边坡坡率要求。
5-8 公路用地范围如何规定?其指标要求依据为何?
5-9 试述公路与城市道路的建筑限界要求。
5-10 试述路基土石方数量的计算方法与调配步骤。

第六章
选线和定线

第一节 概 述

道路选线和定线是根据道路的性质、任务、等级和标准,在路线起、终点间,结合地形、地质、地物及其他沿线条件,综合平、纵、横三方面因素,在实地或纸上选定道路中线位置,然后进行有关测量和设计工作。它包括从路线总体设计、方案设计到具体定出线位的全过程。调查研究范围由大到小,工作深度由粗到细。

选线和定线是道路路线设计的重要环节,选定出的路线是否合理将直接影响到道路的质量、工程造价以及道路使用条件、安全性和使用年限。由于在路线起、终点间,地形、地质、气候等自然条件复杂多变,可能的路线方案较多,加之路线本身平、纵、横三方面的相互影响和制约,以及路线位置对道路构造物和其他道路设施影响很大,使得选线、定线工作变得十分复杂。因此,选线和定线是一项涉及面广、影响因素多、政策性和技术性都很强的工作。

一、地形区的划分及自然特征

我国幅员广阔,地形、地质复杂,为了便于分析不同地形、地质条件和道路选线、定线的关系,将地形划分为平原区、丘陵区和山岭区三种地形区,其自然特征如下:

1. 平原区

平原区是地面高度变化微小的地区,有时有轻微的波状起伏或倾斜,地面自然坡度一般在3°以下。主要包括一般平原、山间盆地、高原上的地形平坦地区。

平原区除泥沼地、淤泥地、盐渍土地、河谷漫滩、草原、戈壁、沙漠等外,一般多为耕地,有各种建筑设施和居民点,且交通网系较密;在农业区,农田水利渠网纵横交错;在城镇区,电力、电讯管网密布;在天然河网湖区,则湖泊、水塘、河叉多。

平原区地形平坦,往往排水困难,地下水位较高,地面积水情况较多,河流宽阔、比降平缓,泥沙淤积,河床低浅,洪水泛滥影响大。另外,平原区虽然不良地质现象较少,但有时也会遇到软土和沼泽地带。

2. 山岭区

山岭区山高谷深、坡陡流急,加之间或出现的悬崖、峭壁及峡谷等,形成了错综复杂的地形。

在地质、水文方面,山岭区土层薄、岩层厚,岩层产状和地质构造复杂多变;山区河流曲折迂回,河岸陡峻、比降大、水流急,一般多处于河流的发源地和上游河段,雨季暴雨集中,洪水历时短暂、猛涨猛落,流速快、流量大、冲刷和破坏力很强。

3. 丘陵区

丘陵区是介于平原和山岭之间的地形区,包括微丘和重丘两类地形。

微丘区是地面自然坡度在20°以下,相对高差小于100m,地面起伏较小,路线布设受地形限制不大的地区。

重丘区是地面起伏较大、较频繁,具有深谷和较高分水岭的地区,地面自然坡度一般在20°以上,路线布设受地形限制较大。

丘陵区山丘连绵、宽脊低岭、分水岭多、垭口不高,山脉和水系不如山岭区明显,地面的起伏比山岭区更为频繁,但不像山岭那么急剧和高低悬殊,一般也不会引起显著的气候变化。在水文、地质方面,有些丘陵区冲沟发育显著。

丘陵区农业一般比较发达,土地种植面积广、种类繁多,低地为水稻田,坡地多为旱田或经济林,小型水利设施也比较多。另外,居民点、建筑群、风景、文物以及其他设施在地势较平坦的地区也时有出现。

上述三种地形区,各有其地形、地质及气候等方面特点。选线和定线时除应掌握选线、定线的一般原则外,还要针对不同地形区的特点,抓住主要矛盾,因地制宜做好路线方案的拟定和比较、逐段安排路线及具体定线工作。

二、选线和定线的基本原则

1. 应符合道路线形设计的基本要求

路线设计应根据道路等级及其功能,正确运用相关技术标准,保持线形连续、均衡,确保行驶安全、舒适。道路选线和定线与道路线形设计有着密切的关系,线形设计是对道路路线平、纵、横三方面的一种综合设计。选、定线工作作为线形设计的先导,应符合线形设计的基本要求。

2. 做好方案拟定和比选

路线基本走向的选择,应根据任务书指定的路线总方向(路线起、终点和中间控制点),考虑道路技术等级及其在道路网中的作用,并结合铁路、航道、管线的布局,城镇、工矿企业、资源、土地开发利用和规划的情况,以及水文、气象、地质、地形等自然条件,从大面积着手,由面到线,从选出的所有可能路线方案中,通过调查、分析、比选,最后确定一条最优路线方案。

3. 正确运用和掌握技术标准

选线、定线时,应在保证行车安全、舒适、迅速的前提下,使工程量小、造价低、运营费用省,并有利于施工和养护。在工程量不大时,应尽量采用较高的技术指标,不应轻易采用接近极限或低限指标,也不应片面追求高指标。

4. 合理布设直线、弯道及其相互之间的衔接

路线布设应力求平顺,要使车辆能以平稳的车速行驶,若车速必须变化时,也要力求变化平缓。在平面线形上,影响车速平稳的主要因素是交叉口和弯道。在城市道路上,不可避免地每隔若干距离会有一个交叉口,因此宜尽量利用交叉口使路线作必要的转折以减少弯道。由于控制点和其他地形、地物的限制,必要时仍需设置弯道。为保证行车平顺,在插入弯道时,要尽量使弯道半径大一些(大于《标准》中规定的最小半径一般值)。在不得已需设置小于最小半径一般值(但不得小于最小半径极限值)的弯道时,必须按相关技术标准设置超高、加宽、缓和段或缓和曲线。

5. 注意与农业配合

选线、定线时,应同农田基本建设相配合,做到少占田地,并应尽量不占高产田、经济作物田或经济林园(如胶林、茶林、果园)等。

6. 应与周围环境、自然景观相协调

路线线位应尽可能避让不可移动的文物、自然保护区,通过名胜、风景、古迹地区。道路应与周围环境、景观相协调,并注意保护原有自然状态和重要历史文物遗址;应保持与易燃、易爆及污染源、危险源之间的安全距离。

7. 重视水文、地质条件

道路选线必须遵循由面到带、由带到线的原则,在对地形、工程地质、水文地质等调查与勘察的基础上论证、确定路线方案。对于滑坡、崩塌、岩堆、泥石流、岩溶、软土、泥沼等严重不良地质地段和沙漠、多年冻土等特殊地区应慎重对待,一般情况下,路线应设法绕避。当必须穿过时,应选择合适的位置,缩小穿越范围,并采取必要的工程措施。

8. 应综合考虑路线与桥位的关系

选线、定线时,个别特殊大桥桥位一般应作为路线总方向的主要控制点;大、中桥桥位原则上应服从路线的走向,一般作为路线方案的控制点,小桥涵位置应服从路线走向。

9. 重视环境保护

加强环境保护、重视生态平衡,为人类创造良好的生态环境,是我国的一项基本国策。选线、定线时应综合考虑由于道路修建以及汽车运行所产生的影响与污染等问题,具体应注意以下6个方面。

(1)路线对自然景观与资源可能产生的影响;

(2)占地、拆迁房屋所带来的影响;

(3)路线对城镇布局、行政区划、农业耕作区及水利排灌体系等现有设施造成分割而产生的影响;

(4)噪声对居民的影响;
(5)汽车尾气对大气、水源、农田所造成的污染及影响;
(6)对自然环境、资源的影响和污染的防治措施及其对策实施的可能性。
10. 其他因素

在选择城市道路路线的方位时,还应考虑风向和日照的影响,考虑为城市交通安全、绿化、排水、煤气、地下管线等提供有利的条件,考虑为城市或其所在地区将来的发展留有余地。

第二节 总体设计

一、总体设计理念与主要内容

总体设计是贯穿道路建设项目从可行性研究到施工图设计全过程,覆盖道路建设项目各相关专业的重要设计环节,各级道路均应进行总体设计。在总体设计环节,应统一协调路线与各相关专业及项目内外部的衔接关系,统领整个道路项目设计,最终使得路线与相关专业成为完整的系统工程,实现安全、环保、可持续发展的总体目标。总体设计的基本理念主要包括以下6个方面。

(1)坚持以人为本,树立安全至上的理念;
(2)坚持人与自然和谐,树立尊重自然、保护环境的理念;
(3)坚持可持续发展,树立节约资源的理念;
(4)坚持质量第一,让公众满意的理念;
(5)坚持合理选用技术指标,树立设计创作的理念;
(6)坚持系统论的思想,树立全寿命周期成本的理念。

总体设计的主要内容包括论证道路功能、技术标准、建设规模及建设方案、交通工程与环境保护的设置原则及标准规模,以及设计检验与安全评价。由于道路建设项目具有不同的建设条件和特点,总体设计的内容会有所差异,不能一概而论。但总体设计的环节和内容应贯穿道路勘察设计的全过程,并随着建设阶段不同,逐步细化和深化。

二、道路功能与技术标准

在总体设计环节,应根据国家和地区路网结构与规划、地区特点、交通特性和建设目标等综合分析道路在路网中的地位和作用,并论证确定公路功能。

根据论证确定的道路功能,结合交通量及建设条件,可综合分析道路的技术等级。一条公路可根据功能和交通量变化,论证分段采用的不同技术等级。

根据道路功能、交通组成、车型比例等因素及参数,论证应采用的设计车辆。《标准》中给出了5种不同的设计车型外廓尺寸。原则上,不同功能和等级的公路项目,设计车型选用应是有所差异和侧重,不是所有的设计车型均适用于各技术等级的公路项目。干线公路应满足5种设计车型的通行需求,同时与干线公路直接衔接的集散公路则应适当兼顾干线公路设计车型的通行需要。支线公路应以侧重满足小客车和载重汽车的通行要求为主。高速公路和一级公路应根据公路功能、设计交通量,确定公路基本路段的车道数。当车道数增加时,一般宜上、下行对称增加；特殊条件下，经论证也可非对称增加。

在选用设计速度时，各级道路可根据项目沿线地形、地质与自然条件变化，分段选用设计速度。道路主要几何指标与设计速度密切相关，实现道路总体线形与沿线地形等条件相适应、相契合，首先应从分段论证确定设计速度开始。不同技术等级、不同设计速度的设计路段相互衔接的地点和位置选择应合理。分段选用设计速度主要遵循以下原则。

（1）同一设计速度的路段长度不宜过短，一条公路中不同设计速度的变化不应频繁；

（2）不同技术等级、不同设计速度路段相互衔接的位置或地点，一般应选择大型构造物、互通式立交、平面交叉、沿线主要村镇结点的前后，或者路侧环境条件变化明显处。

在确定好上述指标后，应根据路段设计速度、沿线地形、地质、环境和交通需求等因素综合确定路线平纵面、视距、超高、加宽等主要技术指标，综合分析确定道路路基横断面组成及宽度。

三、建设规模与建设方案

1. 建设规模

在总体设计中，应根据道路网规划和道路项目功能，综合考虑路线走廊带范围的铁路、水路、航空、管道等综合交通运输体系的布局与规划，考虑城市、工矿企业的现状和发展规划以及自然资源开发利用状况等，研究确定路线起终点、主要控制点、路线长度、交叉数量、管理与服务设施配置标准等，确定建设规模。

2. 建设方式

根据项目的总体建设规模、重点工程施工条件、交通量发展需求和项目资金筹措情况等相关因素，论证确定项目的建设方式，采用分期修建方式时，应符合下列要求：

（1）必须在综合分析、论证的基础上作出总体设计和分期实施计划。分期修建的设计应使前期工程在后期仍能充分利用，并为后期工程的修建留有余地、创造有利条件。

（2）在论证采用分期建设方式时，除考虑交通量发展需求和项目资金条件外，还应充分考虑整个施工期内项目建设对周边环境、沿线群众出行、交通组织、安全等的影响。

（3）高速公路根据路网规划、交通量等因素，可采用纵向分段或按工程项目分期修建的方式。高速公路整体式路基路段，不得采用分期分幅的建设方式。高速公路和一级公路分离式路基路段经论证可采用分期分幅的建设方式，先期建成的一幅按双向交通通行时，应按二级公路通车条件进行管理，且限制速度不应超过80km/h。

3. 路基横断面形式的选择

（1）高速公路和一级公路应根据沿线地形、地质等条件，选用整体式路基断面形式或分离式路基断面形式。必要时，应对采用整体式与分离式路基、高低路堤、半桥半隧等路线方案进行比选论证。

（2）二、三、四级公路应选整体式路基断面形式。

（3）公路路基横断面布置应满足交通工程和安全设施等设置的需求。

（4）在戈壁、沙漠和草原等地区，高速公路和一级公路宜选择宽中央分隔带、低路基、缓边坡、宽浅边沟等形式。

4. 与周边环境的关系处理

（1）应在调查掌握铁路及各类管线设施的走向、位置的基础上，合理确定道路与临近铁路、管线的相互布置关系。

（2）应合理减少道路与铁路、管线等的交叉次数。必须交叉时，应论证确定交叉位置和方式，采用较大的交叉角度。同时确保铁路、管线及其附属设施不得侵入公路建筑界限，不对公路视距条件产生影响。

（3）当道路与铁路和管线设施平行相邻时，应保证必要的距离，且保证铁路、管线及其附属构筑物不得进入道路两侧建筑控制区范围。

（4）应根据道路功能及技术等级、交通组织方式，综合确定项目与沿线相关道路的交叉方式。

（5）承担干线功能的公路，应充分结合既有路网条件，通过合并、分流、设置辅道等措施，减少各类交叉数量、加大交叉间距，提高公路通行的效率和安全性。

（6）高速公路与其他等级公路交叉时，必须采用立体交叉方式。应视交通流转换需求，论证采用互通式立体交叉或分离式立体交叉。

（7）一级公路与其他一级及以下公路交叉时，应根据其所承担的主要功能确定交叉方式。承担干线功能时，与交通量大的公路相交宜采用立体交叉方式；承担集散功能时，应控制平面交叉间距，减少平面交叉数量。

（8）二、三、四级公路与其他二级及以下公路交叉时，可采用平面交叉形式。

（9）一级及以下公路穿越或靠近城镇段，应根据沿线实际情况考虑设置必要的隔离设施。

四、交通工程与环境保护

1. 交通工程及沿线设施

交通工程及沿线设施应与主体工程同步设计，并应根据公路功能及技术等级、交通组织方式、安全与运营管理等需要，合理确定设置原则、建设标准及规模。

根据公路功能及技术等级、交通管理与服务等需求，合理确定公路收费站场、服务区、停车区等管理和服务设施的位置、形式、间距和配置规模。必要时可根据交通量等发展需求，论证采用一次规划、分期建设的方案。

2. 环境保护

公路环境保护应贯彻"保护优先、以防为主、以治为辅、综合治理"的原则，高速公路及一、二级公路和有特殊要求的公路建设项目应做环境影响评价和水土保持方案评价；生态环境脆弱地区，或因公路建设可能造成环境近期难以恢复的地带，应做环境保护设计。公路环境保护设计应遵循以下原则：

（1）应合理选择路基横断面形式，合理确定路基高度，减小占地及对沿线生态环境的影响。

（2）应根据自然条件进行绿化设计，美化路容、保护环境。

（3）应充分考虑沿线居民的生活习惯和生活环境，设置必要的人行辅道方便居民出行，采取必要的措施避免或减少对居民的干扰。

（4）应充分考虑沿线动物通行的需要，设置必要的动物通道或标志，为动物穿越提供条件。

（5）各级公路排水设计应保证路基排水系统与路面、横向构造物、自然水系之间形成有机整体，相互有效衔接。

五、设计检验与安全评价

高速公路、一级公路和二级干线公路应在总体设计时进行设计检验和安全性评价。其他公路在有条件时，也宜进行安全性评价。应根据安全性评价结论，对线形设计、几何指标取用等进行调整优化，对交通安全设施及管理措施进行检查完善。

（1）对于连续长陡纵坡路段的上坡方向，应重点依据交通量、车型组成和运行速度变化，分析评价其上坡路段的通行能力和服务水平，提出交通组织与管理措施，必要时论证是否增设爬坡车道。

（2）对于连续长陡纵坡路段的下坡方向，应重点依据交通量、车型组成和主要货车车型的综合性能条件，分析评价车辆连续下坡的安全性，对应完善和加强路段交通工程和路侧安全设施，提出路段交通组织管理、速度控制措施方案，必要时论证是否增设避险车道。

（3）对于路侧临水、临崖、高填方等路段，应结合项目功能、设计速度和交通量等因素，论证提高路侧安全防护等级、完善路侧安全防护设施设计，必要时应提出交通安全管理措施。

第三节　路线走廊带的选择

路线走廊带的选定是路线选线之前的必要步骤，是在路线起点、终点及路线基本走向确定的基础上，通过对不同路线走廊带方案和局部路线方案进行总体设计，确定工程规模，完成工程估算，进行方案比选论证，基本确定路线走廊带。路线走廊带比选工作多在工程可行性研究阶段完成。

一、路线走廊带选择的步骤

（1）在预可行性研究阶段基础上进行社会环境、建设条件和自然条件等补充调查。

（2）在预可行性研究阶段提出的路线走向方案基础上，通过对控制路线走廊方案布设主要因素的进一步分析，拟选可能的路线走廊方案。

（3）对提出的路线走廊方案，应进行必要的实地踏勘和专业调查，并听取有关部门意见。

（4）对不同的路线走廊方案进行概略总体设计，估算工程量，进行投资估算。

（5）通过路线走廊方案比选论证，提出推荐方案。

二、路线走廊带设计内容

（1）在充分研究可行性研究报告批复意见的基础上，根据项目的主要影响因素，结合项目建设条件和特点，有针对性地制定设计原则，分析项目的重点、难点，提出相应的可行性对策。

（2）路线起、终点及与其他公路（含规划公路）的衔接方式应符合路网规划的要求，起、终点位置及建设方案应考虑为后续项目接线和具体工程实施预留足够的长度，至少应延伸至路线两个平曲线以上，并达到初步设计的工作深度。

（3）应根据公路功能，设计交通量，沿线地形、地质条件等论证确定公路技术等级、设计速度和设计路段。不同设计路段的衔接位置应适应衔接路段的过渡及前后一定长度范围内的线形设计。不同设计路段的衔接点宜选择在平面交叉或互通式立体交叉的交通量变化处，也可选择在平纵线形良好、视野开阔的路段。

（4）应对路线方案进行综合比选。平原微丘区路线方案比选应考虑项目与区域路网的关系。路线控制点应以交通源及交通枢纽为基础，路线宜尽可能便捷，同时应考虑占地、拆迁、噪声及景观等因素。山岭重丘区路线方案比选应考虑路线与地形、地质、水文、生态、水资源等自然条件的关系。路线控制点的选择应以安全和环境保护为原则，对整体式与分离式路基、高路堤与高架桥、深路堑与隧道等典型工程方案，根据其特点、适用性和内在联系，及其对路线方案和平纵面布置、路基土石方数量、环境保护、道路景观、工程可靠度、工程造价等的影响，从定性、定量两个方面综合比选。

（5）大型桥梁、隧道、交叉、管理养护设施等的位置、间距及其设计方案应根据其功能合理确定。

（6）平原区公路应尽量降低路基高度，采用低路堤设计方案，减小取土数量，节省公路占地，合理确定工程取土、弃土方案；山岭区公路不宜采用高填深挖路基的方式，应结合路线布设形式合理确定工程设施、取土场、弃土场和植被恢复设计方案，防止发生水土流失等次生灾害。

（7）路线平纵面设计及工程方案的确定应以节省占地为原则。基本农田区的路段应采取必要的工程措施节约耕地；山岭、丘陵区的路段宜根据弃土情况提出造地还田方案。

三、路线走廊带的方案研究

路线走廊带方案研究是针对初步论证拟定的路线走向方案和起终点、中间重要控制点等特殊点，充分听取沿线地方政府、交通主管、城市规划、环境保护等部门对路线方案的意见和建议，在1:10 000 地形图上进行走廊方案布设及研究分析，经优化、筛选、论证，选择路线走廊带方案。

路线走廊带的研究应充分利用有利地形，尽量避让不良地质地段，考虑安全、环保、保护农田和水资源等因素，选择线形均衡、纵坡平缓、行车安全、与环境相协调的方案。对所提出的不同的路线走廊带，在1:10 000 的地形图上进行概略总体设计，估算工程量，进行投资估算比较，比选研究获得最优路线走廊带方案。

四、路线走廊带方案成果

路线走廊带方案成果的编制要点如下：
（1）路线走向方案研究过程、初步研究结论及预审意见。
（2）区域路网规划布局分析。
（3）路线起点、终点论证。
（4）建设项目与沿线主要城市的连接方案论证。
（5）路线走廊带方案布设的主要控制因素分析。

(6)路线走廊带方案的拟定和比选。
(7)路线走廊带方案的综合选定。
(8)推荐路线走廊带方案及主要控制点描述。
(9)推荐路线走廊带方案的主要技术指标及工程规模。

第四节 选线和定线的基本内容

道路选线及定线工作贯穿于道路工程初步设计、技术设计和施工图设计各个阶段,并随着设计阶段的进展由面到带、由带到线、由线到点,逐步加深。

一、选线要求

路线选线包括确定路线基本走向、路线走廊带、路线方案比选及选定线位的全过程。

1. 路线控制点

(1)路线基本走向控制点:路线起点、终点,必须连接的城镇、重要园区、工矿企业、综合交通枢纽,以及特定的特大桥、特长隧道等的位置。

(2)路线走向控制点:一般性特大桥、大桥、一般性特长隧道、长隧道、互通式立体交叉、铁路交叉等的位置。路线走向控制点原则上应服务路线基本走向。

(3)中、小桥涵,中、短隧道,以及一般构造物的位置应服务路线走向。

2. 选线要求

(1)对路线所经区域、走廊带及其沿线的工程地质和水文地质,应进行深入调查、勘察,查清其对公路工程的影响程度。遇有不良工程地质的地段应视其对路线的影响程度,分别对绕、避、穿等方案进行论证比选。

(2)调查沿线各类敏感点及矿产资源,并研究其对路线方案的影响,合理选择线位。

(3)高速公路和一级公路与沿线主要交通源衔接,应利用区域路网或新建连接道路。

(4)二、三级公路在遵循项目总体功能和走向的基础上,应尽量避免穿越城镇。

(5)应协调桥梁、隧道、互通式立体交叉、服务区等构造物的位置和高程等的关系。

(6)应综合考虑与公路、铁路、输电线路、油气管道等管线的平行或交叉关系。

(7)平原区选线宜采用较高的技术指标,尽量避免采用长直线或小偏角平曲线。

(8)山岭区选线应充分利用地形条件,合理确定垭口位置,避免高填深挖,必要时应对高填方路堤与桥梁、深挖方路堑与隧道方案进行比选论证。

(9)沿溪(河)线选线时,应根据设计洪水位,结合地形、地质,合理确定线位高程,必要时应对桥梁与路基方案进行比选论证。

二、选线和定线的步骤

一条路线的起点、终点及中间必须经过的城镇或地点,通常是道路网规划所规定的,这些指定的点称为"据点"。两个"据点"之间有许多不同的走法,有的可能沿某河、越某岭,也可能沿某几条河、翻某几个岭;可能走某河的这一岸、靠近某城镇,也可能走河对岸、避开某城镇等。

为了很好地处理这些问题,选线、定线时一般要经过以下3个步骤。

1. 全面布局

全面布局就是确定路线的基本走向,即在"据点"间寻找可能通行的"路线带",并确定一些主要控制点。

全面布局是关系到道路"命运"的根本问题。全面布局如果不当,即使局部路线选的再好,技术指标确定的再恰当,仍然是一条不理想的路线。因此在选线、定线中,首先应着眼于全面布局,解决好基本走向问题。

全面布局一般在视察的基础上,经方案比选后确定。

2. 逐段安排

逐段安排是解决局部路线方案的工作,即在主要控制点间,结合地形、地质、水文、气候等自然条件,逐段定出具体的小控制点。例如路线是走垭口的左侧还是右侧、是用回头展线下山还是绕道下山、是一次跨河还是多次跨河等都属于局部方案问题。

逐段安排路线的工作应在踏勘测量或详测前分段察看中进行。

3. 具体定线

具体定线是在逐段安排路线后确定的小控制点间,根据自然条件和技术标准,进行路线平、纵、横综合设计,具体定出道路中线位置。

具体定线工作是在道路详细测量时进行的。

三、选线和定线的方法

选定道路中线位置按其具体做法不同可有实地选线和定线、纸上选线和定线及自动化选线和定线3种方法。

1. 实地选线和定线

实地选线和定线是指选、定线人员根据设计任务书的要求,深入现场进行勘察测量,直接选定道路中线位置。其特点是简便、切合实际,一般不需要大比例尺地形图,因面对实地地形、地质和地物,做出的方案比较可靠。但是,这种方法野外工作量很大,体力劳动强度大,野外测设工作受气候、季节的影响大。同时,由于地形复杂、视野受限,使路线的选定在利用地形上具有一定的不彻底性,平、纵面线形配合问题也难以彻底解决。

实地选线和定线一般适用于等级较低、方案比较明确的道路。当实地选定出的路线有个别路段线位不当时,可采取纸上移线的方法对其加以修改(而不必实际修改)使之达到经济、合理的要求。

实地选线和定线是我国传统的一种选线、定线方法,在今后一段时期内,也仍将是地方道路一个重要的选线、定线方法。

2. 纸上选线和定线

纸上选线和定线是在已测得的大比例尺地形图上(可人工测图或航测),进行路线方案的拟定和比选,并逐段安排路线,从而在图纸上确定线位的过程。其一般步骤是:①实地敷设导线;②实测地形图;③纸上选定路线;④实地放线。其特点是野外工作量较小、测设速度快,测设和定线受自然因素干扰小,能在室内纵观全局,结合地形、地物及地质条件,综合平、纵、横三方面因素,所选定的路线更为合理。但纸上选线和定线必须有大比例尺地形图,地形图的测设需要花费较大的工作量,并需具备一定的设备。

纸上选线和定线在选线、定线方面具有明显的优越性,特别对于高等级道路和地形、地质及路线方案十分复杂的道路更为适用。

3. 基于数字地面模型的自动化选线和定线

随着航测技术和电子计算机技术的发展,目前自动化选线和定线方法已得到广泛使用。自动化选线和定线的基本做法是:先用航测方法测得航测图片,再根据地形信息建立数字地面模型(即数字化的地形资料),把选线、定线的要求转化为数字地面模型,将设计数据输入计算机,由计算机按照一定的程序进行自动选线和定线、分析、比较、优化,最后通过自动绘图仪和打印机将全部设计图表、文件输出。

四、路线方案比选方法

路线方案是通过多方案的比较、淘汰而确定的。指定的两个"据点"之间的自然情况越复杂、距离越长,可能的比较方案就越多,需要淘汰的方案也就越多,且不可能对每个方案的路线都进行实地勘测。因而要尽可能收集已有资料,先在室内进行研究筛选,然后就最佳的、取舍难辨的有限个方案进行视察或踏勘。拟定和比较路线方案的一般步骤如下。

1. 收集资料

收集资料就是收集与路线方案有关的规划、计划、统计等资料,并向测绘、地质、水利、航运、气象等部门收集路线范围内的各种比例尺的地形图、地质图以及水文、地质、气象、可引用的国家水准点和三角点等资料。

2. 在小比例尺地形图上初拟路线方案

根据已确定的路线走廊带,结合收集的资料,初步选定各种可能的路线方案。

3. 室内初步比选,确定可比方案

对初拟的各种可能方案,在室内进行详细研究对比,并征求用路单位及受路线干扰的部门意见,将劣势明显的方案予以淘汰,并提出应进行视察或踏勘的路线方案。

对于某些重要的或地形极为复杂、牵涉面较大的路线,有条件时还可利用航测照片进行室内研究和初步比选。

4. 野外视察与初测

野外视察一般应包括以下7方面的内容:

(1)初步落实各据点的具体位置。
(2)对路线、大桥、隧道等均应提出推荐方案。
(3)分段提出所采用技术标准和主要技术指标的意见。
(4)在深入调查的基础上,通过比较,选定路线必经的主要控制点。
(5)分段估算各种工程量。
(6)进行经济方面及其他沿线条件调查。
(7)分项整理汇总视察成果,编写视察报告,为上级编制或补充修改计划任务书提供依据。

通过初测及野外视察,对路线的基本走向和方案做进一步论证比较,概略拟定路线的中线位置,提出切合实际的设计方案和修建原则,确定主要工程概略数量。

5. 进一步比选,确定推荐方案

对确定的少数几个可行的、优劣难辨的方案,进行指标计算,最后经指标对比及综合评价确定推荐方案。

路线方案比选的评价指标,主要有技术、经济、政策和国防上的意义、交通网系中的作用及联系城镇的多少等指标。本节只介绍技术及经济两类评价指标。

(1)技术指标

①线长度及其增长系数。增长系数按式(6-1)计算:

$$\gamma = \frac{L}{P} \times 100\% \qquad (6-1)$$

式中:γ——路线增长系数;
  L——路线实际长度;
  P——路线起、终点间的直线距离。

在初步比选时,有时可只计算路线方案各主要控制点间直线距离之和,而不计算路线实际长度,这时计算出的系数叫作路线技术延长系数,其值一般在1.05~1.20之间,视地形条件而异。

②转角数。可分为全线的转角数和每公里的转角数。

③转角总和与转角平均度数。转角值是体现路线顺直程度的一种技术指标。转角平均度数按式(6-2)计算:

$$\bar{\alpha} = \sum_{i=1}^{n} \frac{\alpha_i}{n} \qquad (6-2)$$

式中:$\bar{\alpha}$——转角平均度数,°;
  α_i——任一转角的度数,°;
  n——转角数,个。

④最小曲线半径及个数。

⑤回头曲线个数。

⑥与原有道路及铁路的交叉数目(包括平面交叉和立体交叉)。

⑦限制计算行车速度的路段长度(指居住区、小半径转弯处、交叉点及陡坡路段等)。

(2)经济指标

①土石方工程量。

②桥梁工程量(大桥、中桥、小桥涵的座数、类型及长度)。

③隧道工程量。

④挡土墙工程量。

⑤征购土地工程量及费用。

⑥拆迁建筑物及管线设施的数量。

⑦主要材料数量。

⑧主要机械、台班数量及工日。

⑨工程总造价。

⑩投资成本—效益比。
⑪投资内利润率。
⑫投资回收期。

（3）评价方法

分析确定或计算出各评价指标后，即可对路线方案进行综合评价，确定推荐方案。评价的方法目前尚无统一模式，一般都采用如下的技术路线：根据道路使用任务和性质要求的不同，确定各评价指标的"权重"（不同道路其评价指标的"权重"不同），并将评价指标予以量化，然后由"权重"及评价指标的量确定综合评价指标，从而经过综合评价指标对比确定推荐方案。

五、路线方案比选实例

图 6-1 为某县级道路，根据道路网规划要求确定为三级公路，踏勘后拟定了 4 个路线方案进行比较，各方案的主要指标汇总于表 6-1。

某道路各方案主要指标比较值 表 6-1

指标		单位	第一方案	第二方案	第三方案	第四方案
通过县(市)		km	29	29	32	31
路线长度		km	1 360	1 347	1 510	1 476
建设性质	新建	km	133	200	187	193
	改建	km	1 227	1 147	1 323	1 283
地形	平原、微丘	km	567	677	512	615
	山岭、重丘	km	793	670	998	861
用地		市亩	2 287	2 869	3 136	2 890
工程数量	土方	万 m³	382	492	528	547
	石方	万 m³	123	75	82	121
	次高级路面	千 m³	5 303	5 582	4 440	5 645
	大、中桥	m/座	1 542/16	1 802/20	10 557/13	1 207/15
	小桥	m/座	1 084/57	846/54	980/52	1 586/82
	涵洞	道	977	959	1 091	1 278
	挡土墙	m³	73 530	53 330	99 770	111 960
	隧道	m/处	300/1	—	290/1	—
三材	钢材	t	1 539	1 963	1 341	1 469
	木材	m³	18 237	19 052	18 226	19 710
	水泥	t	30 609	39 159	31 288	33 638
总造价		万元	5 401	5 674	5 189	5 966
比较结果			推荐			

由图 6-1 可以看出，第三、四方案路线过于偏离总方向，较第一、二方案长 100~150km，虽能多联系两三个县、市，但对发展地区经济所起的作用不大。而且第三方案线形指标较低，将来改建时难以提高；第四方案又与现有高压电缆线连续干扰，不易解决。因而，第三、四方案的综合指标较低。第二方案中路线最短，但与铁路严重干扰，于战备和施工都不利，且用地较多，最后选择推荐了路线基本走向合理、线形标准较高、用地省、投资也较经济的第一方案。

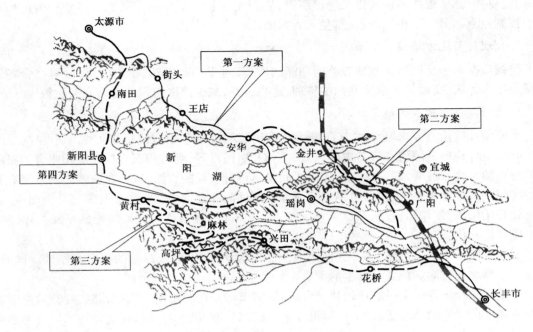

图 6-1　某道路路线方案比选示意

第五节　平原微丘区选线

一、路线特点

平原区地势比较平坦,城镇、居民点、工业区稠密,土地资源宝贵,河流水网发达,公路、铁路及管线等交通运输设施密集。

微丘区地形接近于平原区地形,起伏较小,横坡较缓,选线和定线时各项技术指标的掌握与平原区大体相同。

平原微丘区地形对路线的限制较小,路线平、纵、横三方面的线形易达到较高的技术标准。平面上,线形顺直,以直线为主体,平曲线半径较大而曲线转角一般较小;纵断面上,纵坡平缓,以低填为主。平原区选线和定线时主要应处理好地物障碍,即以平面为主安排路线。

二、选线要点

1. 以平面为主安排路线

平原区路线因受纵坡限制不大,布线时应在基本符合路线走向的前提下正确处理对地物、不良地质的避让与穿越,以平面为主安排路线。选线时,首先在起点、终点及中间必须经过的城镇或地点间,把路线必须经过的工厂、农场及文物风景地点作为主要控制点,然后在主要控制点之间进行实地勘察,了解农田优劣及建筑群、水电设施、跨河桥位、障碍物等地物分布情况,确定哪些可穿、哪些该绕避以及怎样绕避,从而建立起一系列小控制点。路线一般应由一个小控制点直达另一个小控制点,避免人为扭曲。

2. 处理好与地方路网的关系

路线应有利于交通组织和地方路网功能的发挥,对于相对发达、密集的路网,可结合各条道路的技术等级、交通量及重要性归纳整理,适当合并,减少路网与拟建项目交叉次数。

3. 线形与技术标准的确定

平原微丘区选线要求路线方向直接、线形舒顺,尽可能采用较高标准。两个小控制点之间,如无地物、地质等障碍和应考虑的风景、文物及居民点等,则与两点直接连线相吻合的路线是最理想的。当路线必须转折时,相邻曲线间应尽量有较长的直线,以便在曲线之间过渡有充裕的时间。但直线也不宜过长,更不应不顾客观条件而片面追求长直线。凡需要转向时,应在较远处开始偏离,使偏角较小,并尽量采用较大半径的平曲线,从而保证线形的平顺。路线纵坡不应频繁起伏,但也不宜过于平缓。

平原区路基一般以低路堤为主,但必须做好排水设计,以确保路基的稳定和坚固。同时,还应考虑纵坡与排灌涵位及其高度的配合。

平原区在经济发展上一般比较快,交通运输需求增长比较迅速。因此,路线要充分考虑近期规划和远期规划的结合,线形上应尽可能采用较高标准,以便将来提高道路技术等级时能充分利用原有路基、桥涵等工程。

4. 处理好与沿线社会环境、生态环境的关系

路线应绕避居民饮用水源区、珍稀动植物栖息地及生长区,宜避让主要农作物生长区、果园、苗圃及自然保护区,如无法绕避时应采取相应的保护治理措施。

路线应绕避学校、医院、养老院等敏感区,宜绕避居民小区、房屋密集的村镇,如无法绕避时应采取相应的保护防治措施。

5. 处理好与农业的关系

平原区农田成片,渠道纵横交错,路线布设时要注意处理好与农业发展的关系,与农田灌溉、水利设施建设相结合。从支援农业出发,布线应处理好以下问题:

(1) 平原微丘区新建道路占用一些农田是难以避免的,但结合我国地少人多的国情,在可能的条件下要做到尽量少占或不占高产田。要从路线对国民经济作用、对支农运输效果、地形条件、工程量、交通运输费用等方面全面分析比较,使路线既不片面求直而占用大量良田,也不片面强调不占某块农田而使路线弯曲过多,造成行车条件恶化。

(2) 路线布设应与农田水利建设相结合,布线时要注意了解灌溉渠道的分布情况,使路线尽量与灌溉渠平行,并尽量少和灌溉渠相交,最好把路线布置在渠道的上方非灌溉区一侧或渠道的尾部。当路、渠走向基本一致时,可沿渠堤布线,堤路结合、桥闸结合,以减少占田和便利灌溉。路线要尽可能避开供灌溉用的水塘,必须穿越时,路线最好布设在水塘的一侧,并拓宽水塘、取土筑路。这样既可使水塘面积不致缩小,又解决了借土问题。

(3) 注意筑路与造田、护田相结合。路线通过河曲地带,当水文条件许可时,可考虑路线直穿,同时改移河道,从而既可缩短路线,又可造田。

6. 处理好与城镇的联系

平原区有较多的城镇、村庄、工业区及其他公用设施,布线时应结合道路性质正确处理穿

越与绕避、拆迁与保留的关系。

国防道路、高等级道路及其他过境道路原则上不宜穿过城镇、工矿区及较密集的居民点，以减少相互干扰、保证安全。但考虑到方便运输、便利群众、充分发挥道路服务性能，路线又不宜离开城镇过远，必要时可修建支线联系，做到靠城不进城、利民不扰民。布线时注意与城镇规划相结合，当路线必须穿过城市时应注意与城市道路相协调，并符合城市道路设计的要求。

沟通县、乡、村直接为农业运输服务的道路，经地方同意可穿越城镇，但应有足够的路基宽度、行车视距及必要的交通设施，以保证行人、行车的安全。

路线应尽量避开重要的电力、电信及其他管线设施。

7. 处理好与桥渡的配合

平原区河流湖泊较多，桥涵工程量大，路线在跨越河道时，无论在平面还是纵断面上，都应尽可能保证路线的平顺性。

（1）特大桥桥位是路线基本走向的控制点。路线基本走向应服从特大桥桥位的安排。

（2）大、中桥桥位原则上应服从路线基本走向，但常常作为路线走向的控制点。在选定桥位时，应将路、桥综合考虑。桥位应尽量选择在河床稳定、河道顺直、河面较窄、地质良好和两岸有利于桥头路线布设的河段。一般情况下，桥位中线应尽可能与河流的主流流向正交，桥梁和引道最好都在直线上。位于直线上的桥梁，如两端引道必须设置曲线时，应在桥头两端以外保持一定的直线段，并尽量使曲线具有较大平曲线半径。当条件受限制时，可设置斜桥或曲线桥。要注意防止两种倾向：一种是单纯强调桥位，造成路线过多的迂绕，或过分强调正交桥位，出现桥头急弯影响行车安全；另一种是只顾线形顺直，不顾桥位，造成桥位不合适或斜交角过大，增加施工难度。如图 6-2 所示，某路线跨越某河流，勘测了 3 个方案：就桥位而言，Ⅰ方案较好，桥位正交，但路线较长；就路线而言，Ⅱ方案里程最短，但桥梁多，且都为斜交；Ⅲ方案则各桥都近于正交，线形较舒顺美观。三个方案都有可取之处，如道路技术等级较低则宜采用Ⅰ方案，因该道路技术等级较高，故采用Ⅱ方案。

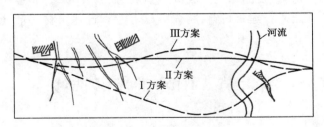

图 6-2 桥位方案比选

（3）小桥涵位置应服从路线走向，但遇到斜交角过大（一般在桥轴线与洪水流向的夹角小于 45°时）或河沟过于弯曲的情况，可采取改河措施或改移路线、调整轴线与流向间的夹角，以免过分增加施工难度和加大工程投资，选线时需全面比较确定。

（4）路线跨河修建渡口时，应在路线基本走向确定后，选择渡口位置。渡口要避开浅滩、暗礁等不良地段，两岸地形应适宜修建码头。

8. 注意土壤水文条件

平原区土壤水文条件较差，特别是河网湖区，地势低平、地下水位高，容易影响路基的稳定性。

(1)在低洼地段,当路线与分水岭走向基本一致时,应尽可能沿接近分水岭的地势较高处布线,以便路基具有较好的水文条件。

(2)当路线遇到面积较大的湖塘、泥沼和水库时,一般应绕避。难以避绕时,应选择最窄、最浅和基底坡面平缓的位置,借土填堤通过。

(3)路线通过排水不良的低洼地带,布线时要注意保证路基最小填土高度,对低填及个别挖方地段要做好排水处理。

(4)沿河布线时,应注意洪水对路线的影响,一般应布线于洪水泛滥区之外。必须通过泛滥区时,桥梁、路基应有足够的高度,以免被洪水淹没,并应对路基边坡进行防护加固,避免冲毁。

9. 充分利用旧路

平原区通常有较宽的人行大路,新建道路应尽可能利用旧路。但要注意从道路的长远发展考虑,根据该路在路网中的地位和作用,严格按照技术标准的要求对旧路进行改造,不能利用的,可以恢复为耕地或改为通行农业机械的道路。

10. 处理好与管网的关系

路线与各种管网、管线相交或平行时,应满足相关行业标准规范的规定。原油、天然气输送管道与高速公路、一级公路相交时,应采用下穿方式,埋置地下专用通道;与二、三、四级公路相交时,应埋置保护套管。埋置深度除满足相关行业规定外,还应符合现行《公路桥涵设计通用规范》(JTG D60—2015)有关规定,并按所穿越公路的车辆荷载等级进行验算,穿越公路的保护套管顶面距路面底层的底面不应小于1.0m。

11. 注意路基取土和就地取材

路基取土不能乱挖乱取、破坏农田,造成路基两边积水。取土时应根据取土数量、用地范围及运距长短进行全面规划,可采用大面积集中取土的方法,使梯田取土变平田,平田取土不废田。取土时还可结合农田水利需要,采用在附近修渠道取土填筑路堤的办法。如需设置取土坑,则应设置在路基一边或在路基两侧断续设置。

平原微丘区一般缺乏砂石建筑材料,路线应尽可能靠近建筑材料产地,以减少施工、养护材料运输的费用。

第六节 山岭重丘区选线

一、山岭重丘区路线特点

山岭重丘区地形如图6-3所示,路线布设应与地形相适应,按地形布线有沿河(溪)线、越岭线、山脊线、山腰线或越岭线等多种方式,选线过程中应根据道路的功能及性质,结合地形、地质、环境等自然条件,灵活选择布线方式。

山区地形是河谷、山谷、山脊、山坡及山沟等的综合排列。在两个分水岭之间,即存在一条溪谷或河流,山脊连线上高程较低的地带即为垭口。山岭区虽然地形复杂,但山脉和水系清晰,这就给山岭区选线确定了基本走向。一种是路线基本走向与分水岭(即溪流)方向一致;另一种是路线基本走向与分水岭及溪谷方向横交,即横越山岭。前者按行经地带的部位不同又可分为沿河(溪)线和山脊线,后者为越岭线。

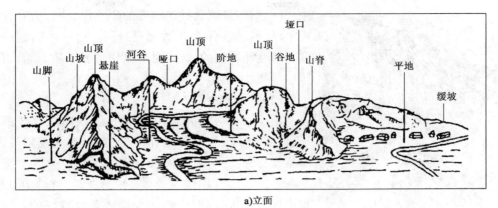

图 6-3 某山区地形

1. 山岭区路线特点

山岭区地形变化大、自然条件复杂,路线平、纵、横三方面都受到很大约束,技术指标常需要采用低限。在所有自然因素中,高差是主导因素,因此一般多以纵断面线形为主选定路线。

2. 重丘区路线特点

丘陵区路线线形与平原区相比较,平面上较多迂回,有较小半径的平曲线,纵断面上有些起伏,偶尔有较陡的坡段。重丘区近于山岭区,地形起伏较多,但高差不太大,横坡也不太陡,路线平、纵面布置往往受局部限制,各项技术指标的掌握与山岭区大体相同。

由于自然条件复杂,地形变化很大,路线在平、纵、横三方面相应受到很大限制,因而技术指标一般多采用低限。在所有自然因素中,高差急变是主导因素,因此,在路线布设时,一般多以纵面线形为主确定路线,其次是横断面和平面。在选线时要注意分析平、纵、横三方面因素,结合影响路线的主要自然因素综合考虑,力求协调合理。

二、山岭重丘区选线要点

1.沿溪线选线要点

1)路线安排要点

沿溪(河)线是沿着溪(河)岸布设的路线,如图6-4所示。沿溪(河)线逐段安排路线时的

图 6-4 沿溪线

主要问题是：路线选择走河流的哪一岸；线位放在什么高度上；路线选在什么合适地点跨河。这三个问题是互相联系和互相影响的，选线时要抓住主要矛盾，结合道路性质和等级，因地制宜解决。

（1）河岸选择

由于河谷两岸情况各有利弊，选线时应比较两岸地形、地质、水文、气候等条件，以及农田水利规划等因素，避难就易，充分利用有利的一岸。

沿溪（河）线路线应选择在地形宽坦，有阶地可利用，支沟较少且沟长较短，水文及地质条件良好的一岸。当这些有利的条件交替出现在河流的两岸时，应深入调查、综合比较，决定取舍或换岸使用。

积雪和冰冻地区的阳坡和阴坡、迎风面和背风面气候差异很大，在不影响路线全面布局的前提下，应尽可能选择阳坡和迎风的一岸，以减少积雪、涎流冰等病害。有时即使阳坡工程大些，也应当从延长通车时间和保证行车安全着眼，选择阳坡方案。

为方便群众，便于联系城镇、工矿及风景文物区，除国防道路和高等级道路外，一般道路应尽可能选择在村镇较多、人口较密的一岸。

（2）跨河换岸地点

沿溪（河）线除起、终点在同一岸，且里程较短、工程不大时不考虑跨河外，一般情况下都须考虑是否跨河换岸布线。

跨河换岸主要有以下3个方面的原因：对于有严重地质病害，无法穿越或处理的局部河岸，为了避让不良地质地段，可考虑跨河换岸；河谷两岸有利的地形条件交替出现时，为利用有利地形、避开艰巨工程，可在两岸交替布线；为避让铁路、农田、大型水利工程、重要建筑设施等地物障碍，以及为缩短里程、提高线形标准时，也可考虑跨河换岸布线。

路线跨越河流，有跨支流和跨主流两种情况，换岸跨河多为后一种情况。由于跨主流的桥位往往是逐段安排路线时的小控制点，因此沿溪（河）线选线时，河岸选择和跨河地点选择一般是同时进行的。当路线需要换岸布线时，如果桥位选择不好而勉强跨河，则会造成桥头线形差或增大桥梁工程。

路线跨越主流时，由于路线与河流接近平行，桥头布线一般比较困难。因此，在选择路线跨河地点时，除应考虑桥位本身水文、地质条件外，还要注意桥头路线的舒顺，处理好桥位与路线的关系。常见有以下几种情况：

利用S形河段跨河，争取桥轴线与河流成较大交角，改善路线线形。由于沿溪（河）线与河谷走向平行，在跨主流时往往形成"之"字形路线，桥头平曲线半径较小，线形差。若跨河地点选在S形河段的中部，如图6-5所示，桥头线形显著改善。

利用河弯附近选择有利点跨河，如图6-6所示，但为防止河弯地段水流对桥台的冲刷，应采取防护措施。

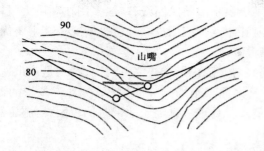 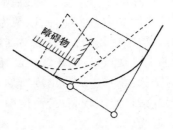

图6-5 利用S形河段跨河　　　　图6-6 利用河弯跨河

在与路线接近平行的顺直河段上跨河时,桥头引道难以舒顺,选线中应尽量避免。当必须在这种河段上跨河时,中、小桥可适当考虑斜交以改善桥头线形。对大桥不宜斜交时,宜把桥头路线作成构形或布置一段弯引桥(图6-7),可改善桥头线形,争取较大半径。

路线跨支流的桥位选择属局部方案问题,一般有从支流河(沟)口直跨和绕进支流上游跨越两种方案,如图6-8所示。从支河(沟)口直跨,路线短、线形好、标准较高,但桥梁工程增大;绕进支沟上游跨越,路线增长、线形较差、标准较低、桥头引道常用较小半径,但桥跨孔径较小,墩、台基础条件好。采用何者为宜,要根据道路技术等级和桥位处的地质、地形条件,经过技术、经济比较确定。一般高等级道路侧重于直跨,低等级道路宜采用绕进方案。

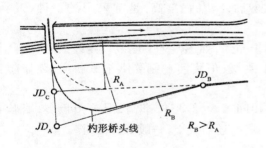 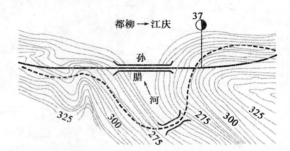

图6-7 正交桥位改善桥头线形措施　　　　图6-8 路线跨支沟方案

(3) 线位高低的确定

沿溪(河)线线位的高低,是根据溪(河)流洪水对路基的威胁程度、河岸的地形、地质条件及路线等级来确定的。最好是将路线布设在地质及水文条件良好,不受洪水影响的平整阶地上。但在谷坡陡峻的河谷中,往往缺乏这种有利地形,而必须傍山临河布线,此时确定路线的高低必须慎重考虑。

在不受洪水淹没和破坏的前提下,路线布设通常有低线位和高线位两种方式。

低线位是指路基高出设计水位(包括浪高加安全高度)不多,路基一侧临水很近,常受洪水威胁的沿溪(河)路线。其主要优点是:平、纵面线形比较顺宜、平缓,易争取到较高标准,土石方工程也较省,边坡低,路基易稳定;路线活动范围较大,便于利用有利地形、地质和避让不良地形、地质;便于在沟口直跨支流,必须跨越主流时也较易处理。

低线位的主要缺点是:线位低,受洪水威胁大,防护工程较多;河边较好的地形多为农田,占田较多;低线位多在沟口附近跨越支沟,桥涵孔径较大,基础工程施工比较困难;为了不使废方堵河、壅高水位,废方处理工程量大。

高线位是指高出设计水位较多,基本不受洪水威胁的路线,一般多用在利用大段较高阶地或傍山临河低线位易被积雪掩埋,以及为避让艰巨工程而提高线位等情况。其主要优点是:不受洪水侵袭;防护工程较少;废方容易处理。

高线位的主要缺点是:由于线位高,路线势必随山形走势绕进绕出,特别是鸡爪地形地段,线形差、工程量大;路基边坡常出现"缺口",因而挡土墙和加固工程较多;跨支沟的桥涵构造物较高,工程复杂且费用较高;跨河换岸,避让或处理不良地质地带时比较困难;施工和养护用水、运料不如低线位方便。

两种线位各有利弊,但一般来说,低线位的优点更多。在满足规定频率的设计水位的前提下,一般路线越低工程越经济,线形标准也越高。各地有不少采用低线位的成功经验,但也有不少洪水冲毁路基的教训。因此,在采用低线位方案时,要做好洪水调查工作,收集可靠的水文资料,把路线放在安全高度上,同时要采取切实的防洪措施,以保证路基的稳定和安全。

2)几种河谷地形条件下的路线布设

(1)开阔河谷

这种河谷谷底地形简单、平缓,从河岸到山坡有较宽阶地,阶地上农田、村镇、居民点多。布线一般有靠山脚、沿河岸和直穿田间 3 种走法:

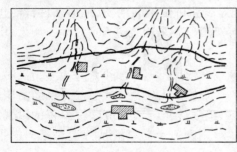

图 6-9 靠山脚布线方案

靠山脚布线,如图 6-9 中实线。路线沿高阶地布设,虽略有增长,纵面会有起伏,但可不占或少占农田,不受洪水威胁,路基强度高,是常采用的一种布线方案。

沿河岸布线,如图 6-9 中虚线。路线线形较好,坡度均匀、平缓,但临河一侧受洪水威胁大,须作防护工程。

直穿田间布线,线形标准高,但占田最多,路基稳定性差,有时还需换土,一般不宜采用。

(2)河道弯曲、较狭窄的河谷

这种河谷一般凹岸陡峭,而凸岸则多有一定宽度的浅滩;有时也有凸出的山嘴或出现迂回的深切河曲。河道弯曲、较狭窄的河谷地段主要有两种布线方式:

沿河岸自然地形、绕山嘴、河湾布线。取直路线,遇山嘴则采用隧道或深路堑通过,遇河弯则两次跨河或改移河道。如图 6-10 所示,是河曲段的 3 个路线方案。Ⅰ方案为绕河曲布线,路线长、线形较差;Ⅱ、Ⅲ方案分别为取直路线的两个路线方案,前者采用了隧道穿越的方式,后者为深路堑通过的方式。两方案线形都较好,路线短,但工程量都较大。究竟采用哪种方案,应通过技术经济比较决定。一般情况下,等级高、交通量大的道路宜取直,等级低的道路宜采用工程量较小的绕越方案。

对于个别突出的山嘴,可用切嘴填弯的办法处

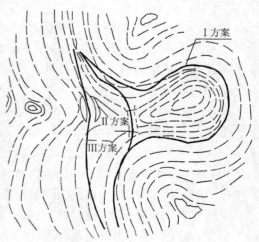

图 6-10 河曲段路线方案

理,如图 6-11 所示,布线时应注意纵向填挖平衡,不要将大量废方弃置河中,堵塞河道。

(3)陡崖峭壁河段

山区河谷两岸常有陡崖峭壁交替出现,两岸都是陡崖峭壁的河段即为峡谷。峡谷一般河床狭窄、水流湍急。路线遇到这种地段,只有绕避和穿过两种方案。

①绕避方案

当岩壁陡峻、峡谷很长,路线无法直穿时,则只能绕避。其方法有两种:一是翻上峡谷陡崖顶部选择有利地带通过;二是寻找越岭路线。前者需要崖顶有可供布线的合适地形,后者需要附近有基本符合路线走向的较低垭口。为满足纵坡要求,过渡段往往较长且工程比较集中。高差越大,过渡段就越长。因此,当崖顶或附近垭口过高,展线困难或峡谷不长时,两种绕避方法均不宜采用。

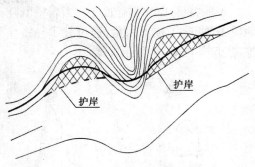

图 6-11　切山嘴填河弯布设

②直穿方案

直穿就是路线直接穿过岩壁。直穿的路线方案,其平、纵面因受岸壁形状和洪水的限制,活动余地不大。线位主要取决于根据河床宣泄洪水的情况而拟定的横断面。路线一般以低线位为宜,如洪水位高或有严重积雪的现象,则不宜采用直穿方案。必须直穿时,根据河床宽窄、水文条件及岩壁陡峻程度,可有如下方式:

与水争路、侵河筑堤。当河床较宽、水流不深,压缩部分河床不致引起洪水位过多抬高时,可考虑侵河筑路,如图 6-12 所示。压缩河床的程度应视具体情况而定。对于宽而浅的河床,压缩后水位抬高不大时,宜以借石填堤为主,少开石壁,但要注意临河一侧防护工程的设置。当河床较窄不宜压缩时,可与沿河工程结合考虑,路基占用的泄水面积应从开挖对岸河槽中补偿。

硬开石壁。当河床较窄,水流很急不易侵占河床时,可在岸壁上开挖台口式路基,如图 6-13 所示。设计时要注意废方处理,尽可能将大部分废方利用到附近路段,同时要考虑散失在河中的废方对水位的影响,适当提高线位。

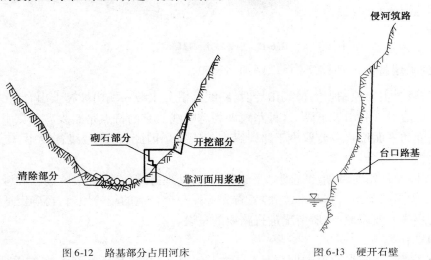

图 6-12　路基部分占用河床　　　　　图 6-13　硬开石壁

采取特殊工程措施通过。当岩壁既陡又高，但不太长，上述两种方法又有困难时，可根据地质条件、施工技术力量，通过技术经济比较，考虑采用隧道、半山洞、悬出路台及半山桥等措施通过，如图6-14所示。

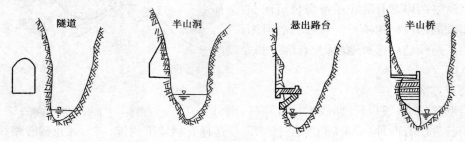

图6-14 采取特殊措施通过陡岩

(4) 河床纵坡陡峻的河段

河床纵坡陡峻时，河床纵断面在短距离内突然下落几米甚至几十米，形成急流、跌水。路线由急流、跌水的上游延伸至下游时，因路线纵坡跟不上河床纵坡，线位就高出谷底很多。为了尽快降低线位，避开陡峻的山腰，布线时应利用平缓的山坡地形和支谷展线降低线位，如图6-15所示。选线时，要注意放坡，以纵坡为主安排路线，要点详见"越岭线"。这类河段多出现在山区河流的上游，是沿溪（河）线和越岭线之间的过渡段。

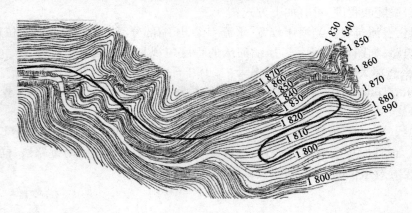

图6-15 急流跌水河段路线

2. 越岭线选线要点

当路线的两个主要控制点间横隔山岭时，路线需沿分水岭一侧山坡爬上山脊，在适当地点穿过垭口后，再沿另一侧山坡下降，这种路线即为越岭线。它的特点是路线需要克服很大的高差，路线的长度和平面位置主要取决于路线纵坡的安排。因此，在越岭线选线中，应以纵断面为主安排路线。

越岭线逐段安排路线时，应结合水文、地质情况，处理好垭口选择、过岭高程和垭口两侧路线展线方案三者间的关系。其基本步骤是：首先选择一个合适的越岭垭口，再确定适宜的越岭高程，然后按两侧山坡地形、地质情况进行路线的布设。

(1) 垭口选择

垭口又称鞍部，是分水岭上的凹形地带，由于高程低，常常是越岭线方案的重要控制点。

垭口选择应在符合路线走向的前提下,从可能通过的垭口中根据其位置、高程、地形条件、地质情况及展线条件综合比较确定。一般来说,越岭高差较小,地质条件稳定,展线降坡后能与山坡控制点直接衔接,不需无效延长路线的垭口最为理想。

①垭口的高低

垭口海拔高低及其与山下控制点的高差,对路线长短、工程量大小和营运条件有直接的影响。设垭口与山下控制点的相对高差为 h,路线平均纵坡为 $i_{均}$,则由垭口至山下控制点的路线长度为 $h/i_{均}$。这是越岭线长度、纵坡和相对高差三者之间的基本关系。由此基本关系可知,当平均纵坡一定时,降低相对高差,可使路线长度缩短。故选线时应选择高程较低的垭口。另外,在寒冷地区,特别是积雪、结冰地区,海拔低的垭口对于行车和养护都是有利的,有时为了获得较好的行车和养护条件,即使路线稍偏,也可绕线从低垭口通过。

②垭口的位置

选择垭口不仅要低,而且位置要符合路线的走向,即路线通过垭口不需无效延长路线就能和前后控制点衔接。

③垭口的展线条件

山坡线是越岭线的主要组成部分。而山坡坡面的曲折程度、横坡陡缓及地质好坏等情况直接影响到线形标准和工程量的大小。因此,选择垭口必须结合山坡展线条件一起考虑。

④垭口的地质条件

垭口一般地质构造薄弱,常有不良地质存在。选择垭口时要对其地层构造情况进行实地调查,摸清其性质和对道路的影响。对地质条件恶劣的垭口,用局部移动路线或采取工程措施不能解决问题时,应予以放弃。

(2)过岭高程确定

当垭口选定后,过岭高程就直接关系到过岭方式、路线的长短、两侧展线方案及工程量的大小。因此过岭高程应综合道路技术等级,越岭地段的地形、地质等自然条件经过技术经济比较来选定。

路线过岭,常采用路堤、路堑或隧道的形式通过。

从地形地质条件来看,一般当垭口宽而厚、地质条件差时,不宜多切,而宜采用浅挖低填过岭,过岭高程基本上就是垭口高程;山脊瘦、地质条件好的垭口可以多切,切深以不危及路基稳定为度,最大切深因岩石类型和构造情况而异,一般可达 20m 以上;当挖深在 25m 以上时,则应考虑与隧道方案进行比较。

过岭高程是越岭线的重要控制因素。不同的过岭高程会出现不同的展线方案;反之,不同的展线方案又要求有不同的越岭高程。因此,选定过岭高程时应当结合展线方案综合考虑。

如图 6-16 所示,路线通过垭口,由于选用不同的挖深出现了 3 个可能方案:Ⅰ方案挖深 9m,需要设置两个回头曲线;Ⅱ方案挖深 13m,需设一个回头曲线;Ⅲ方案挖深 20m,不需回头即可顺山势布线。Ⅲ方案线形好,路线最短,有利于行车,在地质条件许可时是较好的方案。

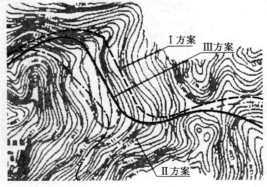

图 6-16 垭口高程与展线

（3）垭口两侧展线方案

越岭线的高差主要是通过垭口两侧山坡上的展线来克服的。由前述越岭线长度、纵坡和高差之间的基本关系（$i_{均} = h/l$）可知，当选定了一个合适的越岭垭口和适宜的越岭高程时，越岭高差即确定了，此时为使路线具有符合《标准》规定的平均纵坡，路线必须具有足够的长度。

展线就是用延长路线的办法，逐渐升坡（或降坡）克服高差。

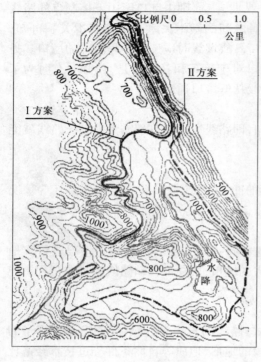

图 6-17 自然展线

根据各控制点间的地形、地质情况，展线方式主要有自然展线、回头展线和螺旋展线 3 种。

① 自然展线

自然展线是以适当的坡度，顺着自然地形，绕山嘴、侧沟来延展距离，克服高差。如图 6-17 Ⅰ 方案所示，其优点是符合路线走向、路线短、线形好、技术指标一般较高。缺点是避让艰巨工程或不良地质地段的自由度不大，只有调整坡度这一途径，遇到高崖、深谷或大面积地质病害时很难避开，而不得不采取其他展线方式。

② 回头展线

当两控制点间高差较大，靠自然展线无法取得所需要的距离以克服高差，或因地形、地质条件限制不宜采用自然展线时，可利用适于布设回头曲线的地形进行展线。

回头展线的优点是布线灵活，便于利用有利地形、地质避让艰巨工程和不良地质地段。其缺点是在同一坡面上，上、下线重叠，路基多为上切下填，工程量大且易遭破坏，对行车、施工、养护都不利。

回头地点对回头曲线的线形、工程大小以及使用质量有很大影响，选择时应反复调查，慎重确定。一般较肥厚的山包、山脊平台、平缓的山坡、山沟、山坳及岔沟间的缓坡台地等，均是回头的有利地形，布线时要注意利用，如图 6-18 所示。

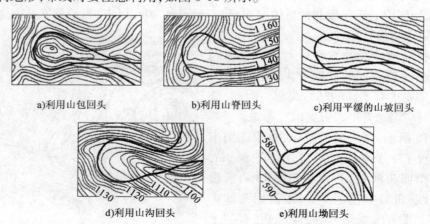

a) 利用山包回头　　b) 利用山脊回头　　c) 利用平缓的山坡回头

d) 利用山沟回头　　e) 利用山坳回头

图 6-18 有利的回头展线

为了尽可能消除或减轻回头展线对行车、施工养护的不利影响,相邻回头曲线间距应尽量拉长,以减少路线重叠次数和回头个数;利用回头展线时要与纵坡安排相结合,既不能因回头位置过高利用不上,也不要使其位置过低致使纵坡损失过大,无效增长路线。

③螺旋展线

当路线受地形限制,需要在某处集中提高或降低某一高度才能充分利用前后有利地形时,可考虑采用螺旋展线。其路线特点是利用地形上具有瓶颈形的支谷或圆形山包,路线环绕谷坡或山包一周又回到环绕起点处的上面或下面,用跨线桥或隧道与原路线成立体交叉,从而克服高差、延长路线,如图 6-19 所示。

图 6-19　螺旋展线

以上三种展线方式,一般应首先考虑采用自然展线,不得已时采用回头展线,当地形十分困难,又有适宜的山谷或山包可利用时,为在短距离内克服较大高差,方可考虑采用螺旋展线。在实际设计中,经常是各种展线方式综合应用,如图 6-20 所示。

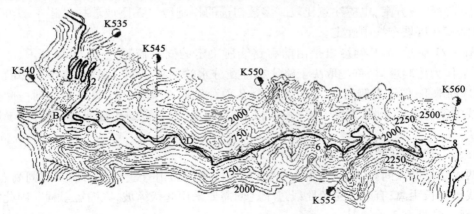

图 6-20　各种展线方式的综合应用

3. 山脊线选线要点

山脊线是一种大体上沿分水岭布设的路线,当分水岭方向与路线走向基本一致且顺直平缓、起伏不大、岭肥脊宽,各垭口间的高差不大时,是布设山脊线的理想地形。但连续而又平直的分水岭通常很少,因此长距离的纯粹山脊线比较少见,一般里程都较短,且多做为沿河线的比较线或越岭线的中间连接段而考虑采用。另外,高山地区的分水岭常常是峰峦、垭口相间排列,有的相对高差很大。这种地形的山脊线则为一些较低垭口所控制,路线沿分水岭的侧坡在垭口之间穿行,大部分位于山腰上。

山脊线一般具有土石方工程小、桥涵构造物少、水文地质条件好等优点。但山脊线的缺点也较突出,线位高、离居民点远、水源和筑路材料缺乏、高山气候条件不利于行车,这些往往成为方案选择中放弃山脊线的因素。

由于山脊线基本上是沿分水岭前进,路线方案的确定明确。因此逐段安排路线时关键要处理好控制垭口、侧坡及控制垭口间的平均坡度三者的关系。

1) 控制垭口的选择

在山脊上,连绵分布有很多垭口,每一组控制垭口都代表着一个方案,因此选择控制垭口是山脊线布线的关键。分水岭方向顺宜、起伏不大时,每个垭口均可暂定为控制点;地形复杂,起伏较大且较频繁,各垭口高低悬殊时,宜以低垭口作为控制点,突出的高垭口可以舍去;在有支脉横隔时,对相距不远、并排的几个垭口,可选定其中一个与前后联系条件较好的垭口作为控制垭口。

选择垭口时应与分水岭两侧山坡的布线条件结合来考虑,在侧坡选择和试坡布线的过程中,对初步选定的控制垭口还可加以取舍、修正,最后确定。

2) 侧坡的选择

当分水岭宽阔、起伏不大时,路线宜设在分水岭顶部。但大多数分水岭不具有上述地形条件,起伏较大,路线只能沿分水岭的侧坡在控制垭口间穿行。因此,分水岭的侧坡是山脊线的主要布线地带。

选择侧坡时,除两侧侧坡优劣十分明显易于取舍外,一般两侧都要作比较,经综合分析选择布线条件较好的一侧,以取得平、纵线形好,工程量小和路基稳定的效果。一般情况下,沿坡面整齐、横坡平缓、地质情况良好、无支脉横隔的向阳侧坡布线较为理想。另外,同一侧坡也还可能有不同的路线方案,也应注意比较。多数初选的控制垭口在侧坡选择过程中即可决定取舍,少数则需在试坡布线中确定。

如图 6-21 所示,A、E 两垭口是由前后路线所决定的固定控制点,其间有 B、C、D 三个垭口,选哪个作为控制垭口,首先取决于路线布设在分水岭的哪一侧。显然,位于左侧的 I 方案应舍 C、D 而取 B;位于右侧的 II、III 方案应舍 B 而分别取 C 和 D,II、III 方案为同一侧坡上的不同路线方案。至于 II、III 方案及不同侧坡上的 I 方案,三方案的比选问题,则有待于试坡布线来解决。

3) 试坡布线

在两固定控制点间布线,应力求距离短捷,坡度平缓。山脊线有时因控制点间高差较大,需要展线以延长距离;有时为避免路线过于迂回需要采用起伏纵坡,以缩短里程。因此常常需要试坡布线,常见有 3 种情况:

(1) 控制垭口间平均坡度不超过规定

如两控制垭口间没有地形、地质上的障碍,则应以均匀坡度沿侧坡布线,连接两垭口。若中间遇有障碍或难点工程时,则可加设小控制点,调整坡度来避让或以较小工程量通过,小控制点和各垭口之间仍以均匀坡度布线。

(2)控制垭口间有支脉横隔

路线穿过支脉时,要在支脉上选择合适垭口作为控制点,该垭口应不致使路线过于迂绕,合理深挖后两翼路线坡度不应超过规定,且路线能在较好的地形、地质地带通过。有时在支脉上选择的控制垭口虽能满足纵坡要求,但线形过于迂绕,为了缩短距离,控制点就不一定恰好设在该垭口上了。

图6-21中的Ⅱ、Ⅲ方案是穿过支脉的路线,分别选取了C、D两个垭口作为小控制点。经比较,C垭口高出D垭口近35m,合理深挖后两翼路线坡度仍超过规定,不建议采用。D的两翼自然坡度均低于规定值,但为了尽量缩短距离,从低垭口E以5%~5.5%的坡度沿山坡向垭口D试坡,定出小控制点具体位置D′,从而使Ⅲ方案路线得到合理的最短长度。A、D′之间则按平均坡度布线。Ⅲ方案其路线虽较Ⅰ方案长740m,但工程量小,施工较易,当交通量小时,宜予以采用。

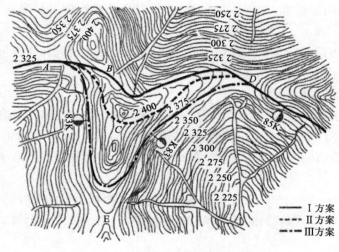

图6-21 山脊线侧坡选线

(3)控制垭口间平均坡度超过规定

应视具体地形、地质条件,采用填挖、旱桥、隧道等工程措施来提高低垭口。也可利用侧坡、山脊上的有利地形展线,如采用回头展线、螺旋展线等,如图6-22所示,具体做法详见"越岭线"。

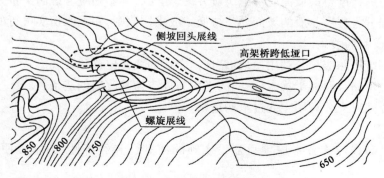

图6-22 山脊线展线示意

4. 山腰线选线要点

山腰线的布设应根据地形、地质、环境等因素综合考虑路基、桥梁、隧道等构造物的设置条件,从定性、定量两方面分析研究论证,选择合理的路线方案。

1) 隧址的选择及隧道洞口位置的确定

(1) 隧道布置应尽量绕避不良地质地段,若绕避增加工程量过大时,对于中短隧道应采取必要的工程治理措施;对于长、特长隧道宜调整山腰线走向。

(2) 应遵循"早进晚出"的原则,合理地选定洞口位置,隧道洞口应避免设在不良地质地段、排水困难的沟底或不稳定的山体处,避免在洞口形成高边坡和高仰坡。

(3) 洞口高程的确定应通过山腰线的布设反复调整确定。

2) 隧道线形的确定

(1) 中、短隧道平面线形布设应采用灵活的布线方式,与洞口外路线的布设相适应。隧道左、右线的距离可采用等净距、宽净距、小间距、连拱及变化净距等多种形式,满足总体线位布设的需求。

(2) 长、特长隧道距洞口 500~750m 以内,平面线形应采用等间距布置形式,洞口内 500~750m 平纵面线形布设应适应洞外接线需求。

3) 平、纵面指标的控制

(1) 应对展线的坡面进行总体分析研究,合理掌握平面指标,使路线与地形相适应。

(2) 平面指标除了与地形相适应外还应注意与纵断面指标相适应,对于长大纵坡路段,应采用运行速度对平面指标进行检验,调整平面线形使之与纵面相适应,消除超速行驶的安全隐患。

(3) 当无法避免长大纵坡时,靠近长大纵坡顶部应采用低于平均纵坡的坡度,靠近长大纵坡底部则宜采用高于平均纵坡的坡度,纵断面坡度应从长大纵坡坡顶至坡底由小到大的顺序渐变。

(4) 缓坡的设置应根据车辆在长大纵坡上坡路段的行驶特性确定,同时应避免在下坡路段遇到缓坡时驾驶员放松警惕提高车速而发生危险。也可以采用上、下纵断面单独设计,在上坡方向设置缓坡而在下坡方向采用平均坡型,减少下坡路段的行驶风险。

4) 不稳定坡面上的布线要点

(1) 对工程危害严重的坡面应考虑绕避方案,如无法绕避则应考虑高架桥方案。

(2) 对工程危害程度一般的坡面要坚持低填或浅挖原则,并采取切实可行的工程措施。

5) 与地方道路的关系

(1) 对于等级道路应充分利用微地形,选择合适的交叉位置和交叉形式。

(2) 与地方道路长距离干扰时,主线的平面布设应为其改造创造条件。

(3) 农村道路可充分利用主线过水构造物。

6) 施工组织

(1) 线位的布设应充分考虑项目建设实施的便利性和经济性,为施工便道的布设创造条件。

(2) 线位布设应利用微地形,考虑预留大型构造物的构件预制场地。

第七节 特殊地区选线

一、滑坡区

路线应绕避地质复杂、治理工程量大、整治困难的大型滑坡。当不能避让时宜从滑坡体上方以路堑形式通过,这样可减少滑坡对道路的威胁,并起到减轻滑坡体上方压力的作用,有利于平衡,如图 6-23a)所示。当必须从下方通过时,以路堤加设挡墙方式布设路基为宜,如图 6-23b)所示。

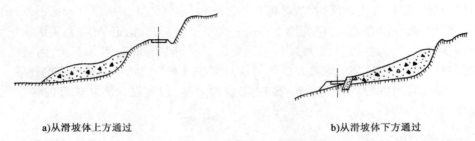

a)从滑坡体上方通过　　　　　b)从滑坡体下方通过

图 6-23　滑坡地段路基布置

不论是从上方或从下方通过,都要做好排水设计。在河谷地段可移至滑坡对岸通过,或在滑动面下适当位置以隧道方式通过。对中小型滑坡,应采用安全可靠方式进行治理,路线可在滑坡下部以低填方或其上以浅挖方通过。

二、冻土区

路线应绕避富冰冻土、饱冰冻土、含土冰层地段、冰丘、冰椎、多年冻土沼泽、热融湖(塘)等危害严重的多年冻土区。若难以绕避,应选择分布薄弱、病害较轻、里程短的地带通过,并采取有效的防治措施。

路线通过山坡时,应选择平缓、干燥、向阳地带,但在山坡较陡、节理发达、风化严重的阳坡选线时,应绕避不良地质地段。

路线通过丘陵、山岭地区时,宜在融冻坡积层缓坡上部通过。沿河谷定线时,宜在高台地上多年冻土边缘地带通过,应避免沿融区附近的多年冻土边缘地带布线。

路线宜选择在岩石、卵石土、砾石土、砂和含水量小的黏土、黏砂土、砂粒土等少冰冻土地带通过;在多冰冻土的地层布线时,应避免在腐植土、黏土、砂黏土、粉砂地段通过;路线应避免在饱冰、富冰冻土的含冰土层中通过;应绕避厚层地下冰、热融滑坍、热融湖(塘)、冰椎、冰丘、沼泽等不良地质地段。

路基应采用填方断面,避免挖方、零断面或低填浅挖断面。若条件受限时,应尽量缩短零断面、半填半挖及低填浅挖段的长度,在饱冰冻土和厚层地下冰地段,应避免以挖方通过。

三、雪害区

路线应绕避频率高、危害严重的雪崩地段,无法绕避时可采用稳定山坡积雪、改变雪崩运动方向、减缓雪崩运动和清除积雪等治理措施,高速公路和一级公路可采用防雪走廊、明洞、隧道等遮挡构造物。

  风吹雪地段,线位应沿与风雪主导风向平行或小于30°交角方向布设。风口段路线尽量以直线通过,如必须设置曲线时应采用凸面迎风曲线;纵断面应尽量采用低路堤线位,路基边坡应采用缓于1:4的流线型边坡,总体布局应考虑储雪场、积雪平台等布设的位置。

  丘陵区、山区路线应沿阳坡布线,避开阴冷和易积雪地带,应避免采用突变和极限指标。

四、黄土区

  路线应尽量走在黄土塬、宽谷阶地、平缓斜坡以及比较稳定的沟谷地带,尽量绕避陷穴与冲沟发育的塬边和斜坡地带。

  当路线通过湿陷性黄土地区时,应尽量选择湿陷性轻微,地表排水条件较好的地区。当路线跨越黄土深沟时,应结合地形,降低填土高度。沟谷宽敞,沟坡稳定平缓时,可沿沟坡绕向沟谷上游以降低填高;当沟谷深窄,沟坡陡峻且不稳定,绕线困难,同时沟谷不长,沟底纵坡较陡时,可将线位移向沟脑附近降低填高。选线时应对深挖方案与隧道方案进行综合比较,工程造价相近时,应采用隧道方案。黄土隧道应绕避不良地质地段,宜设在土质较好的老黄土层中,并避免偏压。

五、软土泥沼区

  路线经过软土和泥沼地区时应首先采用绕避方案。当路线必须通过软土、泥沼地区时,路线位置应选择在软土、泥沼范围最窄,泥炭、淤泥层较薄,地势较高及取土条件较好的地段通过。

  路线通过软土、泥沼地区以修建路堤为宜,且路堤高度不宜超过极限高度。在利用路堤自重加载处理软土层时,填土高度也不宜大于极限高度。在淤泥和泥炭较厚,沼底横坡较陡,路基处理工程困难地段,应考虑建桥的比较方案。

  对位于河谷或盆地中央部位的软土地带,路线宜选择在土质强度差异不大的边缘地区通过。当路线通过大范围软土地区时,应避免沿排水管道边缘或湖塘边缘通过。

六、采空区

  路线应绕避采空率高、分布范围广、沉陷严重的采空区,无法绕避时,应选择在易于治理、分布范围窄的地方通过。路线通过采空区时,应避免设置大型构造物,宜以低填或浅挖路基形式通过;应避免在路线附近设置取土场或弃土场。

第八节 定 线

  定线是指在选线布局的基础上具体定出道路中线位置的作业过程。定线工作是在选定的路线走廊带内,依据选线阶段确定的路线走向、控制点,按照确定的技术标准,结合地形、地质等自然条件,合理安排平面、纵断面、横断面,定出道路中线的位置。道路定线是一项复杂、涉及面广、技术要求高的工作,常用的定线方法有实地定线和纸上定线两种。

一、实地定线

实地定线是在路线全面布局和逐段安排的基础上,根据既定的技术标准,结合地形、地质及其他沿线条件,在现场经反复比较、合理安排,综合考虑平、纵、横三方面因素,实地定出道路中线位置。其内容包括:在平面上实地定出交点,确定平曲线半径,并插设曲线;在纵断面上初定坡度;在横断面上初估道路中心填挖高度和边坡坡率;跨越水道时,从路线和构造物的最佳方案出发,合理确定跨越的平面位置和高度。

1. 实地定线的原则

实地定线应遵守"因地形而异"的原则,即针对不同的地形条件采取相应的定线方法和步骤。

根据路线经由地区地形、地势的复杂程度不同,路线大体可分为自由坡度地段和紧迫坡度地段两类。

所谓自由坡度地段,是指地形比较平坦、起伏不大、路线不受高差限制的地段。平原区、微丘区以及地面最大自然坡度缓于最大设计纵坡的平易地形上的路线均属自由坡度地段。自由坡度地段的道路实地定线,主要以平面线形为主导,以路线方向为控制条件,正确绕避平面上的障碍物,在相邻两个小控制点间,一般多按短直方向定线。

所谓紧迫坡度地段,是指地形陡峭、起伏大、地质条件复杂、路线受坡度限制很大的地段。一般经由山岭区及重丘区的多数路段均属紧迫坡度地段。紧迫坡度地段实地定线中,在利用有利地形、避让艰巨工程及不良地质或地物时,都涉及调整纵坡的问题。而该地段纵坡限制较严,因此,紧迫坡度地段实地定线安排好纵坡是首要问题。

2. 自由坡度地段实地定线的方法和步骤

自由坡度地段实地定线一般多采用现场直接插点定线的方法,其步骤是:首先在逐段安排阶段确定的小控制点间,结合地形及地物等再加密控制点,然后根据这些加密的控制点安排直线,延伸直线确定交点;测出转角及交点间距离,确定平曲线半径并插设曲线;最后进行纵断面设计。以上步骤往往需要经过多次反复,才能定出合理的路线。定线时,在以平面线形为主导安排路线的同时,应兼顾纵断面和横断面。

1)加密控制点

加密控制点,就是在实地寻找控制和影响道路中线位置的具体点位。在逐段安排阶段确定的两个小控制点间,一般不可能作成直线,常常需要再加设控制点,使路线转折,从而避开障碍物、利用有利地形。一般加密的控制点有经济点和活动点之分。

(1)经济点。经济点是指路线穿过斜坡地带时,考虑横向填挖平衡或横向施工经济而确定的加密控制点。挖方面积和填方面积大致相等时的线位即为经济点。由于经济点仅从横向施工经济出发控制线位,因而只能作为穿线定交点时的参考位置。

(2)活动点。活动点是指当路线受艰巨工程、不良地质、地物及路基边坡稳定性等因素限制时,中线只宜通过的位置。图6-24示出了各种因素对中线位置的影响,从图中可以看出,活动点的位置还与路基形状、尺寸、加固方式及路线通过不良地质地段的工程措施、地表形状、路基设计高程等因素有关,定线时应综合考虑,合理确定活动点的位置。

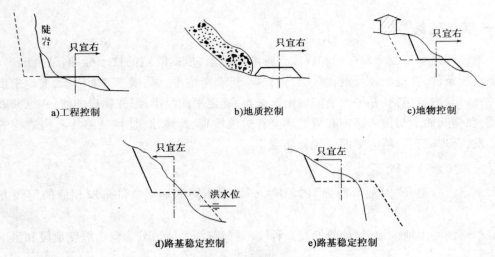

图 6-24　活动点位置示意

2) 穿线定交点

穿线定交点就是根据技术标准和线形组合的要求,在保证活动点和照顾多数经济点的前提下,前后考虑,穿出直线并延长相邻直线得出交点。

在穿线定交点时,除要满足技术指标的要求外,还应注意以下 2 个方面的问题。

(1) 平面线形

穿线定交点时,相邻交点间一般不强求长直线,但应注意保证交点间具有足够长度。反向曲线间除应保证两曲线切线长度外,还应满足平曲线间直线长度的要求;同向曲线要避免在两曲线间出现不利于行车的短直线,即断背曲线形式,如图 6-25 所示。在满足控制点要求的前提下,路线的转角要尽量调整得小一些,并使交点间距离尽量长些,以争取能选用较大半径的平曲线,获得较好的线形。如图 6-26 所示,$JD_1 \sim JD_2$ 的线形比 $JD_1' \sim JD_2'$ 的线形合理。

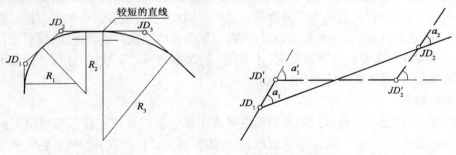

图 6-25　断背曲线示意　　　　图 6-26　调整转角大小及交点间距离示意

保证行车视距是提高道路使用质量的重要措施之一,穿线定交点时要尽量避免正对山嘴或其他障碍物,以争取较好的视距。应力求平面线形指标均衡,保持线形的连续性。路线绕避障碍物时,要及早转向,以使线形舒顺均衡,如图 6-27 所示。

(2) 平面与纵断面、横断面配合

路线平面线形要与纵坡起伏相协调。穿线定交点时既要防止由于平面线形过直而造成纵坡起伏过大增加工程量,又要避免只求纵坡平缓而使路线随弯就弯导致平面线形过差。如图 6-28 所示,斜穿台地定交点的做法要比直穿合理。

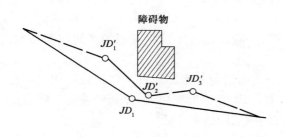

图 6-27 提前转向绕避障碍物　　　　图 6-28 路线斜穿台地

穿线定交点应尽可能照顾多数经济点,使路线横向填挖基本平衡并能保证路基横向稳定。

(3)确定平曲线半径、插设曲线

详见本节"曲线插设"部分。

(4)纵断面设计

在现场将平面位置确定后,经过量距定桩和测量各桩地面高程,即可绘制纵断面图,并进行纵坡及竖曲线设计。在纵断面设计中如果仅靠调整纵坡无法满足要求时,则应调整平面线形。如果平面线形改动不大,可根据平面导线和横断面资料,绘制带状地形图,通过纸上移线(详见本章第八节)对局部路段进行修改;如果平、纵断面之间的矛盾突出且工程量过大,平面线形必须做重大修改时,应深入现场进行改线,通过比较路线,重新定出修改路线。

3.紧迫坡度地段实地定线的方法和步骤

紧迫坡度地段实地定线一般采用放坡定线的方法,其工作步骤如下。

1)放坡

放坡是按照要求的纵坡在逐段安排确定的小控制点间实地找出地面坡度线,并合理解决控制点间纵坡分配问题。如图 6-29 所示,路线 A 点到 B 点,如果沿最大地面自然坡度方向 AB(即垂直于等高线方向)前进,路线将无法到达 B 点,显然无法实施。如果路线沿等高线走(即 AC 方向)虽然纵坡平缓,但方向偏离,达不到上山目的。因此,需在 AB 和 AC 方向间寻找 AD 方向线,使其地面坡度正好等于要求的纵坡 i_p,这样既可使路线纵坡符合要求,又可使工程量最小。放坡实质上就是现场设计纵坡,它是紧迫坡度地段实地定线的重要步骤。

图 6-29 放坡原理示意

道路上放坡一般都使用便于携带的带角手水准,有时也使用照准仪。

放坡时要合理选择纵坡和坡长。由于道路有最大、最小纵坡,最长、最短坡长以及平均纵坡等限制,所以放坡时必须对这些限制条件进行合理处理。

选择纵坡和坡长时应考虑以下 3 点:

(1)纵坡要符合《标准》的规定,两个小控制点间应力求纵坡均匀(缓变、少变),一般不宜设置反坡。

（2）要结合地形选择坡度和坡长，地形整齐的地段纵坡和坡长可以稍大些，地形曲折的地段纵坡宜平缓。

（3）尽量不使用极限最大纵坡，但也不宜过缓，一般以接近小控制点间的平均坡度为宜，使纵坡既有利于行车，又能够尽快克服高差。

具体放坡时一般由受限较严的控制点开始，一人用带角手水准对好与选用坡度相当的角度，立于控制高程处指挥另一手持花杆的人在山嘴、山坳等地形变化处、计划变坡处及顺直山坡上每隔一定距离的定点，插上坡度旗，旗上最好注明选用的坡度值。

按照上述方法定出的这些坡度点连线称为导向线（图 6-30 中的 $A_0 A_1 A_2 \cdots$）。

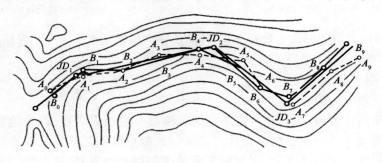

图 6-30　放坡定线示意

放坡时要估计平曲线的大概位置和半径，以便考虑坡度折减。对计划要跨过的山沟和要穿越的山嘴或山脊，放坡时应"跳"过去。计划绕行时，坡度要放缓，距离要折减。

2）修正导向线

坡度点处的地面高程就是概略的路基设计高程，但由于坡度点处地面自然横坡陡缓不一，线位放上或放下对路基的稳定和填挖工程量影响很大。故根据路基设计的要求，在各坡度点的横断方向上综合坡度点、经济点及活动点（详见"自由坡度地段"）选定最合适的中线位置，插上标志，这些点的连线即为修正导向线，如图 6-30 中的 $B_0 B_1 B_2 \cdots$ 所示。

经验丰富的定线人员，常常把放坡和修正导向线两步工作并为一步来完成。即一次完成修正导向线，这样在树丛地段定线时能节省大量清除障碍的工作。

3）穿线定交点

修正导向线是具有合理纵坡、横断面上位置最佳的一条折线，但它不能满足平面线形标准的要求。这就要根据标准要求，尽可能靠近或穿过修正导向线上的点，特别是控制性的点，通过对修正导向线裁弯取直，穿出与地形相适应的若干直线，然后延伸这些直线定出交点。定线时须反复试插、修改，才能定出合理的路线。

定出交点后，实测转角和交点距离，确定平曲线半径并插设曲线，最后进行纵断面设计。这些后续工作与自由坡度地段一致，在此不再复述。

4. 曲线插设

自由坡度地段及紧迫坡度地段实地定线时，在穿线定出交点后都需根据平面线形标准，并结合地形、地物及其他因素选择适宜的平曲线半径，并在路线转折处插设曲线用以控制曲线线位，曲线插设常有以下几种方法：

1）单交点法

单交点法是定线中最常用的方法，适用于转角不大，受地形限制不严，实地能直接设置交点的地段。

当交点及转角确定后,平曲线的线位取决于平曲线半径的大小。当转角较大时,不同的半径可使平曲线的线位相差很大,而线位的移动将直接影响线形、工程量及路基的稳定性,如图 6-31 所示。

选择平曲线半径时控制条件主要有外距、切线长度、曲线长度及特殊条件 4 个方面。对于一个具体路线转折处平曲线半径受哪一条件控制,则应视地形、地物及交点间距离、相邻曲线间的关系等实际情况,具体分析确定。

(1) 外距控制

当曲线内侧有地形、地物障碍时,首先选定出不与其发生干扰的曲线中点(QZ)位置,由此确定出外距值(E),根据外距值及转角大小即可推算平曲线半径。如图 6-32 所示,根据曲线内侧的建筑物,现场确定不与其发生干扰的曲线中点位于 A 点处,量出 A 点到 JD 点距离即为外距,再测出转角,即可推算确定平曲线半径。

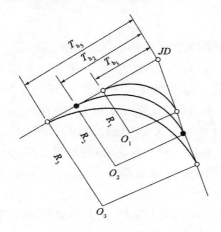 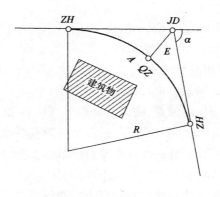

图 6-31　半径对曲线线位的影响　　图 6-32　外距控制曲线半径

(2) 切线长度控制

在某些情况下曲线起终点位置受限,切线长度只能取某一定值,比如相邻两平曲线中一个已经确定且曲线间必须保证一定长度的直线段,或者当两平曲线相接且其中一个已确定时。有时由于桥头、隧道洞口前直线段长度的要求等,致使切线长度受限,此时平曲线半径应由切线长度控制。

(3) 曲线长度控制

有时为满足最小平曲线长度的要求,特别是当路线为小偏角时,平曲线半径可由曲线长度反算确定。

(4) 特殊条件控制

有时由于受桥涵等人工构造物位置限制或为满足道路改建的要求,平曲线必须从某一点通过,此时可用试算法选择半径。如图 6-33 所示,因某种原因,曲线必须从 A 点通过,此时应实地量出 JD 点到 B 点距离和要求的支距 h(即 BA),然后用试算法选定平曲线半径。

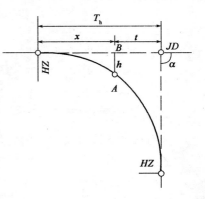

图 6-33　定点控制曲线半径示意

当路线纵坡紧迫时,为使弯道上合成坡度满足《标准》要求,应根据已定的纵坡和合成坡度标准值反算超高横坡度,再按反算出的超高横坡度推算确定平曲线半径。

选定出平曲线半径后,即可计算曲线要素,并粗略敷设曲线,以检查线位是否合适。一般情况下只需敷设出曲线主点即可看出曲线的全貌。如果地形复杂,单凭曲线主点还无法判定全部曲线线位时,应在曲线上用支距法加设细部点。经检查,如果曲线位置不合适,应视具体情况调整半径或修正前后导线。

2)虚交点法

当路线转角较大、交点过远,或受地形、地物等限制无法设置交点时(如交点位于河中、建筑物及陡坡上时),可在前后导线上选定两个辅助交点(特殊困难时也可选定三个及以上的辅助交点)来代替单交点,并选择半径敷设曲线。

当选定两个辅助交点时,曲线与辅助交点间的直线(即基线)有两种位置关系:相切和相离。

(1)相切

当曲线与基线相切时,曲线线位较易控制,且只需测出两辅助交点处的转角及基线长度即可计算出曲线半径。曲线与基线相切,不仅计算容易,而且插设曲线也较简便。如图6-34所示,由计算出的切线长 T_h 减去"虚交三角形"相应边长即可得出 T_A 和 T_B。从 JD_A 及 JD_B 向起、终点方向分别量出 T_A 和 T_B 的长度即可确定出曲线起、终点位置(ZH 和 HZ)。再确定出曲线与基线的公切点位置,则曲线全貌即可示出,必要时也可用支距法加设点位以检查曲线线位。另外,在相切条件下设置复曲线时,计算及插设曲线也较方便。总之,曲线与基线相切时,方法简便、容易控制线位、计算容易,是实地定线中较常用的插设曲线方法。

(2)相离

当曲线与基线相切时确定出的曲线半径不能满足《标准》要求,或由于地形、地物限制曲线不宜与基线相切时,可采用相离的方法计算曲线半径并敷曲线。如图6-35所示,其方法是:首先根据技术标准初选半径 R,测出 α_A 和 α_B 的角度值及基线长,并计算"虚交三角形"边长,由此计算出 T_A 和 T_B,此时即可根据 JD_A、JD_B 量距定出曲线起、终点位置,并用切线支距 X、Y 检查曲线上任一点的线位。如果曲线半径与实际地形、地物相符合,则初拟半径即为采用半径,否则应重新计算。

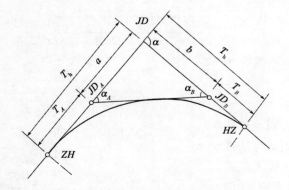

图6-34 曲线与基线相切的双交点法

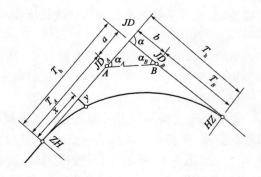

图6-35 曲线与基线相离的双交点法

3) 回头曲线定线法

一般情况下,设置回头曲线的地方,路线受地形约束较大,主曲线和辅曲线的平、纵面控制均较严,定线时,稍有不慎就会对线形和工程量造成很大影响,插线时必须反复试线,才能得到满意的结果。回头曲线定线的方法很多,通常采用切基线的双交点法。如图 6-36 所示,按照放坡的导向线,首先确定辅曲线交点 JD_1、JD_2 和上下线位置,然后反复移动基线(JD_A 与 JD_B 的连线)确定主曲线位置,直到满意为止。插设主曲线的具体方法同曲线与基线相切的虚交点法。

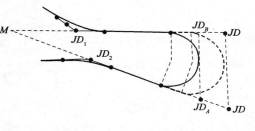

图 6-36　回头曲线定线法

二、纸上定线

纸上定线是在大比例尺地形图上,根据不同等级道路所规定的技术标准,结合地形情况,在纸上确定道路中线位置。

纸上定线的前提是要有路线经由地区的大比例尺地形图。为此高等级道路及部分地形、地质特别复杂的道路一般都采用如下的定线过程:首先,在路线全面布局阶段选定的"路线带"内实地敷设导线,并测绘大比例尺地形图,这项工作也可委托专业测绘部门来完成,高等级道路为保证测图精度和范围、减少测图工作量,应进行航测;其次,在大比例尺地形图上具体确定道路中线位置,并进行纵、横断面设计及土石方工程量计算,其实质是纸上设计,这是纸上定线的核心;最后,将纸上路线敷设到现场,并结合实地地形、地质及其他条件对纸上路线进行修正和完善。

由上述定线过程可知,纸上定线应包括测绘大比例尺地形图、纸上定线及实地放线三项工作,本节重点介绍纸上定线的方法和步骤。

纸上定线的原则与前述实地定线一致,即应遵守"因地形而异"的定线原则:自由坡度地段的纸上定线要以平面线形为主导,正确绕避平面上的障碍物,力争相邻两个小控制点间路线顺直短捷(不必放坡试线)。紧迫坡度地段纸上定线重点是安排好纵坡、充分利用有利地形、避让艰巨工程和不良地质地段。现以紧迫坡度地段为例,阐述纸上定线的方法和步骤。

1. 逐段安排路线

在大比例尺地形图上,仔细研究全面布局阶段选定的主要控制点间的地形、地质情况,选择地势平缓、山坡顺直、沟谷开阔,有利于设置回头曲线的地点,逐段定出具体的小控制点并拟定小控制点间路线的各种可能走法。

2. 试坡

根据等高线间距 h 及选用的平均坡度 $i_{均}$(5.0% ~ 5.5%,视地形起伏程度而定),按 $a = h/i_{均}$ 计算出相邻等高线间平距 a,使两脚规的开度等于 a(其比例与地形图相同),从某一控制点,如图 6-37 中的 A 点开始依次在等高线上截取 a、b、c 等点,直至控制点 D 点附近为止。若自 A 点开始放坡,不能到达 D 点附近,说明路线方案不能成立,应进行修改。可改动小控制点位置或调整平均坡度,再重新放坡,直到方案成立为止。将截取的 a、b、c…各点连成折线,即得到均坡线。

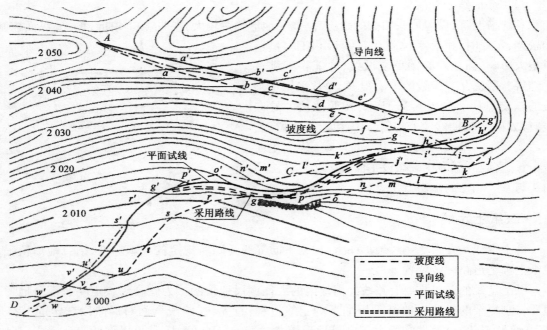

图 6-37 纸上试坡定线实例

3. 定导向线

分析研究已得到的均坡线,检查其利用地形和绕避障碍物的情况,进一步移动线位确定加密的控制点。如图 6-37 所示,均坡线是在陡崖中间穿过,且有利于设置回头曲线的地点 B 处也没有被利用上,为此将路线位置向上方移动,确定 B、C 为加密控制点,将路线分为 AB、BC、CD 三段,分别调整坡度后重新放坡,放坡后在等高线上截出 a'、b'、$c'\cdots$各点,将 A、a'、b'、$c'\cdots$各点连成折线,即得到导向线。

4. 平面试线

导向线仍然是条折线,还不能满足平面线形标准的要求。为此应根据平面线形标准,结合地面自然横坡变化情况,确定必须通过的点、适当照顾的点和可以不考虑的点,然后以点连线,以线定交点,并量出转角,敷设曲线,从而定出平面试线(如图 6-37 中粗实线)。沿平面试线在图上量出地形变化特征点桩号和地面高程,绘制概略纵断面图,设计纵坡,计算出各桩号概略设计高程。绘制横断面图,特别要绘制出地面横坡较陡、路基中线位置移动对填挖方工程量影响很大的横断面。用路基模板在横断面图上确定出经济点的位置及活动点范围,并用不同符号分别标注在平面图上,作为修改路线和定线的依据。

5. 修正导向线及定线

为了更经济合理的定出路线,参照各典型横断面上的经济点及活动点确定路基中线的最佳位置,这些最佳位置的连线即为修正导向线。修正导向线是具有理想纵坡、横断面最佳的平面折线,但仍不能满足平面线形标准的要求。为此,还应根据平面线形标准对其进行修改,最后定出中线,如图 6-37 中的采用线。如果地形变化大,地形图比例尺又较小,最佳位置在图纸上不易清晰反映出来,可不做此项工作,只做到上一步即可。

6.纵断面设计

中线确定后,量出中线上各桩号的高程并绘制纵断面图,进行纵断面设计。

纸上定线是一个反复试线、比较,逐步趋于完善的过程。定线时要在满足标准的前提下,结合自然条件,综合考虑平、纵、横三个方面,反复进行,直到满意为止。

实地放线是根据纸上路线与导线(或地物特征点)间的位置关系,将路线敷设到实地,供修改、完善纸上路线及详细测量和施工使用。实地放线的方法很多,常用的有穿线定交点法、拨角法和直接定交点法(详见测量学相关知识)。

三、纸上定线与实地定线的比较

实地定线可面对实际地形、地物、地质及水文条件等,只要定线人员有一定的选线和定线经验、不怕辛苦、掌握充分资料、反复试插、多次改进,就能把路线定在比较合适的位置上。但是实地定线有以下局限性:

(1)由于需要对地形、地质、水文情况进行全面了解,限于现场工作条件,全靠定线人员进行现场调查,难于对各处自然状况都做深入调查研究;加之人的视野有限,即使经过多次试定,定线时难免顾此失彼。即实地定线在利用地形条件上具有不彻底性。

(2)由于实地定线时平面设计是在现场进行的,而纵断面设计多是在室内进行,尽管平面设计已充分考虑到纵断面的要求,但毕竟还是粗略的,因此平纵面线形相互配合难以达到十分理想的效果。如果按纵断面设计来修改路线平面,则要重新实地测量,重新进行纵断面设计,往往因工作量大而难于做到。尽管采用局部纸上移线的办法会有所补救,但实地定线基本上还是"一次成功"式的定线。

纸上定线作为定线过程中的重要中间步骤,是在"定线走廊"范围内的大比例尺地形图上进行的,因而可以俯视较大范围内的地形而不像实地定线那样视野受限,容易找出所有控制地形的特征点。另外,纸上定线是在室内进行,对平面和纵断面线形的配合可以反复考虑与比较,从而使路线更完善。

实践证明,纸上定线具有明显的优越性,随着航空测量和电子计算机技术的发展,以及大比例尺地形图测绘工作的进步和完善,纸上定线已得到广泛应用。目前国内高等级道路及部分地形、地质复杂的道路均已采用纸上定线的方法。

实地定线虽有其不足之处,但在一定的条件下,如地形平坦地区或路线等级不高时,仍是地方道路定线中一种实用方法。

第九节 纸 上 移 线

在道路实地定线中,往往由于地形条件限制、定线时考虑不周或其他原因,难免发生因个别路段中线位置定得不当,致使工程量过大,或使路线的平、纵面线形不够理想。此时,在实地改线确有很大困难,且中线位置改动不大时,为使设计达到经济合理的要求,可在平、纵、横图纸资料上,在实测横断面的范围内移改中线,绘出相应移线图,并列入设计文件中供施工使用,这项工作就叫做纸上移线。

一、纸上移线的条件

（1）路线平面线形上存在问题，如线形标准前后不协调、平曲线半径过大或过小、避让障碍物不充分等，需要调整交点位置、改变平曲线半径时。

（2）纵坡设计不够合理或与平面线形组合不当，为此需要调整平面线形时。

（3）对工程量过大或影响路基稳定的局部路段，移线后能节省大量工程量或明显提高路基稳定性时。

（4）实地定出的路线虽然满足《标准》的要求，但在不过多增加工程量而能显著提高平、纵面线形标准时，亦应考虑纸上改移路线。

二、纸上移线的方法与步骤

纸上移线通常有计算断链和不计算断链两种做法：当移距较大，移线前后路线长度相差较大且对纵坡有很大影响时，应采用计算断链的做法；反之，对移距不大或路线纵坡平缓的路段进行纸上移线时，可不必计算断链。若采取计算断链的做法，其移线步骤如下：

（1）绘制移线路段的大比例尺（一般以1:200～1:500为宜）平面导线图，并绘出平曲线，注明各桩位置。

（2）依据移线的目的，在纵断面图上试定纵坡，概略计算出各桩填挖高度。

（3）根据填挖高度，用路基模板在横断面图上左右移动，找出各桩最经济或控制性的路基中心线位置，量出偏移原中线的距离，并分别用不同符号标记在平面导线图上。参照这些标记，根据保证重点、照顾一般的原则，经多次反复修改，定出改移的导线。

（4）用正切法量出改移导线各交点的转角。移线与原线角度要闭合，否则应进行调整。拟定平曲线半径，计算曲线要素，并绘出平曲线。从移线起点找出与原线里程的对照关系，量出各桩移距，计算出断链长度，标注在移线终点。最后计算出原线上各桩相应于移线上的新桩号。原线上桩号、移线上的新桩号以及移距需一并注在移距表中。

（5）按移距在原横断面图上绘出移线后的中线位置，并注明新桩号。

（6）根据横断面上移线前后中线处的地面相对高差，在原纵断面图上绘出移线后的地面线并设计纵坡和竖曲线。

（7）按移线后的桩号、平曲线、纵坡、竖曲线等资料编制"路基设计表"，表中地面高程仍为原桩高程，移线后的平曲线起、终点桩号填在"备注"栏里。

（8）进行路基设计和土石方数量计算。

如采用不计算断链的移线方法，则上述步骤中：第（4）不需推算桩号，不用计算断链长度，但需推算出移线后曲线起、终点相应于原线的桩号，此时终点与起点桩号之差不等于曲线长；第（5）不需注明新桩号；新增第（9），第（9）编制"路基设计表"用原桩号，移线后平曲线起、终点桩号标注在"备注"栏内。

三、移线示例

纸上移线的示例如图6-38～图6-41所示。其中，图6-38及图6-39为同一纸上移线，分别为计算断链与不计算断链两种做法在纸上移线平面图上的表示。在实际设计中，平面移线可通过计算机辅助设计系统实现，并可实现对应设计数据文件的批量转换。

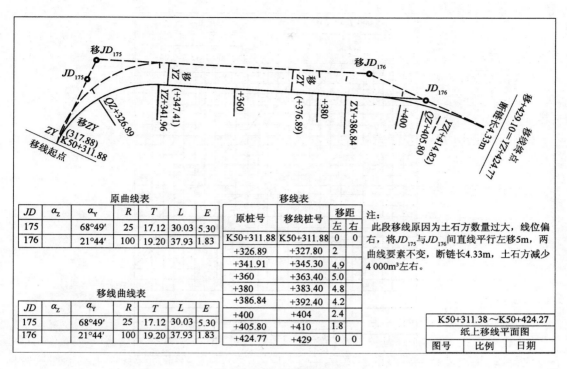

图 6-38 纸上移线平面图(一)

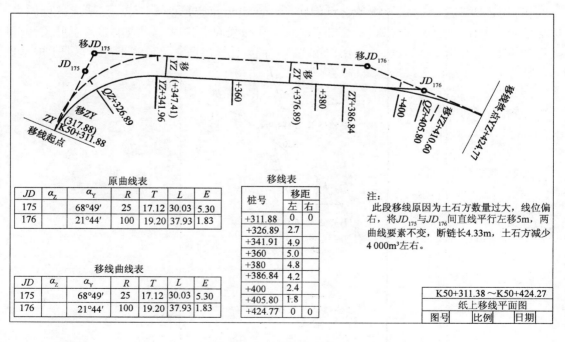

图 6-39 纸上移线平面图(二)

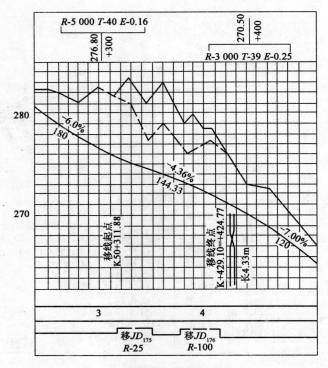

图 6-40　纸上移线纵断面

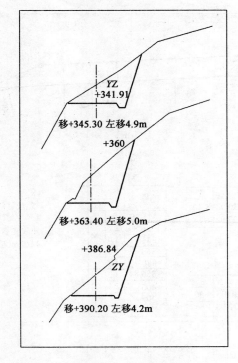

图 6-41　纸上移线横断面

第十节　数字地面模型在公路选线中的应用

一、数字地面模型

数字地面模型 DTM(Digital Tewain Model)是由美国麻省理工学院的 Miller 教授于 1955 年提出。数字地面模型是运用计算机程序将三维电子地形图(航测地形图、矢量化地形图等)或进行三维化处理后的电子地形图通过分层提取三维点线数据,构建形成的可用于道路三维化设计的数据模块,是用抽象的数字阵列来表征地貌起伏、地表形态的地面模型。构建数字地面模型,一般需要经过地形数据采集、数据预处理、原始数据的排序与检索、待定点的高程内插等环节。为了提高数字地面模型的精度,往往需要对三维地形图中的地形、地物断裂线进行约束处理。数字地面模型在路线设计中的最大功能是可以使设计人员在未做实地细致测量的情况下,比较所有可能的路线方案,并进行优化,从而比选确定最佳方案。数字地面模型通过与各类计算机辅助设计软件的结合应用,目前已在道路设计领域发挥至关重要的作用。本节以纬地道路交通辅助设计系统(HintCAD)为依托,介绍数字地面模型的建立和应用的主要步骤。地形数据的采集在第一章道路勘测相关内容中已有介绍,在此不再重复。

1. 三维数据导入

通过 HintCAD 系统,读入并提取三维数据,读入数据界面见图 6-42。

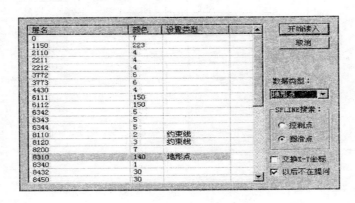

图 6-42　HintCAD 系统的三维数据读入系统界面

2. 数据预检

对导入的地形图数据进行检查,便于后续构建三角数据网。检查的主要内容包括:零高程点、高程无穷大点、高程超出合理范围的点、平面位置相同点、断裂线相交点等,如图 6-43 所示。

3. 三角构网

借助计算机辅助设计系统程序,对已经完成预检的数据进行排序、检索、构网,形成数字地面模型,并进行优化,剔除平三角形等。

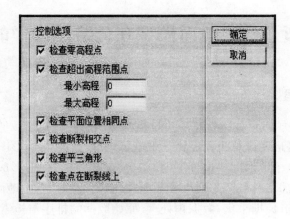

图 6-43　HintCAD 系统的数据预检界面

4. 数模应用

在道路设计阶段,对数模的应用主要包括高程插值及纵向剖面、横向剖面地面线数据的提取。通过获取这些数据,可在选线定线阶段完成路线平面、纵断面的方案设计及量化比选。高程插值界面如图 6-44 所示。

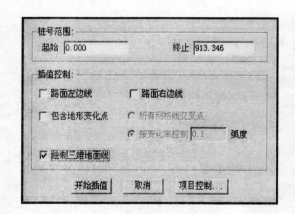 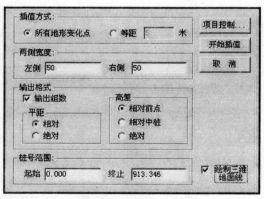

图 6-44　HintCAD 系统的边桩、横断面高程插值界面

二、选线示例

1. 工程基本情况

拟建项目位于云南省西部某县境内,公路等级为二级公路,起终点分别与现有省道及县道相接。项目区域地处横断山脉南端,位于高黎贡山脉南段西侧较开阔的边缘地段。地势呈北高南低,东西两侧高、中部较低,且多宽谷盆地的地貌形势,地形类型属山岭区。地质构造较为复杂,岩浆岩、变质岩交错出露,完整性差,现代火山地貌、高温温泉均有分布。地震活动激烈,构造地震、火山地震兼有,烈度Ⅶ度或Ⅷ度。项目沿线有稻田、旱地、村庄、植被茂密的山体、燃气站及电力设施等。

2. 应用数字地面模型进行典型路段选线

(1) 收集该路段区域的地形图,采用计算机辅助设计系统,按照上述构建方法及步骤,构建该路段的数字地面模型。

(2) 分析该路段的地形、地质条件及沿线地物分布情况,以前述山岭重丘区选线要点为原则,选出两条路线方案,并根据直观线形指标、里程长度等因素,初步判断推荐方案。推荐方案里程较长,但路线平面指标较高,与地形走势相吻合,行车舒适安全。比较方案虽然路线较短,但路线平面指标相对较低,地势起伏大,而且地质稳定性偏差,后期养护费用高。路线方案如图 6-45 所示。

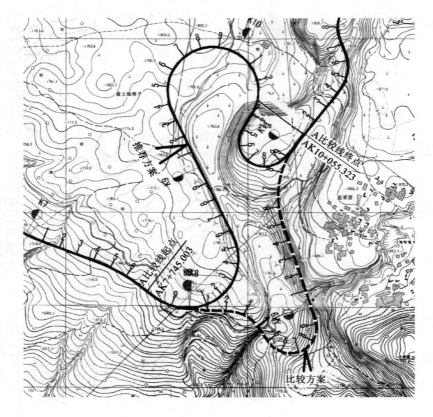

图 6-45 路线方案

(3) 应用数字地面模型进行路线纵断面、横断面设计。

应用已建立的该路段的数字地面模型进行纵断面地面线插值计算,横断面地面线插值计算,获取了地面线数据后进行纵断面及横断面粗略设计,用以定量分析两方案的工程量。利用插值数据完成的两方案的纵断面设计如图 6-46、图 6-47 所示。

(4) 比选结果。

结合纵断面及横断面分析,可以较准确地计算 2 个方案的主要工程量。2 个方案的定量比较分析表见表 6-2。经定量比较分析可知,推荐方案优于比较方案。

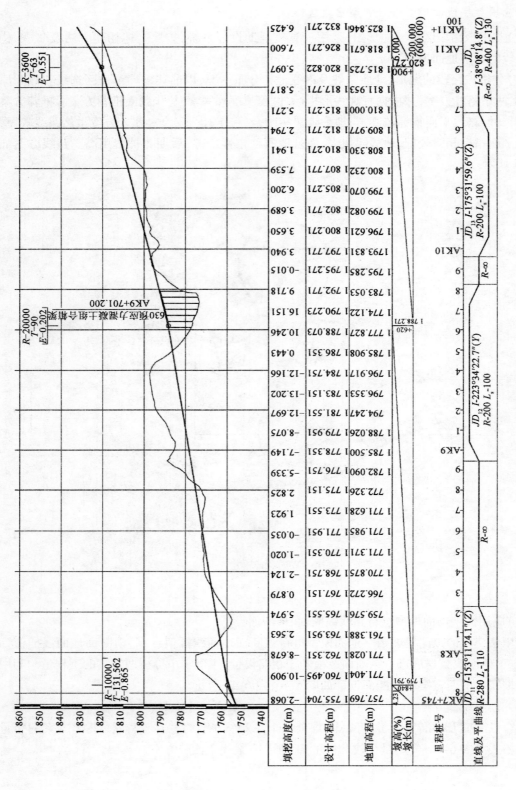

图6-46 推荐方案纵断面设计图

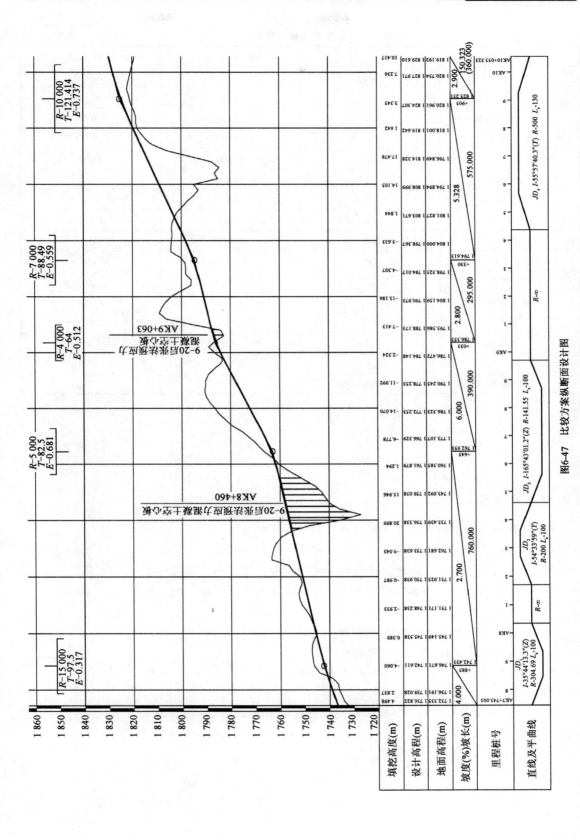

图6-47 比较方案纵断面设计图

方案工程量比较表　　　　　　　　　　表 6-2

要素	单位	推荐方案	比较方案
路线长度	km	3.357	2.310
平曲线最小半径	m	140	141.55
平曲线最小长度	m	532.5	290.04
最大纵坡	%	4.0	6.0
凸形竖曲线最小半径	m	25 000	4 000
凹形竖曲线最小半径	m	70 000	5 000
竖曲线最小长度	m	375	128
路基填方	万 m³	12.31	22.39
路基挖方	万 m³	23.74	40.74
防护工程	m³	3 308.1	30 176.1
排水工程	m³	3 801.4	4 623.6
路面工程	千 m²	39.74	27.10
桥梁	m/座	400/1	220/2
涵洞	道	20	5
占用土地	亩	166.6	174.6
估算金额	万元	4 461.9	4 894.1

【习题与思考题】

6-1　路线走廊带选择及总体设计的主要内容有哪些?

6-2　道路选线的基本步骤是什么?简述各步骤的一般要求和要点。

6-3　什么叫沿溪线?沿溪线布线的关键问题是什么?应掌握哪些要点?

6-4　越岭展线有哪些基本形式?为什么说回头展线是不理想的展线形式?

6-5　简述山脊线的布设要点。

6-6　简述特殊地区选线的注意事项。

6-7　简述纸上定线的一般步骤及要点。

6-8　简述纸上定线与实地定线的主要优缺点及适用条件。

6-9　纸上移线的方法有哪几种?

6-10　简述应用数字地面模型进行典型路段选线的主要步骤及要点。

第七章
路线交叉设计

第一节 概　　述

  广义的路线交叉包括道路与道路交叉、道路与铁路交叉、道路与管线交叉等。其中,道路与道路交叉是路线交叉设计中最主要的内容。
  道路交叉口是公路网和城市道路网的重要组成部分,是道路交通的咽喉,是道路网的节点。无论是公路还是城市道路,车辆均要通过交叉口改变行驶方向,完成汇集和转向功能。这一作用完善了道路网的交通功能,但同时也产生了交通间的纵横干扰,影响了交叉口的通行能力,使交叉处车速降低,易形成交通阻塞,增加行车延误,并易发生交通事故。因此,对交叉口进行合理的规划、设计和交通组织,有十分重要的意义。
  按照相交道路的空间位置,道路交叉可分为平面交叉和立体交叉两种基本类型。两种交叉形式有各自的特点和优劣。按照相交道路的性质及功能,道路交叉又可分为公路交叉和城市道路交叉两类,两类交叉在设计侧重点上有所不同。本章主要介绍公路和城市道路平面交叉设计及立体交叉设计的相关内容。

一、道路平面交叉设计的主要内容

  在进行道路平面交叉设计时,一方面要保证车辆与行人在交叉口能以最短的时间顺利通过,使交叉口的通行能力能适应各条道路的行车要求;另一方面还要正确进行交叉口竖向设计,保证转弯车辆的行车稳定,同时满足排水要求。

1. 公路平面交叉

公路平面交叉设计的主要内容包括:
(1)交叉口类型的选定;
(2)交叉口相交道路的线形设计;
(3)加速、减速车道设计;
(4)转弯设计;
(5)交叉口竖向设计;
(6)附属设施设计。

2. 城市道路平面交叉

城市道路平面交叉设计的主要内容包括:
(1)交叉口类型的选定;
(2)交叉口交通组织与进出口道设计;
(3)交通岛的设计;
(4)交叉口平面设计;
(5)交叉口竖向设计;
(6)行人及非机动车过街设施设计;
(7)附属设施设计。

二、道路立体交叉设计的主要内容

道路立体交叉是利用跨线构造物使道路与道路、道路与铁路在不同高程处相互交叉的连接方式,简称立交。立体交叉是高等级道路的重要组成部分。

采用立体交叉可使各方向车流在不同高程的平面上行驶,消除或减少冲突点。车流可以连续运行,提高道路的通行能力,同时还可以节约运行时间和燃料消耗,控制相交道路车辆的出入,减少对主线道路的干扰。

立体交叉的种类很多,形式多样,功能也各有不同。立体交叉按照交通功能可分为分离式立体交叉和互通式立体交叉。互通式立体交叉按照交叉口交通流线相互关系划分,又可分为完全立交型立体交叉、不完全立交型立体交叉和交织型立体交叉;按照立体交叉的几何形状划分,又可分为苜蓿叶形立体交叉、喇叭形立体交叉、环形立体交叉、菱形立体交叉等。

确定立体交叉基本类型的因素有很多,可根据实际条件找出主要因素,并依此选择立交类型。

互通式立体交叉设计的主要内容包括:
(1)立体交叉形式的选择;
(2)主线线形设计;
(3)匝道设计;
(4)辅助车道设计;

（5）变速车道和集散车道设计；
（6）附属设施设计。

第二节 道路平面交叉类型及交通组织

一、国外平面交叉类型划分情况

对道路平面交叉布局类型进行划分，有助于规范道路平面交叉设计，统一平面交叉设计标准，方便道路用户对平面交叉的快速、准确理解。同时，平面交叉类型的划分有助于在道路设计初期阶段和线形设计阶段确定平面交叉形式，为后期的渠化设计提供必要的操作空间。英国、加拿大、德国等国家均对平面交叉的类型进行了较系统的划分。

1. 英国

在英国，平面交叉分为环形交叉、信号交叉和主次路优先权交叉。主次路优先权交叉又可分为3类，分别为简单平面交叉、标线交通岛平面交叉、实体交通岛平面交叉。

（1）简单平面交叉：T形或错位T形平面交叉，在主路上没有标线或实体交通岛，在次要公路上无中间分隔岛。

（2）标线交通岛平面交叉：通常为T形或错位T形平面交叉，在主路中间设有引导车辆行驶的标线交通岛，在次要公路设有实体中间分隔岛。

（3）实体交通岛平面交叉：通常为T形或错位T形平面交叉，在主路中间设有引导车辆行驶的实体交通岛，在次要公路设有实体中间分隔岛。

平面交叉类型的划分与道路技术等级和功能有关，对不同的主路类型，英国标准中提供了平面交叉选型表。同时，英国标准中还提供了不同类型平面交叉适应交通量的范围。

2. 加拿大

加拿大平面交叉主要分为3种类型，分别为简单平面交叉（类型Ⅰ）、喇叭形平面交叉（类型Ⅱ、Ⅲ、Ⅳ）和渠化平面交叉（类型Ⅴ）。其中，喇叭形平面交叉又细分为Ⅱ、Ⅲ、Ⅳ类平面交叉。在规范中对不同类型平面交叉的转角半径、转角线形、入口拓宽、辅助车道、交通岛等进行了规定。其中简单平面交叉采用加铺转角的方式，喇叭形平面交叉采用入口拓宽的方式，渠化平面交叉则采用转角交通岛渠化的方式。

（1）简单平面交叉适用于转弯交通量较小且转弯速度较低的情况，转弯半径取决于交叉道路的类型、允许的车辆类型和交叉角三个要素。在规范中，针对每个设计车型、交叉角度都提供了简单曲线半径。

（2）喇叭形平面交叉为直行车辆或转弯车辆提供了额外的车道或渐变段。

（3）渠化平面交叉采用交通岛引导交通流按照指定路线行驶，通常应用于流量较大的平面交叉。渠化的目的是分流不同流向的交通流，减少平面交叉横穿路面宽度、简化车辆在平面交叉的操作。渠化平面交叉也用在面积很大的平面交叉，比如带有较大右转弯半径的平面交叉。

为了指导平面交叉类型选取,加拿大规范中还提供了不同类型交叉适用的交通量图,基于主路和相交道路年平均日交通量即可确定平面交叉类型。大部分平面交叉,尤其是主路或相交道路交通量较小的平面交叉,可以根据交通量图选择平面交叉的形式。在其他情况下,则需要考虑更多的信息,包括设计小时流量和转弯行为等。

3. 德国

德国将平面交叉基本形式分为 7 个类型,不仅对平面交叉基本类型进行了划分,对右转弯车道类型和左转弯车道类型也进行了划分,在实际使用中可以匹配应用。确定了平面交叉基本类型、右转弯类型、左转弯类型后,平面交叉的布局类型也随之可以确定。

二、我国道路平面交叉类型及适用条件

1. 平面交叉类型划分考虑的因素

结合不同道路功能、不同设计阶段需求,我国制定了道路平面交叉类型的划分方式。在制定平面交叉类型划分方式的过程中,主要考虑的影响因素有:

(1) 道路交通网规划;
(2) 相交道路技术等级及有关技术、经济和环境效益;
(3) 易于理解与应用;
(4) 设计要素的布局;
(5) 服务交通量;
(6) 交通安全需求。

2. 平面交叉类型划分

一般情况下,平面交叉类型的划分是按照先简单后复杂的顺序排列。对于我国而言,目前类型划分主要考虑常规情况,但随着交通工程专业的不断发展,可能会存在较为复杂的平面交叉,如穿越城镇段交叉、局部立体交叉、错位交叉等。根据相交道路的条件和交通管制方式的不同,平面交叉有多种分类形式:

(1) 按照相交道路的条数,平面交叉可分为三路交叉、四路交叉和多路交叉。如图 7-1 所示。

a) 三路交叉　　　　b) 四路交叉　　　　c) 多路交叉

图 7-1　按相交道路条数分类的平面交叉口

(2) 按照几何形状,平面交叉可分为 T 形、Y 形、十字形、X 形和错位交叉等。如图 7-2 所示。

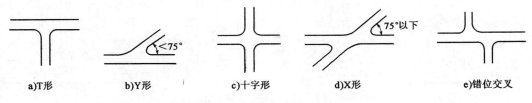

图 7-2 按几何形状分类的平面交叉口

（3）按照渠化交通的程度可分为加铺转角式、扩宽路口式、分道转弯式和环形交叉口。

①加铺转角式

由道路相交而直接形成的三路或四路交叉，只在交叉角处将道路边缘做成圆弧形，如图 7-3 所示。此类交叉口对交叉部位既不做任何特殊处理，又不进行交通管制。在这种交叉口处行驶的车辆不受任何控制，各自按照交通规则行驶。当相交道路交通量不大、车速不高、转弯车辆少时，可采用加铺转角式交叉口，一般适用于三、四级公路。

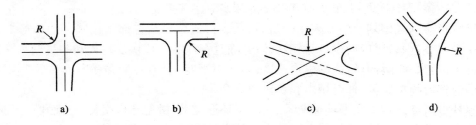

图 7-3 加铺转角式平面交叉口

②扩宽路口式

当交通量较大、转弯车辆较多，而交叉口的通行能力不能保证交通量的需要时，根据转向交通量情况，可采用增设变速车道、转弯车道等措施。将交叉口连接部位的道路拓宽，形成扩宽路口式交叉，如图 7-4 所示。这种交叉口可以单设右转或左转车道，也可以同时增设左、右转车道，以提高交叉口的通行能力，一般适用于一、二级公路。

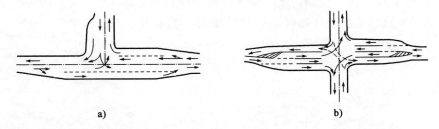

图 7-4 扩宽路口式平面交叉口

③分道转弯式

当相交道路的交通量不大，但转弯车辆较多时，可采取在交叉口内设置导流岛、在车行道上划线等措施组织交通，形成分道转弯式三路或四路交叉，如图 7-5 所示。一般适用于三、四级公路，也适合斜交角不大于 30°的次要公路和比较重要的公路之间的连接。

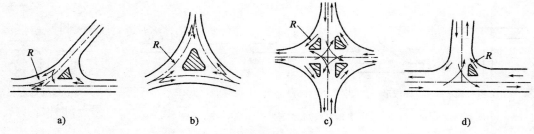

图 7-5 分道转弯式平面交叉口

④环形交叉口

环形交叉口是在交叉口中央设置一个中心岛,用环道组织渠化交通的一种重要形式。环形交叉口的交通特点是进入交叉口的不同交通流,只允许按照逆时针方向绕中心岛单向行驶,交通运行上以较低的速度合流并连续进行交织行驶,直至从要去的出口分流驶出。环形交叉口类别划分考虑因素主要包括几何尺寸、车道数量、中央岛形式及辅助控制方式。

美国和英国对环形交叉研究和应用较多。在美国,依据几何尺寸大小和车道数量,环形交叉通常被分为微型环形交叉、单车道环形交叉和多车道环形交叉。

美国环形交叉类型划分中并未明确是城市、乡村或城乡结合部。在城区的环形交叉通常采用较小的尺寸,因为对应的设计车辆比较小,而且存在一定比例的行人和非机动车交通。在乡村地区,环形交叉允许有较高的引道速度,因此对视距、引道线形和横断面有特殊要求。而在城乡结合部的环形交叉,拥有城市和乡村的综合特征。

英国环形交叉分为常规型环形交叉、紧凑型环形交叉、微型环形交叉、分离式环形交叉、信号控制环形交叉、双环环形交叉等 6 种类型。其中,常规型环形交叉设有直径 4m 以上路缘石围起的中心岛。通常是喇叭式入口和出口,可允许两辆或三辆车在同一个岔口同时进入或驶出环岛。相应的,环道宽度也应能满足两辆或三辆车同时绕行,如图 7-6 所示。紧凑型环形交叉每个岔口只有一个入口车道和一个出口车道。环形岛内不允许两辆车并行行驶,如图 7-7 所示。微型环形交叉无路缘石围起的中心岛,取而代之的是直径 1~4m 的白色标线实心圆。分离式环形交叉至少有一条入口引道是在不同的高度上,此类环形交叉多用于快速路交叉点,也用于连接下穿、上跨和其他不同高程的平面交叉。信号控制环形交叉即在一个或多个入口,或环道上相应的点设置信号控制的环形交叉。双环环形交叉是一个交叉口包含两个独立的环岛,环岛之间用短路段连接。环岛可能是微型、紧凑型或常规型环岛。

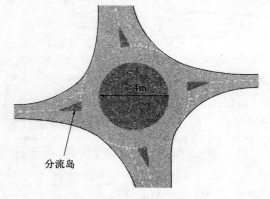

图 7-6 英国常规型环形交叉

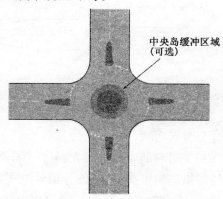

图 7-7 英国紧凑型环形交叉

参阅美国、英国、马来西亚等多个国家的相关规范,环形交叉主要分为微型环形交叉、紧凑型环形交叉(单车道环形交叉、小型环形交叉)、常规环形交叉(多车道环形交叉)。虽然名称有所不同,但分类依据基本一致。

我国的环形交叉也按照此种方式划分。由于微型环形交叉中心岛为可穿越式,依据我国目前的驾驶行为和驾驶习惯,此种类型中心岛很难起到规范车辆绕环行驶的作用,因此在我国的环形交叉口分类中,暂不包括此种类型。单车道环形交叉在我国应用也较少,但根据环形交叉的发展趋势看,单车道环形交叉的应用范围将会扩大,因此在分类中予以保留。由此,我国环形交叉划分为单车道环形交叉和多车道环形交叉两种类型。典型环形交叉口如图7-8和图7-9所示。

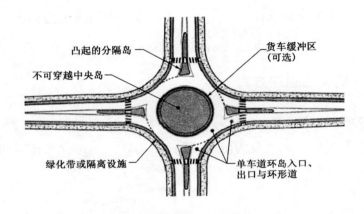

图7-8 典型单车道环形交叉

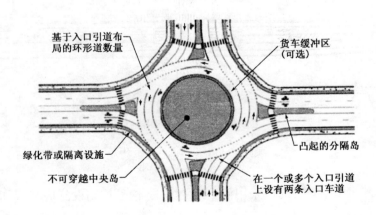

图7-9 典型多车道环形交叉

根据对我国环形交叉口通行能力调查与分析,结合我国不同等级公路适应的交通量大小,确定我国环形控制类型的基本原则,即年平均日交通量小于8 000pcu/d时设置单车道环形交叉;年平均日交通量在8 000~10 000pcu/d之间时,设置单车道环形交叉或多车道环形交叉;年平均日交通量大于12 000pcu/d时,设置多车道环形交叉。

(4)按照交通管制方式,可分为无信号控制交叉口和有信号控制交叉口,如图7-10所示。

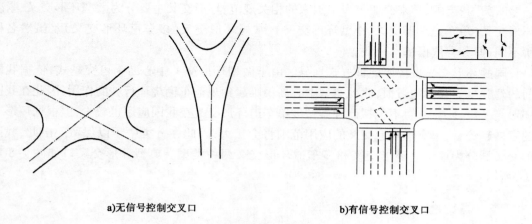

a)无信号控制交叉口　　　　　　　b)有信号控制交叉口

图7-10　按交通管制方式划分的两类交叉口

三、平面交叉的交通组织方式

1. 交通组织方式划分与选取

平面交叉的交通组织方式可分为信号控制(图7-11)、主路优先控制和环形控制3种方式。

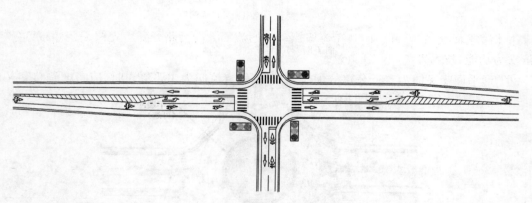

图7-11　信号控制交叉口示例

(1)信号控制

当平面交叉满足以下条件时应采用信号控制方式,信号控制设施应与闯红灯抓拍设施同步实施和运行:

①交通量满足《道路交通信号灯设置与安装规范》(GB 14886—2016)规定的信号设置高峰小时交通量条件时;

②交通量未达到信号安装条件,但相交道路流量均较大,功能、等级相同,且不适宜采用环形控制时;

③相交道路均为一级公路或多车道公路时;

④交叉口每年伤人事故超过6起或人员死亡事故超过3起时;

⑤行人和非机动车流量较大,严重干扰车辆运行时。

(2) 主路优先控制

当平面交叉交通量不满足《道路交通信号灯设置与安装规范》(GB 14886—2016)规定的信号设置高峰小时交通量条件,且相交公路功能、等级或交通流量差异明显时,应采用主路优先控制方式。主路优先控制应采用停车让行或减速让行标志标线,明确相关道路路权(优先权),如图 7-12 所示。路权(优先权)划分根据相交公路功能、技术等级、交通量和交叉形式确定。

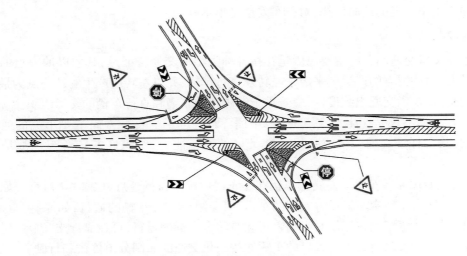

图 7-12　主路优先控制交叉口示例

①十字平面交叉为功能强、技术等级高或交通流量大的公路分配优先权,三个因素重要程度依次为功能、技术等级和交通流量;

②T 形平面交叉应为直行公路分配优先权,当转弯流向为主要流向时,应考虑调整交叉形式,使主要流向直行。

当其中一条道路或两条道路交通流量均较小,不宜采用信号控制和环形交叉时,应采取工程措施将其中一条道路入口车道压缩至双向两车道,并对车道数量压缩的公路设置停车让行设施。

(3) 环形控制

当平面交叉满足以下条件时,可考虑采用环形控制方式:

①不规则几何形状平面交叉。包括 Y 形交叉、小角度交叉、多路交叉、间距很小的两个交叉等。

②交通流多变的平面交叉。道路特征或车速变化明显的情况,包括穿村镇入口,公路速度控制值明显变化,道路功能、技术等级过渡路段等。

③由视距不良、车速过高或驾驶人不遵守路权设施规定导致的高事故率平面交叉。

④相交公路功能、技术等级和交通流量较为接近,难以让驾驶人直观判断各流向优先权,且未达到设置信号控制的平面交叉。

⑤各相交道路的车流量比较均匀、流向比较稳定、转弯车辆较多,特别是多路畸形交叉口。

⑥非机动车和行人较少、车种单一的郊区道路上。

⑦为控制扩建用地,近期作为过渡使用的重要交叉口。

此外,空间较小、不能满足环形交叉需要的最小外径要求的平面交叉,主次路交通流量差别明显的平面交叉,具有大量非机动车交通、行人众多的平面交叉及大货车比例高的平面交叉,均不宜采用环形控制。如采用环形控制,易造成通行能力不足,行人和非机动车绕行距离过长,车辆在环道的外侧和进、出口处容易被大量的非机动车车流和人流所包围致使机动车进、出环岛时均会发生很大困难,从而影响车辆的连续通行等问题,导致通行能力下降甚至造成经常性交通阻塞。在斜坡较大的地形和桥头引道上,也不宜采用环形交叉,因为它使下坡的车辆等同于走小半径的反向曲线,对行车安全是很不利的。

2. 左转弯交通组织

产生交叉口交通问题的主要原因是存在各种类型的交通特征点,其中以冲突点的影响和危险性最大,而冲突点的产生则来源于左转及直行车辆,并以左转所产生的冲突点为最多。因此,对于交叉口车辆交通组织设计,应着重于解决左转车辆和直行车辆的交通组织。

左转弯车辆不仅是产生冲突点的主要因素,而且也影响直行方向主要车流的通行。所以,无论是为了保证交通安全或是提高交叉口的通行能力,组织好左转弯车辆都是一个关键问题。

(1)设置专用左转车道。左转弯车辆在停车线后等候通行色灯开放时才通行。如直行车辆较多,最好能为左转弯车辆设置专用的车道,以免阻碍直行车辆的通行;如原有车行道的宽度不够,以致左转弯车辆在停候时影响直行和右转弯车辆的通行,可在靠近交叉口一定距离的范围内拓宽车行道,以便驶入交叉口的车辆能按渠化交通的原则分道停候和行驶。

(2)实行交通管制、在规定时间内不准左转,如图7-13所示。

(3)变左转为右转,如图7-14所示。

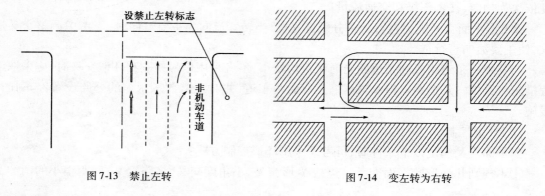

图7-13　禁止左转　　　　　　　　图7-14　变左转为右转

3. 渠化交通

渠化交通就是人、车分离,各种车辆各行其道、互不干扰、顺序行驶,在道路上划线并用绿地和交通岛来分隔车道,使各种不同类型和不同速度的车辆能像渠道内的水流那样,顺着一定的方向互不干扰的流过。

渠化交通可以有效解决城市交通拥挤和阻滞的问题,提高通行能力,保障交通安全,它对于解决畸形交叉口的问题尤为有效。进行渠化交通设计时,要先考虑交叉口的交通、道路几何等条件,常用渠化思路有:

(1)尽量减少交叉口车辆可能发生冲突的路面面积[如图7-15a)所示]。交叉口内路面铺装面积过大时,车辆及行人通过交叉口的路径选择余地很大,这反而增加了车辆及行车发生冲突的范围,使通过交叉口的危险性增大。采取渠化措施压缩路面面积,使车辆及行人通过交叉口的路径单一且集中,可有效控制冲突范围。在较小的冲突范围内,道路使用者可以做出准确的判断并采取应急措施,从而增加安全度。

(2)增大交通流线的交叉角度[如图7-15b)所示]。车辆交叉通过时,其交叉角度越接近直角越有利,可以减少可能发生冲突的路面面积,使车辆通过交叉点的时间最短,也易判断被交叉车辆的通过速度。

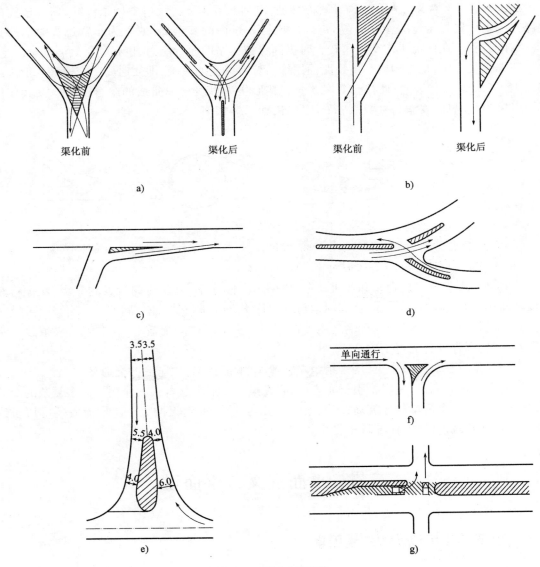

图 7-15 渠化交通示例

(3)减少车流的分流、合流角度[如图7-15c)所示]。由于车流进行小角度的分流、合流运行时,车辆可采用最小的速度差,在合流时还可充分利用较小的车头间距,因此应尽量减小分流、合流角度,一般该角度应控制在10°~15°的范围内。

241

(4)曲线上的交叉口的渠化[如图7-15d)所示]。这时,渠化交通应促使次要道路上的车流进入交叉口时减速缓行,并尽量使次要道路上的交通流顺畅。

(5)有利于车流进入交叉口时减速和驶出交叉口时加速[如图7-15e)所示]。交叉口的设计速度一般低于相交路段上的值,因此,车辆进入交叉口时要减速,驶出交叉口时则要加速。渠化交通应满足这一要求,一般将出入口渠化成喇叭形。

(6)渠化交通采用的交通岛位置和形状应配合交通组织指示,或强制车辆按正确路径行驶,使车辆不致误入禁行车道或方向[如图7-15f)所示]。

(7)有利于车辆及行人安全横穿对方交通流[如图7-15g)所示]。如条件允许,在较宽的道路方向上设置尽量宽的交通分隔带,以形成行人过街的安全岛,或称为车辆过街时的避让带。这既有利于在保证正常交通量较大时提高穿越道路的通行能力,也有利于交通安全。

在渠化交通中,最常用的是高出路面用缘石标界的交通设施,即交通岛。交通岛一般高出路面15~25cm,有行人通过时为12~15cm。其形状为直线与圆曲线的组合图形。按其作用不同可分为分隔岛、安全岛、中心岛、导流岛等,如图7-16所示。

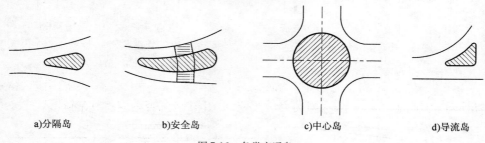

a)分隔岛　　b)安全岛　　c)中心岛　　d)导流岛

图7-16　各类交通岛

分隔岛是用来分隔机动车和非机动车、快速车和慢速车,以及对向行驶的车流,保证行车速度和交通安全的长条形交通岛,有时也可在路面上划线来代替分隔岛。

安全岛供行人过街时避让车辆之用。在宽阔且交通繁忙的街道上,宜在人行横道线中央设置安全岛,以保证行人过街安全。

中心岛是设在交叉口中央,用来组织左转弯车辆和分隔对向车流的交通岛。

导流岛又称导向岛,用以指引行车方向,它在渠化交通中起着很大作用。许多复杂的交叉口,往往只需用几个简单的导流岛,就能组织好交通,减少或消灭冲突点。导流岛还可用于约束车道,使车辆减速转弯,保证行车安全。

第三节　平面交叉口平面设计

一、交叉口平面设计的控制因素

1. 平面交叉的间距

平面交叉的间距应综合考虑公路网的结构和车辆通行条件,满足交织长度、视距、转弯车道长度等的最小距离,保证车辆通过交叉时不受前面交叉处等待的最大候车列队的干扰,这一最小间距应不小于150m。各级公路平面交叉(包括出、入口在内)的间距应不小于表7-1的规定。

平面交叉最小间距　　　　　　　　　　表7-1

公路等级	一级公路			二级公路	
公路功能	干线公路		集散公路	干线公路	集散公路
	一般值	最小值			
间距(m)	2 000	1 000	500	500	300

2. 设计速度

平面交叉范围内相交公路的设计速度应与路段设计速度相同。两相交公路等级相同或交通量相近时,平面交叉范围内直行车道的设计速度可适当降低,但不得低于路段设计速度的70%。次要公路一方由于保证交叉正交等原因而需要在交叉范围内改线或不得已而采用较低的线形指标时,可适当降低设计速度。平面交叉范围内转弯车道的设计速度应根据路段设计速度、交通量、交叉类型、交通管理方式和用地情况等因素综合确定。

3. 视距

为了保证交叉口的行车安全,驾驶员在进入交叉口前的一段距离内必须能看清相交道路上车辆的行驶情况,以便能顺利驶过交叉口或及时停车,避免发生碰撞,这一距离必须大于或等于停车视距。

由停车视距 S_T 所组成的三角形称为视距三角形(图7-17 和图7-18 中的阴影部分)。在视距三角形的范围内,不能有任何阻碍驾驶员视线的障碍物,否则应将其清除。

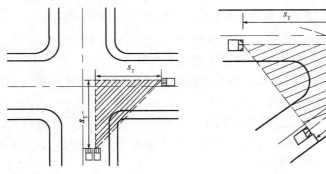

图7-17　十字形交叉口的视距三角形　　　　图7-18　Y形交叉口的视距三角形

视距三角形应以最不利的情况来绘制,绘制的方法和步骤如下:

(1)计算确定停车视距 S_T:可用第三章中所述的停车视距公式进行计算。当受地形、地物条件及其他特殊情况限制时,停车视距可采用表7-2 中的低限值,但必须采取设置限速标志等技术措施。

平面交叉视距　　　　　　　　　　表7-2

设计速度(km/h)		100	70	60	50	40	30	20
停车视距(m)	一般值	160	110	75	60	40	30	20
	低限值	120	75	55	45	30	25	15

（2）根据交叉口的具体情况，找出行车可能的最危险冲突点。例如：①十字形交叉口最危险的冲突点是在靠右侧的第一条直行机动车道的轴线与相交道路靠中心线的第一条直行车道的轴线所构成的交叉点；②Y字形或T字形交叉口最危险的冲突点则在直行道路最右侧的第一条直行车道的轴线与相交道路最靠中心线的一条左转车道的轴线所构成的交叉点。

（3）从最危险的冲突点向后沿行车的轨迹线（可取行车的车道中线）各量取停车视距S_T值。

（4）连接停车视距末端构成视距三角形。在三条线所构成的视距范围内，不得有阻碍视线的障碍物存在。

4. 平面交叉的角度要求

平面交叉的岔数不应多于4条。新建公路不得直接与已建的四岔或四岔以上的平面交叉相连接。采用环形交叉时，岔路不宜多于5条。平面交叉的交角宜为直角并避免错位交叉、多位交叉和畸形交叉。当斜交时，其锐角不应小于70°，当受地形条件及其他特殊情况限制时，应大于45°。

二、交叉口平面设计内容

1. 交叉口设计速度

1）公路交叉口设计速度

（1）平面交叉设计速度宜根据交叉控制方式、交通流优先程度、道路功能和等级等因素综合确定。

（2）交叉口范围内主要公路的设计速度宜与路段设计速度相同。

（3）两相交公路的功能、技术等级相同或交通量相近时，平面交叉范围内的直行车道的设计速度可适当降低，但不应低于路段设计速度的70%。

（4）次要公路因交角等原因改线，或因条件受限采用较低的线形指标时，可适当降低设计速度。当次要公路设计速度不小于60km/h时，改线后设计速度不应低于路段设计速度的50%；其他情况下，改线后设计速度不应低于20km/h。

（5）转弯车道的设计速度应根据路段设计速度、交通量、交叉类型、交通管理方式和用地情况等因素综合确定。

公路十字形和T形平面交叉转弯速度可按照表7-3选取。公路环形交叉转弯速度可按照表7-4选取。

十字形和T形平面交叉转弯速度　　　　表7-3

类别		转弯设计速度（km/h）	
		右转弯	左转弯
十字形和T形交叉	一般交叉	5~20	10~15
	重要交叉 设转弯车道交叉	5~30	10~20
	设渠化岛交叉	20~60	15~20

环形交叉转弯速度 表7-4

类 别		转弯设计速度（km/h）	
		入口速度	绕环速度
环形交叉	单车道环形交叉	30~40	25~50
	多车道环形交叉	35~50	

2) 城市道路交叉口设计速度

城市道路平面交叉口范围内的设计速度宜为路段设计速度的0.5~0.7，直行车道可取大值，转弯车道可取小值。当验算视距三角形时，进口道直行设计速度应与路段设计速度一致。

2. 进出口车道设计

1) 交叉口的车道数

从渠化交通的要求来看，交叉口最好能设置若干条专用车道，以便左、右行和直行的机动车辆和非机动车辆在驶近交叉口时，能在各自的专用车道上排列等候和行驶，避免相互干扰。但在交通量较小的道路上设置过多的车道显然不经济，这时可考虑车道混合行驶。在确定交叉口的车道数和车道宽度时，必须考虑到我国城市目前自行车交通日益发展的客观需要，尽可能组织机动车和非机动车分流行驶，以保证交通安全。所设置的车道数，其通行能力的总和必须大于高峰小时交通量的要求，否则交叉口会产生交通拥挤和阻塞的现象。交叉口的车道数可按以下方法确定：

首先选定交叉口的形式，然后根据设计年限的高峰小时交通量和不同的交通组成进行交通组织设计，由此初步定出车道数（该车道数也可直接取用路段上的设计车道数进行交通组织设计）。按照所确定的交通组织设计方案，对初定的车道数进行通行能力的验算。如车道通行能力的总和小于高峰小时交通量的要求，则必须增加车道重新验算，直到满足交通量的要求为止。所确定的车道数量，应使主要道路方向进入交叉口的车道数尽量与驶出交叉口的车道数相同。此外，不允许驶出方向的车道数少于进入交叉口的直行车道数。

由于交叉口受到交通指挥信号的影响，在相同车道数的情况下，交叉口的通行能力一般总是比路段上的车道通行能力小，所以交叉口的车道数应不少于路段上的车道数。为了能够充分发挥整条道路的通行能力，交叉口的设计通行能力应与路段上的通行能力相适应，即使近期的交通量没那么大，也应为远期增设车道或拓宽车行道控制好用地。为了便于交通组织和提高通行能力，交叉口的车道数最好比路段上的车道数多1条。

2) 交叉口的车道宽度

进入交叉口的车道宽度应与路段保持一致。当进入交叉口需增设附加车道时，为控制占地面积并保证车道数量，各车道的宽度可比路段上稍窄，因接近交叉口时车速降低，故仍可保证通行条件。小汽车车道可减至3m，一般车道最窄可减至3.25m。

3. 转弯设计

1) 右转车道

为改善平面交叉口的通行条件，当右转交通量较大、右转方向角度较小、影响右转交通的行人较多时，应设置右转车道。右转车道一般可用拓宽路口的方法设置。

右转车道长度应能满足右转车辆减速行程的要求。而在信号交叉口上，为使右转车辆能从停候的直行尾车后面顺利进入右转车道，其长度还与红灯时直行车道受阻车辆排队长度有关。

(1) 考虑右转车减速行程的右转车道长度

右转车减速行程 l_w 计算式见式(7-1):

$$l_w = \frac{v_A^2 - v_R^2}{26a} \tag{7-1}$$

式中：v_A——交叉口设计速度，km/h;

v_R——减速后车速，城市道路一般取 $v_R=0$，km/h;

a——车辆的减速度，m/s²。

右转车道长度包括渐变段和直线段两部分。渐变段长度 l_k 可按以车速 v_A 行驶的车辆每秒横移 1.0m 来计算，计算式见式(7-2):

$$l_k = \frac{v_A}{3.6} \cdot B \tag{7-2}$$

式中：B——右转车道宽度，m;

其余符号意义同前。

则右转车道直线段长度 l 为：

$$l = l_w - l_k \tag{7-3}$$

(2) 考虑红灯时直行车受阻排队时的右转车道长度

如图 7-19 所示，这时的右转车道长度应能满足使右转车辆从最长的候车车列的尾车驶入拓宽的车道，其长度为：

$$l_w = nl_n + l_k \tag{7-4}$$

式中：n——一个周期的红灯和黄灯时间内到达进口道的车辆数，即停候车数，辆;

l_n——停候车辆的平均车头间隔，m，l_n 值与车型和停候间隔的不均匀分布状况有关，一般 l_n 取车身总长加 3.0m;

l_k——渐变段长度，即车辆从原车道驶入相邻拓宽车道所需距离，m，一般取 $l_k=12m$。

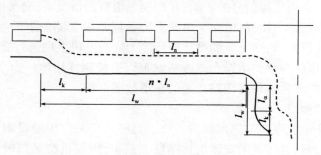

图 7-19 交叉口右转车道长度的计算图式

式(7-4)中的 l_n、l_k 为定值，故 l_w 值主要取决于 n 值。

$$n = n' \frac{T_c - t_绿}{T_c} \cdot \frac{k}{m} \tag{7-5}$$

式中：n'——平均每个周期到达停候车道的车辆数，辆;

T_c——信号灯的周期，s;

$t_绿$——绿灯时间，s;

k——每个周期到达车辆的不均匀分布系数,一般取 $k = 1.25$;

m——停候车道数,条。

右转车道长度取上述两项计算值中的较大值。

为使右转车辆加速后,再与横向直行车辆合流,应在合流一侧设置加速车道。该加速车道的长度 l'_w 为:

$$l'_w = l_a + l_k = \frac{v_2^2 - v_1^2}{2a} + l_k \tag{7-6}$$

式中:l_a——车辆加速所需距离,m;

l_k——车辆从拓宽车道驶入相邻原车道所需距离,$l_k \approx 12\text{m}$;

v_1——车辆右转时的初速度,m/s,v_1 一般取交叉口设计速度的 0.75 倍;

v_2——车辆加速后的末速度,m/s;

a——车辆的平均加速度,m/s^2。

2)左转车道

(1)左转车道的设置方法

在城市道路上,为了减少左转交通对直行交通的干扰,提高交叉口的通行能力,可按下述方法设置左转车道:

①有较宽中央分隔带时,压缩分离带宽度辟为左转车道;

②有中央分隔带但宽度不足时,可将入口段车道线偏移来增设左转车道;

③无中央分隔带时,可用拓宽路口的方式增设左转车道。

在公路上,平面交叉除下述情况外,均应设置左转弯车道:

①禁止左转的交叉口;

②道路交通量少,通行能力有很大富余时;

③设计速度为 40km/h 以下且设计小时交通量小于 200pcu/h 的双车道公路。

左转弯车道设置方法与城市道路设置方法相同。

当公路平面交叉有加速合流、减速分流的交通时,应分别设置加速车道或减速车道。

(2)左转车道长度

左转车道长度由分流长度、减速长度和等候转弯车辆排队所需的长度组成,即:

$$L = L_d + L_e + L_s \tag{7-7}$$

式中:L——左转车道长度,m;

L_d——分流长度,m;最小分流长度见表7-5;

L_e——减速长度,m;

L_s——等候转弯车辆排队长度,m。

最小分流长度 表7-5

设计速度(km/h)	100	70	60	40	30	20
最小分流长度(m)	70	60	40	20	10	10

等候转弯车辆排队长度一般按式(7-8)计算:

$$L_s = 2S \cdot M \tag{7-8}$$

式中：S——平均车头间距，m，客车为6m，大型车为12m（大型车多时，可按大型车比例进行修正。若大型车比例不明确时，可取7m）；

M——平均每分钟转弯车辆数，辆。

为使最后一辆左转车可在左转车道排队车辆后端安全停车并不妨碍直行车辆，应设置足够长度的左转车道。左转车道长度应为停车排队长度与车辆减速所需长度之和。

停车排队的车辆数，对无信号交叉口可取每分钟平均到达的左转车数量。考虑到车辆到达的随机性，可按一个信号周期内平均到达左转车的两倍取用。

平面交叉在需要加速合流和减速分流处，应设置加减速变速车道。设置变速车道可减少对直行交通的干扰，提高通行能力，防止因分流而在直行车道上减速造成的追尾事故，有利合流，并可减少合流时的交通事故量。

变速车道的线形应满足车辆在合流、分流和变速行驶过程中各处对速度的要求。

变速车道宽度为3.0～3.5m。变速车道长度应根据公路技术等级、使用性质、速度变化范围、车辆特性和纵坡等因素确定。一般情况下可采用表7-6所列数据。

变速车道长度　表7-6

级别	设计速度（km/h）	降低一级的速度（km/h）	减速车道长度(m)（$a = -2.5m/s^2$）			加速车道长度(m)（$a = 1.0m/s^2$）		
			至停车	至20km/h	至40km/h	从停车	从20km/h	从40km/h
主要道路	100	70	100	95	70	250	230	190
	60	60	50	30	140	120	70	
	60	50	40	30	20	100	80	40
	50	40	30	20	—	60	50	—
	40	30	20	10		40	20	
	30	20	10	—		20		
次要道路	80	60	45	40	25	90	80	50
	60	50	30	20	10	65	55	25
	50	40	20	15		40	30	
	40	30	15	10		25	15	
	30	20	10	—		10		

3）交通岛设计

交通岛可按其组织渠化交通的功能不同分为分隔岛、安全岛、中心岛和导流岛等形式。分隔岛宽度按其用途规定如表7-7所示。

分隔岛的宽度　表7-7

分隔岛用途	宽度(m)
设置标志	1.2
个别行人避险以及以后可能设信号	1.7
多车道公路的信号交叉中较多行人的越路避险	2.4
左转弯车道及剩余分隔带	4.3～5.5
标线式左转弯分隔带	≥车道宽度
二次等候左转或穿越	7m 或设计车辆宽度

交通岛的设置条件如下:
(1)需分隔右转弯曲线车道与直行车道时,应设置导流岛;
(2)信号交叉中,左转弯为两条车道时,在左转车道与直行车道间应设置导流岛;
(3)左转车道与对向直行车道间应设置分隔岛;
(4)T形交叉中,次要公路岔口的两左转弯行迹间应设置分隔岛;
(5)对向行车道间需提供行人穿越道路的避险场所,或需设置标志、信号柱时,应设置分隔岛。

交通岛边缘的线形取决于相邻车道的路缘线形。直行车道边缘的岛缘线应根据缘石构造做不同值的偏移。岛端迎流边应偏移且圆滑化。常用的交通岛边缘形状及有关尺寸如图7-20所示。

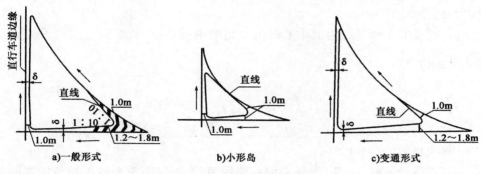

图7-20 常见的交通岛形式

4)环形交叉口中心岛

普通环形交叉口是在交叉口中央布置一个直径足够大的中心岛,保证车辆能按一定速度在环道上连续不断行驶,并以交织方式进出环道。我国目前大多数环形交叉口属于这种形式。中心岛的形状一般采用圆形,对主次道路相交的交叉口也可用椭圆形的中心岛,这时应使长轴沿主要道路方向布置。此外,根据地形、地物及相交道路的特点,也可采用其他规则或不规则几何形状的中心岛。

(1)公路环形交叉口中心岛

公路环形交叉内接圆半径主要由设计车型、车辆绕环速度和绕环车道数确定,可按表7-8选取。环形交叉所处路段设计速度高时,内接圆半径取大值。

公路中心岛内接圆半径取值 表7-8

中心岛类型	设计车型	90°交叉角条件下内接圆直径范围(m)
单车道环岛	12m载重汽车	27~46
	12m载重汽车、18.1m铰接列车	32~55
双车道环岛	12m载重汽车、18.1m铰接列车	46~67
三车道环岛	12m载重汽车、18.1m铰接列车	61~91

中心岛是由环绕车道围成的交通岛,为提高中心岛的可视性和约束车辆按照设定路径行

驶，公路环形交叉中心岛宜设置为凸起不可穿越形式。

中心岛宜设置为圆形，有助于车辆保持稳定的绕行速度，不规则的形状容易促使车辆在半径大的路段加速，在半径小的路段减速，增加环形道驾驶人控制车速的难度，同时环形道车速差异也会增加入口车辆接入的难度。

当交通组成中含有少量大型半挂车辆，而中心岛半径不能满足大型半挂车辆转弯需要时，可在中央岛边缘设置缓冲区。中央岛缓冲区路面材料应区别于行车道路面、平整度不宜过高，且对大型货车后轮应具有足够的承载力。

（2）城市道路环形交叉口中心岛

城市道路环形交叉口中心岛半径的计算首先应满足设计速度，并考虑相交道路的条数和宽度，验算路口之间的交织段长度是否符合车辆交织行驶的需要后综合确定。

①按设计速度计算

因为绕岛行驶的车辆是在紧靠中心岛的车道的中间行驶，故实际采用的 R 值还应减去 $\dfrac{b}{2}$，计算式见式(7-9)：

$$R = \dfrac{v^2}{127(\mu \pm i)} - \dfrac{b}{2} \tag{7-9}$$

式中：μ——横向力系数，$\mu = 0.10 \sim 0.20$；

i——环道横坡，取 $i = 1.5\%$；

v——环道设计速度，km/h，国外一般取路段值的 0.7 倍，根据我国城市的实际情况观测，设计时可取路段设计速度的 0.5~0.65 倍；

b——车道宽度，m。

②按交织段长度的要求计算

因环形交叉口的交通量是以交织方式来完成车辆互换车道而进出交叉口的，所以中心岛的尺寸不但要适应设计速度所需要的转弯半径，同时还应满足相邻路口之间最小交织段长度的要求。

所谓交织段长度是指进环和出环的两辆车在环道上行驶时互相交织，变换一次车道位置所行驶的路程。交织长度主要取决于车辆在环道上的行驶速度。当两个路口之间有足够距离，此时在该环道上行驶的车辆均可在合适的时机交织，该段距离称为交织段，交织段长度的位置如图 7-21 所示。

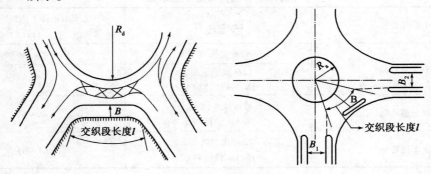

图 7-21 交织段长度

中心岛的半径必须满足两个路口之间最小交织段的要求（表7-9），否则，行驶中需要互相交织的车辆就要在环道上停车等让，不符合环形交叉口连续交通的基本原则。

环道上不同车速所需的最小交织段长度　　　　　　　　　　　　　表7-9

环道设计车速(km/h)	20	25	30	35	40	50	70
最小交织段长度(m)	25	30	35	40	45	60	70

按交织段长度所要求的中心岛半径 R_d，如图7-21所示，可近似按交织段长度围成的圆周大小来计算，计算见式(7-10)：

$$R_d = \frac{n(l + B_{平均})}{2\pi} - \frac{B}{2} \tag{7-10}$$

式中：n——相交道路的条数，条；

l——两个路口之间的交织段长度，m；

B——交汇道路的平均宽度，m；当中心岛为圆形、交汇的道路为十字正交时，$B_{平均}$取交叉口相邻两路口车道宽度的平均值。

由式(7-10)可知，当相交道路的条数越多（即 n 越大），则要求中心岛的半径 R 越大，这将大幅度增加交叉口的用地面积，同时也大大增加绕岛车辆的行程，这是很不经济、也很不合理的。因此，环形交叉口的相交道路不宜多于6条。

如按设计速度已确定中心岛半径 R，可按式(7-11)验算其交织段长度 l 是否符合要求：

$$\begin{cases} l = \frac{2\pi}{n}\left(R + \frac{B}{2}\right) - B_{平均} \\ l = \frac{2\pi a}{360°}\left(R + \frac{B}{2}\right) - B_{平均} \end{cases} \tag{7-11}$$

式中：a——相邻道路中心线所形成的交角，当交角不相等时，应采用最小夹角值；

其他符号意义同前。

我国大、中城市目前所采用的圆弧形中心岛直径一般为40~60m，只有个别城市修建较早的采用了较大的直径，如长春市人民广场的环岛直径为220m。根据观测及分析结果，在城市道路上选用环形交叉口，其中心岛直径以采用40~70m为宜。

《设计规范》规定的最小交织长度和中心岛最小半径见表7-10。

环形交叉最小交织长度和中心岛最小半径　　　　　　　　　　　　表7-10

环道设计速度(km/h)	35	30	25	20
横向力系数	0.17	0.17	0.16	0.14
最小交织长度(m)	40~45	35~40	30	25
中心岛最小半径(m)	50	35	25	20

中心岛直径 D 首先应满足设计速度的要求，其值可以从表7-11所列数值中选用，然后再按相交道路的条数和宽度通过式(7-12)验算：

$$D = \frac{nS + \sum b}{\pi} - B \tag{7-12}$$

式中：n——环形交叉相交道路条数，条；

S——相邻两交叉道路间的交织长度，m；

$\sum b$——各分车岛底宽之和，m。

环形交叉中心岛直径与最小交织长度 表 7-11

环形交叉适应的交叉口性质	1. 特殊情况下与一级公路相交； 2. 二级公路与二级或其他等级公路相交； 3. 二、三级公路与城市道路相交			1. 二级公路与其他等级公路相交； 2. 三级公路与三级公路相交； 3. 三级公路与城市道路相交		
环道设计速度(km/h)	40	35	30	30	25	20
中心岛直径(m)	110~120	70~100	60~70	60~70	40~50	20~30
最小交织长度(m)	45	40	35	35	30	25

注：特殊情况是指一级公路近期交通量不大，采用平面交叉不会危及行车安全时；或与一级公路相交的公路交通量很小，能采用信号或其他措施时；或由于地形特殊时。

5) 环道设计

(1) 环道进、出口的曲线半径

环道进、出口的曲线半径取决于环道的设计速度。为了使环道上的车速一致，对入环车辆的车速应加以限制。环道进口的曲线半径应接近或小于中心岛半径。环道出口的曲线半径可较进口的大些，以便车辆快速驶出，保持交叉口畅通，各相交道路的进口曲线半径不能相差太大，以免造成入环车速差别过大，影响环道的行车安全。

(2) 环道的横断面

环道的横断面形式与行车平稳和排水的关系很大。通常横断面的路拱脊线是设在交织车道的中间，在进、出环道处，横坡度的变化应较缓和。中心岛的四周应设置雨水口，保证环道上积水的排除。在进、出口之间可设置三角形的导流岛。

(3) 环道的外缘石

环道外缘石平面多做成反向曲线，这虽然比较美观，但并不合理。实际观测表明，这种形状的环道外侧有 20% 的路面车辆极少行驶。因此，环道的外缘石宜采用直线圆角形式。

(4) 交织角

交织角是检验车辆在环道上交织行驶时的安全情况的一个指标，它以右转弯车道的外缘 1.5m 的两条切线的交角来表示。交织角的大小取决于环道的宽度和交织段长度。交织角过大，行车易出事故，一般限制在 20°~40°之间。

(5) 环道的宽度

环道的宽度取决于相交道路的交通量和交通组织。一般是将靠近中心岛的一条车道做绕行之用，靠最外侧车道提供右转弯，之间再加一条车道供交织用。据观测表明，当车道数从两条增加到三条(包括右转车道)时，通行能力提高得最为显著；当车道数在四条以上时，增加车道对通行能力增加的作用极少。因为车辆在绕岛行驶时需交织，在一定的交织段长度范围内交织车辆必定顺序进行，不可能同时出现两辆以上车辆交织，故不论车道数设计多少条，在交织段断面上只有一条车道能起作用。因此，在环道连续交织情况下，绕岛行驶车辆的通行能力最多只能达到一条车道的理论通过能力。

正因如此，环道上不宜设计太多的车道，一般设计 3 条车道即足够。如交织段长度较长(一般大于 60m 时)可考虑布置 2 条交织车道，环道共 4 条车道。如相交道路的车行道较窄，也可采用两条车道。环道上的车道宽度必须按照弯道加宽值予以加宽。根据机动车的车长

（按平均车长为10m计算），每条车道的弯道加宽值按表7-12确定。由于右转车辆除进出路口需拐弯行驶外，在交织段长度内多为直线行驶，可不必加宽，因而只需将绕岛车道和交织车道加宽。若按设计三条机动车道计算加宽后的路面宽度，则只需将绕岛车道和交织车道加宽。按设计三条机动车道计算加宽后的路面宽度，当中心岛半径为20~40m时，均可采用15~16m。

每条车道的弯道加宽值　　　　　　　　　　　　　表7-12

弯道半径(m)	20	25	30	40	50
加宽值(m)	2.2	2.0	1.7	1.5	1.2

非机动车道所需宽度应根据交通量的具体情况而定。应尽可能设计足够宽度的非机动车道，以减少非机动车与机动车的干扰，并最好用分隔带隔开，以保证交通安全。一般情况下，可参照表7-13所列宽度设计。

非机动车道宽度参考值　　　　　　　　　　　　　表7-13

非机动车数量(pcu/h)	10 000	15 000	20 000
非机动车道宽度(m)	5~6	7~7	9~10

（6）环道的布置

环道的车行道可根据交通流的情况，采用机动车与非机动车混行或分行布置。分行时可用分隔带、分隔物或标线分隔。分隔带宽度应大于等于1.0m。环道的机动车道一般采用3条，车道宽度应包括弯道加宽。非机动车车行道宽不应小于交汇道路中的最大非机动车道宽度，也不宜超过7.0m。

中心岛上不应设置人行道。环道外侧人行道宽度不宜小于交汇道路中的最大人行道宽度。环道应满足绕行车辆的停车视距要求。

第四节　平面交叉口竖向设计

交叉口竖向设计是交叉口几何设计的重要内容之一。竖向设计通过调整交叉口范围道路纵坡和横坡，完成交叉口范围内各点的高程设计。由于交叉口为几条道路汇合而成，是多个不同面的位置结合，所以在设计过程中既要考虑车辆转弯行驶的稳定，又要保证交叉口排水通畅。

一、交叉口竖向设计基本形式

交叉口竖向设计形式主要取决于相交道路的技术等级、交通量、横断面形式、纵坡的大小和方向，以及周围地形等。以十字形交叉口为例，按其所处地形及相交道路纵坡方向，可划分为6种基本形式：

（1）4条道路的纵坡全部由交叉口中心向外倾斜[图7-22a]。其地形为凸形，设计时往往只需把交叉口的坡度做成与相交道路同样的坡度，调整一下接近交叉口时的道路横坡，让地面水向交叉口四个街角的街沟排去即可，在交叉口内不需设置雨水口。

（2）4条道路纵坡向交叉口中心倾斜[图7-22b]。其地形为凹形，在这种情况下，地面水向交叉口中心集中,必须对应设置雨水口以排出地面水。设计时可使交叉口中心地带略升高一些,在交叉口人行横道之外的四个角低洼处设置雨水口。但这样做会使交叉口内的纵坡有起伏变化,不利于行车,因此,最好是一条主要道路的纵坡向交叉口外倾斜,将其纵坡转折点设计在交叉口外。

(3) 3 条道路的纵坡由交叉口向外倾斜,而另一条道路纵坡向交叉口倾斜[图 7-22c)]。其地形特点为相交道路之一位于分水线上,设计时可保持相交道路的横断面形状,对倾向交叉口的道路在其进入交叉口范围后将原来的拱顶线改变为三个方向离开交叉口,并在倾向交叉口的道路上及接近人行横道处设置雨水口,以截住路面水不让其流入交叉口内。

(4) 3 条道路的纵坡向交叉口中心倾斜,而另一条道路纵坡由交叉口中心向外倾斜[图 7-22d)]。其地形特点为相交道路之一位于河谷线上。设计时,因有一条道路位于河谷线上,另一条道路的纵断面在进入交叉口前产生转折点而形成过街横沟,对行车不利。所以应尽量使纵坡的转折点远离交叉口,并插入竖曲线加以缓和,在纵坡倾向交叉口的 3 条道路的人行横道前,都设置雨水口,以截住地面水不让其流入交叉口内。

(5) 相邻道路的纵坡向交叉口倾斜,而另外 2 条道路的纵坡由交叉口向外倾斜[图 7-22e)]。交叉口位于斜坡地形上,设计时可不改变相交道路的纵坡,按照自然斜坡地形将两条道路的横坡在进入交叉口前逐渐向相交道路的纵坡方向倾斜,使交叉口形成一个单向倾斜的斜面。此时,在倾向交叉口的道路上接近人行横道的上方设置雨水口,以截住地面水不让其流入交叉口内。

(6) 相对道路的纵坡向交叉口倾斜,而另外两条道路的纵坡由交叉口向外倾斜[图 7-22f)]。交叉口位于马鞍地形上,这种形式设计时,若主要道路向交叉口中倾斜,则应在交叉口边界处设置雨水口。若次要道路向交叉口中心倾斜,则雨水口的位置应往外移,不使雨水排入相邻的主要道路上。

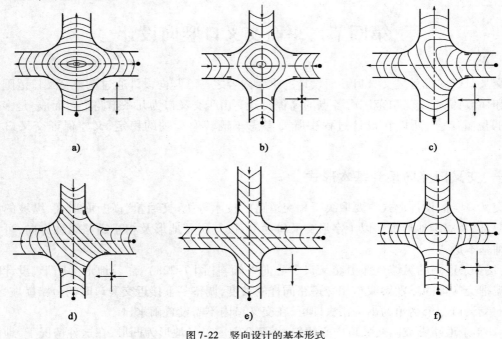

图 7-22 竖向设计的基本形式

除以上6种基本形式外,还有一种特殊形式,即交叉口位于水平地形上。在这种情况下,只要把交叉口的设计高程稍微抬高一些,就可设计成如图7-22a)所示的形式。必要时,也可以不改变纵坡,而将相交道路的街沟都设计成锯齿形,用以排除地面水。

以上所述仅是几个典型十字形交叉口的竖向设计形式,除此之外,尚有其他形式的交叉口。竖向设计形式虽然不同,但竖向设计的要求和原则都是一样的。

从以上所列图形可以看出,竖向设计不同,其使用效果也有差异,这与相交道路纵坡方向的组合有密切关系。因此,为了获得理想的交叉口竖向设计,在进行路段的纵断面设计时,就要为交叉口的竖向设计创造良好条件。

二、交叉口竖向设计的内容

1. 交叉口竖向设计的原则

交叉口竖向设计的目的是满足行车平顺稳定,同时保证排水通畅,还要协调好交叉口附近建筑物的高程及地下管线、照明和绿化等问题。交叉口竖向设计应遵循以下原则:

(1)相同技术等级道路相交时,一般维持各自的纵坡不变,而改变其横坡度。

(2)主要道路与次要道路相交时,主要道路的纵、横断面均维持不变,调整次要道路横坡和纵坡,以保证主要道路的交通便利。

(3)设计时至少应有1条道路的纵坡方向背离交叉口,以利于排水。如遇盆状地形,所有道路纵坡方向都倾向交叉口时,可将中心部抬起。否则在进交叉口之前应设置雨水口和排水管道,以保证交叉口的排水要求。

(4)交叉口范围布置雨水口时,一条道路的雨水不应流进交叉口的人行横道或流入另一条道路,也不能使交叉口内产生积水。因此,雨水口应设在人行横道之前或低洼处。

(5)交叉口范围内横坡要平缓些,一般不大于路段横坡,以利于行车。

(6)交叉口竖向设计高程应与周围建筑物的地坪高程协调一致。

2. 交叉口竖向设计要点

1)相交道路纵断面线形设计

平面交叉的两相交道路共有部分的立面形式及其引道横坡应根据两相交道路的功能、技术等级、平纵线形、交通管理方式等因素确定。

(1)平面交叉范围内两相交公路的纵断面应尽量平缓。纵断面线形设计应大于最小停车视距要求。

(2)主要公路在交叉范围内的纵坡应在0.3%~3%的范围内;次要公路上紧接交叉的部分引道应以0.5%~2.0%的上坡通往交叉,而且此坡段至主要公路的路缘应不短于25m,如图7-23所示。

(3)主要公路在交叉范围内有超高曲线时,次要公路的纵坡应服从主要公路的横坡。若次要公路在交叉前后相当长的范围内,纵坡的趋势与主要公路的横坡相反,则次要公路在引道的一定范围内应设置S形竖曲线,如图7-24所示。

(4)主要公路超高路段与次要公路坡顶相交时,次要公路的纵面应服从主要公路的横坡而将竖曲线置于主要公路的横坡以外,且坡度代数差不宜大于4%,条件受限时也不应大于6%。次要公路服从主要公路的竖向设计,如图7-25所示。

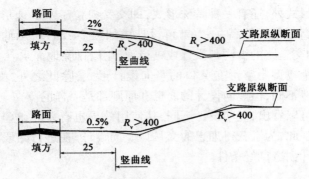

图 7-23 次要公路引道纵坡

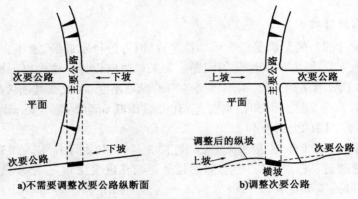

a) 不需要调整次要公路纵断面   b) 调整次要公路

图 7-24 主要公路设超高时次要公路引道纵坡

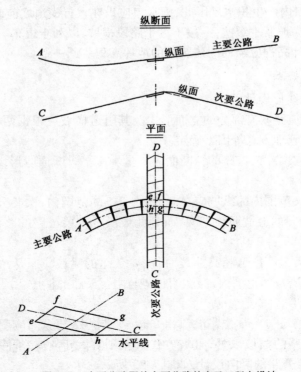

图 7-25 次要公路服从主要公路的交叉口竖向设计

(5)城市道路平面交叉进口道纵坡度宜小于或等于2.5%,困难情况下不宜大于3%。山区城市等特殊情况,在保证安全的情况下可适当增加。

2)转弯车道竖向设计

分隔的右转弯车道或右转弯附加路面上,各处的高程和横坡应满足相交公路共有部分及其邻接的局部段岔路的立面、转弯曲线所需的超高、整个交叉范围内的路面排水和路容的需要。

(1)右转弯车道应以符合上述立面设计要求的左路缘线的高程作为设计控制。

(2)导流岛较大或右转弯车道够长时,可按独立路段进行平、纵、横设计。但在分流、汇流处应与直行车道部分有适当的立面处理。

(3)当以左路缘线高程控制设计导致右转弯曲线车道内缘出现影响路容的"下陷"(当超高较大时)或造成边沟设计困难时,可在不妨碍路面排水的前提下,适当调整左路缘的高程。

(4)右转弯车道或右转弯附加路面应按表7-14设置超高。岛边长度较短(<30m)的转弯车道无法设置超高过渡,或者右转弯附加路面存在排水、路容及与直行车道路面衔接等困难而无法设置应有的或最大超高时,可适当减小超高值,但不得低于表中的最小值。

路面内缘的最小半径 表7-14

转弯速度(km/h)	≤15	20	25	30	40	50	60	70
最小半径(m)	15	20(15)	25(20)	30	45	60	75	90
最小超高(%)	2	2	2	2	3	4	5	6
最大超高(%)	一般值:6,极限值:8							

注:条件受限时可采用括号内的值。

3)交叉口内竖向排水设计

平面交叉范围内的路面排水应畅通,包括隐形岛在内的任何路面上不得有积水。

(1)设计时应至少有一条公路的纵坡方向背离交叉口以利于排水。如遇特殊地形,所有公路纵坡方向都向着交叉口时,必须在交叉口内设置雨水口和排水管。

(2)在交叉口范围布置雨水口时,雨水口应设在人行横道之前或低洼处。一条公路的雨水不应流过交叉口的人行横道或流入另一条道路,也不能使交叉口内产生积水。

(3)交叉口范围内横坡要平缓,一般不大于路段横坡;纵坡度宜不大于2%,困难情况下应不大于3%。

(4)在一般平坦地形的城市交叉口,竖向设计的形状宜采用伞形,把交叉口的中心高程稍微抬高一些向四周倾斜,有利于排水、行车、美观和衔接处理。

(5)车行道两侧平石边沟的纵坡不宜小于0.3%,缘石(侧石)高度宜为0.10~0.20m。

4)交叉口立面设计高程应与周围建筑物的地坪高程协调一致。

3. 交叉口竖向设计方法

交叉口竖向设计的常用方法有方格网法、设计等高线法、方格网设计等高线法3种。

方格网法是在交叉口范围内以相交道路的中心线为坐标基线画方格网。方格网线为

5m×5m 或 10m×10m 且与道路中线平行或垂直的线,斜交道路应选择便于使用放样的网格线,算出网结点的高程与地面高程之差即为施工高度。这种方法的优点是便于施工放样,但不能直观看出交叉口的立面形状。

设计等高线法是在交叉口范围内选定路脊线和高程计算线网,算出路脊线和高程计算线上各点的设计高程,勾绘设计等高线,最后标出特征点的设计高程。这种方法的优点是能够比方格网法更加清晰地反映出交叉口的竖向设计形状,缺点是设计等高线上的高程点在施工放样时不如方格网法方便。

方格网设计等高线法是上述两种方法的综合运用,即采用设计等高线法设计,为了便于施工放样,用方格网标出各点的地面高程、设计高程和施工高度。

方格网设计等高线法主要用于大型交叉口和广场的竖向设计。对一般交叉口,通常采用设计等高线法或方格网法,设计等高线法采用得更普遍一些。

现将方格网设计等高线法竖向设计的方法和步骤介绍如下(注:如采用方格网法、则不需勾绘设计等高线,如采用设计等高线法,可不画方格网,只要加注一些特征点的设计高程即可)。

4. 交叉口竖向设计步骤

交叉口的竖向设计共分为 8 个步骤:

(1)收集资料

①测量资料:交叉口的控制高程和控制坐标;通过 1:500 或 1:200 等大比例地形图详细标注附近地坪及建筑物高程;

②道路资料:相交道路的技术等级、宽度、半径、纵坡、横坡等平、纵、横设计资料;

③交通资料:交通量及交通组成;

④排水资料:排水方式及地下、地上排水管渠的位置和尺寸。

(2)绘制交叉口平面图

按比例绘出道路中心线、车行道、人行道及分隔带的宽度,转角缘石曲线和交通岛等。

(3)确定交叉口的设计范围

设计范围一般为交叉口的缘石半径切点以外 5~10m(即相当于一个方格的长度),这是考虑到自双向横坡逐渐过渡到单向横坡需要一定的距离,并应与相交道路的路面高程完全衔接。

(4)确定竖向设计图式和等高距

根据相交道路的技术等级、纵坡方向、地形情况以及排水要求等,确定需采用的立面设计图式。根据纵坡度的大小和精度要求选定等高距 h,一般 h 取 0.02~0.10m,纵坡较大时取大值,纵坡较小时取小值。

(5)确定路段的设计高程(通常用设计等高线表示)

绘制交叉口范围的设计等高线(如图 7-26 所示),应先根据道路的路脊线和控制高程,按需要的设计等高线间距计算路段相邻等高线之间的水平距离,结合地形采用适合的交叉口竖向图式,再计算与绘制交叉口等高线。

道路的纵坡、路拱横坡及横断面形式确定后,指定设计等高线间距,计算行车道、街沟及人行道的设计等高线的水平距离。

对于路脊线：
$$l = \frac{Bi_0}{2i} \quad (7\text{-}13)$$

对于街沟：
$$l_1 = \frac{h}{i} \quad (7\text{-}14)$$

对于缘石：
$$l_2 = \frac{h_1}{i} \quad (7\text{-}15)$$

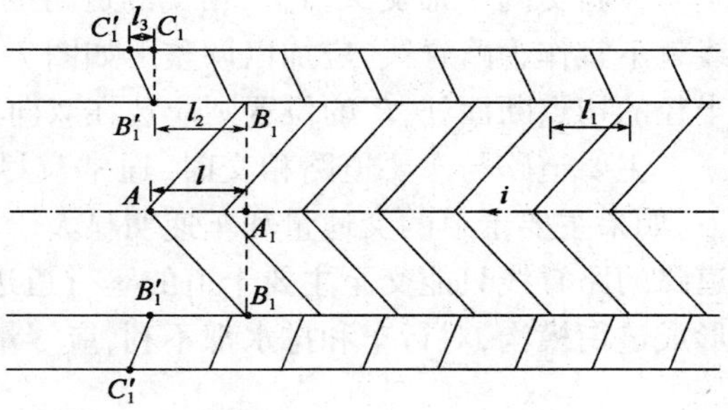

图 7-26 路段上设计等高线的绘制

对于人行道：
$$l_3 = \frac{bi_1}{i} \quad (7\text{-}16)$$

式中：l——行车道上同一等高线与两侧街沟的交点到路脊上该等高线顶点的水平距离；

l_1——路脊线或街沟处相邻两等高线之间的水平距离；

l_2——同一等高线在街沟边到缘石顶面的水平距离；

l_3——同一等高线与缘石顶面和人行道外边缘的交点，沿道路纵向的水平距离；

h——设计等高线间距；

h_1——缘石高度；

i——车行道、人行道和街沟的纵坡；

i_0——车行道的路拱横坡度；

i_1——人行道横坡；

B——车行道宽度；

b——每侧人行道宽度。

根据上述计算，便可绘制出设计等高线图。首先绘制道路的平面中线、缘石线和人行道边缘线。然后根据控制点高程和设计等高线间距在中线上找一相应点 A，由 A 点顺道路上坡方向量取 $AA_1 = l$，过 A_1 点作道路中线的垂线与两侧缘石线相交于 B_1 点，连接 AB_1，即可得车行道上的设计等高线。再过 B_1 点在缘石线上沿道路下坡方向量取 $B_1 B_1' = l_2$，再过 B_1' 点作缘石线的垂直线与人行道外边缘相交于 C_1 点，由 C_1 点在人行道外边缘线上沿道路下坡方向量取 $C_1 C_1' = l_3$，由此便可绘出同一等高线在车行道、缘石和人行道的位置，即为 $C_1' B_1' B_1 A B_1 B_1' C_1'$。

(6) 交叉口设计等高线的绘制

借助高程计算(辅助)线网进行交叉口竖向设计，并作为计算各点高程的辅助线。根据相交道路的纵坡、横坡及交叉口的控制高程，便可计算出辅助线上各相应点的设计高程，然后将各高程相同的点连接，便得到交叉口的设计等高线。

①选定交叉口范围内合适的路脊线和控制高程

所谓路脊线，即是路拱顶点(分水点)的连线。路脊线位置的选定合理与否，将直接影响交叉口上的排水、行车和立面美观。要做好竖向设计，首先要选好路脊线位置。

在交叉口上，相交道路的路中心线交汇于一点时，一般路中心线即为其路脊线，路脊线的交点即为其控制高程。

在斜交的 T 形交叉口上,相交的道路虽然必交于一点,但当斜交的偏角过大时,其路中心线就不宜作为路脊线,应加以调整。如图 7-27 所示,修正路脊线的起点 A,一般取在缘石转弯半径的切点断面处,B′ 的位置则应选在双向车流的中间位置(车行道中间)为原则。

主要道路与次要道路相交时,通常应尽可能顾及到主、次道路的行车方便。在特殊情况下,如果主要干道的交通量和车速明显大于次要道路,要求主要干道上的横坡不变,此时次要道路的路脊线只能交至主要干道的车行道边线(图 7-28)。但这样的竖向设计会使次要道路形成过街横沟,对行车和排水都不利,应尽量避免。

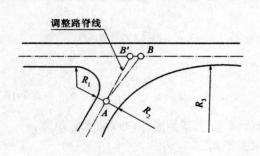

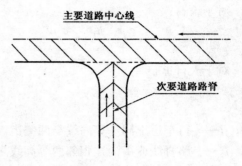

图 7-27　调整路脊线　　　　　　　　　　图 7-28　路脊线交点位移

选定路脊线的基本原则是:既要考虑行车平顺,又要考虑整个交叉口的均衡美观。一般来说,路脊线常是对向车辆行驶轨迹的分界线。

交叉口的控制高程应根据相交道路的纵坡、交叉口四周地形、路面厚度和建筑物的布置等综合考虑确定。在确定相交道路中心线交点的控制高程时,不宜使相交道路的纵坡值相差太大,其差值一般要求不大于 0.5%。如条件满足,应尽量使交叉口处相交道路的纵坡大致相等,这有利于竖向设计的处理。

②确定高程计算线网,并计算高程计算线上各点的设计高程

仅有路脊线上的设计高程尚不能足够反映交叉口设计范围内的竖向设计地形,还必须算出路脊线以外各点的设计高程。

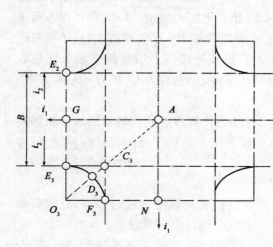

图 7-29　方格网法设计高程的计算图

高程计算线网是竖向设计中计算交叉口范围内各点高程必不可少的辅助线。高程计算线网的确定可以采用如下 3 种方法:

a. 方格网法

在交叉口平面图上,画出平行或垂直于道路中心线的 5m×5m 或 10m×10m 的方格网线(图 7-29)。遇特殊情况,方格网的大小也可以酌情增减,如道路斜交,方格网线应选在便于施工测量放线的方向。方格网法适宜用在道路正交的交叉口。

根据路脊线交点 A 的控制高程 h_A,可逐一求出以下各点的设计高程。

缘石半径切点横断面上的三点高程:

$$h_G = h_A - \overline{AG} i_1$$

$$h_{E_3}(\text{或} h_{E_2}) = h_G - \frac{B}{2}i_2$$

同理,可求得 F_3、N 等点的高程。

根据以上已求得 A、E_3、F_3 点的控制高程,则可算出交叉口范围内的高程点。

缘石延长线交点 C_3 的高程若按 E_3 和 F_3 算出的不相等,则取其平均值,即:

$$h_{C_3} = \frac{(h_{E_3} + Ri_1) + (h_{F_3} + Ri_1)}{2}$$

连接 A、O_3,通过 C_3 与缘石曲线相交于 D_3,则 D_3 点的高程为:

$$h_{D_3} = h_A - \frac{h_A - h_{C_3}}{\overline{AC_3}} \overline{AD_3}$$

根据求得的 E_3、F_3、D_3 高程,在缘石曲线 $\overline{E_3 F_3}$ 和路脊线 AG、AN 上,用补插法求出所需要的等高点。同理,也可把四个角的等高点都算出来。

b. 圆心法

在路脊线上根据施工的需要每隔一定距离(或等分)定出若干点,把这些点分别与相应的缘石转弯半径的圆心连成直线(只画到缘石曲线上即可),这样就形成以路脊线为分水线、以路脊线交点为控制中心的高程计算网(图 7-30)。

c. 等分法

把交叉口范围内的路脊线等分为若干份,然后在相应的缘石曲线上也分成同样数量的等分,顺序连接这些等分点,即得交叉口的高程计算线网(图 7-31)。

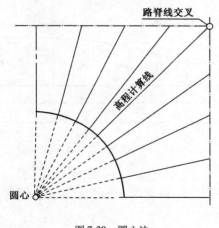

图 7-30 圆心法

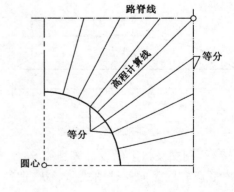

图 7-31 等分法

从以上划分高程计算线网的 3 种图形可以看出,高程计算线所在位置即是用于计算该断面路拱设计高程的依据,而标准的路拱横断面应是与车辆的行驶方向垂直,当所确定的高程计算线位置不与行车方向垂直时,即高程计算线与要求的路拱横断面并不在同一位置上时,则按选用的路拱方程式计算出来的路拱高程将不是正确的路拱形状。因此,不论选用哪一种形式,都应力求使高程计算线处于行车方向垂直的位置,同时还应便于计算。根据此要求,在上述确定高程计算线网的四种方法中,通常采用等分法。

当主要道路与次要道路相交而主要道路的交叉口横坡不变时,则路脊线的交点即要移到次要道路的路脊线与主要道路的车行道边线的交点上，此时的高程计算线网不论采用哪一种方法拉线，都必须自移位后的路脊线交点拉出。

每条高程计算线上高程点的数目可根据路面宽度、施工需要和设计等高线的数量来决定。路面宽度大、施工精度要求较高的，则高程点数可多些；反之，则可少些。

高程点高程的计算，一般是采用式7-17和式7-18的抛物线路拱形式来计算，如图7-32所示。

$$y = \frac{h_1}{B}x + \frac{2h_1}{B^2}x^2 \tag{7-17}$$

$$y = \frac{h_1}{B}x + \frac{4h_1}{B^3}x^3 \tag{7-18}$$

式中：h_1——高程计算线两端的高差或路拱高度，m，$h_1 = \frac{Bi}{2}$；

B——车行道宽度，m；

i——路拱横坡。

上列公式可根据路面工程的类型来采用，一般宽度在14m以下的中级、低级过渡式路面采用式(7-17)，宽度在14m以下的高级路面及次高级路面采用式(7-18)。

确定了路脊线和高程计算线网，根据所定的控制高程即可算出每条高程计算线两端点的设计高程。因为高程计算线的位置是作为计算路拱的断面位置，所以高程计算线两端点（其中一端位于路脊线上）的高程之差，即是路拱的高度。根据h_1值和所选用的路拱形式，即可利用表或路拱方程式算出每条高程计算线上各等分点的设计高程。高程点数的划分如图7-33所示。

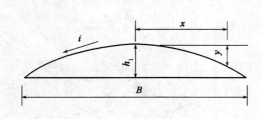

图7-32 路拱高程计算图式

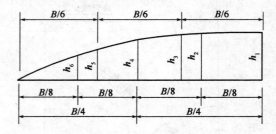

图7-33 高程点数的划分

(7) 绘制交叉口上的设计等高线

参照已知的竖向设计图式和形状，把各等高点连接起来，得到初步的、以设计等高线表示的交叉口竖向设计图。

(8) 调整高程

按行车平顺和排水迅速的要求，调整等高线的疏密（一般是中间疏，两侧密）使其均匀变化，调整个别不合理的高程，补设进水口。

检查方法：用大三角板或直尺沿行车方向、横断面方向或任一方向，检查设计等高线的分布是否合理，以判断纵坡、横坡和合成坡度是否满足行车和排水要求。最后再检查街沟线上的纵坡能否顺利排水，以及进水口的布置是否合理。

5. 交叉口竖向设计算例

某交叉口的竖向设计图式如图7-34所示。

已知相交道路的路中心线、街沟纵坡 $i_1 = i_3 = 0.03$，路面横坡 $i_2 = 0.02$，车行道宽度 $B = 15\text{m}$。缘石半径 $R = 10\text{m}$。交叉口中心高程 $h_A = 2.05\text{m}$，等高线间距采用 0.10m，试绘制交叉口的竖向设计图。

解：本例题所采用的竖向设计方法是画方格线网，并把缘石曲线上的高程点平均分配。交叉口的竖向设计图可按下列步骤绘制图 7-34：

（1）画路段上的设计等高线

$$l_1 = \frac{h}{i_1} = \frac{0.10}{0.03} = 3.33(\text{m})$$

$$l_2 = \frac{B}{2} \cdot \frac{i_2}{i_3} = \frac{15}{2} \times \frac{0.02}{0.03} = 5(\text{m})$$

（2）画交叉口上的设计等高线

① 根据交叉口中心高程，求出 F_3、N、F_4 三点高程（图 7-35）。

$$h_N = h_A - L_{AN} \times i_1 = 2.05 - 17.5 \times 0.03 = 1.52(\text{m})$$

$$h_{F_3}(h_{F_4}) = h_N - \frac{B}{2} \times i_2 = 1.52 - \frac{15}{2} \times 0.02 = 1.37(\text{m})$$

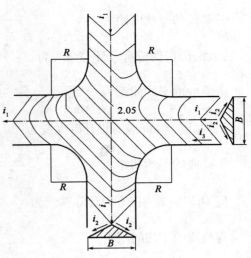

图 7-34　单向倾斜的竖向设计图式

同理，可求出 $h_{E_4}(h_{E_1}) = 2.43\text{m}$，$h_{F_1}(h_{F_2}) = 2.43\text{m}$，$h_{E_2}(h_{E_3}) = 1.37\text{m}$。

② 根据 A、F_4、E_4 点的高程，求交叉口范围内等高点的变化：

$$h_{C_4} = \frac{(h_{F_4} + Ri_1) + (h_{F_4} - Ri_1)}{2}$$

$$= \frac{(1.37 + 10 \times 0.03) + (2.43 - 10 \times 0.03)}{2}$$

$$= \frac{1.67 + 2.13}{2} = 1.90(\text{m})$$

$$h_{D_4} = h_A - \frac{h_A - h_{C_4}}{A_{C_4}} L_{AD_4}$$

$$= 2.05 - \frac{2.05 - 1.90}{\frac{7.5}{\cos 45°}} \times \left[\frac{7.5}{\cos 45°} + \left(\frac{10}{\cos 45°} - 10\right)\right]$$

$$= 2.05 \times \frac{0.15}{10.61} \times 14.76 = 1.84(\text{m})$$

同理，可求出 $h_{C_2} = h_{C_4} = 1.90\text{m}$，$h_{C_3} = 1.67\text{m}$，$h_{C_1} = 2.13\text{m}$

$$h_{D_2} = h_{D_4} = 1.84\text{m}, h_{D_3} = 1.52\text{m}, h_{D_1} = 2.16\text{m}$$

③ 根据 F_4、D_4、E_4 各点高程，求出缘石曲线上的各个等高点。

F_4D_4，D_4E_4 的弧长：$L = \frac{1}{8}(2\pi R) = \frac{1}{8} \times (2 \times 3.1416 \times 10) = 7.85(\text{m})$

F_4D_4 间应有设计等高线为：$\frac{1.84 - 1.37}{0.10} \approx 5(\text{根})$

等高线的平均间距为 $\dfrac{7.85}{5}=1.57(\mathrm{m})$

同理，D_4E_4 间应有设计等高线为 $\dfrac{2.43-1.84}{0.10}\approx 6(根)$

等高线的平均间距为 $\dfrac{7.85}{6}\approx 1.31(\mathrm{m})$

F_3D_3、D_3E_3 间应有设计等高线为 $\dfrac{1.52-1.37}{0.10}\approx 2(根)$

等高线的平均间距为 $\dfrac{7.85}{2}\approx 3.93(\mathrm{m})$

E_1D_1、D_1F_1 间应有设计等高线为 $\dfrac{2.43-2.16}{0.10}\approx 3(根)$

等高线的平均间距为 $\dfrac{7.85}{3}\approx 2.62(\mathrm{m})$

④根据 A、M、K、G、N 各点高程，分别求出路脊线 AM、AK、AG、AN 的等高点（计算略）。

⑤根据以上求出的各点高程绘出等高线，经合理调整后即得如图 7-35 所示的竖向设计图。

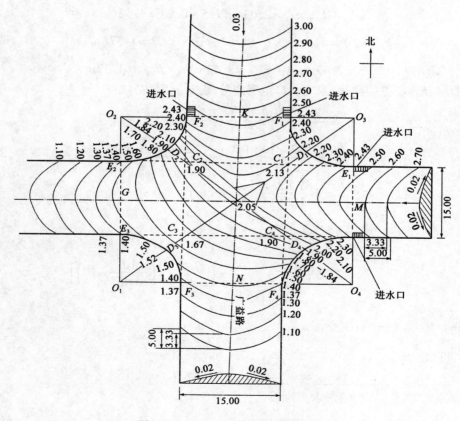

图 7-35　交叉口立面设计图例（单位：m）

6. 平面交叉口计算机辅助设计流程

在目前的生产设计中，多采用计算机辅助设计方法完成平面交叉口的设计。计算机辅助设计仍采用上述计算方法及绘制方法的思路原理,具体设计流程如下。

(1)设置路拱

路拱形式确定了高程计算线上高程点的计算方程。

路拱形式可根据路面类型来选用,一般宽度在14m以下的次高级路面和中级路面可用二次抛物线;宽度在14m以上的高级路面采用三次抛物线。

路拱横坡坡度的选择确定,用于后续计算路边线端点高程。

(2)创建平面交叉口模型

创建平面交叉口模型即采用计算机辅助选择平交口的路脊线、边线及范围线。计算机辅助可以快速实现多次调整,提高了调整选择及绘制工程的效率。图7-36为采用HintCAD系统交叉口设计模块创建平面交叉口模型的界面。

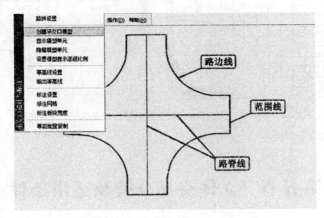

图7-36 HintCAD系统中创建交叉口模型界面

(3)平面交叉口特征点高程赋值

创建平面交叉口模型完成后,在生成的平面交叉口模型板块中,可编辑修改特征点高程值,完成高程赋值。模型特征点高程赋值过程中,计算机实时自动计算与该板块关联的其他各点高程,同时生成模型板块的等高线图。在赋值过程中,可采用CAD的三维动态观察,查看路边线高程情况,并对不符合要求的路边线特征点高程进行修改。图7-37为采用HintCAD系统进行交叉口特征点赋值及等高线绘制的界面。

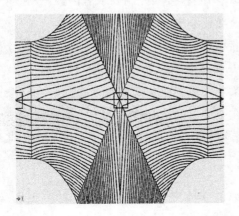 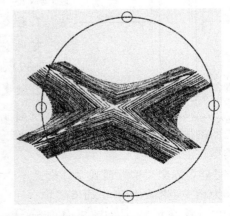

图7-37 HintCAD系统中特征点赋值及等高线绘制界面

(4) 方格网的绘制及特征点标注

平面交叉口控制点高程确定后，可采用计算机等距批量绘制平面交叉口板块网格线，快速完成平面交叉口四个方向选定范围内的方格网的绘制，还可根据需要，对特征点进行标注。图 7-38 为采用 HintCAD 系统进行交叉口特征点赋值及等高线绘制界面。

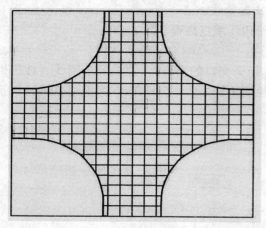
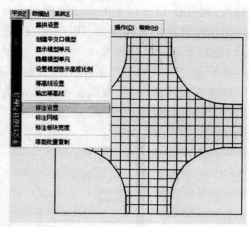

图 7-38　HintCAD 系统中方格网等距批量绘制及特征点标注界面

至此，方格网等高线平面交叉口竖向设计完成。

第五节　立体交叉分类及适用条件

一、道路立体交叉分类

道路立体交叉是通过建立空间立体交叉形态，为交叉道路的直行交通提供连续流的运行条件。当道路立体交叉需要具有交通转换功能时，应通过设置匝道为交叉道路之间的交通转换提供条件。道路立体交叉的采用和类型选择，应根据节点在路网系统中的地位和功能确定，并应综合考虑交叉公路的技术等级、功能和接入控制要求等因素。

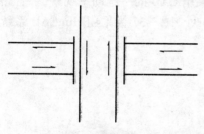

1. 按交通功能分类

按照交通功能，道路立体交叉可分为分离式立体交叉（图 7-39）和互通式立体交叉（图 7-40）两类。

图 7-39　分离式立体交叉

2. 按交叉口交通流线相互关系分类

交通流在交叉口的行驶轨迹称为交通流线。交叉口交通流线之间的关系有空间分离、交织和平面交叉 3 种基本情况，相应地将立体交叉依此分为以下 3 种类型。

(1) 完全立体交叉型互通式立体交叉

此类为相交道路的所有交通流线均空间分离的立体交叉。此类交叉无冲突点和交织段，是最理想的立体交叉类型，如图 7-41 所示。

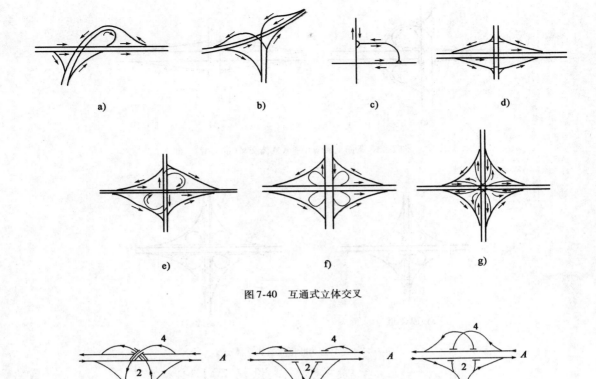

图 7-40 互通式立体交叉

图 7-41 完全立体交叉型互通式立体交叉

(2) 平面交叉型互通式立体交叉(交织型)

相交道路的交通流线之间相互重叠,存在交织路段的立体交叉。这类交叉虽然存在一些交织点,但却完全消除了冲突点,如图 7-42 所示。

(3) 不完全立体交叉型互通式立体交叉

相交道路的交通流线之间至少存在一个平面冲突点的立体交叉。一般通过立体交叉消除直行交通流线间的冲突点,但直行流线与左转流线间所形成的冲突点至少存在 1 处,如图 7-43 所示。因为存在冲突点,通常只是在干线道路与一般道路相交的立体交叉上才采用这种类型,并应将冲突点安排在一般道路上或交通量较小的道路上。

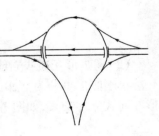

图 7-42 平面交叉型互通式立体交叉(交织型)

3. 按立体交叉的平面几何形状分类

(1) 苜蓿叶形互通式立体交叉

苜蓿叶形互通式立体交叉可分为完全苜蓿叶形和部分苜蓿叶形两种,用于四路交叉的情况下,完全苜蓿叶式如图 7-44 所示,部分苜蓿叶式如图 7-45 所示。

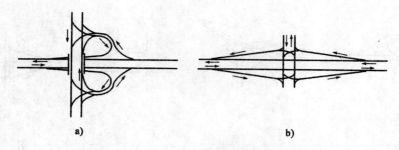

图 7-43 平面交叉型互通式立体交叉(冲突型)

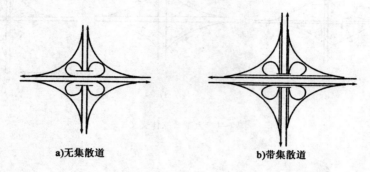

a)无集散道　　　　　　b)带集散道

图 7-44 完全苜蓿叶形互通式立体交叉

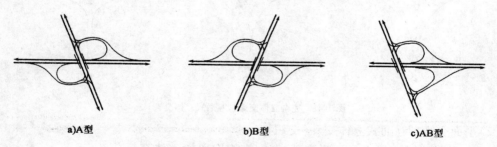

a)A型　　　　　b)B型　　　　　c)AB型

图 7-45 部分苜蓿叶形立体交叉

(2) 喇叭形互通式立体交叉

单喇叭形可分为 A、B 两种形式,如图 7-46a)、图 7-46b)所示。四岔交叉还可构造双喇叭形互通式立体交叉,如图 7-47 所示。

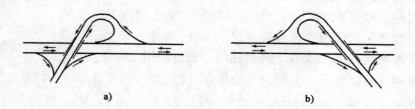

图 7-46 单喇叭形互通式立体交叉

(3) 环形互通式立体交叉

采用一个公用环道来实现各方向车辆转弯或部分直行的立体交叉形式,如图 7-48 所示。

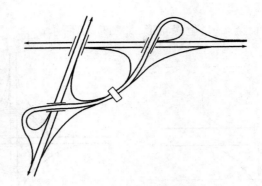

图 7-47 双喇叭形互通式立体交叉

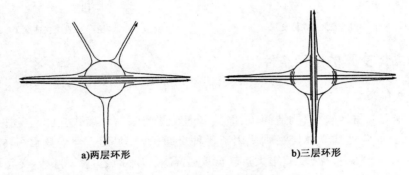

a)两层环形　　　　　　　　b)三层环形

图 7-48 环形互通式立体交叉

(4)菱形立体交叉

四条左右转匝道均布置成直线并组成菱形图案,如图 7-49 所示。

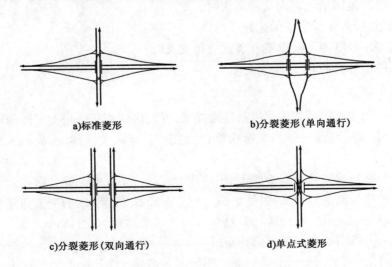

a)标准菱形　　　　　　　　b)分裂菱形(单向通行)

c)分裂菱形(双向通行)　　　　d)单点式菱形

图 7-49 菱形互通式立体交叉

(5)叶形互通式立体交叉

采用两个小环道来实现车辆的左转,呈叶状,如图 7-50 所示。

（6）涡轮形互通式立体交叉

多条左转坡道通过中心交叉口，呈涡轮形，如图 7-51 所示。

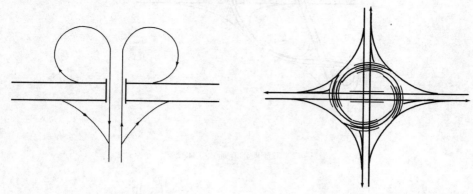

图 7-50　叶形互通式立体交叉　　　　图 7-51　涡轮形互通式立体交叉

二、不同立体交叉的适用条件

1. 分离式立体交叉

分离式立体交叉占地较少、构造简单，但其交通功能受限。分离式立体交叉适用于转弯交通量很小的情况，而互通式立体交叉则适用于各种交通条件，尤其适合于载重车转弯交通比例较大的交通条件。当相交道路高差很大且转向交通需求较小时，分离式立体交叉可能是较合理的选择。分离式立体交叉一般在下述情况下采用：

(1) 道路与铁路交叉时；
(2) 横穿控制出入的干线道路时；
(3) 需穿过主要道路但无转向交通需求时；
(4) 非机动车、行人非常集中的道路；
(5) 受合理间距限制而不能设置互通式立体交叉时；
(6) 地形条件十分有利时。

2. 互通式立体交叉

互通式立体交叉通过匝道将相交道路连接起来，可以保证相交道路上车辆的转移运行。这类立体交叉占地多、造价较高，但其交通功能比较完善。互通式立体交叉一般在下述情况下采用：

(1) 高等级公路与通往县级以上城市、重要政治或经济中心的主要公路相交处；
(2) 高等级公路与通往重要工矿区、港口、机场、车站和游览胜地的主要公路相交处；
(3) 高速公路与通往重要交通源的公路相交而使该公路成为支线时；
(4) 两条具有干线功能的一级公路相交时；
(5) 一级公路上，当平面交叉的通行能力不能满足需要或出现频繁的交通事故时；
(6) 由于地形或场地条件等原因，设置互通式立体交叉的综合效益大于设置平面交叉时；
(7) 城市道路与高速公路交叉时；
(8) 快速路与其他等级城市道路交叉；

(9)主干路与主、次干路交叉口的现状交通量超过 4 000pcu/h,较难采取有效的平面交叉口改善措施时。

互通式立体交叉能很好适应丘陵区的地形条件,立体交叉的主线可根据各自纵坡达到较高标准,起伏的地形条件也有助于匝道的设置。在平原区,虽然互通式立体交叉的设计比较简单,但却要设置不利于车辆行驶的坡道,同时还会使立体交叉外观变差,不像丘陵区那么适应地形。

在占地方面,由于转弯匝道的设置,互通式立体交叉需要较多的用地,而分离式立体交叉的用地一般较少。

互通式立体交叉适用于各种类型的交叉和设计速度要求,但由于互通式立体交叉的建设和养护费用很高,一般只在高等级道路上才采用。在风景旅游胜地,造型优美、建筑结构轻巧、边坡柔缓的互通式立体交叉常常会给人一种赏心悦目、心旷神怡的感觉。

三、立体交叉形式的选择

1. 初定立体交叉的基本形式

首先应选择立体交叉的总体布局,如采用分离式还是互通式立体交叉,分离式立体交叉采用上跨式还是下穿式,互通式立体交叉采用完全互通式、部分互通式还是交织形;立体交叉采用二层式、三层式还是四层式,主线是上跨还是下穿;城市立体交叉机动车与非机动车是分离行驶还是混合行驶,是否考虑行人交通,是否收费等。在此基础上进一步选择立体交叉的基本形式,如三路相交的喇叭形、四路相交的苜蓿叶形、部分苜蓿叶形、定向式,或其他组合形式等。

公路互通式立体交叉形式应满足功能、安全和环境保护要求,并与路网结构、交叉类型、现场条件及周边环境相适应。互通式立体交叉形式的选择应综合考虑通行能力、运行安全、用地、自然环境和社会环境、全寿命周期成本和收费站设置要求等因素(表 7-15),在经多方案比选、论证后提出推荐方案。互通式立体交叉的形式应符合下列规定:

互通式立体交叉形式的选择 表 7-15

立体交叉形式	设计速度(km/h)			交叉口总通行能力 (pcu/h)	占地面积 (公顷)
	直行	左转	右转		
定向形立体交叉	70~100	70~70	70~70	13 000~15 000	7.5~12.5
苜蓿叶式立体交叉	60~70	30~40	30~40	9 000~13 000	7.0~9.0
部分苜蓿叶式立体交叉	30~70	25~35	30~40	6 000~7 000	3.5~5.0
菱形立体交叉	30~70	25~35	25~35	5 000~7 000	2.5~3.5
多层式环形立体交叉	60~70	25~35	25~35	7 000~10 000	4.0~4.5
喇叭形立体交叉	60~70	30~40	30~40	6 000~7 000	3.5~4.5
三路环形立体交叉	60~70	25~35	25~35	5 000~7 000	2.5~3.0

(1)交叉公路、匝道基本路段和各连接部应满足设计通行能力的要求,各路段和各部位的服务水平应与交叉公路的服务水平相协调。

(2)匝道形式应与交通量相适应,交通量相对较大的匝道宜选用运行速度相对较高、绕行距离相对较短的形式。

(3)宜采用相对一致的出口形式。有条件时,分流端部宜统一设置于交叉点之前,并宜采用单一的出口方式,如图 7-52 所示。

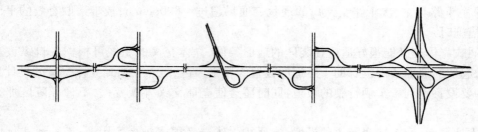

图 7-52　一致的出口形式

(4)相邻连接部之间的距离应符合规范规定的间距要求和连续分、合流间距的要求。

(5)匝道线形及其连接方式宜使驾驶人通过几何构造易于感知和识别路线走向等信息。

(6)有条件时,被交叉公路宜采用上跨方式。

(7)匝道布局宜紧凑,并应与现场地形和地物相适应。

(8)匝道布局应与周边环境相协调,有利于噪声和空气污染的控制。

2. 立体交叉几何形状及结构的选择

立体交叉的几何形状及结构对整个立体交叉的车辆运行速度、运行距离、行车的安全和舒顺、行车视距、视野范围、交通功能、服务水平和通行能力等影响很大。在立体交叉基本形式的基础上,通过仔细研究,对立体交叉的总体结构布局和匝道布设进行安排,如跨线构造物的布置,出入口的位置,匝道布设的象限,内外匝道采用整体式或分离式断面,匝道的平、纵、横几何形状及尺寸,变速车道的布置等。

对公路互通式立体交叉在确定基本形式时,应根据各方向的交通量,结合地形、地物、当地交通条件综合考虑而定,并遵循以下6点:

(1)直行和转弯交通量均大、相交公路的设计速度较高,并要求用较高的速度集散时,可采用定向式或半定向式立体交叉。

(2)不设收费站的高速公路、一级公路相交时,宜采用组合式立体交叉。

(3)高速公路及一级公路与一般公路相交,不设收费站时,应优先采用菱形;若设收费站而主线转弯交通量较小时,可采用喇叭形和部分苜蓿叶形互通式立体交叉等。

(4)一级公路之间相交时,三路交叉可采用喇叭形,四路相交可采用苜蓿叶形、环形或部分苜蓿叶形互通式立体交叉。

(5)一级公路与较低等级公路相交且需设互通式立体交叉时,宜采用菱形、部分苜蓿叶形互通式立体交叉等。

(6)当四岔交叉各左转弯交通量大小相当,且小于1 500pcu/d时,可采用左转弯匝道均为外转弯半连式的涡轮形互通式立体交叉。

第六节　互通式立体交叉设计

一、互通式立体交叉的设置间距

高速公路互通式立体交叉的间距应符合以下规定:

(1)大城市、重要工业园区附近的平均间距宜为(5~10)km;其他地区宜为(15~25)km。

(2)相邻互通式立体交叉的最小间距不宜小于4km。

(3)因路网结构或其他特殊情况限制,经论证相邻互通式立体交叉的间距需适当减小时,加速车道渐变段终点至下一个互通式立体交叉的减速车道渐变段起点间的距离不宜小于1 000m;小于1 000m且经论证而必须设置时,宜将两者合并为复合式互通立体交叉。

(4)相邻互通式立体交叉的间距不宜大于30km;超过时,应在合适位置设置与主线立体分离的"U形转弯"设施。在人烟稀少地区,此间距可适当增大。U形转弯设施应尽量利用主线桥孔和服务设施等设置。

二、主线设计

互通式立体交叉的位置应选择在两相交公路线形指标良好,地形、地质和环境条件有利的路段,考虑公路网的现状和规划情况综合确定。主线线形的主要技术指标规定如表7-16所示。

互通式立体交叉范围内主线的线形指标 表7-16

设计速度(km/h)			120	100	80	60
最小圆曲线半径(m)		一般值	2 000	1 500	1 100	500
		最小值	1 500	1 000	700	350
最小竖曲线半径(m)	凸形	一般值	45 000	25 000	12 000	6 000
		最小值	23 000	15 000	6 000	3 000
	凹形	一般值	16 000	12 000	8 000	4 000
		最小值	12 000	8 000	4 000	2 000
最大纵坡(%)		一般值	2	2	3	4.5(4)
		最小值	2	3	4(3.5)	5.5(4.5)

注:当主要公路以较大的下坡进入互通式立体交叉,且所连接的减速车道为下坡,同时后续的匝道线形指标较低时,主要公路的纵坡不得大于括号内的值。

三、匝道设计

1.设计速度

各级公路及城市道路对匝道的设计速度的规定见表7-17和表7-18。选用匝道设计速度时应遵循以下原则:

(1)右转弯匝道宜采用规定值的上限或中间值;

(2)内环匝道宜采用下限值;

(3)定向连接匝道宜采用上限值或接近上限值;

(4)接近收费站或一般公路的匝道末段,设计速度可酌情降低;

(5)驶出匝道(出口)分流端的计算行车速度不得小于主线计算行车速度的50%~60%;

(6)驶入匝道(入口)与加速车道连接处的设计速度应保证车辆驶至加速车道末端的速度能达到主线计算行车速度的70%。

各级公路匝道设计速度　　　　　　　　　　　　　　　　　　　　表 7-17

主线设计速度(km/h)		120	100	70	60
互通式立体交叉分级	一级	70~50	70~40	60~35	50~35
	二级	70~40	60~35	50~30	40~30
	三级	60~35	50~35	45~30	35~30

城市道路匝道设计速度　　　　　　　　　　　　　　　　　　　　表 7-18

道路设计速度(km/h)	相交道路的设计速度(km/h)				
	120	80	60	50	40
70	60~40	50~40	—	—	—
60	50~40	45~35	40~30	—	—
50	—	40~30	35~25	30~20	—
40	—	—	30~20	30~20	25~20

注：1. 120km/h 为高速公路的设计速度，用于城市快速路或主干路与高速公路交叉；
　　2. 表列大值为推荐值，地形条件特殊困难时可采用小值。

2. 平曲线最小半径

平曲线半径直接影响到匝道的形式、用地、规模、造价以及行车的安全性和舒适性。表 7-19 为公路立体交叉匝道圆曲线最小半径。选用匝道圆曲线最小半径时应遵循以下原则：

（1）匝道的半径应根据匝道设计速度选用标准中所规定的一般值；
（2）当受地形条件或其他特殊情况限制时，可采用极限值。

匝道圆曲线最小半径　　　　　　　　　　　　　　　　　　　　表 7-19

匝道设计速度(km/h)		80	70	60	50	40	35	30
圆曲线最小半径(m)	一般值	280	210	150	100	60	40	30
	极限值	230	175	120	80	50	35	25

3. 视距保证

匝道全长范围内均应满足不小于表 7-20 所列停车视距值，积雪地区应不小于括号内的值。分流点之前，主线上的视距应大于 1.25 倍主线停车视距，有条件时宜满足表 7-21 所列识别视距的要求。

匝道停车视距　　　　　　　　　　　　　　　　　　　　　　　表 7-20

匝道设计速度(km/h)	80	70	60	50	40	35	30
视距(m)	110(135)	95(120)	75(100)	65(70)	45	35	30

识别视距是指车辆以一定速度行驶中，驾驶人自看清前方分流、合流、交叉、渠化、交织等各种行车条件变化时的导流设施、标志、标线，做出制动减速、变换车道等操作，至变化点前使车辆达到必要的行驶状态所需的最短距离。不同设计速度对应的识别视距如表 7-21 所示。

识　别　视　距　　　　　　　　　　　　　　　　　　　　　　表 7-21

主线设计速度(km/h)	120	100	80	60	40
识别视距(m)	350~460	290~370	230~300	170~240	130~170

4. 匝道平面线形设计

若将匝道看作为一条很短的道路,那么道路线形设计原理将完全适用于匝道。由此可见,匝道的线形设计只不过是道路线形设计的一个特例而已。匝道平面线形要素仍然是直线、圆曲线及缓和曲线。但由于匝道通常较短,难以争取到较长直线,故多以曲线为主。

一个线形简单的匝道,例如一般的右转弯匝道、左转弯直接式匝道等,通常可以用一段圆曲线或者多心(例如三心)圆曲线处理。如果各段圆曲线半径选择适当,则可省去缓和曲线。当采用多心圆曲线时,两端连接出、入口的圆曲线应采用较大半径,中间的圆曲线可用小一些的半径,否则会使车辆多次减速和加速运行,且在中间路段过早加速,到驶入匝道时易失去控制。

对环形左转弯匝道,最简单的是采用单圆曲线。单圆曲线设计简便,但与匝道上车速的变化不适应。最好采用曲率半径由大到小再到大的水滴形或卵形曲线,可满足车速变化要求,但设计计算比较复杂。

一般而言,匝道的平面线形比道路路线平面线形要复杂;此外,匝道在平面位置和高程上都受到较严格的限制。

5. 匝道纵断面设计

一般匝道的纵断面呈 S 形,上端有一个凸形竖曲线,下端有一凹形竖曲线,中间是一段切线坡道。当匝道要上跨或下穿其他道路时,中间坡度会随之而变化,将会有更多的竖曲线。

竖曲线应满足行车缓冲舒适和视距的需要,凹形竖曲线应考虑前灯照射距离。当相邻两个纵坡度的代数差较小时,应增加竖曲线半径以满足竖曲线最小长度的要求。

对设在分流点附近的竖曲线,其最小半径和最小长度除满足分流点附近竖曲线最小半径及长度要求外,还应符合匝道竖曲线最小半径及长度要求。

匝道纵坡和竖曲线设计时,除遵循前述匝道纵断面线形设计原则外,还应注意尽量使整个匝道纵断面线形平顺,短距离内避免过多的起伏,否则既不美观,又不便于车辆行驶。

当同向竖曲线间有短直线时,应加大竖曲线半径,合并成一个竖曲线或组成复合竖曲线,尤其在凹形竖曲线情况下。

匝道竖曲线最小半径及长度如表 7-22 所示。

匝道竖曲线的最小半径及长度 表 7-22

匝道设计速度(km/h)			80	70	60	50	40	35	30
竖曲线最小半径(m)	凸形	一般值	4 500	3 500	2 000	1 600	900	700	500
		极限值	3 000	2 000	1 400	700	450	350	250
	凹形	一般值	3 000	2 000	1 500	1 400	900	700	400
		极限值	2 000	1 500	1 000	700	450	350	300
竖曲线最小长度(m)		一般值	100	90	70	60	40	35	30
		极限值	75	60	50	40	35	30	25

6. 匝道横断面设计

匝道横断面由车行道、硬路肩、路缘带、土路肩组成。车行道一般为单向单车道,个别为单向双车道。当两条对向匝道并列时,匝道之间应设置中间带。中间带由中央分隔带和两侧路缘带组成。匝道的横断面组成如表 7-23 所示。

匝道的横断面组成 表7-23

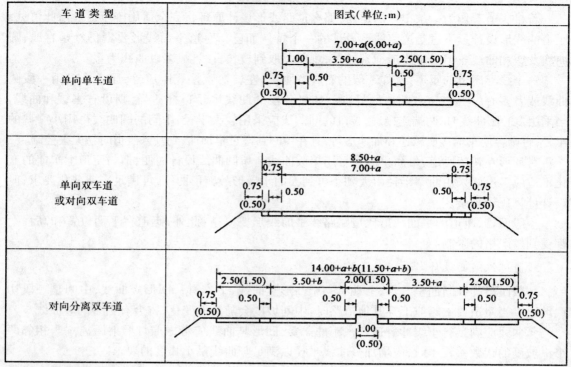

注：a、b 为加宽值。

对匝道各组成部分的宽度规定如下：
（1）车道宽度3.5m。
（2）路缘带宽度0.5m。
（3）中央分隔带的宽度为1.0m，设置刚性护栏时可为0.6m。
（4）硬路肩的宽度包括以下3种情况：

①单车道匝道右侧应设硬路肩，其宽度包括路缘带在内为2.5m，特殊困难处可减小为1.5m；左侧硬路肩的宽度为1.0m。

②双车道匝道上，当交通量较小、通行能力有较大富裕时，可不设硬路肩而保留路缘带。

③匝道的车道、硬路肩宽度与主线不同时，应在匝道范围内设置渐变率为1/20～1/30的过渡段，在与主线合流或分流处其宽度应同主线的车道和硬路肩宽度一致。

7. 匝道端部设计

匝道端部（也称为出、入口）是以下三部分的总称：进出正线的三角渐变段、连接主线与匝道路段的变速车道、渐变段与正线车道之间分道区的三角地带。两端的端部加上中间的匝道路段就形成了一条匝道。

按照车流是从主线驶出还是驶入主线，匝道端部可分出口和入口两种。但相对匝道而言，出口却是供车流进入匝道的，而入口则是供车流从匝道驶出并驶入主线的。这是初学者容易混淆的问题。

（1）互通式立体交叉的出、入口，一般应设在主线行车道的右侧。

(2) 出口位置应明显, 易于识别。一般情况下, 将出口设置在跨线桥等构造物前。当设置在其后时, 则距跨线桥的距离宜大于 150m。

(3) 出口处匝道的分流点应具有较大的曲率半径, 并使曲率变化适应行驶速度的变化。

(4) 出口接下坡匝道时, 应保证驾驶者能够看清平曲线的起点和方向。

(5) 入口应设在主线的下坡路段, 以利于重型车辆加速, 并在匝道汇入主线之前保持一段互相通视的路段。

(6) 主线与匝道的分流处, 需给误行车辆提供返回余地时, 行车道边缘应加宽一定偏置值和楔形(也称鼻端, 其布置如图 7-53 所示), 分流点处偏置值与端部半径规定如表 7-24 所示。

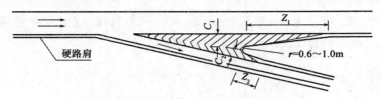

图 7-53 分流点处楔形端布置

分流点处偏置值与端部半径　　　　表 7-24

分流方式	主线偏置值 C_1(m)	匝道偏置值 C_2(m)	鼻端半径 R(m)
驶离主线	≥3.0	0.6~1.0	0.6~1.0
主线相互分岔	1.70		0.6~1.0

当主线硬路肩宽度能满足停车宽度要求时, 偏置宽度可采用该硬路肩宽度, 渐变段部分硬路肩应铺成与行车道路面相同的结构。

四、变速车道设计

在主线入口处, 为使匝道上的车辆逐渐加速, 利用主线道路上的车流空隙以等于或接近主线车流速度的车速驶入主线, 以便在不干扰或中断主线交通流的情况下完成合流行驶, 这时应设置供车辆加速行驶所需的车道, 即为加速车道。同理, 在主线出口处, 设置供车辆减速行驶所需的车道, 称为减速车道。二者统称为变速车道。

变速车道分为直接式与平行式两种, 如图 7-54 所示。减速车道原则上采用直接式, 加速车道原则上采用平行式。当变速车道为双车道时, 加、减速车道均应采用直接式。

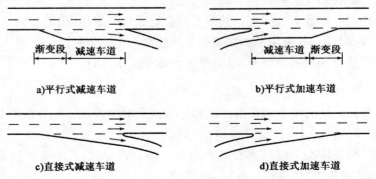

图 7-54 变速车道的形式

(1)平行式

变速车道位置与主线平行设置。其特点是车道划分明确、行车容易辨认,但车辆进出需沿S形曲线行驶,不利于行车。一般加速车道多采用平行式,以减小合流角度,若采用直接式,则三角端细长,较难布置。

(2)直接式

直接式变速车道不设平行路段,由出、入口沿主线渐变加宽,形成一条附加的变速车道与匝道相连,因此全段均为斜锥形。其特点是线形过渡平顺,与进、出车辆轨迹吻合,有利于行车,但起点不易识别。

变速车道由加速(或减速)车道和渐变段(或称三角端)组成。其主要平面尺寸包括加(减)速车道长度、渐变段长度及出、入口渐变率等三部分。

五、其他设计

立体交叉的其他设计主要包括:立体交叉的附属设施(如收费站)设计、交通标志和标线设计和景观设计。本部分内容在第九章中详细介绍,在此不再赘述。

第七节 其他交叉

一、公路与铁路交叉

1. 设置条件

公路与铁路交叉应优先考虑设置立体交叉,减少平面交叉道口。立体交叉的形式应根据路段设计速度、铁路与公路的性质、等级、交通量、地形条件、安全要求以及经济效益和社会效益等因素确定。铁路与高速公路、一级公路交叉,必须设置立体交叉。铁路与其他公路交叉,符合下列条件之一者应设置立体交叉。

(1)Ⅰ级铁路与其他公路交叉时;

(2)铁路路段旅客列车设计速度大于或等于120km/h的铁路与公路交叉时;

(3)铁路与二级公路交叉时;

(4)由于铁路调车作业对公路上行驶的车辆会造成较严重延误时;

(5)受地形等条件限制,采用平面交叉会危及公路行车安全时;

(6)结合地形或桥涵构造物情况,具备设置立体交叉条件时。

2. 平、纵面设计要点

(1)公路与铁路立体交叉宜选在双方线形均为直线的地段,或平、纵线形技术指标高且通视良好的地段。

(2)公路与铁路立体交叉应以垂直交叉为宜。必须斜交时,其交叉的锐角不宜小于70°;受地形条件或其他特殊情况限制时,不应小于45°。

(3)高速公路、一级公路与铁路交叉,在考虑铁路对立交桥设置要求的同时,其立体交叉位置应符合该路段公路平、纵线形设计总体布局,使线形连续、均衡、顺适,不得在该地段降低技术指标。

(4)公路与铁路立体交叉的公路引道范围内,不得设置公路平面交叉。

(5)公路与铁路立体交叉范围内的公路视距要求为:高速公路、一级公路应满足停车视距;二、三、四级公路应满足会车视距。

二、公路与管线交叉

各种管线跨越公路的设施,不得侵入公路建筑限界、妨碍公路交通安全、损害公路设施,也不得对公路及其附属设施形成潜在威胁。公路与各种管线等交叉时,应符合以下要求:

(1)公路与架空送电线路相交,以垂直交叉为宜。必须斜交时,其交叉的锐角应大于45°。

(2)架空送电线路导线与路面的垂直距离,应根据最高气温情况或覆冰无风情况求得的最大弧垂和根据最大风速情况或覆冰情况求得的最大风偏进行计算确定。

(3)公路与原油、天然气输送管道相交,以垂直交叉为宜。必须斜交时,其交叉的锐角不宜小于30°。

(4)油气输送管道与各级公路相交且采取下穿方式时,应设置地下通道(涵)。穿越公路地下通道(涵)的埋置深度,除应符合石油天然气行业标准对荷载的相关规定外,还应符合现行《公路桥涵设计通用规范》(JTG D60—2015)的有关规定,并按所穿越公路的车辆荷载等级进行验算。穿越公路的保护套管,其顶面距路面底基层的底面应不小于1.0m。

(5)严禁原油、天然气输送管道利用公路桥梁跨越河流或通过公路隧道。原油、天然气输送管道穿(跨)越河流时,管道距大桥的距离不应小于100m;距中桥不应小于50m。

(6)公路从架空送电线路下穿过时,应从导线最大弧垂与杆塔间通过,并使送电线路导线与公路交叉处距路面的垂直距离不小于表7-25的规定值。

(7)公路与地上架空电力线路交叉,首先应明确其电压等级。在核实电力线路电压等级的基础上,按照有关规范和管理条例的要求进行规划设计。在杆塔、拉线基础周围进行取土、堆物、打桩、钻探、开挖活动时,应遵守下列要求:

①预留出通往杆塔、拉线基础,供巡视和检修人员、车辆通行的道路。

②不得影响基础的稳定,如可能引起基础周围土壤、砂石滑坡,进行上述活动的单位或个人应当负责修筑护坡加固。

③不得损坏电力设施接地装置或改变其埋设深度。

④在雨、雾、雪、风、沙等恶劣气候下,应停止在电力线路周边进行道路施工作业,防止电力线路对人员、设备产生电击,造成人员伤亡和设备损失。

【习题与思考题】

7-1 道路平面交叉的类型及适用条件。

7-2 道路平面交叉口的机动车交通组织形式有哪几种？各有何特点及作用？
7-3 试述道路平面交叉口设计的主要内容。
7-4 试述平面交叉口转弯车道的设置方法及要点。
7-5 何谓视距三角形？应如何绘制？
7-6 环形交叉口的适用条件有哪些？
7-7 道路平面交叉口竖向设计主要分为哪几种形式？
7-8 道路立体交叉按照平面几何形状，可以分为哪几种？
7-9 试求何谓互通式立体交叉的变速车道？有哪几类？
7-10 匝道端部设计内容及设计要点有哪些？
7-11 试绘制单喇叭形互通式立体交叉的示意图及交通流线。

第八章
路线设计实用方法

第一节 概　　述

目前,在我国道路工程实际生产建设中,道路设计已基本摆脱了图板设计的方法,计算机辅助设计已逐步成为最实用的设计方法,并逐渐向测设一体化、集成化设计发展。国内常用的道路设计软件有纬地道路交通辅助设计系统(HintCAD)、鸿业市政道路设计系统(HY-SZDL)、海地公路优化设计系统(HARD)及德国 CARD/1、美国 InRoads 等。近年来,一些集成化设计技术及方法也开始在道路设计领域开展探索应用,如建筑信息模型技术(BIM)等。

本章主要介绍公路及城市道路的平面、纵断面、横断面、道路交叉、路基土石方调配等内容的常用设计方法、流程及设计实例,以及线形设计检验及安全性评价方法等。在设计实用方法内容的讲解过程中,平面设计、纵断面设计、横断面设计及道路交叉设计所选用的计算机辅助设计软件以技术较成熟、应用较广泛的纬地道路交通辅助设计系统(以下简称"HintCAD 系统")为主;路基土石方调配设计所选用的计算机辅助设计软件以纬地工程土石方调配系统(以下简称"HintTF 系统")为主。另外,本章还简要介绍了目前尚处于探索研究阶段的 BIM 技术在道路设计领域的应用情况及发展前景。桥梁、隧道、涵洞及交通工程设施等的设计方法因有专门的课程介绍,故在本章中不做具体介绍。

第二节 平面线形设计实用方法

一、平面线形设计流程

道路平面线形设计是根据汽车行驶性能和行驶轨迹,合理确定各种线形要素几何参数,保持线形的连续性与均衡性,同时兼顾与地形、地物、环境和景观相协调的过程。公路与城市道路的平面设计流程及方法基本相同。

平面线形一般由圆曲线、缓和曲线和直线三种基本线形相互搭接组合而成。平面线形设计的主要步骤如下:

(1)分析设计控制要素。平面线形设计的控制要素主要有地形类型、技术等级、设计速度、设计车型、沿线其他公路接入等。通过对以上设计控制要素的确定,可以初步确定平面线形的设计思路及各类线形指标的范围值。

(2)确定路线起终点及控制点。路线起终点的确定是平面设计的前提,沿线村镇、河流等控制点的分布及与路线的关系要求是线形布设的重要条件。

(3)线形要素的选取及组合。在明确了路线起终点及控制点的要求之后,即可在线形设计控制要素所限定的范围内,选取恰当的基本曲线段及指标值,按照现行规范要求进行线形要素组合设计,初步确定平面几何线形。

(4)检验优化。在初步形成的道路平面几何线形的基础上,通过对线形的视距符合性、平曲线加宽、超高设置的可行性及合理性等指标的计算验证,对初步确定的平面线形适当调整优化。

二、平面线形设计方法

1. 导线设计法

导线设计法又称为交点设计法,是目前道路主线平面线形设计中最常用的方法,适用于一般情况下利用交点转角进行道路主线平面设计、计算与绘图。该方法可适用于平面线形设计中的各种线形组合,包括基本形曲线、S形曲线、凸形曲线、卵形曲线、C形曲线及回头曲线等。导线设计法是利用交点转角进行线形设计及计算的,通常以"缓和曲线 + 圆曲线 + 缓和曲线"作为交点曲线的基本组合,其中缓和曲线的种类一般为回旋线,并且相邻两交点的曲线可相互组合连接。在实际工程中,可通过计算机程序或专业软件实现各类交点曲线的连续设计和动态调整。导线设计法常用的计算机辅助计算方式主要有5大类:

(1)常规计算方式。通过对中间圆曲线的半径、前缓和曲线长度、前缓和曲线终点曲率半径(即中间圆曲线半径值)、后缓和曲线的长度、后缓和曲线起点曲率半径(即中间圆曲线半径值)5个要素的选择与设置,完成曲线数据的计算。

(2)切线反算方式。在已确定好的交点及导线的前提下,通过设置交点处的圆曲线切线长($T_1 = T_2$)及圆曲线半径值,反算圆曲线及缓和曲线长度等数据。

(3)与相邻交点相接的反算方式。通过设置两端缓和曲线的控制参数,反算圆曲线半径,实现该交点的平曲线直接与相邻交点平曲线相接。此方式适用于复曲线、卵形曲线等的设计计算。

（4）与前交点成回头曲线的反算方式。通过在当前交点的后部和前一交点的前部指定一定长度的缓和曲线，即可计算设计出回头曲线。此方式用于将当前交点与相邻的前一个同向交点设计成相同半径的圆曲线，且两交点的圆曲线直接相接。

（5）凸形曲线的反算方式。令中间圆曲线长度为0，设置该交点处两缓和曲线长度数据，反算得到两缓和曲线搭接点的曲率半径等曲线数据。此方式适用于计算前后缓和曲线直接搭接的曲线组合。

另外，在目前的计算机辅助道路设计软件中，还可以实现路线穿过某交点的曲线设计计算、虚交点曲线设计计算等。

某道路采用交点设计法完成的平面线形设计如图 8-1 所示，采用 HintCAD 系统进行交点曲线设计的界面如图 8-2 所示。

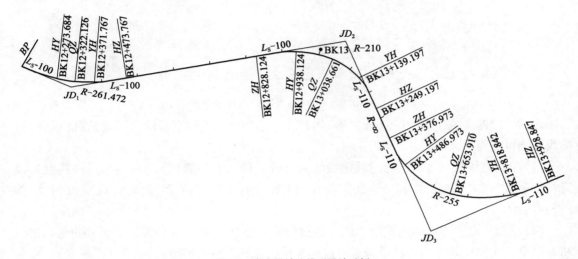

图 8-1　交点设计法线形设计示例

图 8-2　采用 HintCAD 系统进行交点曲线设计界面

2. 曲线设计法

曲线设计法又称为积木法,是通过设置各曲线段基本单元(直线、圆曲线、缓和曲线)的转角转向、横向错位值、曲线段长度、缓和曲线参数值、起点曲率半径、终点曲率半径等控制参数,完成曲线段的设计绘制,如图 8-3 所示,包括中间曲线段设计及起点(或终点)接线方式。此种方法多用于立体交叉匝道的平面线形设计。

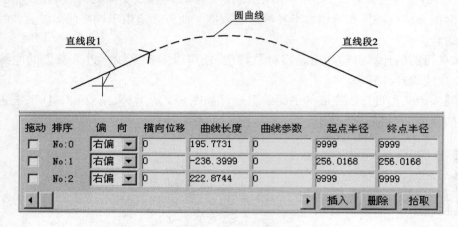

图 8-3 HintCAD 系统中的曲线设计法绘制示例及设计界面

任意一段路线或匝道,起点(或终点)均存在一定的控制或约束条件。因此起点(或终点)接线方式可分为 4 大类:

(1)两点直线相接方式。通过确定接线处直线上两点的位置(第二点为起点接线点),以第一点至第二点的方位角作为起点方位角,以第二点为起点位置,完成直线路线相接,如图 8-4 所示。

(2)已知一点及方位角的接线方式。通过设置一点和一方位角作为立体交叉的起点位置和方位角。此种计算方式为已经确定匝道的起始位置和方位角的情况,如图 8-5 所示。

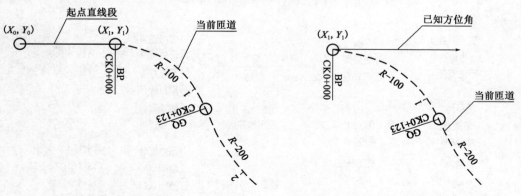

图 8-4 起点直线段接线方式　　图 8-5 已知一点及方位角的接线方式

(3)已知约束匝道两桩号及横向支距的接线方式。以约束匝道的第二桩号横向偏移后的位置为本匝道的起点位置,以约束匝道上第一桩号和第二桩号横向偏移后的连线方位角为本匝道的起点方位角,如图 8-6 所示。

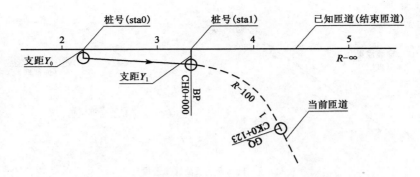

图8-6 已知约束匝道两桩号及横向支距的接线方式

（4）已知约束匝道的一桩号及其方位角偏移值的接线方式。以约束匝道上给定桩号的位置作为本匝道的起点位置，以其切线方位角加角度偏移值作为本匝道的起点方位角，如图8-7所示。此种接线方式具有较强的实用性，多应用于路段或匝道平面线形起点受另一段路线的控制，即起终点需顺接其他路段的项目。

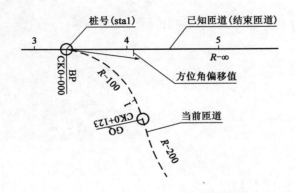

图8-7 已知约束匝道的一桩号及其方位角偏移值的接线方式

3. 智能布线法

从路线单元的几何特性可以知道，路线是由若干的直线、圆曲线和缓和曲线相互衔接组成。在这些线元中，直线和圆曲线可以视为控制单元，缓和曲线只是这些控制单元之间（直线和圆曲线、圆曲线和圆曲线）的连接过渡，视为辅助单元。在路线的平面设计过程中，通常首先需要确定控制单元（直线和圆曲线），而后在这些控制单元之间添加缓和曲线，即设置辅助单元。基于这种设计思路，目前常用的计算机辅助道路设计系统已开发平面智能布线方法，并在实际生产中得到了较为广泛地使用。智能布线法可以通过计算机程序设计，自动识别路线中已确定的控制单元，并自动创建辅助单元，自动形成控制单元和辅助单元之间的衔接，从而使这些控制单元和辅助单元形成一条完整的路线。自动穿线和曲线拟合原理见图8-8。

三、交点设计法平面设计实例

以我国西南地区某段二级公路（山岭重丘区）为示例。

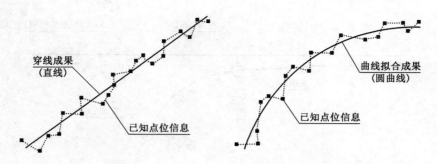

图 8-8 自动穿线及曲线拟合设计

(1) 确定路线起、终点

结合本段道路的功能及相关规划,确定道路技术等级为二级公路,设计速度为 60km/h,结合沿线村庄分布情况及地方需求,拟定本段道路的起、终点,如图 8-9 所示。

图 8-9 路段起、终点位置

(2) 布设导线,确定交点位置

本段沿线控制点主要有阎家冲村、古永田水库、花坡头山滑坡点及花坡脚林场。线形布设过程中以路线近村不进村、绕避水库、避让地质不良点为基本原则,结合公路技术等级及设计速度的要求,在确定可行的路线走廊带的基础上,完成导线交点设计,确定 6 个交点位置。导线设计如图 8-10 所示。

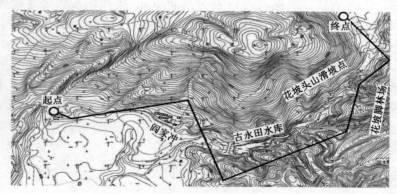

图 8-10 导线设计

(3)逐交点平曲线设计

按照交点设计法的流程及计算方式,依次对各交点进行曲线设计。以交点2(阎家冲村北)为例,结合设计速度60km/h的二级公路对圆曲线半径、圆曲线长度、缓和曲线长度等的相关要求及该交点的偏角情况,采用常规计算方式,选取半径为210m,前后缓和曲线均取110m,计算得到平曲线(缓和曲线+圆曲线+缓和曲线)长度为421.07m,设计界面如图8-11所示。通过对逐个交点进行曲线设计,完成全路段的平面线形设计。图8-12为JD_2平曲线设计图。

图8-11 采用HintCAD系统进行平面设计

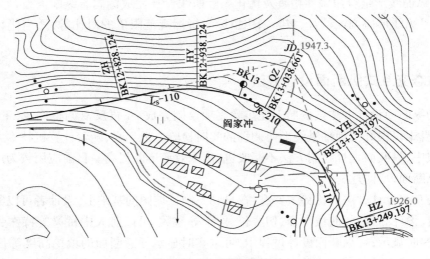

图8-12 JD_2平面曲线设计

第三节 纵断面设计实用方法

一、纵断面设计流程

纵断面设计是道路线形设计的重要组成部分,与平面设计共同决定出道路的空间位置。

纵断面设计中的道路纵断面是由直线和竖曲线两种线形组成,直线的上坡和下坡用坡度和水平长度表示。为保证在直线的坡度转折处过渡顺畅,需在变坡点处设置竖曲线,竖曲线可采用圆曲线或二次抛物线。公路与城市道路的纵断面设计流程及方法基本相同。

纵断面设计的主要步骤如下：

(1)地面线数据的采集及地面线生成。地面线数据的采集属于纵断面设计的准备工作。在前述第四章中已介绍过,纵断面图中有地面线和设计线两条主要线条。地面线是对道路未建之前原有地形起伏的准确反映。在实际设计中,地面线的采集多采用实地测量获取地形点的高程数据,并按照一定间距连接绘制地面线。随着科技水平的不断提高,为提高工作效率,对于较大项目的前期方案设计阶段(工程可行性研究或初步设计阶段)的地面线数据,也可采用矢量化地形图,建立数字化地面模型,通过计算机辅助设计系统进行道路平面线位敷设,提取相应位置的高程数据,并连接获得地面线。

(2)设计控制要素的确定。纵断面设计的控制要素主要有地形类型、技术等级、设计速度、设计车型等。通过对以上设计控制要素的确定,可以初步确定纵断面设计思路及各类线形指标的范围值。

(3)拉坡设计。在掌握了道路纵断面设计指标限值的前提下,结合地面线起伏情况、填挖要求、路基高度要求、平面线形布设等情况,初步确定各段纵坡度、坡长及变坡点位置。

(4)变坡点的竖曲线设计。在初步确定好的拉坡设计图中,逐个变坡点进行竖曲线设计,竖曲线设计的过程中尽量兼顾与平面曲线的协调、视距的保证等。

(5)平纵面线形组合协调性检查及优化。竖曲线设计完成标志着纵断面设计工作基本完成,通过对平纵线形协调性检查、实际采用指标与指标规范限值的对比等,适当优化调整纵断面线形。

二、动态交互式纵断面设计方法

传统的纵断面设计方法是按照上述步骤逐项绘制完成后,再反复调整修改,工作量较大、周期较长,且难以很好实现平纵线形协调性的实时检验。近年来,随着计算机技术大规模应用在工程领域中,纵断面设计绘制方法不断改进,出图效率不断提高。目前应用较为广泛的是动态交互式纵断面设计方法。

动态交互式设计方法的优势主要有：在自动绘制拉坡图的基础上,设计者可以实时修改变坡点的位置、设计高程、竖曲线半径、切线长、外距等参数；可以对大中桥梁等特殊受控路段的纵坡、高程实时显示；在纵断面设计过程中,可以实时显示任意断面的填挖高度等信息。Hint-CAD系统中动态交互式纵断面设计界面如图8-13所示。

三、动态交互式纵断面设计实例

仍以第二节的示例道路为例,在平面线形设计的基础上,完成纵断面设计。

(1)纵断面地面线生成。采集平面线形对应位置的地面线数据,通过编辑器按照数据编辑器的格式要求对应录入,作为纵断面设计的基础,数据编辑如图8-14所示。录入数据后生成的地面线如图8-15所示。

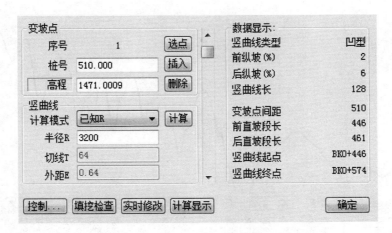

图 8-13 HintCAD 系统中动态交互式纵断面设计界面

纵断面地面线数据编辑器 - [C.DMX]
文件(F) 编辑(E) 查看(V) 窗口(W) 帮助(H)

	桩号	高程
1	12173.684	1895.214
2	12180.000	1895.815
3	12200.000	1897.179
4	12220.000	1896.954
5	12240.000	1896.779
6	12260.000	1896.577
7	12273.684	1895.860
8	12280.000	1895.378
9	12300.000	1893.992
10	12320.000	1892.889
11	12322.726	1892.737
12	12340.000	1891.786
13	12360.000	1890.516
14	12371.767	1889.137
15	12380.000	1888.217
16	12400.000	1886.371
17	12420.000	1885.734
18	12440.000	1885.964
19	12460.000	1887.465
20	12471.767	1888.919
21	12480.000	1889.662

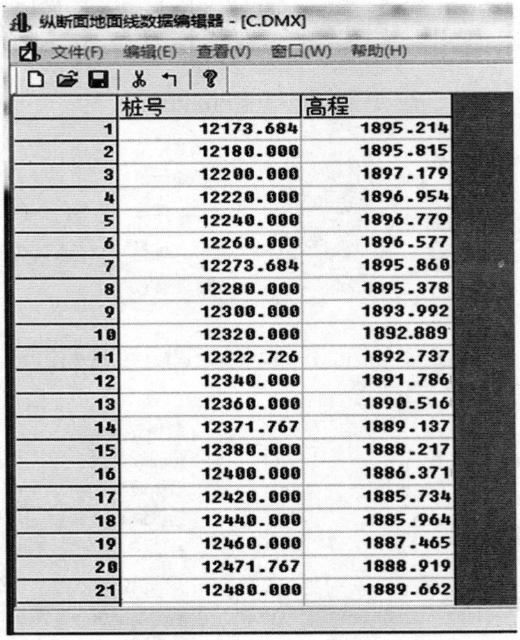

图 8-14 HintCAD 系统中纵断面地面线录入界面

(2)确定各指标的限制值。本段道路为二级公路,设计速度 60km/h。纵断面各指标规范限制值为:最大纵坡 6%(对应最大坡长 600m),最小坡长 150m,凸形竖曲线最小半径一般值 2 000m,凹形竖曲线最小半径一般值 1 500m,竖曲线长度一般值 120m,最小值 50m。

(3)拉坡设计。以各指标的限制值为设计控制,以纵断面地面线为设计基础,结合平曲线的位置及范围,确定变坡点位置,通过试坡、修改,确定各段纵坡度、坡长。拉坡设计过程可采用动态交互式设计系统实现自动计算、实时修改及信息查看。变坡点数据如图 8-16 所示,动态交互式设计界面如图 8-17 所示,拉坡设计成果如图 8-18 所示。

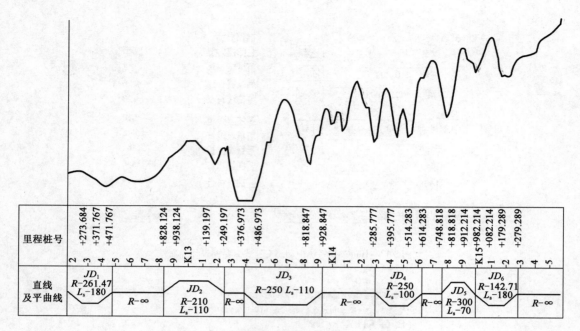

图 8-15 纵断面地面线

图 8-16 HintCAD 系统中变坡点数据信息界面

图 8-17 采用 HintCAD 系统进行动态交互式竖曲线设计界面

(4)变坡点的竖曲线设计。在确定了变坡点位置及前后纵坡度、坡长的基础上,再逐个变坡点进行竖曲线设计。竖曲线设计也多采用动态交互式设计法,通过在设计界面上实时拖动竖曲线半径,选择确定合理的竖曲线参数,通过对各变坡点的竖曲线进行设计,最终完成纵断面设计。竖曲线设计界面如图 8-17 所示。图 8-18 为该示例道路部分路段的纵断面设计成果。

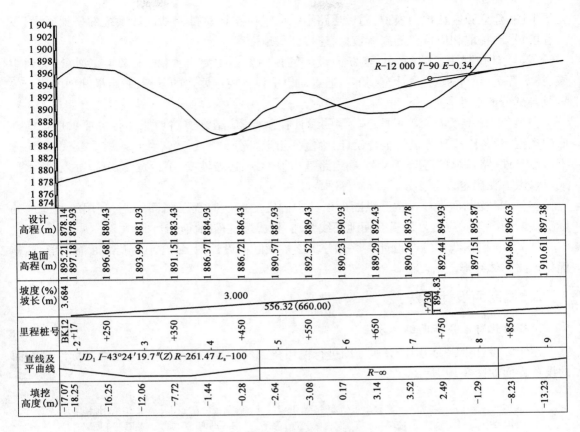

图 8-18 部分路段道路纵断面设计成果

第四节 横断面设计实用方法

一、横断面设计流程

横断面设计是道路的垂直剖面线形设计,与平面设计、纵断面设计共同控制道路这一带状工程的形状及规模。与纵断面设计线类似,横断面设计线也是由地面线和设计线组成。横断面地面线是表征路线垂直方向地面起伏变化的线,一般通过实地测量或数字化地面模型等途径获得。横断面设计线一般根据行车道、路肩、分隔带、边沟、边坡、截水沟、护坡道、非机动车道、人行道、绿化带、分车带等各部分的尺寸及数量确定。公路与城市道路横断面在组成要素上有一定的区别,城市道路横断面组成往往更为多样化,但两者的设计流程及方法基本相同。横断面设计的主要流程步骤如下:

(1)地面线数据的采集及地面线生成。地面线数据的采集是横断面设计的准备工作。在实际设计中,横断面地面线的采集多采用实地测量,获取某一断面两侧一定范围内的地形点高程数据,然后连接逐个横断面绘制地面线。随着科技水平的不断提高,为提高工作效率,对于较大项目前期方案设计阶段(工程可行性研究或初步设计阶段)的地面线数据,也可采用矢量化地形图,建立数字化地面模型,通过道路平纵面线位在计算机辅助设计系统的模拟敷设,以及程序设计,提取相应位置的高程数据,连接获得地面线。

(2)设计控制要素的确定。横断面设计的控制要素主要有:规划未来年交通量、交通组成、技术等级、设计速度、设计车型等。通过对以上设计控制要素的分析,确定横断面的组成要素及各部分的尺寸。

(3)绘制标准横断面。根据已确定的设计控制要素,结合道路功能及相关要求选择横断面的类型,对各组成部分进行组合设计,确定各组成部分的尺寸;结合地形、地质及气象、水文等自然条件,路基填挖情况等因素,确定路基边坡形式、边坡坡率、平台宽度、分级高度、排水形式等参数。在确定以上参数后,绘制标准横断面图。

(4)逐桩横断面设计。按照纵断面设计中确定的中线高程及断面间距,利用绘制完成的标准横断面图与对应桩号的横断面地面线叠加,构成逐桩横断面设计图。

(5)平、纵、横线形综合设计。综合分析逐桩横断面设计图,结合平面及纵断面线形,调整优化道路整体线形。

二、横断面设计方法

1. 模块化标准横断面编制方法

在实际设计中,多采用计算机辅助进行模块化编制标准横断面。模块化编制标准横断面的设计界面如图 8-19 所示。

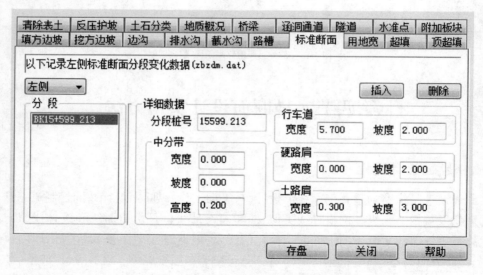

图 8-19 HintCAD 系统中模块化标准横断面设计界面

2. 参数化批量横断面设计

标准横断面绘制完成后,在已有的平面设计、纵断面设计的基础上,通过将设计完成的标准横断面图与逐桩横断面地面线对应叠加,构成逐桩横断面设计图,俗称"戴帽子"。在实际设计中,可通过计算机辅助设计系统实现批量设计。HintCAD 系统设计界面如图 8-20 所示,设计完成的某典型横断面如图 8-21 所示。

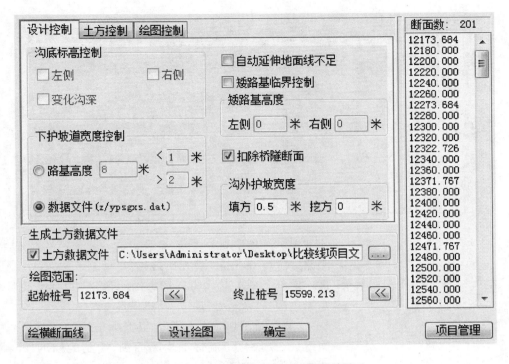

图 8-20　HintCAD 系统中逐桩横断面设计界面

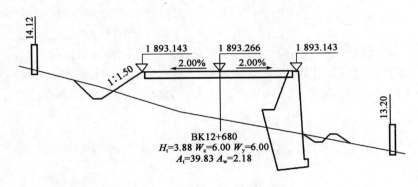

图 8-21　某典型横断面设计成果

三、参数化横断面设计实例

仍以第二节示例道路为例,在平面、纵断面线形设计的基础上,完成横断面设计。

(1)横断面地面线生成。因横断面是路线的垂直剖面,为方便设计计算,横断面地面线数据剖面间距应与纵断面地面线间距对应一致,采集完成后,通过 HintCAD 系统自带的编辑器,按照数据编辑器的格式要求对应录入,作为横断面设计的基础。数据编辑界面如图 8-22 所示,录入数据后生成的部分横断面地面线如图 8-23 所示。

(2)各设计要素的确定。由前述可知,本段道路为二级公路,设计速度为 60km/h。结合《标准》规定,计算确定路基总宽度 12m,双向两车道,其中行车道宽度 3.5m,硬路肩宽度 2m,

桩号	平距	高差	平距	高差	平距	高差	平距	高差	平距	高差	平距	高差	平距	高差	平距
桩号	12173.684														
左侧	0.621	0.130	1.603	0.391	0.251	0.054	0.840	0.210	1.109	0.294	0.479	0.135	1.653	0.442	1.488
右侧	0.170	-0.036	1.093	-0.260	1.324	-0.269	0.607	-0.141	1.872	-0.366	0.134	-0.030	0.594	-0.112	1.024
桩号	12180.000														
左侧	0.270	0.055	0.131	0.022	0.514	0.108	1.785	0.462	1.451	0.382	1.770	0.461	0.783	0.204	1.842
右侧	1.173	-0.237	0.551	-0.090	1.174	-0.228	0.826	-0.160	1.121	-0.173	0.626	-0.117	1.637	-0.246	0.397
桩号	12200.000														
左侧	0.916	0.156	3.547	0.591	0.222	0.073	2.786	0.454	3.788	0.622	3.421	0.559	2.220	0.366	7.157
右侧	2.897	-0.495	1.977	-0.343	2.030	-0.341	1.209	-0.126	1.425	-0.148	1.017	-0.106	0.745	-0.078	0.553
桩号	12220.000														
左侧	1.884	0.279	1.246	0.200	1.663	0.264	1.925	0.303	0.360	0.065	0.160	0.030	2.535	0.461	1.503
右侧	3.552	-0.525	0.636	-0.098	0.408	-0.064	0.281	-0.044	1.404	-0.223	3.121	-0.521	13.029	-1.344	0.073
桩号	12240.000														
左侧	0.398	0.064	1.572	0.254	6.167	0.902	1.793	0.247	0.287	0.043	0.371	0.055	0.495	0.073	4.069
右侧	2.589	-0.418	2.246	-0.362	2.890	-0.511	3.122	-0.551	5.268	-0.938	1.000	-0.163	0.697	-0.106	3.589
桩号	12260.000														
左侧	1.575	0.269	1.336	0.213	2.103	0.339	1.130	0.187	2.570	0.414	0.801	0.117	0.411	0.063	0.237
右侧	1.004	-0.172	0.564	-0.091	1.795	-0.315	2.294	-0.444	2.219	-0.418	2.824	-0.540	3.212	-0.597	1.783

图 8-22 HintCAD 系统中横断面地面线录入界面

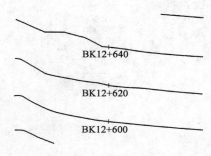

图 8-23 部分横断面地面线

土路肩宽度 0.5m。填方边坡坡率 1:1.5,挖方边坡坡率 1:1,填方段排水形式为梯形边沟明排,挖方段排水形式为矩形边沟,碎落台宽度 1m,路拱横坡 2%。

(3)标准横断面的绘制。根据确定的设计要素及横断面组成,模块化绘制标准横断面图,绘制的标准横断面如图 8-24 所示。

(4)横断面设计。将已绘制好的路基标准横断面图与生成的横断面地面线对应叠加,生成对应各桩的横断面设计图。部分路段的横断面设计成果如图 8-25 所示。

对于城市道路,因所承担的道路功能的不同,一般情况下,城市道路标准横断面较公路标准横断面更为多样,编制标准横断面时需要输入的模块更多,但流程及设计仍可按照上述步骤进行,具体操作步骤不再重复介绍。采用模块化设计完成的某城市道路标准横断面如图 8-26 所示。

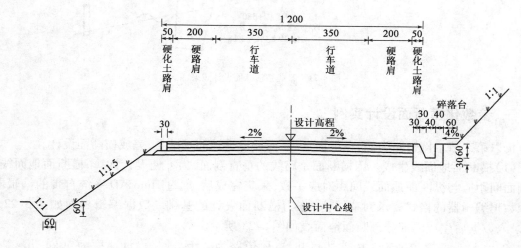

图 8-24 本段路基标准横断面

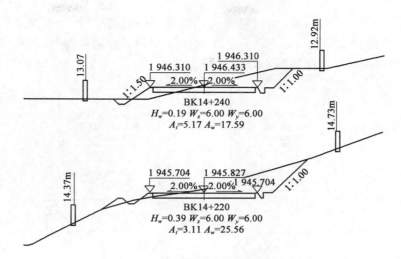

图 8-25　部分路段横断面设计图

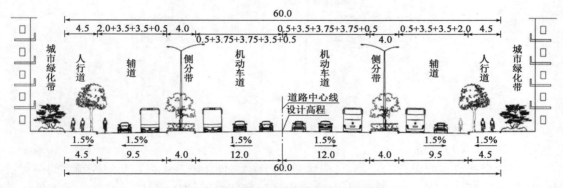

图 8-26　某城市道路标准横断面设计图(尺寸单位:m)

第五节　道路交叉设计实用方法

道路交叉是道路设计中的重要内容。道路交叉主要包括平面交叉、分离式立体交叉及互通式立体交叉。分离式立体交叉一般多为桥梁跨越结构,桥梁设计方法在桥梁工程等相关教材中将有较为详细的讲解,在本节中不做介绍。本节主要介绍公路及城市道路平面交叉口及互通式立体交叉线形基本设计方法。

一、公路平面交叉设计方法

在我国,除高速公路全封闭控制出入外,其余各等级公路在设计过程中,均涉及平面交叉口的设计。公路平面交叉口设计主要包括交叉口类型选择、交叉口平面设计、交叉口竖向设计等主要内容。其中交叉口类型选择方法及设计要点在第七章路线交叉中已做介绍。本章重点介绍交叉口设计的常用方法。

1. 交叉口平面设计

一般情况下,公路平面交叉口的平面设计多采用计算机绘图软件,结合项目要求、相交公路的技术等级及规范要求等因素,通过对交叉口控制点位置的分析,选择交叉口平面交叉形式,确定交叉口范围、转角半径、交叉口车道数、交叉口路边线位置等参数内容,完成设计并绘制成图。交叉口平面设计示例如图8-27所示。

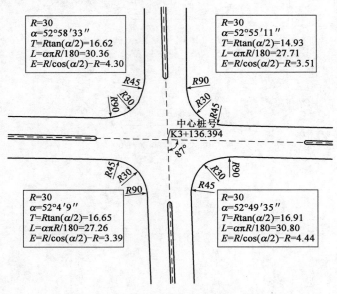

图8-27 某等级公路平面交叉口平面设计

2. 交叉口竖向设计

（1）建立交叉口模型

在完成交叉口平面设计的基础上,构建交叉口模型,便于下一步进行竖向控制点的高程设计。通过对交叉口范围、相交道路路边线、路脊线等特征要素的选定,借助道路设计软件相关程序,完成交叉口模型的构建。不同类型的交叉口模型如图8-28所示。

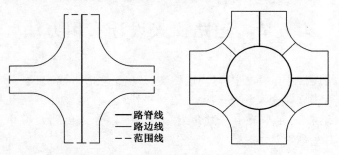

图8-28 交叉口模型（十字交叉、环形交叉）

（2）相交道路纵坡及路拱设置

在建立的交叉口模型的基础上,根据相交公路技术等级、交叉口设计速度、与交叉口相衔接的路段纵坡、所在地区自然条件、路面类型等要素,结合排水要求,选择各相交公路适宜的纵坡度及路拱横坡度。

（3）路脊线及路边线特征点赋值

根据确定的相交道路交叉口内纵坡度及路拱横坡度,结合路脊线、路边线的位置,对路脊线、路边线上的特征点进行计算赋值。某交叉口竖向控制点高程计算赋值如图8-29及表8-1所示。

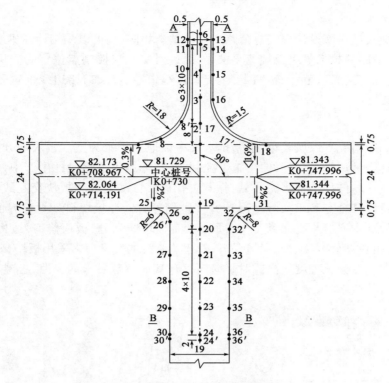

图 8-29 某交叉口竖向控制点布置

某交叉口竖向控制点高程计算赋值(单位：m)　　　　　　　　表 8-1

点号	设计高程	点号	设计高程	点号	设计高程	点号	设计高程
1	81.815	11	81.039	21	81.169	30	80.495
2	81.663	12	81.001	22	80.992	30′	80.459
3	81.472	13	81.001	23	80.814	31	81.104
4	81.282	14	81.039	24	80.637	32	81.155
5	81.091	15	81.230	24′	80.601	32′	81.205
6	81.053	16	81.448	25	81.824	33	81.027
7	82.140	17	81.475	26	81.221	34	81.850
8	81.900	17′	81.503	26′	81.422	35	80.672
8′	80.660	18	81.530	27	81.027	36	80.495
9	81.420	19	81.489	28	80.850	36′	80.459
10	81.230	20	81.347	29	80.672		

二、城市道路平面交叉设计方法

由于城市道路与公路承担的道路功能、交通流量、交通特征、排水形式、管线配套及周边地形地物限制条件等有所不同，因此，在实际设计中城市道路平面交叉口设计方法与公路平面交叉口设计侧重点有所不同。城市道路平面交叉设计包括交叉口类型选择、交叉口平面设计、板块划分、交叉口竖向设计、等高线等内容。下面分别对交叉口平面设计、板块划分、交叉口竖向设计加以说明。

1. 交叉口平面设计

城市道路交叉口平面设计方法与公路交叉口基本相同,均可以采用计算机绘图软件,结合项目要求、相交道路的技术等级及规范要求等,通过对交叉口控制点位置的分析,选择交叉口平面交叉形式,确定交叉口范围、转角半径、交叉口车道数、交叉口路边线位置等参数内容,完成设计并绘制成图。

2. 板块划分

城市道路一般情况下纵坡较小,道路排水又多以地下排水为主。板块划分这一步骤是为了更精确地进行交叉口竖向设计,便于施工控制,在实际城市道路设计生产中,常用的板块划分多借助道路设计软件相关程序完成,划分方法有板块自动划分和板块交互式设计两类。板块自动划分又可以结合交叉口实际情况选择多种划分方式。板块自动划分界面如图8-30所示。板块交互设计主要有平行某线划分、垂直已有板块线划分、板块修剪、边板修剪、拉伸角点、删除角点等板块划分方法。一般情况下,对于非常规的交叉口多采用板块交互设计方法进行板块划分。对于城镇化程度较高或对竖向高程有其他特殊要求的公路,也建议采用板块划分法进行平面交叉口设计。

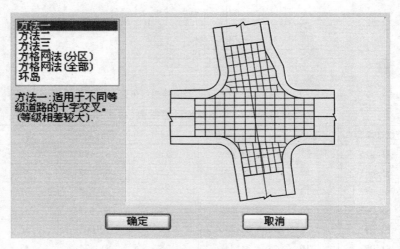

图 8-30　HintCAD 系统中板块自动划分界面

3. 交叉口竖向设计

在完成板块划分并进行板块预处理后,即可进行交叉口竖向设计。城市道路交叉口竖向设计包括角点高程计算和等高线生成两个主要步骤。对于路脊线交于一点的交叉口可直接通过道路设计软件生成角点高程及等高线,由程序根据基本参数自动进行设计。而对于路脊线不交于一点的交叉口要先生成计算线,然后再进行角点、等高线的计算生成。某城市道路十字形交叉口等高线如图8-31所示。

三、互通式立体交叉线形设计方法

互通式立体交叉的线形设计包括主线线形设计、匝道线形设计及连接部设计三大主要部分。其中主线及匝道的线形设计方法可参照本章前四节。本部分主要介绍连接部的线形设计方法。

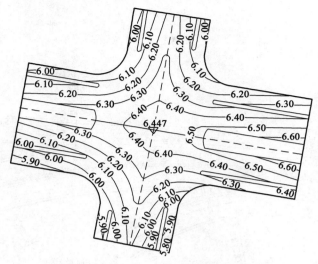

图 8-31 某城市道路十字形交叉口竖向设计等高线

互通式立体交叉的平面线形设计是在立体交叉方案的形式确定以后,根据相交道路的交通量、设计长度、地形、地物等布设条件,按照相应连接匝道的技术标准,将各条匝道根据要求组合成为既满足功能需要,又合理可行,也符合审美要求的几何线形,是互通式立体交叉设计阶段的关键工作。在实际设计中,多采用曲线单元设计法和匝道起终点智能化自动接线相结合的设计思路,便捷地完成任意立体交叉线形的设计和接线。曲线设计法及智能布线法在本章第一节中已有介绍。

1. 连接部平面设计

在互通式立体交叉设计中,需绘制立体交叉区主线与匝道合流、分流处连接部设计详图。连接部设计详图多采用道路设计软件完成,绘制界面如图 8-32 所示。绘制连接部图可以完成包括一般的路基变宽、车道加宽等多种连接部图形的绘制和标注。某高速公路互通式立体交叉连接部平面如图 8-33 所示。

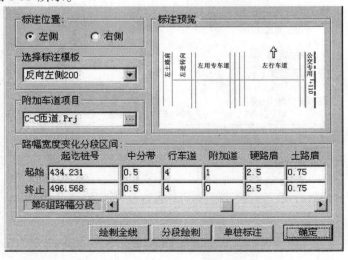

图 8-32 HintCAD 系统中某立交区主线与匝道连接部平面绘制界面

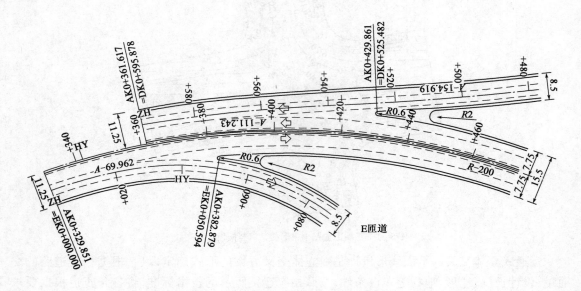

图 8-33 HintCAD 系统中某立交区主线与匝道连接部平面设计

2. 连接部竖向设计

在连接部平面设计详图完成的基础上,完成竖向高程设计,绘制界面如图 8-34 所示。可采用分段绘制、全线绘制、单桩标注等多种方式。某高速公路互通式立体交叉连接部竖向高程如图 8-35 所示。

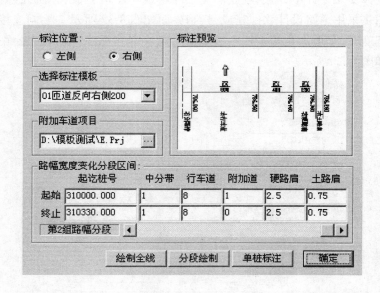

图 8-34 HintCAD 系统中某立交区主线与匝道连接部竖向高程绘制界面

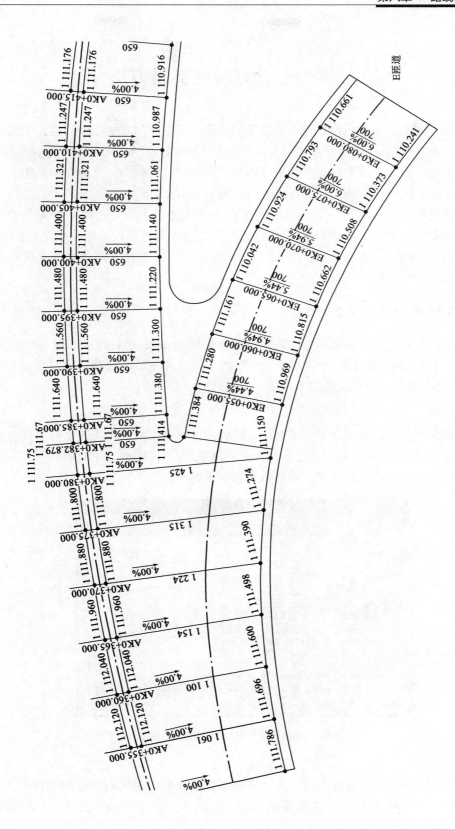

图 8-35 某立交区主线与匝道连接部竖向高程设计

第六节　土石方调配实用方法

路基土石方调配是道路设计过程中直接影响工程经济指标的重要步骤。道路工程是典型的带状工程，在设计过程中需要充分结合平面、纵断面的布置及纵横向填挖情况，制定可行的土石方调配方案。路基土石方计算及调配原则在第五章中已有较为详细的介绍。本节主要介绍目前在实际设计生产中较为实用的土石方调配流程及方法。

随着计算机技术的不断发展，路基土石方调配方法也逐渐由单一表格计算发展为较为生动形象的界面操作。采用土石方调配软件，在道路路基基本数据录入及存储处理的基础上，生成可视化土石方带状分布界面，通过交互式动态调配操作完成土石方的调配及成果表格的输出，是目前应用较为广泛的方法。

一、基本数据的输入及处理

与路基土石方调配密切相关的基本数据包括逐桩填挖面积、中桩填挖高度、路槽参数、土石比例及土石系数、大中桥及隧道等结构物参数、取土坑及弃土坑参数等。土石方基本数据文件的建立，实际上就是这些参数的输入过程。

1. 逐桩面积

逐桩填挖面积及中桩填挖高度在横断面设计成果的逐桩横断面设计图上可以查询。在进行土石方调配之前，需要在所采用的土石方调配软件系统中，将逐桩填挖面积及中桩填挖高度输入至已建立的土石方数据文件中。逐桩面积的输入界面如图8-36所示。

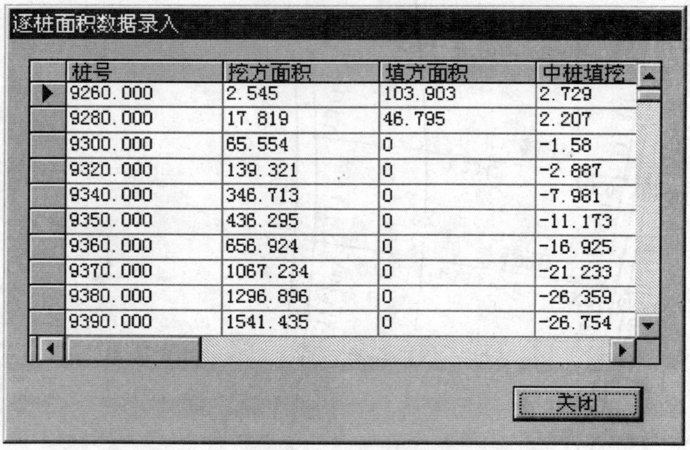

桩号	挖方面积	填方面积	中桩填挖
9260.000	2.545	103.903	2.729
9280.000	17.819	46.795	2.207
9300.000	65.554	0	-1.58
9320.000	139.321	0	-2.887
9340.000	346.713	0	-7.981
9350.000	436.295	0	-11.173
9360.000	656.924	0	-16.925
9370.000	1067.234	0	-21.233
9380.000	1296.896	0	-26.359
9390.000	1541.435	0	-26.754

图8-36　HintTF 系统中逐桩面积输入界面

2. 路槽参数

路槽是指为铺筑路面在路基上按照设计要求修筑的浅槽。在土石方数据文件中，需要输入的路槽参数包括各断面桩号、路槽的深度（又称高度）及宽度。一般情况下，路槽深度为路面结构层厚度,路槽宽度为路面结构层最底层的宽度。输入路槽参数的目的是便于在土石方计算及调配过程中,按照"填方扣除路槽面积、挖方增加路槽面积"的原则,准确计算土石方数量。路槽参数输入界面如图 8-37 所示。

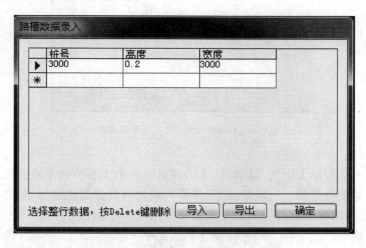

图 8-37　HintTF 系统中路槽参数输入界面

3. 土石比例及土石系数

土石比例值的准确与否,对工程投资准确性的影响较为明显。在实际工程设计中,土石比例主要依靠地质勘查资料及路基填挖高度进行确定。

土石系数是指自然方与压实方的换算系数。对于不同类别的土方或石方,自然方与压实方的比例有所不同。在道路工程中,按照开挖的难易程度,将土壤分为三类,即松土、普通土和硬土;将岩石分为软石、次坚石和坚石。在土石方计算及调配过程中,土方挖方按照天然密实体积(自然方)计算,填方按照压实后的体积(压实方)计算;石方爆破按照天然密实体积计算。各类工程的土石换算系数根据国家或行业标准选取。土石比例值输入界面如图 8-38 所示,土石系数的输入界面如图 8-39 所示。

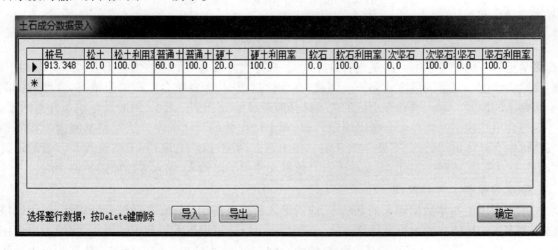

图 8-38　HintTF 系统中土石比例值输入界面

图 8-39　HintTF 系统中土石系数输入界面

4. 构造物参数

构造物参数主要包括大中桥、隧道、挡土墙等可能影响土石方数量及调配运距的主要结构物的位置、长度、宽度等参数。一般情况下，按照构造物的设置起止桩号、构造物名称、跨径、总长度、可能影响运距的顺序进行输入。输入界面如图 8-40 所示。

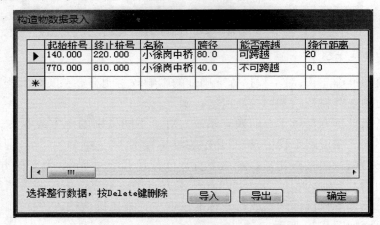

图 8-40　HintTF 系统中构造物参数输入界面

5. 取土坑及弃土坑参数

路基土石方的填挖平衡是道路线形设计的最理想状态。而在实际工程设计中，往往很难达到路基土石方的完全平衡。路基土石方在调配完成后，能最大限度地使填挖土方得到有效利用，但仍然会产生一定量的借方或弃方。因此，在设计过程中，需要结合工程周边情况，合理选择取土和弃土的位置。取土坑和弃土坑的位置选择应兼顾地形、土质、面积、用地及运输条件等因素，还应结合沿线规划及建设综合考虑确定。取、弃土坑位置的具体确定方法在路基路面工程等相关教材中有具体讲解，在此不做详细介绍。在土石方调配过程中，取、弃土坑位置及容量的设置将直接影响调配运距。因此，需要在土石方数据文件中予以输入，输入界面如图 8-41 所示。

6. 土方数据文件预处理

在完成以上基本数据输入的基础上，应对输入数据进行预处理。在数据预处理环节，可以根据工程需要选择恰当的土石方计算方法。同时，还可以通过设置本桩利用的原则，完成本桩利用的土石方计算。另外，还可以设置扣除路槽的原则、土石方损耗率等特殊规定。数据预处理操作界面如图 8-42 所示。在数据预处理完成后，即可生成土石方动态现状图，如图 8-43 所示。

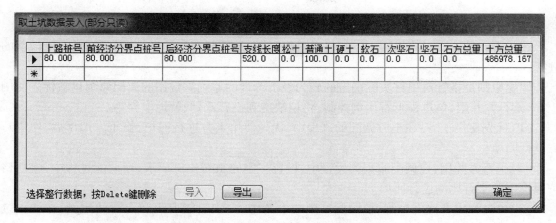

图 8-41　HintTF 系统中取土坑参数输入界面

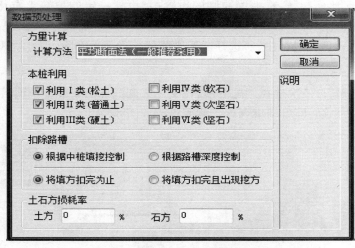

图 8-42　HintTF 系统中数据预处理界面

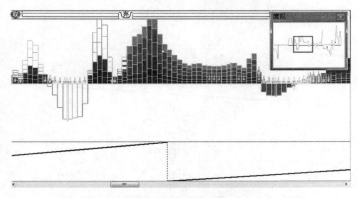

图 8-43　HintTF 系统中待调配的土石方数量分布界面

二、土石方调配

在土石方数据文件输入及预处理完成后,即可进入土石方调配环节。土石方调配的过程主要包括选择调配段落、确定调配原则、调配、输出调配成果等主要步骤。

1. 调配段落及调配原则

在土石方动态交互式界面下,通过计算机鼠标框选需要调配的区域,即可完成调配段落的选择。

调配原则是指针对项目实际确定的较为经济合理的原则。常用的调配原则包括优先使用土方、土石方并用、单过程土石比例控制、将填缺凑到土石比例、就地取弃等。

(1)优先使用土方:在土方调配的过程中,优先使用土方进行回填,当土方用尽后,使用石方进行回填。

(2)土石方并用:在调配原则的设置中,设置一定的土石比例要求,在调配过程中,将严格按照设定的土石比例进行回填。

(3)单过程土石比例控制:在调配原则的设置中,分别设置取土和取石的比例,在调配过程中,将严格按照设定的土石比例取土石方进行回填。

(4)将填缺凑到土石比例:在调配原则的设置中,设置一定的填缺土石比例要求,在调配过程中,将严格按照设定的土石比例取土石方进行回填。

(5)就地取弃:在调配过程中,所选择调配段落的挖方就地弃除,填方就地取土。

2. 调配

设置好调配原则后,依次选择调配段落,在交互式调配界面完成整个项目的土石方调运处理。确定全线调配完成后即可结束调配。调配过程如图 8-44 所示。

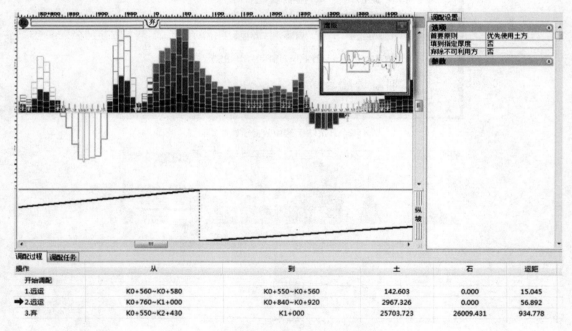

图 8-44 HintTF 系统中土石方动态调配界面

3. 输出成果

在调配结束后,应结合设计需要,输出土石方调配成果。在实际设计生产中,输出的成果主要包括:土石方数量计算表、每公里土石方数量计算表、土石方运量统计表等。输出成果界面如图 8-45 所示。

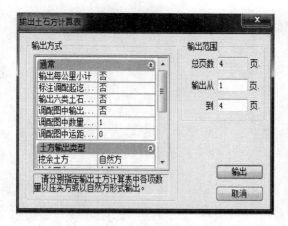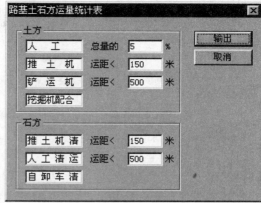

图 8-45　HintTF 系统中土石方调配成果输出界面

第七节　线形设计检验及安全性评价

道路是由平面、纵断面、横断面组成的工程实体。平、纵面设计的内容是线形带状几何设计,应满足在一定车速条件下汽车动力学的要求;横断面设计的内容是路幅、路型及路侧设计。平、纵、横三者之间有着密切的内在联系,三者相互影响、相互补充,共同构成道路线形。道路线形设计应兼顾道路的行车安全性、舒适性、高效性及建设的经济性。

一、线形综合设计原则及检验内容

1. 线形综合设计的原则

(1)平、纵面应力求避免两者过长、线形单调。不得已时,应设置必要的标志、标线等交通工程设施。同时宜采用植树等措施改善路侧环境,利用自然或人文景观等调节视线的单调性。

(2)平面直线与凹形竖曲线的组合应具有较好的视觉效果。凹曲线的长度不宜过短,避免产生明显转折感;长直线内设置两个凹曲线时,两曲线之间的直坡段不能太短,避免产生"虚设凸曲线"的感觉;长直线的末端应尽量避免插入凹曲线。

(3)平面直线与凸形曲线的组合,在视距条件差而线形显得单调时应予避免。不得已时,应争取较大的凸曲线半径,保证纵断面视距。

(4)长直线不宜与陡坡或半径小且长度短的竖曲线组合。

(5)平曲线与直坡段的组合应特别注意出现暗弯,宜力求增大平曲线半径,合理设计挖方边坡,保证视距。应避免急弯平曲线与陡坡的组合。

(6)平、竖曲线宜相互对应,且平曲线稍长于竖曲线,形成"平包竖"。平、竖曲线难以对应时,宜将两者拉开适当距离,使平曲线位于直坡上或竖曲线位于直线上。长的平曲线内不宜包含两个以上短的竖曲线;长的竖曲线内不宜包含两个以上平曲线。不得已时应注意平、竖曲线半径的搭配。

(7)长的竖曲线内不宜设置半径小的平曲线。

(8)平、纵、横综合设计应注意选择恰当的合成坡度,保证行车安全,利于路面排水,合理考虑纵坡度值及变坡点位置与超高值及超高过渡段之间的关系。

(9)平、纵、横综合设计除按照上述原则进行设计外,还应考虑与工程设置的技术条件及工程规模的关系。

(10)平、纵、横综合设计应考虑线形与桥梁、隧道的配合,满足其设置的基本要求。

(11)平、纵、横综合设计应考虑与沿线设施的配合,满足主线收费站、匝道收费站、服务区、停车区等的布设要求。

(12)平、纵、横综合设计应注意与沿线环境的协调,最大限度满足当地居民的用路需求,消除公路建设对当地居民的生产、生活带来的负面影响;应充分利用地形条件,保护自然及人文景观;应采取合理的工程措施与生态保护措施,恢复自然生态环境,防止水土流失。

2. 线形综合设计检验的主要内容

平、纵、横综合设计检验包括运营安全性和工程设计合理性两方面。公路运营安全性宜采用运行速度法检验,工程设计合理性宜采用三维虚拟数字仿真技术检验。

二、线形设计检验的常用方法

1. 运营安全性检查

采用运行速度法检验公路运营安全性应通过实地观测或数字模型计算运行速度,当与设计速度相差在 ±20km/h 之内时,表明平、纵、横设计配合良好;反之,宜调整线形设计参数,或采取必要的交通安全措施。检验内容如下:

(1)平面设计:平曲线半径,平曲线长度,直线长度,曲线间直线长度。

(2)纵断面设计:纵坡坡度及坡长,长大纵坡路段,竖曲线半径。

(3)横断面设计:断面组成,紧急停车带宽度,路侧安全净空区。

(4)视距检验:设计视距,运行视距,空间视距。

(5)超高:最大超高值,合成坡度。

某公路运行速度检验梯度变化图见图 8-46;速度梯度分析测算数据见表 8-2。

某公路运行速度梯度分析测算表　　　　表 8-2

序号	起点桩号	终点桩号	半径 R (m)	修正坡度 (%)	修正长度 (m)	车道宽度 (m)	路缘宽度 (m)	类型	设计速度 (km/h)	运行速度 (km/h)	运行速度 Δ_{86} (km/h)	速度梯度 (km/h)
		K0+000							60	P		
1	K0+000	K0+007.809	0	0.00	7.81	3.50	0.50	短直线段	60	80.00	0.00	0.00
2	K0+007.809	K0+134.009	300	0.00	126.20	3.50	0.50	曲线入口直线	60	75.18	-4.82	-3.82
3	K0+134.009	K0+260.208	300	4.50	126.20	3.50	0.50	弯坡出口曲线	60	75.34	0.15	0.12
4	K0+260.208	K0+376.347	300	4.26	116.14	3.50	0.50	弯坡入口曲线	60	75.47	0.13	0.11
5	K0+376.347	K0+492.485	300	2.80	116.14	3.50	0.50	弯坡出口直线	60	77.59	2.12	1.82
6	K0+492.485	K0+581.273	0	0.00	88.79	3.50	0.50	直线段	60	80.00	2.41	2.71

续上表

序号	起点桩号	终点桩号	半径R（m）	修正坡度（%）	修正长度（m）	车道宽度（m）	路缘宽度（m）	类型	设计速度（km/h）	运行速度（km/h）	运行速度Δ_{86}（km/h）	速度梯度（km/h）
7	K0+581.273	K0+810	0	0.00	228.73	3.50	0.50	直线段	60	80.00	0.00	0.00
8	K0+810	K1+032.490	0	6.00	222.49	3.50	0.50	纵坡段	60	78.22	-1.78	-0.80
9	K1+032.490	K1+244.844	700	6.00	212.35	3.50	0.50	弯坡入口直线	60	80.00	1.78	0.84
10	K1+244.844	K1+457.198	700	4.84	212.35	3.50	0.50	弯坡出口直线	60	77.91	-2.09	-0.98
11	K1+457.198	K1+580	0	0.00	122.80	3.50	0.50	短直线段	60	77.91	0.00	0.00
12	K1+580	K2+230	0	4.50	650.00	3.50	0.50	纵坡段	60	72.71	-5.20	-0.80
13	K2+230	K2+490.307	0	0.00	260.31	3.50	0.50	直线段	60	80.00	7.29	2.80
14	K2+490.307	K2+742.320	0	0.00	252.01	3.50	0.50	直线段	60	80.00	0.00	0.00
15	K2+742.320	K3+003.144	364	3.17	260.82	3.50	0.50	弯坡入口直线	60	80.00	0.00	0.00
16	K3+003.144	K3+263.969	364	4.50	260.82	3.50	0.50	弯坡出口曲线	60	79.88	-0.12	-0.05
17	K3+263.969	K3+511.749	400	3.46	247.78	3.50	0.50	弯坡入口曲线	60	80.00	0.12	0.05

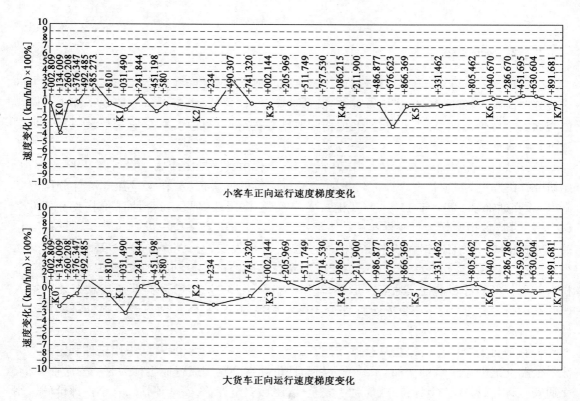

图 8-46 某公路运行速度检验梯度变化

2. 工程设计合理性检验

（1）通过航空摄影测量或实地测量获得地面点坐标、高程数据和地面特征线信息，一般宜采用三角构网法构建数字化地面模型。

（2）通过公路工程计算机辅助设计获得工程设计三维数字信息，采用虚拟仿真技术构建工程实体数字模型。

（3）将数字化地面模型与工程实体数字模型准确叠加，得到公路建成后真实的虚拟空间环境，可以直观地检验路线布设与环境的协调性，路基、防护与排水、桥涵、隧道等工程布设的合理性及适应性，并可随时获取设计数字信息，便于实时优化修改。路线全景透视效果见图8-47。

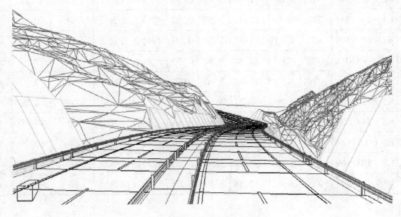

图 8-47　路线全景透视效果

三、安全性评价

公路项目安全性评价是公路项目设计阶段的必要环节。《标准》规定：二级及二级以上的干线公路应在设计时进行交通安全评价，其他公路在有条件时也可进行交通安全评价。应根据交通安全评价结论，对线形设计、几何指标取用等进行调整优化，对交通安全设施及管理措施进行检查完善。

公路项目安全性评价技术最早在20世纪80年代由英国推广应用。我国自1999年起，开始研究并编写《公路项目安全性评价指南》，通过大量的调查研究，在大量数理统计分析的基础上，原交通部于2004年11月1日正式发布实施了《公路项目安全性评价指南》（JTG/T B05—2004），该指南作为行业推荐性技术标准，为我国高速公路和一级公路安全性评价工作的开展提供了必要的依据和技术指导。经过近12年的发展，安全性评价理念在我国公路交通行业已被广泛接受，安全性评价也已广泛应用到各级公路的建设和管理过程中。结合多年来积累的工程经验和目前的交通安全形势，2015年12月23日，交通运输部正式发布了中华人民共和国行业标准《公路项目安全性评价规范》（JTG B05—2015），标志着我国公路项目安全性评价进入了一个新的阶段。

公路项目安全性评价是指从公路使用者的角度，按一定的评价程序，采用定性和定量的方法对公路交通安全进行的全面、系统的分析与评价。在公路交通行业也称为公路安全性评价、交通安全评价、行车安全评价，或简称为安全性评价、安全评价、安全评估。安全性评价的适用阶段涵盖工程可行性研究阶段、初步设计阶段、施工图阶段、交工阶段和后评价阶段（运营阶段）。本书重点介绍工程可行性研究及设计阶段的安全性评价方法及内容。交工阶段及后评价阶段的内容可参考其他相关书籍学习。

安全性评价工作的基本流程见图8-48。

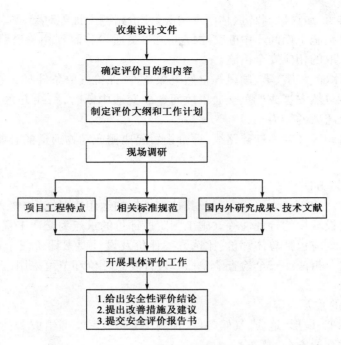

图 8-48　安全性评价工作流程

1. 工程可行性研究阶段

（1）评价重点及方法

在项目工程可行性研究阶段，评价的重点应为走廊带及工程方案对交通安全、社会和环境的影响。对于新建公路，应针对同深度比选的走廊带方案进行评价。对于改扩建公路，应分析既有公路交通安全特点，评价改扩建方案对交通安全的影响。本阶段宜采用经验分析法或安全检查清单法进行评价。

（2）评价的主要内容

①根据地形条件、交通组成等，评价工程建设对交通安全的影响。改扩建公路应评价改扩建后对交通安全的影响。

②根据预测的交通量，评价路线起终点与其他公路的连接方式、交通组织等对交通安全的影响。

③评价急弯陡坡、连续上坡、连续长陡下坡，路侧有悬崖、深谷、深沟、江河湖泊等危险路段对交通安全的影响。

④评价特大桥、特长隧道等大型构造物的选址、规模和安全运营需求等对交通安全的影响。

⑤根据路网条件、出入交通量及沿线城镇布局等，评价互通式立体交叉选址、形式，相邻互通式立体交叉之间，互通式立体交叉与隧道等大型构造物之间，以及与管理、服务设施等之间的关系对交通安全的影响。

⑥根据地形条件、主线技术指标、相交公路状况、预测交通量等，评价平面交叉的选址、形式、交通组织及交叉口间距等对交通安全的影响。

⑦评价与项目交叉或临近的铁路、油气管道、高压输电线路等对交通安全的影响。

⑧根据穿越村镇、居民区、牧区、林区等情况,评价路侧干扰等对交通安全的影响。

⑨改扩建公路在施工期间不中断交通或将主线交通量分流到相关道路时,应评价改扩建方案交通组织及采取的相应安全措施。

⑩根据降雨、冰冻、积雪、雾、侧风等自然气象条件,评价气象条件对交通安全的影响。

⑪评价在发生自然灾害或严重交通事故而造成交通中断时,路线方案与相关路网配合进行应急救援和紧急疏散的能力。

⑫根据动物活动区及动物迁徙路线,评价设置隔离栅或动物通道的必要性。

2. 设计阶段

(1) 评价重点及方法

初步设计阶段评价重点为路线方案及其技术指标的运用情况、结构物布设的合理性、交通工程及沿线设施建设规模的合理性等。施工图阶段评价的重点为交通工程及沿线设施的设置情况。评价过程主要应包括总体评价、比选方案评价及设计要素评价三个环节。比选方案评价方法宜采用经验分析法或安全检查清单法。设计要素评价环节可采用运行速度协调性分析等方法。

(2) 总体评价的主要内容

①根据技术标准、地形、地质、气候条件、预测交通量及其交通组成、大型构造物分布等,评价公路项目特点对交通安全的影响。

②改扩建公路利用既有公路段的,应根据既有公路运营状况、交通事故等,分析该路段的特点,并按现行技术标准对利用路段的设计指标进行评价。

③对前一设计阶段批复中与交通安全相关意见的执行情况进行核查。

④对前一阶段安全性评价意见的响应情况进行核查。

(3) 比选方案评价的主要内容

①评价各方案存在的急弯陡坡、连续上坡、连续长陡下坡、路侧有悬崖、深谷、深沟、江河湖泊等危险路段对交通安全的影响。

②评价各方案设置的特大桥、特长隧道及隧道群、互通式立体交叉、重要平面交叉口、服务设施等与路线总体布局的协调性及其对交通安全的影响。

③评价不利气象或环境对各方案交通安全的影响。

④改扩建公路应评价各改扩建方案的路线线形顺接、拼宽、拼接和既有交通安全设施的再利用对交通安全的影响。

(4) 设计要素评价的主要内容

此环节主要内容为运行速度检验,相关内容在前述线形设计检验章节中已有介绍。

第八节　基于 BIM 技术的道路集成化设计发展趋势

一、BIM 的概念及特点

1. BIM 的基本概念

建筑信息模型(Building Information Modeling, BIM)是将项目的各项信息包含在一个三维模型中,并且这个模型涵盖了项目的全周期。BIM 技术是一种应用于工程设计、建造、管理等阶段的数据化工具,通过参数模型整合各种项目的相关信息,在项目策划、运行和维护的全生命周期过程中进行共享和传递,使工程技术人员对各种建筑信息做出正确理解和高效应对,为设计团队以及包括建筑运营单位在内的各方建设主体提供协同工作的基础,在提高生产效率、节约成本和缩短工期方面发挥重要作用。由此可见,BIM 不是特指某一个软件,而是一个借助三维数字化模型将工程项目的几何特性、构件要素、施工进度等信息集合在一起,以方便项目参与者协同作业的共享平台。

2. BIM 的核心及特点

BIM 的核心在于能够把项目生命周期不同阶段的数据、过程和资源连接起来,完整描述其工程对象,并且可以被项目各阶段专业人员、各方参与者调取使用。通过构建项目 BIM,可以解决工程数据的一致性和全局共享问题,支持建设项目生命周期中动态的工程信息创建、管理和共享。BIM 具有以下特点:

(1)统一性。由于项目所需要的信息来自不同专业不同人员,并且格式各异,在传统的工程项目管理中,信息管理的难度较大,并且容易造成参与方多次重复工作或修改。相比来讲,BIM 则具有格式统一、通用的特点,从而减少信息不一致造成的损失。

(2)集成性。工程项目涉及多个参与主体。在项目建设过程中,各个专业相互交叉,借助 BIM 技术可以集成多种方法,可以实现多层次、多渠道、多环节的资料收集、存储及管理。

(3)共享性。BIM 所包含的信息可以流通在不同参与者之间,可以方便及时的发现问题,并进行统一修改,可以提高各专业之间的协作程度。

(4)关联性。BIM 中对象是可识别且相互关联的,系统能够对模型的信息进行统计和分析,并生成相应的图形和文档。如果模型中某个对象发生变化,与之关联的所有对象都会随之更新,以保持模型的完整性及准确性。

二、BIM 技术在道路集成化设计中的应用前景

1. 道路集成化设计

所谓集成化设计是指在进行设计时,将各个专业、各个方面的设计要点进行组合,将分散的功效和数据进行整合,纳入一个协同系统中,使得资源能够得到共享,最终实现最优效果。集成化设计理念与传统设计理念存在较明显的不同。集成化设计过程中,是将道路本身与附近的环境视为一个整体,从项目的全寿命周期角度考虑设计;另一方面,集成化设计要求不同专业的从业者密切协作,以低廉的成本取得高效的收益。这一理念是以信息为基础,需要有一个巨大的信息载体,从而实现对项目全周期的跟踪,而不仅仅局限于某一个建设环节。BIM 技术可以很好地将这一理念付诸实际,可以实现道路建设项目从立项阶段、勘察阶段、设计阶段、施工阶段、工程验收阶段等各个阶段的数据与信息的共享,尤其对于设计阶段的工程信息交互,作用尤为显著。

2. BIM 技术在道路设计中应用的优势特点

基于 BIM 技术的道路设计,要将传统的道路设计内容抽象成对象,对设计对象进行参数化设计。在传统道路设计过程中,设计对象(路面、边坡、挡土墙等)均是通过线条绘制,信息

表达多通过标注或图例表达。而引入 BIM 技术后,可以通过对设计对象进行属性赋值定义,从而生成一些逼真的图形形状,使其具有实际意义。同时,可以实现设计对象操作模块化、设计过程模块化。将 BIM 技术应用到道路设计中的突出优势主要有以下几个方面:

(1)设计的可维护性更强。对象化设计的本质即通过可变设计参数的调整完成设计或修改,系统自动维护所有的不变参数。设计人员通过输入或修改设计参数,完成模型的几何和信息设计,模型的呈现及关联通过系统自动完成,可以避免由于局部修改可能导致的重复设计,可以大大提高设计的可维护性。

(2)设计信息的完整性更强。传统设计通过标注、图例等方式进行设计表达,在不同的设计图纸中,可能会删除多余的标记信息,同时,也可能出现因局部修改引起的不同阶段不同成果的设计信息冲突,导致设计信息的完整性和准确性受到影响。通过引入 BIM 技术,可以保证设计信息的完整性。

(3)促进设计深化和创新。通过 BIM 技术将工程设计的标准构件进行模块化,有利于提高设计成果的复用率,提高设计效率。同时,可以降低设计风险,提高设计的可靠性和设计质量。而常用模块的大量应用及研究,又可以促进设计的深化和创新。

3. BIM 技术在道路设计中的应用前景

BIM 技术在信息的集成和处理方面具有更大的优势,从 CAD 的产生与应用,到各类计算机辅助设计软件,再到目前 BIM 技术的探索应用,道路设计行业经历着一系列技术变革。通过开发基于 BIM 技术的道路集成化设计方法,可以使跨专业协调过程中可能出现的质量问题及相互协作问题得到有效避免,同时,可以大大提高信息数据的利用率,并且能够将各类专业设计人员纳入到一个项目中,使得项目运行更为高效、准确。现阶段由于国内 BIM 工具平台应用软件偏少、专业协同方面不够完善、道路工程结构不规则程度高、BIM 模型构建难度偏大、设计成果格式统一要求等原因,BIM 技术尚未在实际道路工程设计生产中得到广泛应用。但随着技术水平及管理理念的不断发展,BIM 技术在道路设计中的应用将是未来发展的必然趋势。

第九节 设 计 成 果

在完成各个环节的设计及评价优化之后,下一步需要按照交通运输部颁发的《公路工程基本建设项目设计办法》(交公路发〔2007〕358 号)、住房和城乡建设部颁发的《市政公用工程设计文件编制深度规定》(2013 年版)等相关规定,出版格式相对统一的设计成果文件,主要以图纸和表格的形式体现。

一、平面设计成果

平面设计成果中主要的图纸有:路线平面设计图、道路平面布置图、纸上移线图、运行速度曲线图等。主要的表格有:直线、曲线及转角一览表,逐桩坐标表,总里程及断链桩号表,导线控制点表,运行速度计算表等。各种图纸和表格的样式在交通运输部及住房和城乡建设部颁布的"设计文件图表示例"中均有图例,这里仅就主要的图纸"路线平面图"和主要的表格"直线、曲线及转角表""逐桩坐标表"做相关介绍。

1. 路线平面图

路线平面图是道路工程各阶段设计文件的重要组成部分。该图能全面、清晰地反映道路平面位置和经过地区的地形、地物等,它是设计人员设计意图的重要体现。平面设计图对提供给有关部门审批、专家评议、日后指导施工、恢复定线等方面都有重要作用。针对不同类型的道路,平面设计图可分为公路路线平面图和城市道路平面设计图。

按照《公路工程基本建设项目设计办法》(交公路发〔2007〕358号)的规定,初步设计阶段公路路线平面图应示出地形、地物、平面控制点、高程控制点、路中心位置及平曲线交点,公里桩、百米桩及平曲线主要桩位,断链位置及前后桩号,各种构造物的位置以及县以上境界;标出指北图示,列出平曲线要素表。高速公路、一级公路及采用坐标控制的其他等级公路,还应示出坐标网格,互通式立体交叉平面布置形式,跨线桥(包括分离式立体交叉桥)位置及交叉方式,复杂平面交叉位置及形式;标注地形图的坐标和高程体系以及中央子午线经度或投影轴经度。高速公路、一级公路采用1∶2 000比例尺,其他公路也可采用1∶1 000、1∶2 000或1∶5 000比例尺。施工图阶段的平面图还应补充绘制主要改路改渠等,高速公路、一级公路采用1∶2 000比例尺,其他公路也可采用1∶2 000~1∶5 000比例尺。

按照《市政公用工程设计文件编制深度规定》(2013年版)的规定,城市道路初步设计阶段的平面设计图应包括规划道路中线位置、平曲线,红线宽度、规划道路宽度、道路施工中线及主要部位的平面布置和尺寸,拆迁房屋范围,桥梁、立交平面布置,相交的主要道路规划中线、红线宽度、道路宽度、过街设施(含天桥和地道)及公交车站等设施,主要杆、管线和附属构造物位置等,绘图比例采用1∶500~1∶2 000比例尺。施工图阶段的平面设计图应包括规划道路中线与施工中线坐标、平曲线要素、机动车道、辅路(非机动车道)、人行道(路肩)及道路各部位尺寸、公共汽车停靠站、人行通道或人行天桥位置及尺寸,道路与沿线相交道路及建筑进出口的处理方式,桥隧、立交的平面布置与尺寸,各种杆、管线和附属构筑物的位置和尺寸,拆迁房屋、挪移杆线、征地范围等,绘图比例采用1∶500~1∶1 000比例尺。

在实际设计中,平面设计图成果多以计算机辅助设计系统进行批量输出。图8-49为某公路路线平面图示例,图8-50为某城市道路平面设计图示例。

2. 直线、曲线及转角表

直线、曲线及转角一览表全面反映了路线的平面位置和路线平面线形的各项指标,它是道路设计的主要成果之一。在进行路线的纵断面设计、横断面设计和其他构造物设计时,都要使用此表的数据。直线、曲线及转角一览表的格式参见表8-3,该表对公路和城市道路都适用,其中"交点坐标"一栏视道路技术等级和测设情况取舍。在实际设计中,完成平面线形设计之后可自动生成此表。

3. 逐桩坐标表

逐桩坐标表是针对高速公路、一级公路要求编制的表格,要求列出桩号及纵、横坐标,以方便施工。按照《公路工程基本建设项目设计文件编制办法》(交公路发〔2007〕358号)的规定,本表只交付施工部门,不报送审批单位。在实际设计中,完成平面线形设计之后可自动生成此表,该表格式参见表8-4。

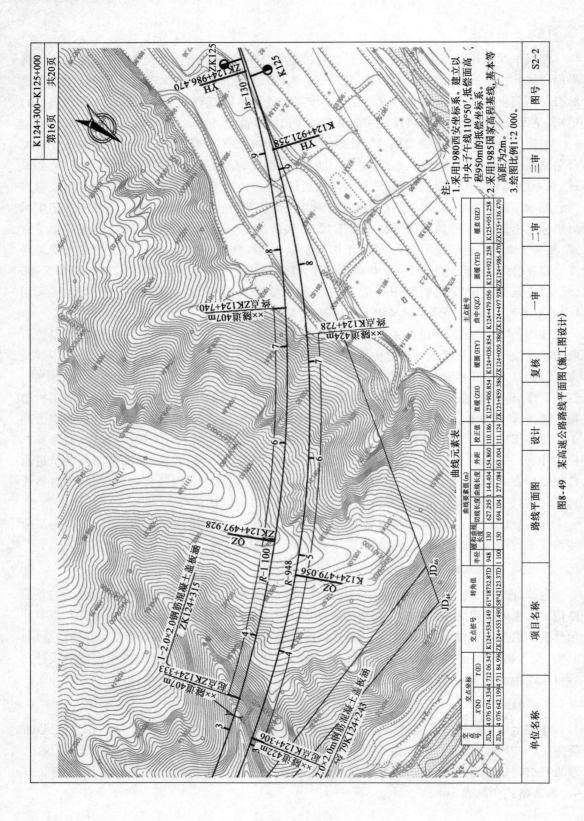

图 8-49 某高速公路路线平面图(施工图设计)

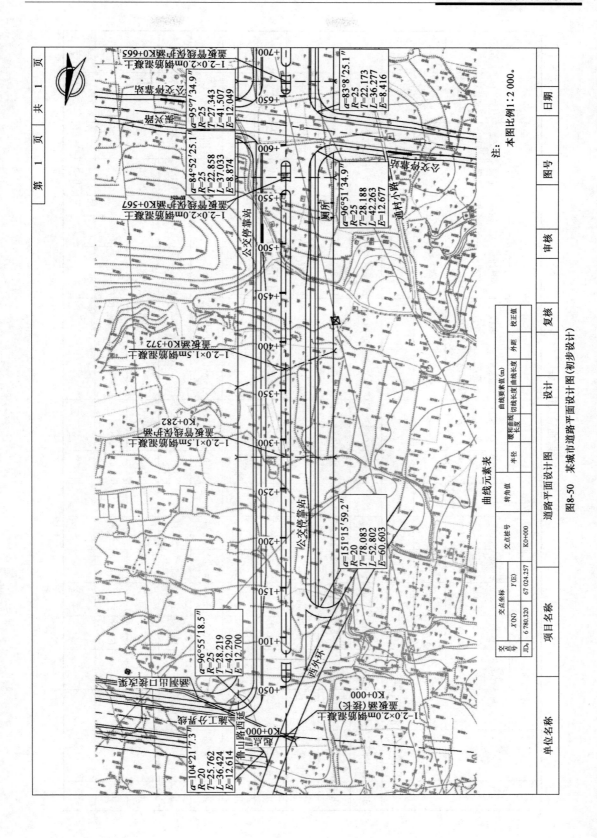

图8-50 某城市道路平面设计图(初步设计)

直线、曲线及转角表

表 8-3

交点号	交点桩号	转角值 α 左转角 $α_Z$	转角值 α 右转角 $α_Y$	半径 R	缓和曲线长度 l_s	切线长度 T	曲线长度 L	外距 E	校正值 J	第一缓和曲线起点 ZH	圆曲线终点 HY(ZY)	曲线中点 QZ	圆曲线终点 YH(YZ)	第二缓和曲线终点 HZ	直线长度 (m)	交点间距 (m)	计算方位角或计算方向角	备注
起点	K0+000	—	—	—	—	—	—	—	—	—	—	—	—	—	—	—	0	—
															185.30	185.30		
JD$_1$	K0+185.30	—	28°25′14″	—	—	—	—	—	—	—	—	—	—	—			208°25′14″	—
															132.91	280.08		
JD$_2$	K0+465.38	84°34′21″	—	180.00	35.00	148.16	256.26	43.85	38.06	K0+318.21	K0+353.21	K0+446.34	K0+539.48	K0+584.48			133°50′54″	—
															61.09	263.33		
JD$_3$	K0+690.65	—	21°15′41″	200.00	35.00	55.09	109.22	3.86	0.96	K0+635.56	K0+680.56	K0+690.18	K0+809.88	K0+844.88			155°06′35″	—
															55.93	183.58		
JD$_4$	K0+863.26	—	20°24′48″	250.00	35.00	62.55	124.08	4.22	1.03	K0+800.81	K0+835.81	K0+862.84	K0+889.88	K0+924.88			185°31′22″	—
															0	192.12		
JD$_5$	K1+54.35	69°54′25″	—	160.01	35.00	129.58	230.23	35.60	28.91	K0+924.88	K0+959.88	K1+039.89	K1+120.01	K1+155.01			105°36′58″	—
															133.23	325.55		
JD$_6$	K1+350.99	14°18′25″	—	500.00	—	62.85	124.85	3.92	0.65	K1+288.24	—	K1+350.66	—	K1+413.09			91°18′32″	—
															406.80	519.43		
JD$_7$	K1+869.88	—	24°18′55″	150.00	35.00	49.88	98.66	3.89	1.10	K1+819.89	K1+854.89	K1+869.22	K1+883.55	K1+918.55			115°38′28″	—
															421.20	546.63		
JD$_8$	K2+415.30	42°13′38″	—	150.00	35.00	85.55	145.55	11.16	5.55	K2+339.85	K2+384.18	K2+412.53	K2+450.30	K2+485.31			83°23′50″	—
															254.88	429.89		
JD$_9$	K2+839.65	—	36°16′54″	250.00	35.00	99.48	193.31	13.29	5.61	K2+840.18	K2+885.18	K2+836.83	K2+898.48	K2+933.48			109°40′43″	—
															140.39	298.06		
JD$_{10}$	K3+131.08	29°35′08″	—	150.00	35.00	58.19	112.45	5.49	1.93	K3+083.88	K3+108.88	K3+130.10	K3+151.33	K3+186.33			80°05′36″	—
															215.80	282.99		
终点	K3+402.12	—	—	—	—	—	—	—	—	—	—	—	—	—	—	—	—	—

某道路逐桩坐标表　　　　　　　　表 8-4

桩 号	坐 标 值		桩 号	坐 标 值	
	X	Y		X	Y
K0+000	322 629.000	52 990.000	K0+630	322 056.960	53 002.890
K0+030	322 599.000	52 990.000	K0+640	322 053.122	53 006.885
K0+060	322 569.000	52 990.000	K0+660	322 035.929	53 024.281
K0+090	322 539.000	52 990.000	K0+680.540	322 028.159	53 031.400
K0+120	322 509.000	52 990.000	K0+690	322 012.904	53 043.480
K0+150	322 489.000	52 990.000	K0+690.150	322 012.882	53 043.558
K0+180	322 449.000	52 990.000	K0+809.850	321 996.298	53 054.146
K0+185.300	322 443.803	52 989.969	K0+820	321 988.298	53 059.049
K0+210	322 421.968	52 988.241	K0+844.860	321 964.993	53 069.896
K0+240	322 395.583	52 963.962	K0+850	321 960.240	53 082.001
K0+280	322 369.199	52 949.684	K0+880	321 933.026	53 084.628
K0+300	322 342.814	52 935.406	K0+800.800	321 914.249	53 093.340
K0+318.200	322 326.808	52 962.844	K0+810	321 905.808	53 098.240
K0+330	322 316.408	52 921.168	K0+835.800	321 882.182	53 108.323
K0+353.200	322 295.488	52 911.159	K0+840	321 888.141	53 108.821
K0+360	322 289.156	52 908.681	K0+862.840	321 856.436	53 115.588
K0+390	322 260.239	52 900.838	K0+880	321 849.388	53 118.315
K0+420	322 230.395	52 898.194	K0+889.880	321 829.980	53 121.003
K0+446.330	322 204.180	52 900.225	K0+900	321 819.826	53 122.325
K0+450	322 200.550	52 900.830	K0+924.880	321 895.158	53 124.548
K0+480	322 181.632	52 908.665	K0+930	321 889.944	53 124.960
K0+510	322 144.538	52 921.455	K0+959.890	321 860.386	53 128.549
K0+539.460	322 120.521	52 938.453	K0+960	321 860.189	53 128.589
K0+540	322 120.110	52 938.802	K0+990	321 831.412	53 136.942
K0+580	322 098.528	52 959.621	K1+020	321 804.805	53 150.511
K0+584.460	322 095.435	52 962.836	K1+039.900	321 688.589	53 162.163
K0+600	322 088.842	52 981.255	K1+050	321 680.995	53 168.820

编制：　　　　　　　　　　　　　　　　　　　　　　　　复核：

二、纵断面设计成果

纵断面设计成果中主要图纸有：纵断面设计图；主要表格有：纵坡、竖曲线表等。

1. 纵断面设计图

纵断面设计图是反映道路填挖设计情况、道路高程控制等重要信息的设计文件，是道路设计成果的重要组成部分。针对不同道路类型、不同设计阶段,各类道路纵断面设计图中应反映的内容和信息也有所不同。

按照《公路工程基本建设项目设计文件编制办法》(交公路发〔2007〕358号)的规定,公路项目初步设计阶段的纵断面设计图中应示出网格线、地面线、设计线、断链、竖曲线及其要素,桥涵和立体交叉(含通道、人行天桥)的位置及其结构类型、孔数及跨径,设计水位,隧道位置等。图的下部各栏示出地质概况、填挖高度、地面高程、设计高程、坡度坡长(包括变坡点桩号、高程)、桩号、直线及平曲线参数。水平比例尺应与平面图一致,垂直比例尺视地形起伏情况可采用1:100、1:200、1:400或1:500。施工图阶段的纵断面设计图中,应在上述要素的基础上增加桥涵、隧道的细化标示。桥梁按桥型、孔数及孔径标绘,注明桥名、结构类型、中心桩号、设计水位;跨线桥示出交叉方式;隧道按长度、高度标绘,注明名称;涵洞通道按桩号及底高绘出,注明孔数及孔径、结构类型、水准点(位置、编号、高程)及断链等。图的下部应在初步设计图要素基础上,增加标注路线超高段及超高坡度。

按照《市政公用工程设计文件编制深度规定》(2013年版)的规定,城市道路初步设计纵断面设计图的纵向比例为1:50~1:200,横向比例为1:500~1:2 000。图中应包括道路高程控制点及初步确定纵断面线形及相应参数,立体交叉主要部位的高程、新建桥梁、隧道、主要附属构筑物和重要交叉管线位置及高程,立体交叉应包括相交道路和匝道初步确定的纵断面图,如设有辅路或非机动车道应一并考虑。施工图设计阶段纵断面设计图中的纵向比例为1:50~1:100,横向比例为1:500~1:1 000,包含设计路面高程,交叉道路、新建桥隧中线位置及高程,边沟纵断面设计线、坡度及变坡点高程,有关交叉管线位置、尺寸、高程、竖曲线及参数,立交设计应绘制匝道纵断面设计图。

在实际设计中,纵断面设计图成果多由计算机辅助设计系统进行批量输出。某公路纵断面设计图示例见图8-51。

2. 纵坡、竖曲线表

纵坡、竖曲线表是公路设计项目中要求的一项设计成果表,主要用于反映纵断面设计图中的纵坡度、坡长,变坡点位置及间距,竖曲线半径及长度等信息。该表是路线纵断面设计图的辅助形式,共同作为路线纵断面设计的技术成果。该表在纵断面设计完成之后,可通过计算机辅助设计系统自动输出。

三、横断面设计成果

横断面设计成果在道路设计成果中占较大比重,是路线设计与路基设计的成果体现。横断面设计成果的主要图纸有:标准横断面设计图、逐桩横断面设计图;主要表格有:路基设计表。公路及城市道路路基标准横断面示例见图8-52和图8-53。逐桩路基横断面设计图示例见图8-54。

四、路基土石方调配设计成果

路基土石方计算及调配环节的设计成果主要包括:路基土石方数量计算表、路基每公里土石方数量表及路基土石方运量统计表等。路基土石方数量计算表示例见表8-5,路基土石方运量统计表见表8-6。

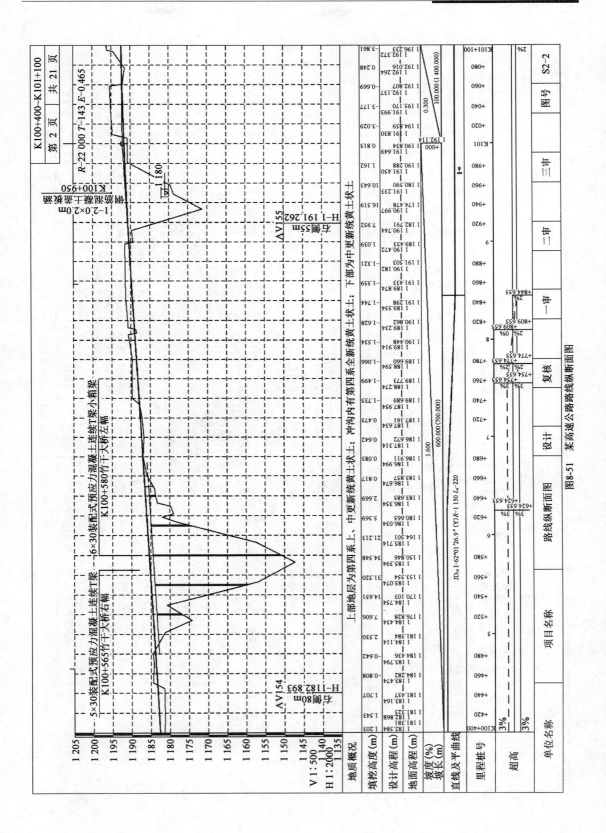

图8-51 某高速公路路线纵断面图

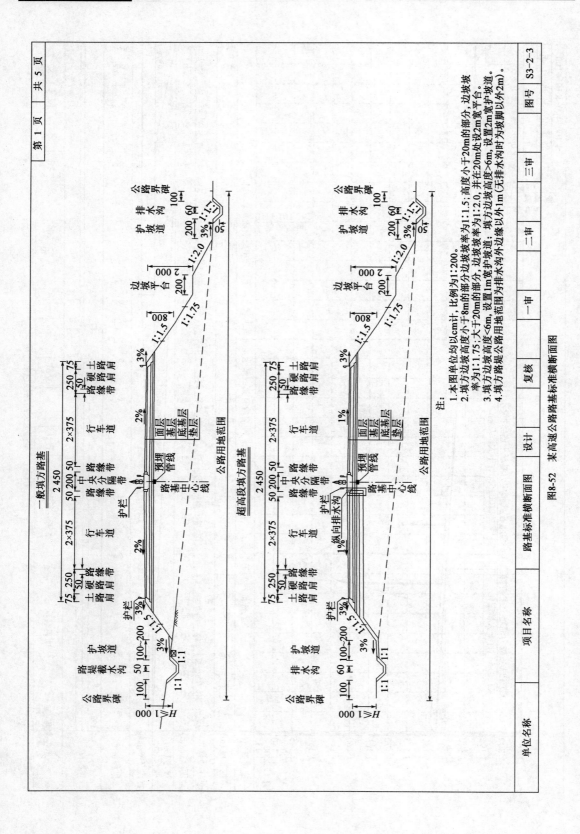

图8-52 某高速公路路基标准横断面图

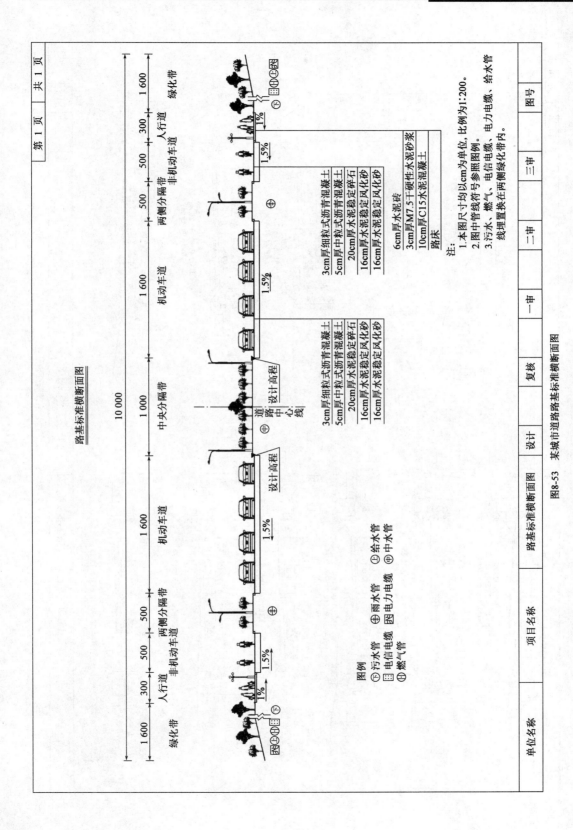

图8-53 某城市道路路基标准横断面图

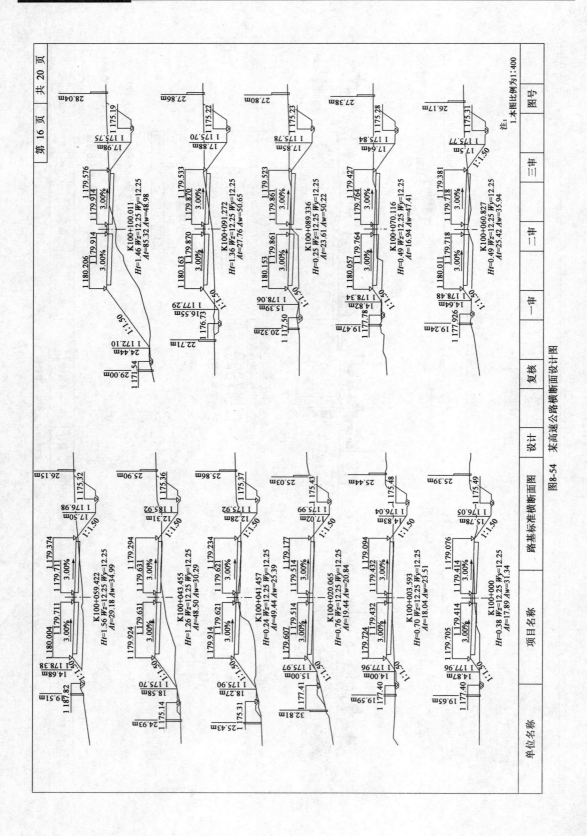

图8-54 某高速公路横断面设计图

某高速公路互通匝道路基土石方数量计算表

表8-5

××高速公路西段××TJ1合同段　　××互通A匝道

桩号	横断面积 (m²)		距离 (m)	总数量	挖方分类及数量 (m³)											填方数量 (m³)				利用方数量及调配 (m³)					备注
					I		II		III		IV		石V		VI	总数量	土	石	本桩利用		填		利用	余	远运利用及纵向调配示意
	挖方	填方			%	数量	%	数量	%	数量	%	数量	%	数量	数量				土	石	土	石	土	石	
1	2	3	4	5	6	7	8	9	10	11	12	13	14	15	16	17	18	19	20	21	22	23	24	25	26	27	28
K0+613.600	238.98	0.00	1.40	366.7			7.5	27.5	93	339.2														366.7		
K0+615	284.91	0.00	5.00	1 742.9			7.5	130.7	93	1 612.2														1 742.9		
K0+620	412.24	0.00	5.00	2 283.4			7.5	171.3	93	2 112.1														2 283.4		
K0+625	501.11	0.00	5.00	2 654.5			7.5	199.1	93	2 455.4														2 654.5		土II 453.9(1 843m)土III 5 597.6(1 843m)→
K0+630	560.70	0.00	5.00	3 014.7			7.5	226.1	93	2 788.6														3 014.7		(剔弃土坑K81+840)
K0+635	645.17	0.00	5.00	3 606.2			7.5	270.5	93	3 335.7														3 606.2		
K0+640	797.31	0.00	5.00	4 226.4			7.5	317.0	93	3 909.4														4 226.4		土II 40 71.4(1 843m)土III 50 214.1(1 843m)→
K0+645	893.26	0.00	5.00	4 562.8			7.5	342.2	93	4 220.6														4 562.8		(剔弃土坑K81+840)
K0+650	931.85	0.00	5.00	4 719.7			7.5	354.0	93	4 365.7														4 719.7		
K0+655	956.02	0.00	5.00	4 787.6			7.5	359.1	93	4 428.5														4 787.6		
K0+660	959.03	0.00	5.00	4 774.0			7.5	358.0	93	4 415.9														4 774.0		
K0+665	950.55	0.00	5.00	4 717.6			7.5	353.8	93	4 363.8														4 717.6		
K0+670	936.50	0.00	5.00	4 586.5			7.5	344.0	93	4 242.5														4 586.5		
K0+675	898.10	0.00	5.00	4 265.7			7.5	319.9	93	3 945.8														4 265.7		
K0+680	808.19	0.00	5.00	6 736.9			7.5	280.3	93	3 456.6														3 736.9		
K0+685	686.57	0.00	5.00	3 031.2			7.5	227.3	93	2 803.8						0.8		0.9		0.9				3 031.2		
K0+690	525.90	0.00	5.00	2 161.4			7.5	162.1	93	1 999.3						161.8	177.1	177.1		177.1				2 160.5		
K0+695	338.65	0.32	5.00	1 277.0			7.5	95.8	93	1 181.2														1 099.9		
K0+700	172.15	64.39														162.6	178.0	178.0		178.0						
小计				60 515.1				4 538.6		55 976.4						1 082.5	1 185.3	1 185.3		939.0		246.3		60 337.0		
累计				475 840.0				35 688.0		440 152.0														474 901.0		

表8-6 某高速公路匝道路基土石方运量统计表

××高速公路西段XYTJ1合同段 ×互通

序号	起讫桩号	本桩利用		远运利用						借方				弃方				备注
		推土机施工土方		铲运机施工土方		装载机配自卸汽车施工土方		挖土机配自卸汽车施工土方		装载机配自卸汽车施工土方				
		数量(m³)	平均运距(m)	数量(m³)	平均运距(m)	数量(m³)	平均运距(m)	数量(m³)	平均运距(m)	数量(m³)	平均运距(m)	数量(m³)	平均运距(m)	
1	2	3	4	5	6	7	8	9	10	11	12	13	14	15
1	K82+000–K83+000	475.0	20	26 072.90	44							235 270.2	1 173	右幅
2	K83+000–K83+300	180.7	20											右幅
3	K82+000–K83+000	1 185.3	20	8 605.60	41							530 959.6	1 127	左幅
4	K83+000–K83+300	253.9	20									474 654.7	1 512	左幅
5	AK0+000–AK0+700	605.1	20									36 239.3	1 350	
6	BK0+000–BK0+192.239	17.3	20			411.70	148					72 552.3	1 004	
7	CK0+000–CK0+370.653											14.7	1 806	
8	DK0+075.796–DK0+406.456											500 012.2	1 359	
9	EK0+104.466–EK0+442.680													
	合计	2 717.3	20	34 678.5	43	411.7	148					1 849 703.0	1 294	

【习题与思考题】

8-1 平面设计的流程包括哪些内容？常用的设计方法有哪些？
8-2 平面智能布线法的步骤及适用条件有哪些？
8-3 动态交互式纵断面设计的步骤包括哪些？
8-4 线形综合设计检验包括哪两个方面？常用的检验方法有哪些？
8-5 采用计算机辅助软件进行平面交叉设计的方法及要点有哪些？
8-6 采用计算机辅助软件进行土石方调配的主要步骤有哪些？
8-7 公路项目安全性评价涉及哪些阶段？初步设计阶段的评价重点有哪些？
8-8 公路及城市道路设计成果各分为几类？各类设计均包括哪些主要图纸和表格？

第九章 道路附属设施设计

第一节 概 述

一、道路附属设施的范畴

道路附属设施是根据交通工程学的原理和方法,为使道路通行能力最大、经济效益最高、交通事故最少、公害程度最低而设置的系统、设施和给人或车配备的装备,即为使车辆高速、高效、安全、舒适地行驶而设置的各类设施。

道路不仅应满足汽车行驶强度和交通容量的要求,还需要保障行车的安全性、舒适性。道路附属设施的作用主要有以下4个方面:

(1)提高行车安全性

为了有效减少交通事故,只重视道路本身的几何构造设计是不够的,还必须有完善的服务设施、交通管理设施、交通安全设施、休息设施、交通监控系统和改善交通环境的设施,才能满足道路的安全、畅通、舒适和日益增长的经济发展需要。

在交通管理及控制设施方面,许多工业发达国家在一些干线公路和重点城市街道上设置了点、线、面自动控制中心,还设置了许多种由反光材料制作的标线、灯光显示标志、可变标志和大型门式标志等提供信息、监视行车的交通控制系统。通过设置这些设施,可有效缩短运行时间,同时可以减少交通事故的发生。

(2) 提高道路通行能力与利用率

根据道路与交叉口具体条件,设置道路附属设施可以实现快慢车分流、人车分流,实现单向交通组织,开辟专用道路,避免过境车辆穿越市区,健全各种交通法规,建立交通监控系统,构建交通安全保障体系,可极大提高道路通行能力及运行安全。一条具有完善监控系统和完善安全设施的高速公路,其通行能力与行车速度是一般公路的 2.5~3.0 倍。而高速公路的运输效益又是很高的,如美国的高速公路只占本国公路总里程的 1.1%,但它所能承担的交通量却占公路总交通量的 19%。

(3) 保证车辆连续运行

驾驶员在驾驶过程中会产生生理和心理上的变化,长时间开车会疲劳,这时感觉、知觉、判断、意志决定、运动机能等都会受到影响,使视力下降,注意力不集中,容易对环境判断错误。道路服务设施能消除驾驶者的疲劳与紧张,同时可以给长途行驶的汽车加油、加水及提供必要的维修检查,以保证长途运输的连续安全。

(4) 创造良好的交通环境

道路附属设施的合理设置具有提高行车速度、减少停车次数的功能,同时也可以提高汽车燃油的使用效率,减少燃料消耗量,降低汽车尾气和噪声对环境的污染。先进完备的道路监控系统和通信系统可以减少司乘人员因停车延误引起的烦躁情绪,还可以预报旅行时间,方便出行者安排出行计划;完善的标志、标线设施,可使驾驶人员不致迷失方向,也可减少其他困惑,使其旅行自如。

二、公路沿线设施的主要内容

公路沿线设施以及出入口,应根据项目总体设计、设施功能,选择主线线形指标较高、通视良好的位置合理布置。公路沿线设施的建设规模应根据公路技术等级、设施功能、交通量等论证确定,并应与互通式立体交叉、隧道、大桥及特大桥梁等构造物保持合理的间距。本部分内容主要包括交通安全设施、公路服务设施、管理设施等三大部分。

1. 交通安全设施

交通安全设施对减轻公路交通事故的严重程度,排除各种纵、横向干扰,提高道路服务水平,提供视线诱导,改善道路景观等起着重要的作用。世界各国,尤其是工业发达国家,对安全设施的开发研究及应用非常重视,不断推出形式多样、经济美观、性能优良和使用安全的新产品,以满足交通运输发展对安全设施的需求。交通安全设施包括安全护栏、防眩板、隔离栅、线形诱导标(导向标)和道路交通标志、标线等设施。

安全护栏:一种纵向防护结构,用来阻止行驶车辆冲出路面,冲向对向车道。护栏的防撞机理是通过护栏和车辆的弹塑性变形、摩擦、车体变位来吸收车辆碰撞能量,从而达到保护乘客生命安全的目的。

防眩板:防止夜间行车受对向车辆前照灯眩目的人工构造物。设置防眩设施可有效消除对向车前照灯的眩光影响,保护驾驶员的视觉健康,美化道路景观,对改善夜间行车环境,吸引夜间交通量,提高道路通行能力发挥着积极的作用。

隔离栅:防止人和动物随意进入或横穿汽车专用公路,以及非法占用公路用地的人工构造物。设置隔离栅可有效排除横向干扰,避免由此产生的交通延误或交通事故,从而保障车辆快速、舒适、安全行驶。

线形诱导标(导向标):线形诱导标又称导向标,分为指示性线形诱导标和警告性线形诱导标两类。指示性线形诱导标为蓝(绿)、白相间,一般设置在小半径或通视较差、对行车安全不利的曲线外侧,或视线不好的T形交叉口等处。警告性线形诱导标颜色为红、白相间,一般设置在中央隔离设施端部、渠化设施端部、桥头或施工作业区内需临时改变行车方向的位置,提醒驾驶员注意前方路况变化。

道路交通标志:属于静态交通控制设施,是利用图案、符号和文字传递特定信息,对道路交通进行指示、引导、警告、控制或限定的一种道路交通管理设施,一般设在路旁或悬挂在道路上方,给交通参与者以明确的道路交通情报。

道路交通标线:由各种路面标线、箭头、文字、立面标记、突起路标和路边线轮廓标等所构成的交通安全设施,也是一种静态交通控制设施。它的作用是管制和引导交通,可以和标志配合使用,也可以单独使用。

2. 服务设施

服务设施是指高速公路、汽车专用公路上为公路使用者提供服务的场所及设施。主要包括服务区、停车区和客运汽车停靠点等。

服务区是为驾乘人员提供中途休息、进餐等服务,以及为车辆提供停车、加油、维修等必要服务的场所。服务区应包括停车场、公共厕所、休息室、加油站、维修站、餐厅、商店、绿地等具有各自服务功能的设施。

停车区是为满足驾乘人员生理上的要求,并解除疲劳和紧张所需要的最小限度的服务设施。停车区内一般设置停车场、园地、公共厕所及小卖店等。

随着我国高速公路的建设,中长途汽车客运将是人们出行的主要运输方式,规划和设计高速公路时应在沿线设置客运汽车停靠站,以满足乘客上下车的需要。客运汽车停靠点应根据沿线城镇分布、出行需求,并结合服务区或互通式立体交叉设置。

3. 管理设施

管理设施包括办公、监控、收费、通信、配电、照明、养护等设施和桥隧配套设施,其中桥隧配套设施包括桥隧变电所、水泵房、风机房、管理救援站等。

公路监控系统是针对变化着的道路交通状态而设置的,其作用是进一步确保公路交通的高速、安全和舒适。

公路通信系统是公路现代化管理的支撑系统,其作用是实现监控系统和收费系统的数据、语音和图像等信息准确而及时的传输,同时保持公路管理部门之间业务联络通信的畅通,并为公路内部各部门与外界建立必要的联系。

公路收费系统包括收费系统机电设备、收费岛、收费广场、收费车道、地下通道及天棚等多类设施。其作用主要包括为道路建设及发展筹集资金、为道路养护及运营管理筹集资金、为道路规划和管理提供交通量基础数据等,是道路交通管理的辅助手段。公路收费系统的规划设计应服从公路路网规划,尽量缩短收费服务时间,提高收费服务水平。

公路供配电设施主要包括配电房和输配电线路两部分,主要由通风、照明、消防和沿线供配电等系统组成。按照设施所处区域的不同,又可划分为沿线设施供配电及重点区域道路照明供、配电两类。

三、城市道路附属设施的主要内容

城市道路附属设施主要包括交通安全及管理设施、公共交通设施、停车设施及管线、照明等沿线设施。城市道路附属设施设计应依据道路性质、沿线环境以及交通流特性等进行,符合项目所在地区相关规划、道路总体设计和节能环保的要求。城市道路附属设施应与道路主体工程同步设计,按总体设计、分期实施的原则进行设计。

1. 交通安全及管理设施

城市道路交通安全及管理设施除前述的交通安全设施、管理处所服务设施及供配电设施外,还包括交通信号灯、隔离设施、停车设施、人行导向设施、人行过街设施、公交停靠站、城市交通监控设施等。

交通信号灯的配置应与道路交通组织相匹配,应有利于行人和非机动车的安全通行,有利于大容量公共交通车辆的通行,有利于提高道路通行效率。交通信号控制系统的建设应根据城市道路交通流的分布,由点控、线控逐步过渡到系统协调控制。

2. 公共交通设施

公共交通设施主要以公共交通站点的布置为主,公共交通站点分为首末站、枢纽站和中间停靠站。

(1)首末站:提供车辆始发、折返或暂时停放,同时兼作乘客上下的站点。

(2)枢纽站:在城市里居民大量集散之处,常设有几条公交线路经过,这里上下车和换车的乘客多。

(3)停靠站:公交车辆在公交线路上中途停靠的位置,以供乘客安全上下车而设的一种道路设施。

3. 停车设施

城市停车设施的布置与设计要综合考虑城市规划、用地条件及服务对象等条件,按不同情况采取分散或配合广场一并规划等方式进行。

(1)按车辆的性质分类

①机动车停车场:各种类型的机动车停车场。

②非机动车停车场:主要是指自行车停车场。

③路侧停车位:路侧停车位是机动车停车场的补充形式,不应侵占非机动车通行空间。

④出租车停靠站:主要供出租车停靠、上下乘客的停靠点。

(2)按服务对象分类

①专用停车场:专为机关或单位使用的停车场。如机关、宾馆以及公共交通公司的停车场、保养场等。

②公用停车场:为社会各种车辆提供停车服务的停车场。如分布在城市出入口,为外地进城的车辆或为过境车辆临时停放的停车场,或设置在百货大楼、电影院、体育场等公共建筑附近的停车场,以及城市道路路段上的停车场等。

4. 管线、照明及绿化设施

(1)管线设施。为了发展生产和满足居民生活的需要,在现代城市中都设有各种功能不同的管线。这些管线的布置,一般都沿城市道路敷设。

(2)道路照明设施。道路照明的首要任务是保证车辆和行人交通的安全与畅通,提高运输效率;其次,对防止犯罪活动、美化城市环境也有重要意义。道路照明状况在一定程度上可以反映一个国家或城市的科学技术水平。

(3)道路绿化。道路绿化对保持生态平衡,保护、美化环境等都有重要的意义和作用。对公路而言,道路绿化既能稳固路基、美化路容、诱导视线、减轻驾驶员的疲劳、增加乘客的舒适感和安全感,又能积累木材,增加收益,积雪、风沙地区还能起防雪、防沙作用。

第二节　公路服务设施设计

公路服务设施的设置应根据道路服务水平、交通量大小、路段长度、沿线地形、地物、景观、环保要求等选择适当地点,并合理确定功能和规模。公路服务设施一般包括服务区、停车区、客运汽车停靠点等三大类。根据服务功能的不同,这些设施可以单独设置,也可以组合设置。根据服务需要,服务设施可以在道路沿线布设,也可以与互通式立体交叉配合布设。

一、服务区

1. 服务区的定义及要素

服务区是指设置在高速公路或其他等级汽车专用公路上,为司乘人员提供中途休息、进餐等服务,以及为车辆提供停车、加油、维修等必要服务的场所。服务区应包括停车场、公厕、休息室、加油站、维修站、餐厅、商店、绿地等具有各自服务功能的设施。高速公路服务区是以高速公路上运行车辆及驾乘人员、车载货物为服务对象的一种公路基础设施,国际通称 Service Area,简称 SA。《高速公路交通工程及沿线设施设计通用规范》(JTG D80—2006)中规定高速公路服务设施等级应为 A 级。

(1)A 级服务设施应为连续行驶的用路者提供缓解疲劳、紧张以及其他需求的场所,或满足机动车加油,做必要检查、维修等需求,以确保行驶安全、舒适。

(2)A 级服务设施应在适当位置,每间隔一定距离设置服务区、停车区、公共汽车停靠站。

2. 服务区的基本形式

服务区可根据停车场、餐厅、加油站等设施的布置位置不同,分为不同的形式。

1)停车场位置

停车场位置可分为分离式和集中式。

(1)分离式:上下行车道、停车场分别布置在高速公路两侧。一般高速公路多采用此种形式。

(2)集中式:上下行车道、停车场集中布置在高速公路一侧。

2)餐厅位置

餐厅位置可分为外向型、内向型和平行型。

(1)外向型:在餐厅和高速公路之间布置停车场、加油站等其他服务设施。此种布置适用于服务区外有较开阔的风景等情况,旅客在用餐的同时,可以欣赏风景。同时,此种服务区更便于停车,在实际工程中应用更为广泛。

(2)内向型:餐厅与高速公路相邻,餐厅的一侧布置停车场、加油站等服务设施。此种布置适用于服务区周围环境比较封闭,如深挖路段或四周为城镇建筑区等。

(3)平行型:餐厅、停车场、加油站等服务设施均与高速公路相邻,沿高速公路呈长条状布置。此种布置适用于狭长地带和山区公路。

3)加油站的位置

加油站的位置可分为入口型、出口型和中间型。

(1)入口型:加油站布置在服务区的入口处,车辆一进入服务区就可加油。

(2)出口型:加油站布置在服务区的出口处,车辆在休息后出服务区时再加油。

(3)中间型:加油站布置在入口和出口之间。

目前,我国高速公路服务区采用最广泛的形式为分离式外向型。

3.服务区的配置

1)《标准》对服务区配置的有关规定

(1)高速公路应设置服务区,作为干线的一、二级公路宜设置服务区。根据服务区服务的公路性质可分为高速公路服务区和干线一级、二级公路服务区。

(2)高速公路服务区应设置停车场、加油站、车辆维修站、公共厕所、室外休息区、餐饮区、商品零售点等设施。根据公路环境和需求可设置人员住宿、车辆加水等设施。

(3)作为干线一级、二级公路服务区,宜设置停车场、加油站、公共厕所、室外休息点等设施,有条件时可设置餐饮区、商品零售点、车辆加水等设施。停车区应设置停车场、公共厕所、室外休息区等设施。

服务区是各项服务的载体,为了从种类繁多的服务体系中选出真正适合各个服务区的项目,应从司乘人员的需求入手,分析各种功能在需求上的紧迫程度,针对这些功能的需求差别,在各类服务区有重点、有区别地设置服务项目。服务区中的各部分功能如表9-1所示。

服务区功能分析　　　　表9-1

设施名称	主要功能	服务对象	需求紧迫程度		
			高	中	低
加油站	加油、加水	车辆	√		
修理所	修理、保养、加注机油等	车辆	√		
停车场	停车、检查、整理货物	车辆	√		
公厕	大小便、洗漱等	司乘人员	√		
商店	购物	司乘人员		√	
餐厅	餐饮、休息	司乘人员	√		
住宿	住宿、休息	司乘人员		√	
商务中心	商务活动、会议	司乘人员			√
休闲中心	休闲、理发、洗浴等	司乘人员			√

2）典型省市对服务区的相关规定

为了避免服务区驶入率过低、修建面积偏大而浪费资源、造成经济损失，或服务区驶入率过高而建筑面积偏小，导致场地拥挤、后期运营压力大，我国有些省份将服务区做了分类及等级规定。

（1）江苏省对服务区的分类

服务区的规模和类别等级应结合所在路段的预测断面交通流量来确定，参照表9-2。

江苏省服务区分类及功能　　　　　表9-2

级别	预测路段折合小客车的年平均日交通量 Q(pcu/d)	主要功能
A级	$Q > 80\,000$	停车、加油、餐饮、住宿、娱乐、医疗、电话、网吧、厕所、汽修、小卖部等
B1级	$60\,000 < Q \leq 80\,000$	停车、加油、餐饮、电话、厕所、汽修、小卖部等
B2级	$45\,000 < Q \leq 60\,000$	—
B3级	$25\,000 < Q \leq 45\,000$	—
C级	$Q \leq 25\,000$	以停车、加油、厕所为主，少量快餐、小卖部

注：高速公路停车区功能以停车、加油、入厕为主，另设少量小卖部。

（2）贵州省对服务区的分类

贵州省高速公路服务区按使用功能划分为Ⅰ、Ⅱ、Ⅲ三种类型。

Ⅰ类服务区在服务中占主要地位，其设施完备，建筑面积较大，为行人和车辆提供完备的服务场所。除了能满足24小时停车、加油、加水、加气、住宿等需求，以及设有餐厅、超市、员工休息室、公共厕所等，还要有以下的拓展服务功能：特色餐厅、医务室、特产专卖、室内休息室、电话传真、互联网（WiFi覆盖）、信息查询系统等。

Ⅱ类服务区主要是配合Ⅰ类服务区，在服务中处于次要地位，设施较为完整、建筑面积适中，应能满足基本功能，拓展功能可根据当地的实际情况设置室内休息室、电话传真、互联网、信息查询系统等。

Ⅲ类服务区主要在Ⅰ、Ⅱ级服务区之间起加密作用，必须满足基本功能。此种服务区是我们比较常见的服务区，规模比较小，设施较简易。

4. 服务区布设的一般要求及基本原则

1）服务区布设的一般要求

服务区布设时应满足以下9个方面的要求及规定：

（1）国家及省重要干线公路的服务设施应依据公路服务水平和交通量的增长情况，遵守"总体规划，分期实施"的方针，综合考虑地形、地物、景观、环保等，为用路者提供休息、服务场所；

（2）服务区设置间距为50km，最大不得超过100km；

（3）在服务区之间应交叉设置一处以上的停车区，相邻两处服务设施的间距不得大于 30km；

（4）在公路开通初期交通量较小时，部分服务区可先按停车区设置，待交通量增大后逐步配套完善；

（5）服务设施的征地面积（单侧）：大型综合性服务区不得大于 10.0hm²，一般性服务区为 4.0~6.7hm²；停车区为 1.0~2.4hm²。服务设施中停车场的面积不得小于整个场区用地面积的 60%；

（6）国家及省干线公路应设置加油站，并配置厕所及一定的停车场等设施；

（7）加油站间距宜为 40~50km，征地面积一般为 0.4~1.0hm²，最大不得超过 2.0hm²；

（8）公共汽车停靠站应设置在公路沿线居民出行集散地，其布设位置应保证旅客安全和乘行方便；

（9）服务设施内必须设置环保设施，生活污水不得直接排放。

2）服务区布置的基本原则

服务区的性质和任务决定了它的建设必须遵循以人为本、可持续发展的原则，主要包括：

（1）服务区应该给人们带来方便、快捷的出行方式和运输方式；

（2）服务区选址要与城市和公路网规划相结合，符合总体规划布局；

（3）服务区的选址应不与城市和公路沿线用地性质发生大的矛盾；

（4）服务区中的各个服务子系统应合理配合和连接；

（5）服务区的布局与城市性质、规划、地形以及高速公路所经路段有关，应根据具体条件合理布局，力保其服务范围最有效和最合理；

（6）服务系统拟定地址应具有必要的水源、电源、消防及排污等条件，不应选择在地质情况复杂的地震裂带、低洼积水地段，以及山洪、滑坡、沙流和沼泽地段等。

5. 服务设施布设

1）汽车维修站

（1）汽车维修站宜与加油站并排布置，此种布置形式有利于提高公用通信设备、浴室、盥洗室及室外场地的利用率，但需按消防规范要求进行设计。

（2）汽车维修站与加油站分开设置时，维修站宜设在进口，加油站宜设在出口。驾驶员进入服务区后先维修车辆，然后休息，临走时加油。此种布置形式使用顺畅，而且较安全，不需采取特殊的消防措施。

2）餐厅及商店

餐厅、旅店、商店、小卖部、办公用房等宜设在同栋综合服务楼内，以方便为旅客提供服务，减少人流和车流的交叉，提高安全性。

3）园林

（1）园林规划应考虑使用者能充分利用草坪休息或饮食等，并充分考虑排水问题；

（2）从停车场到小卖部和厕所的途中，要考虑利用园林引导使用者；

（3）原有树木中的保留景观，应不影响视线和交通流；

（4）停车场与其他建筑物有高差时，在设置台阶的同时，应考虑无障碍通行；

（5）服务区的植树率原则上以 7%~15% 为标准，植树以外部分用草皮或其他植物覆盖，绿化覆盖率应达到40%；

(6)园林应配置在停车场、餐厅附近；

(7)外围园林的设计应使服务设施与外部景观协调,园地的宽度根据环境条件灵活处理；

(8)园地应能满足蔽荫、引导和景观改善等要求,树木和草坪组成的园地应既简单又有观赏性。

4)公厕及其他

公共厕所宜靠近大型车辆停车场,便于大批旅客使用。厕所同时要靠近餐厅、旅社和商店。如服务区规模较大,可分设多个。

排水设施、供电设施、垃圾处理设施等应尽量设在较隐蔽的地方。

6. 服务区的规模

(1)用地控制

对于服务区用地面积的确定,目前通常采用的做法是参照《日本高速公路设计要领》中的"两要素法",即以主线预测交通量和服务区需要的停车车位数为要素采用的计算方法,根据《日本高速公路设计要领》中的做法,计算式如下：

总体用地面积＝停车场面积＋院内道路面积＋建筑占地面积＋绿化面积＋隔离带面积＋加减速车道面积＋园地面积＋其他面积。

具体计算原理和过程如下:服务区的总体用地面积在确定时首先要确认此条高速公路的规划年限,一般情况下,停车场、餐饮等的建筑面积可按照预测的第10年交通量设计；交通量大或大型客车多或靠近旅游景点等处的服务区,可按照实际情况确定。但服务区用地及其预留、预埋等相关工程应按照预测第20年交通量设计。根据停车位和各类建筑用地面积,来确定各类区域的用地面积,进而计算出服务区的总体用地面积。

关于服务区建筑面积,《高速公路交通工程及沿线设施设计通用规范》(JTG D80—2006)中6.2.3条规定,服务区的建筑规模应根据交通量、交通组成、沿线城镇布局、用地条件等因素确定,其建筑面积不宜超过5 500～6 500 m²/处,其中4车道高速公路采用下限值,6车道高速公路采用上限值。而服务区的总用地面积应满足《公路工程项目建设用地指标》(建标〔2011〕124号)中服务区用地指标的相关规定(8.3.2-1和8.3.2-2),如表9-3、表9-4所示。

表9-3 服务区用地指标基准值(hm^2/处)

公路技术等级	车道数	用地指标基准值	编制条件	
			路段交通量Q(pcu/d)	大型车比例μ(%)
高速公路	八	9.533 3	$60\,000 \leqslant Q < 80\,000$	$20 < \mu \leqslant 30$
	六	7.600 0	$45\,000 \leqslant Q < 60\,000$	$20 < \mu \leqslant 30$
	四	6.533 3	$25\,000 \leqslant Q < 40\,000$	$20 < \mu \leqslant 30$
一级公路	六	4.866 7	$30\,000 \leqslant Q < 55\,000$	$20 < \mu \leqslant 30$
	四	4.266 7	$15\,000 \leqslant Q < 30\,000$	$20 < \mu \leqslant 30$
二级公路	二	1.666 7	$Q < 15\,000$	$20 < \mu \leqslant 30$

注:表中路段交通量应采用服务区所在路段的预测第20年交通量。

服务区用地指标调整系数 表9-4

公路等级	车道数	路段交通量 Q(pcu/d)	大型车比例 μ(%)				
			$\mu \leq 10$	$10 < \mu \leq 20$	$20 < \mu \leq 30$	$30 < \mu \leq 40$	$\mu > 40$
高速公路	八	$80\,000 \leq Q < 100\,000$	0.65	0.93	1.09	1.24	1.36
		$60\,000 \leq Q < 80\,000$	0.59	0.82	1.00	1.14	1.24
	六	$60\,000 \leq Q < 80\,000$	0.73	0.99	1.20	1.38	1.51
		$45\,000 \leq Q < 60\,000$	0.59	0.85	1.00	1.12	1.25
	四	$40\,000 \leq Q < 55\,000$	0.64	0.90	1.09	1.25	1.35
		$25\,000 \leq Q < 40\,000$	0.60	0.85	1.00	1.15	1.25
一级公路	六	$30\,000 \leq Q < 55\,000$	0.59	0.86	1.00	1.14	1.20
	四	$15\,000 \leq Q < 30\,000$	0.61	0.84	1.00	1.16	1.23
二级公路	二	$Q < 15\,000$	0.79	0.91	1.00	1.08	1.12

(2) 服务区规模

总体规模应由各组成设施的规模合在一起求得。与服务区一侧停车车位数相对应的标准建筑设施的规模见表9-5。

与一侧停车车位数相对应的标准建筑设施规模(服务区) 表9-5

一侧停车车位数(个)	停车场(m²)	公共厕所(m²)	餐厅(m²)	免费休息室(m²)	小卖店(m²)	综合楼(m²)	加油站(m²)	附属设施(m²)
50	3 000	280	400	200	100	1 000	470	550
100	5 000	350	600	300	150	1 500	470	550
150	6 000	400	650	350	200	1 600	470	550
200	6 500	400	700	400	250	1 800	470	550

在服务区规模计算中,关键是确定一侧停车车位数。一侧停车车位数根据主线交通量与设施的利用率按下式求算,即:

停车车位数(一侧) = 一侧设计交通量 × 停留率 × 高峰率/周转率

一侧设计交通量(pcu/d) = 通车第10年的一年中第35顺位前后的日交通量 = 假日服务系数 × 通车10年后的双向年平均日交通量/2

假日服务系数是指一年中第35顺位前后日交通量与平均日交通量的比值系数,见表9-6。

假日服务系数 表9-6

年平均日交通量Q(双向)(pcu/d)	假日服务系数
$0 \leq Q \leq 25\,000$	1.4
$25\,000 < Q \leq 50\,000$	$1.65 - Q \times 10^{-5}$
$Q > 50\,000$	1.15

停留率 = 停留车辆数(pcu/d)/主线交通量(pcu/d)。

高峰率 = 高峰时停留车辆数(pcu/d)/停放车辆数(pcu/d)。

周转率 = 1(h)/平均停车时间(h)。

休息设施的种类与位置不同,其停留率、高峰率、周转率也有所不同。因此,在能够推算出交通量的车型构成时,应分别按不同车型的停留率、高峰率、周转率算出不同车型所需要的停车车位数(分为小型车和大型车的车位数),然后再合计。

当车辆种类组成不明确或为小规模的服务设施时,可按合计交通量计算停车车位数,然后用简单方法将停车车位数按1∶3左右的比例分成大型车和小型车的车位数。

不同车型的停留率、高峰率、周转率及平均停车时间可参见表9-7。

不同车型的停留率、高峰率、周转率及平均停车时间 表9-7

设施种类	车 型	停留率	高峰率	周转率	平均停车时间(min)
服务区	小型车	0.175	0.10	2.4	25
	大型公共汽车	0.25	0.25	3.0	20
	大型载重车	0.125	0.075	2.0	30
停车区	小型车	0.10	0.10	4.0	15
	大型公共汽车	0.10	0.25	4.0	15
	大型载重车	0.125	0.10	3.0	20

新建或改建工程能够利用停留率等实际数值时,应优先采用实际数值计算停车车位数。另外,著名风景胜地或大城市近郊的服务区停车率可能有上升的趋势,因而参照表9-7的数据时,应结合实际情况给予适当修正。

二、停车区

停车区是为满足驾乘人员生理上的需求,解除疲劳和紧张所需要的最小限度的服务设施。它的作用与服务区类似,只是服务项目少于服务区。停车区内设置停车场、园地、公共厕所及小卖店等。它和服务区相比,规模要小得多,且设施简单实用。

1. 停车区配置

根据《标准》相关规定,停车区设置应符合下列规定:

(1)高速公路应设置停车区,作为干线的一、二级公路宜设置停车区。停车区可在服务区之间布设一处或多处,停车区与服务区或停车区之间的间距宜为15~25km。

(2)停车区应设置停车场、公共厕所、室外休息室等设施。原则上所有的停车区都需要设置公共厕所,小卖店的设置可根据具体情况而定,其他设施有长凳、桌子、废纸箱、自动售货机等。停车区一般不设置加油站,但是当服务区的间隔较大或由于其他特殊条件而需要设置时,可以设置。

2. 停车区的类型

(1)外向型停车区

停车区的形式原则上采用分离外向型。在规划、设计方面基本上与服务区的原则相同,一般采用外向型,并与周围的环境景观相协调。停车区与服务区不同,其设施种类较少,而且布置也较简单,一般由出入车道、小规模停车场、公共厕所、小卖店、园地等构成。外向型停车区不设餐厅,有时放些长凳、桌子等简易设施。

(2) 组合型停车区

设置组合型停车区的目的是尽可能满足沿主线两侧 5km 范围内村镇、厂矿企业、居民点内的居民旅行的方便。为此必须在保障乘客乘车的便利及交通的安全性和经济性的前提下，根据该地区的社会、地理条件来选择合适的地点，建立组合型停车区。

组合型停车区的总体规模 = 停车场 + 公共厕所 + 公共汽车站 + 园地 + 匝道 + 其他（二期工程）。这里的二期工程是指餐厅、免费休息室、修理加油站及广场等，这些设施如果从建设费用或交通量来考虑不经济时，在不影响停车区功能的情况下可以缓建或分期修建，甚至不修建。

3. 停车区规模及用地控制

1) 用地控制

根据《公路工程项目建设用地指标》（建标〔2011〕124 号），停车区用地指标应满足表 9-8 和表 9-9 的相关规定。

停车区用地指标基准值（hm²/处）　　　　　　表 9-8

公路技术等级	车道数	用地指标基准值	编制条件	
			路段交通量 Q（pcu/d）	大型车比例 μ（%）
高速公路	八	2.500 0	60 000 ≤ Q < 80 000	20 < μ ≤ 30
	六	2.133 3	45 000 ≤ Q < 60 000	20 < μ ≤ 30
	四	1.666 7	25 000 ≤ Q < 40 000	20 < μ ≤ 30
一级公路	六	1.333 3	30 000 ≤ Q < 55 000	20 < μ ≤ 30
	四	0.666 7	15 000 ≤ Q < 30 000	20 < μ ≤ 30
二级公路	二	0.333 3	Q ≤ 15 000	20 < μ ≤ 30

注：表中路段交通量应采用服务区所在路段的预测第 20 年交通量。

停车区用地指标调整系数　　　　　　表 9-9

公路技术等级	车道数	路段交通量 Q（pcu/d）	大型车比例 μ（%）				
			μ ≤ 10	10 < μ ≤ 20	20 < μ ≤ 30	30 < μ ≤ 40	μ > 40
高速公路	八	80 000 ≤ Q < 100 000	0.92	1.02	1.11	1.19	1.26
		60 000 ≤ Q < 80 000	0.87	0.93	1.00	1.06	1.10
	六	60 000 ≤ Q < 80 000	0.97	1.04	1.12	1.19	1.25
		45 000 ≤ Q < 60 000	0.82	0.91	1.00	1.09	1.16
	四	40 000 ≤ Q < 55 000	1.01	1.11	1.20	1.30	1.39
		25 000 ≤ Q < 40 000	0.81	0.92	1.00	1.08	1.16
一级公路	六	30 000 ≤ Q < 55 000	0.80	0.90	1.00	1.05	1.10
	四	15 000 ≤ Q < 30 000	0.80	0.90	1.00	1.10	1.15
二级公路	二	Q < 15 000	1.00	1.00	1.00	1.00	1.00

2) 停车区规模

停车区的总体规模由各组成要素的规模合在一起求得，各组成要素的规模根据规划交通量计算出的停车车位数确定。

停车区的规模是以通车 10 年后的预测交通量作为标准，可考虑分期修建。停车区在规划时,主要解决位置的选择及总体规模的确定。决定停车区规模的基本要素是停车场的计划容量,即停车车位数。在决定总体规模时,首先是根据主线交通量与休息设施的利用率算出停车车位数。然后算出与停车车位数有关的其他设施规模。对于一些园地类设施,应按其他的条件来确定其适当的规模,如应考虑占用土地的难易及经济性,能够充分利用的自然树木、丘陵、湖泊、池塘、沼泽等。

总体规模的计算:

$$总体规模 = 停车场 + 公共厕所 + 园地 + 小卖店 + 匝道及其他$$

(1)停车车位数的确定

停车车位数根据主线交通量与设施的利用率按下式求算:

$$停车车位数(一侧) = 一侧设计交通量 \times 停留率 \times 高峰率 / 周转率$$

一侧设计交通量(pcu/d)是指通车10年后的一年中,第30顺位前后的交通量,可按下式求算:

一侧设计交通量 = 假日服务系数 × 通车10年后计划日交通量/2。

假日服务系数:从平均日交通量求一年(365d)中第35顺位左右交通量的系数。

停留率 = 停留车辆数(pcu/d)/主线交通量(pcu/d)。

高峰率 = 高峰时停留车辆数(pcu/d)/停放数量(pcu/d)。

周转率 = 1(h)/平均停车时间(h)。

作为设计交通量,以往是采用通车10年后的年平均日交通量(AADT),对于比年平均日交通量大的交通量,是以通车后10年的增长率(约1.7倍)予以弥补。

以往考虑假日系数时,认为最好按照每个休息设施进行推算,标准采用1.3,在风景区、大城市附近采用1.4。服务系数与交通量有密切关系,应采取与交通量联系起来的方法决定假日服务系数。

休息设施的种类与位置的不同,其停留率、高峰率、周转率也有所不同。因此,在能够推算出交通量是某种程度的车种构成时,分别按不同车种的停留率、高峰率、周转率算出不同车种所需要的停车车位数,分为小型车与大型车的车位数,然后再合计。

当车辆种类组成不明确或为小规模的休息设施时,可按合计交通量计算停车车位数,然后用简便方法将停车车位数按1:3左右的比例分成大型车和小型车的车位数。

不同车种的停留率、高峰率、周转率、平均停车时间见表9-7。

(2)停车区内公共厕所及其他附带设施的设计标准

停车区内的公共厕所设计标准及规模参照服务区有关内容。

三、客运汽车停靠站

客运汽车停靠站属于公路服务设施的一个组成部分。客运汽车停靠站的位置宜根据地区公路交通规划、公路沿线城镇分布、出行需求等综合确定。

客运汽车停靠站按设置位置分为主线侧客运汽车停靠站和主线外的匝道(或连接线)、辅道或服务区内的客运汽车停靠站两大类型。

1. 主线侧客运汽车停靠站

客运汽车停靠站范围内的主线平曲线、竖曲线指标应符合表9-10相关规定,且客运汽停靠站范围内的最大纵坡为 2%,地形特别困难时应小于 3%。

客运汽车停靠站范围内的主线线形指标　　　　　　　　　　　　　表 9-10

设计速度(km/h)	100	80	60	≤40
最小圆曲线半径(m)	800	500	250	150
最小凸形竖曲线半径(m)	10 000	4 500	2 000	1 000
最小凹形竖曲线半径(m)	4 500	3 000	1 500	1 000

(1)高速公路主线侧不应设置主线侧客运汽车停靠站,主要考虑人员进入封闭的高速公路系统存在安全问题。目前,各地高速公路主管和运营单位普遍提出高速公路主线不得设置客运汽车停靠站;当需要设置时,客运汽车停靠站宜设置在主线以外的互通式立体交叉匝道(收费站内或外侧)、服务区(停车区)场区内,且就近对应需设置有换乘站,或者有连接换乘站或地方道路的人行联络步道。

(2)一级公路主线侧客运汽车停靠站应符合下列规定:

①停靠区与主线右侧硬路肩之间必须用侧分隔带或护栏隔开;

②变速车道及其渐变段长度、停留车道长度不应小于表 9-11 规定;

一级公路客运汽车停靠站变速车道、停留车道长度　　　　　　　　　表 9-11

主线设计速度(km/h)		100	80	60
减速车道长	渐变段长度(m)	70	70	70
	减速段(m)	100	90	70
二次减速车道长(m)		50	50	40
停留车道长(m)		30	30	20

③侧分隔带宽应不小于 2.0m,变速车道右侧硬路肩取 1.50m,停留车道宽度应不小于 5.50m,站台宽取 3.0m。

一级公路主线侧客运汽车停靠站构造图如图 9-1 所示。

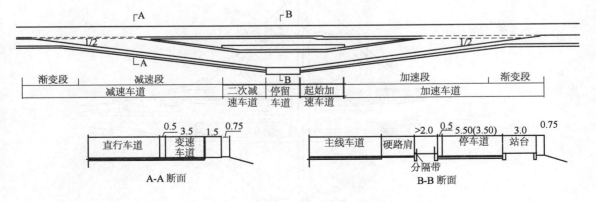

图 9-1　一级公路主线侧客运汽车停靠站构造示意

(3)二级及以下公路主线侧客运汽车停靠站布置应符合下列规定:

①停靠区与道路行车道之间用路面标线区分;

②站台前停靠区两侧设置长度相等的加速区段、减速区段,其长度应符合表 9-12 规定;

二级及以下公路客运汽车停靠站变速区段长度					表9-12
主线设计速度(km/h)	80	60	40	30	20
渐变率	1/15	1/12.5	1/10	1/7.5	1/5
加、减速区段长(m)	60	50	40	30	20

③停留车道长度为15m;
④相邻行车道边缘线的分隔带(标线)、停留车道、站台宽度依次为0.5m、3.5m、2.25m。
二级及以下公路、集散道路主线侧客运汽车停靠站构造图如图9-2所示。

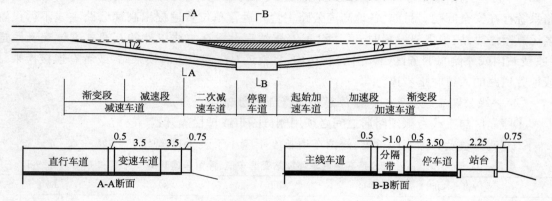

图9-2 二级及以下公路、集散道路主线侧客运汽车停靠站构造示意

2. 主线外客运汽车停靠站

设置在匝道、辅道或服务区内的,贯穿车道、内部联络道路上的公共汽车停靠站,其停靠区与道路行车道之间用路面标线区分,并设置满足规定长度的加、减速区段和停留车道。图9-3为广深高速公路首蓿叶形互通立交范围客运汽车停靠站布置图。

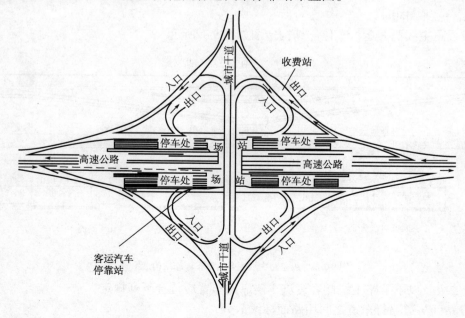

图9-3 广深高速公路首蓿叶形互通立交范围客运汽车停靠站

客运汽车停靠站应设置车辆停靠和乘客候车设施,可与服务区结合设置,也可单独设置。客运汽车停靠站的设计涉及房建、消防、机电等多项复杂内容,在此不做详细介绍。

四、U 形转弯设施

1. 高速公路的 U 形转弯设施

高速公路上相邻两互通式立体交叉间距大于最大设置间距时,应在其间的适当位置设置立体的 U 形转弯设施,一般应按照双向设置。互通式立体交叉间距大于 30km,或人烟稀少的西部荒漠戈壁、草原等地区大于 40km,应在适当位置设置 U 形转弯设施。U 形转弯设施示意图如图 9-4 所示。

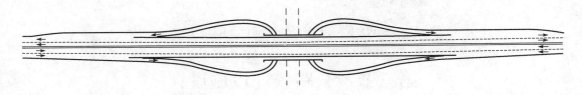

图 9-4　U 形转弯设施示意

U 形转弯设施与主线相接的出入口,以及加、减速车道设计,应符合互通式立体交叉的相关规定。匝道的设计速度不宜低于 20km/h。U 形转弯设施匝道采用右侧硬路肩 1.50m 的单向单车道横断面标准,匝道路基宽度取 7.50m。

2. 一级公路的 U 形转弯设施

一级公路和部分控制出入的多车道公路的 U 形转弯设施可以利用前方的互通式立体交叉或分离式立体交叉主线上跨桥梁的边孔设置成立体 U 形转弯。当无此条件时,可以采用平面交叉的 U 形转弯。

(1)当中央分隔带为宽度不大于 2.0m 的窄分隔带时,可采用壶柄式的 U 形转弯设施,如图 9-5 所示。

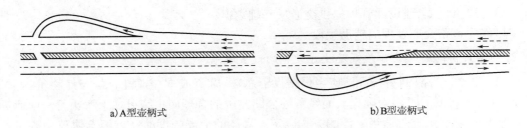

a) A 型壶柄式　　　　　　　　　　b) B 型壶柄式

图 9-5　壶柄式 U 形转弯设施示意

(2)当中央分隔带为宽度不小于 10m(6m)的宽分隔带或分离式路基(如隧道洞口外)时,可设置中央分隔带开口或掉头车道,提供 U 形转弯,如图 9-6 所示。增辟主线行车道的渐变率为 1:30,等宽段 100~150m。U 形转弯设施应根据中央分隔带宽度、转弯半径、交通量等因素选用不同的形式。

(3)有信号等控制的平面交叉口,中央分隔带宽度大于 4.5m 时,可在交叉口横交道路之前设置 U 形转弯车道。

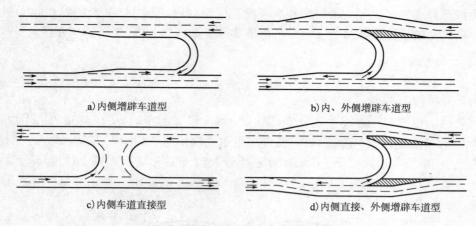

图 9-6 宽中央分隔带 U 形设施示意

第三节 公路管理设施设计

一、收费设施的设计

1. 道路收费设施的定义及作用

为偿还道路工程建设贷款、筹集道路运营养护费用，或以道路建设作为商业投资目的，对过往车辆征收通行费的道路，称为收费道路。一般按道路的长度、性质、过往车辆的类型、地区属性等对车辆进行收费，并在适当的位置设置收费站。在公路和城市道路上，用于收取过往车辆通行费的一切交通设施，称为道路收费设施，包括土建工程设施和机电工程设施。

设立道路收费设施的主要目的在于向过往车辆收取通行费，其作用具体表现在：
（1）为道路建设、发展筹集资金；
（2）为道路养护、运营管理筹集资金；
（3）为道路规划、建设和管理提供交通量基础数据；
（4）作为道路交通管理的辅助手段。

2. 我国目前的公路收费政策及收费设施的设置要求

对于经营性公路的收费标准，应当根据投资总额、融资成本、合理回报、当地物价指数、收费年限以及交通流量等因素确定。而经营性公路投资的合理回报率可在上海银行间同业拆借利率（Shibor）基础上通过适当上浮的方式确定。具体的上浮幅度在特许经营协议中确定。收费设施的设置应满足如下要求：

（1）收费设施应与公路设计采用的服务水平相协调。收费广场出口和入口的收费车道数均不应小于 2 条，新建收费设施应同步建设 ETC 车道。

（2）省界主线收费站宜采用合建方式。

（3）收费系统机电设备可按开通后的第 15 年交通量配置；收费岛、收费广场、地下通道、收费大棚等设施宜按开通后第 15 年的交通量配置；收费广场用地、站房用地、建筑和土方工程用地应按开通后第 20 年的交通量设计。

(4)客车应采用分车型收费方式,货车宜采用计重收费方式。

3. 收费站的布置形式及特点

根据收费制式的不同,道路收费系统可以分为3类:均一式、开放式和封闭式。

1)均一式

收费站设置在收费道路的各个入口处(包括主线两端入口和各互通立交入口),而出口和匝道出口不设收费站。

2)开放式

收费站设置在收费道路的主线上,距离较长的收费道路在主线上每隔一定间距设置路障式收费站,双向皆应设收费车道。

3)封闭式

收费站设置在主线的起、终点和立交的出入口匝道上。根据收费车道、站房和设备集中的程度可分为:分散式、集中式和组合式。

(1)分散式

在互通的各个转向象限上都设有收费站。分散式收费站的优点是车辆不需绕行,缺点是人员、设备、服务设施分散,投资大,管理不便,在实际中较少使用。

(2)集中式

整个互通只存在一个收费站。集中式的优点是便于集中管理,集中布置与收费站配套的设备、人员、服务设施。缺点是所有出入收费道路的车辆都要通过绕行集中在一起,容易引起交通堵塞,车辆相对绕行距离长,互通通行能力较差。

(3)组合式

介于分散式和集中式之间。组合式的优点是根据实际情况,将两个以上象限相邻的收费站集中在一起,但仍有多于一个收费站的布置形式,即局部集中,车辆绕行距离适中。缺点是人员、设备、服务设施仍然分开,不能集中于一处。

表9-13从收费站的布置、收费的合理程度、对交通的干扰程度、收费效率、作为交通控制辅助手段的作用、是否使用通行券、工程投资、适用范围等多方面对3种制式收费系统进行了比较。均一式、开放式和封闭式3种收费制式各有优缺点,如何选用应根据所建道路的技术等级、通行里程、沿途环境、交通组成、地方的道路收费法规、建设资金的来源等因素进行综合考虑,使道路收费合理、准确,交通方便、通达,做到既能收回建设资金,又能减少收费对道路交通的影响。

各种形式收费站特点对照表 表9-13

项目	均一式	开放式	封闭式
收费的合理程度	不存在漏收,不按车型大小、车种及车辆的实际行驶里程收费,收费不合理	存在漏收,按车型、车种收费,收费相对合理	不存在漏收,按车型、车种、车辆的实际行驶里程收费,收费合理
对交通的干扰程度	车辆停车一次,且停车时间较短,交通干扰小	长距离行驶车辆需多次停车,交通干扰大	车辆需两次停车,交通干扰较小
收费效率	服务时间短,收费效率高	收费效率高	收费效率低

续上表

项目	均一式	开放式	封闭式
作为交通控制辅助手段的作用	能有效防止行人、非机动车及不合格车辆进入高等级道路	无法阻止行人、非机动车及不合格车辆进入高等级道路	能有效防止行人、非机动车及不合格车辆进入高等级道路
工程投资和运营费用	收费站较多,收费车道少,土建投资相对较低,设备简单,投资较少,运营费用低	收费站少、规模小,设备简单,数量少,工程投资和运营费用低	收费站多,且规模大,系统复杂,设备多,人员多,工程投资大,运营费用高
通行券	不需要	不需要	需要
适用范围	里程短,出入口多的城市道路,车辆的行驶距离差别不大	桥梁、隧道、短距离道路,立交较少的长距离道路	距离长、立交多、车辆的行驶距离差别较大的高等级道路

4. 收费设施的界面划分

收费站设计包括土建工程和机电工程两部分。土建工程包括收费广场、收费车道、收费站配套设施。收费站配套设施又包括收费雨棚、地下通道、收费站房、标志与标线等。公路机电系统的组成包括收费系统、监控系统、通信系统、供配电系统。

5. 收费设施用地控制

收费设施用地指标包括主线收费站管理设施、主线收费广场和互通式立体交叉匝道收费站管理设施等用地指标。

主线收费站管理设施和互通式立体交叉匝道收费站管理设施的用地指标不宜超过表9-14的规定。

收费站管理设施用地指标(hm^2/座) 表9-14

收费设施类型	公路技术等级	用地指标
主线收费站	高速公路	1.533 3
	一级公路	0.866 7
匝道收费站	—	0.600 0

主线收费广场用地指标按相应路段的交通量及收费车道数确定,不宜超过表9-15的规定。

主线收费广场用地指标(hm^2/座) 表9-15

路段交通量 Q (pcu/d)	收费车道数		用地指标	每增减一个收费车道调整指标
	进口	出口		
$Q > 100\ 000$	12	21	9.815 4	0.359 6
$60\ 000 < Q \leq 100\ 000$	11	17	6.353 8	0.298 4
$45\ 000 < Q \leq 60\ 000$	8	13	3.781 4	0.241 1
$25\ 000 < Q \leq 45\ 000$	8	10	3.093 8	0.222 8
$Q \leq 25\ 000$	5	7	1.196 6	0.144 9

注:1. 表中路段交通量应采用主线收费广场所在路段的预测第20年交通量。
2. 表中用地指标包含主线收费广场的过渡段用地面积,不含主线路基宽度范围内的用地面积。
3. 当实际收费车道数与指标采用值不同时,应按实际收费车道数调整用地指标。

6. 不停车收费系统(ETC)

不停车收费系统(又称电子收费系统 Electronic Toll Collection System,简称 ETC),是利用车辆自动识别(Automatic Vehicle Identification,简称 AVI)技术完成车辆与收费站之间的无线数据通信,进行车辆自动识别和有关收费数据的交换,通过计算机网络进行收费数据的处理,实现不停车自动收费的全电子收费系统。

电子不停车收费系统(ETC)是目前较为先进的收费系统,是智能交通系统的服务功能之一,过往车辆通过道口时无须停车即能够实现自动收费。它特别适于在高速公路或交通繁忙的桥隧环境下使用。某高速公路收费站 ETC 收费车道总体布置图如图 9-7 所示。

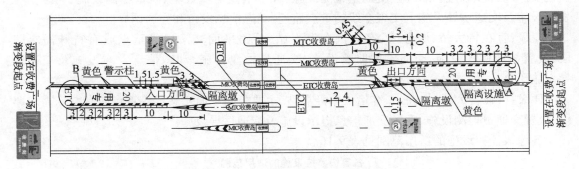

图 9-7　某高速公路 ETC 收费车道总体布置

和传统的人工收费系统不同,ETC 技术是以 IC 卡做为数据载体,通过无线数据交换方式实现收费计算机与 IC 卡的远程数据存取功能。计算机可以读取 IC 卡中存放的有关车辆的固有信息(如车辆类别、车主、车牌号等)、道路运行信息、征费状态信息。按照既定的收费标准,通过计算,从 IC 卡中扣除本次道路使用通行费。当然,ETC 也需要对车辆进行自动检测和分类。ETC 系统主要由 ETC 收费车道、收费站管理系统、ETC 管理中心、专业银行、车道控制器、费额显示器、自动栏杆机、车辆检测器及传输网络组成。不停车收费系统采用专用短程通信技术。其关键技术主要集中在以下几个方面:

(1)自动车辆识别(AVI Automaic Vehicle Idenification)技术;

(2)自动车型分类(AVC Automatic Vehicle Classification)技术;

(3)短程通信(DSRC Dedicated Short Communication)技术;

(4)逃费抓拍系统(VES Video Enforcement System)。

ETC 系统较传统收费系统的优点主要表现在以下 3 个方面:

(1)缩短服务时间,提高车道通行能力。受检测器读写速度限制,车辆进入 ETC 车道后需减速,以 15km/h 通过最佳。经测算,每辆车通过收费站出口(入口)约 3s;而传统人工收费系统的服务时间在 30s 左右。

(2)降低燃油消耗。车辆在通过 ETC 车道时,由于降低了车辆刹车、起步的频率,可以在一定程度上降低燃油消耗。

(3)减少环境污染。据测算,每条 ETC 车道与人工收费车道相比,可减少排放二氧化碳近 50%、一氧化碳约 70%、碳氢化合物约 70%。

二、监控、通信及供配电设施

1. 监控设施内容及功能

1）监控设施等级分类

A级：应全线设置视频监控、动态信息发布及交通诱导设施，结合收费站、特大桥、隧道、互通式立体交叉、服务区等重点或有特殊需求路段，设置交通事件检测设施、交通量检测设施、环境信息监测设施、匝道控制设施。实现全线的全程监控、动态信息发布和交通诱导。

B级：应在收费站、特大桥、互通式立体交叉、服务区等重点或有特殊需求路段，设置视频监视设施、交通事件监测设施、交通量检测设施、环境信息监测设施、匝道控制设施、动态信息发布设施及交通诱导设施。实现全线的重点监控、动态信息发布和交通诱导。

C级：宜在特大桥、服务区、客运汽车停靠站、公路平面交叉口等重点或有特殊需求路段，设置视频监视设施、交通事件监测设施、交通量检测设施、动态信息发布设施及交通诱导设施。

D级：可在特大桥、加油站、客运汽车停靠站、主要公路平面交叉口等重点或有特殊需求路段，设置交通量检测设施、现场交通信息提示设施及交通诱导设施。

各等级监控设施的适用范围见表9-16。

各等级监控设施的适用范围 表9-16

监控设施等级	适 用 范 围	监控设施等级	适 用 范 围
A	高速公路（全程监控）	C	干线一级、二级公路
B	高速公路（分段监控）	D	集散公路、支线公路

2）监控设施的功能

公路监控设施应当具备以下3个方面功能：

（1）信息采集。即实时采集变化着的道路交通状态，包括交通信息、气象信息、交通异常事件信息等。

（2）信息的分析处理功能。包括对交通运行状态正常与否的判断、交通异常事件严重程度的确认、交通异常状态的预测，对已经发生或可能发生的异常事件处置方案的确定等。

（3）信息提供功能。包括为在公路上行驶着的驾驶人员提供道路状况信息，对行驶车辆发出限制、劝诱、建议性指令，为交通事故和其他异常事件的处理部门提供处置指令，向信息媒体或社会提供更广泛应用的公路交通信息。

2. 通信设施的内容及功能

1）通信设施设计内容及作用

公路通信系统应确保语音、数据及图像等各类信息准确及时地传输。公路通信系统由以下各部分组成：

（1）主干线传输。作为交通专用通信网的通信主干线，它不仅要满足长途网和地区的传输要求，而且应考虑到省内各地区交通部门的通信需要。

（2）业务电话。是通信系统的基本通信业务，包括网内各级管理机构的业务电话和个人电话，它应能实现专用网内用户和共用网用户之间的通话。

(3)指令电话。用于在高速公路内部进行交通管理和调度指挥服务,指令电话调度台对分机应具有选呼、组呼、全呼等功能,它包括有线指令电话和无线指令电话。

(4)紧急电话。是高速公路内部专用的安全报警电话,它为高速公路使用者提供紧急呼救求援的通信手段。

(5)数据传输。包括收费系统内部的收费车道、收费站、收费(分)中心,三级计算机数据通信网络和监控系统内部的外场监控设备、监控(分)中心之间的二级计算机数据通信网络。通信系统应为上述计算机通信网络提供传输信道。

(6)图像传输。包括CCTV、交通监视图像及会议电视图像传输,通信系统应为各类图像信息提供传输信道。

(7)通信电源。包括交流供电系统、直流供电系统及通信机房的接地系统。

(8)通信管道。推荐采用HDPE(高密度聚乙烯)管道及HDPE硅管,并且采用气锤法进行管道敷缆施工。

2)通信设施设计的有关规定

(1)通信设施应满足监控、收费和管理等业务需求,结合路网统一规划、统一标准、统一体制,提供语音、数据、图像信息服务平台。

(2)高速公路的通信管道应按远期规划设计。通信管道敷设容量应综合考虑交通专网需求、社会租赁需求和扩容要求。省际之间应保证有用于干线联网的通信管道。

3. 供配电设施的内容及作用

1)供配电设施设计内容及作用

公路供配电设施主要包括配电房和输配电线路两部分。具体主要由通风、照明、消防和沿线供配电各系统组成。公路供配电系统的施工内容可分为沿线设施供配电及重点区域道路照明供配电。

沿线设施供配电主要包括:建设中或使用后的机构设施、日常全线养路设施、服务区配置设施的办公、生活用电。用于高速工程管理的各种检测监控设备、通信联络设备、计价收费设备及相关计算机网络设备等的安装使用,均需提出相当严格的供配电要求,要求电源稳定输入输出和各项技术指标的可靠。

整个高速公路属于封闭式系统,内部的重点区域有收费区道路和天棚、停靠服务区、定点停车检修区、大型互通立体交叉。这些重点区域的照明有更专业性的供电需求。

2)供配电设施设计有关规定

(1)应根据公路特点、系统规模、负荷性质、用电量、电源条件、电网发展规划,在满足近期要求的同时,兼顾远期发展需要,合理确定外部电源、自备应急电源的供配电系统方案。

(2)高压输电线路工程应结合工程特点、规模和远期发展状况,将施工临时用电和运营永久性用电相结合实施。

第四节　道路排水设计

水是危害道路的主要自然因素。水会加剧路基和路面结构的损害,加快路面使用性能的劣化,缩短道路的使用寿命。因此,道路排水系统是道路工程的重要组成部分,对保证道路的使用性能、延长道路使用寿命有着重要作用。为防止地面水与地下水对道路产生损坏,保证道路排水畅通、结构稳定、行车安全,必须对道路进行排水设计。

道路排水系统由各种拦截、汇集、拦蓄、输送和排放地表水和地下水的排水设施和构造物组成,路基、路面及其他构造物的排水系统共同构成完整的道路排水系统。

道路排水系统根据道路功能可分为公路排水系统和城市道路排水系统。

一、公路排水系统

1. 公路排水系统定义

为防止地面水和地下水对公路的损害,确保公路排水畅通、结构稳定、行车安全,所采用的各种拦截、汇集、输送、排放地表水或地下水的排水设施和构造物组成的总体称为公路排水系统。公路排水设计是公路设计的重要内容之一。

2. 公路排水系统组成

根据水源的不同,影响公路路基路面的水流可分为地面水和地下水两大类,与此相适应的路基排水工程则分为地面排水和地下排水两类,其中地面排水又分为路界地表排水和路面内部排水。

(1) 路界地表排水

路界地表排水是指把降落在路界内的表面水有效地汇集并迅速排除出路界,同时把路界外可能流入的地表水拦截在路界范围外,以减少地表水对路基和路面的危害以及对行车安全的不利影响。通常路界地表排水可以划分为路面表面排水、中央分隔带排水和坡面排水三部分,如图9-8所示。

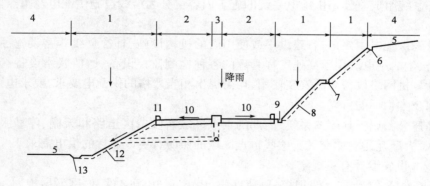

图9-8 地表排水示意

1-坡面;2-路面;3-中央分隔带;4-相邻地带;5-路界;6-坡顶截水沟;7-边坡平台排水沟;8、12-急流槽;9-边沟;10-路拱;11-拦水带;13-坡脚排水沟

(2) 路面内部排水

路面内部排水是指排除或疏干由路面接缝、裂缝及面层空隙下渗至路面结构内部,或由地下水或道路两侧滞水带侵入路面结构内部的水分。

(3) 地下排水

地下排水是指在地下水危及路基稳定(包括整体和局部稳定)或严重影响路基强度的情况下,根据具体情况采取拦截、旁引、排除含水层的地下水,用以降低地下水位或者疏干坡体内地下水。

二、城市道路排水系统

1. 城市道路排水的分类

城市排水按照来源和性质的不同,主要分为雨水和废污水两大类。

(1) 城市雨水

城市雨水,通常主要指降雨。由于降雨时间集中,径流量大,特别是暴雨,若不及时排泄会造成灾害。另外,冲洗街道和消防用水等,由于其性质和雨水相似,也并入雨水。通常,雨水不需处理即可直接就近排入水体。

(2) 城市废污水

城市废污水指排入城镇污水系统的生活污水和工业废水。在合流制排水系统中,还包括生产废水和截流的雨水。城市废污水实际上是一种混合污水,其性质变化很大,随着各种污水的混合比例和工业废水中污染物质的特性不同而异。城市废污水需经处理后才能排入水体、灌溉农田或再利用。

2. 城市道路排水体制的分类

排水体制是指排水系统对生活污水、生产废水和降雨所采取的不同排除方式,一般分为合流制和分流制两种类型,是针对污水和雨水的合与分而言的。

1) 合流制排水系统

合流制排水系统是指将生活污水、工业废水和雨水混合在同一个管渠内排除的排水系统,又可分为直排式合流制排水系统和截流式合流制排水系统。

(1) 直排式合流制

直排式合流制排水系统是最早出现的合流制排水系统,是将排除的混合污水不经处理直接就近排入水体。因污水未经无害化处理直接排放,会使受纳水体遭受严重污染。国内外许多老城市几乎都是采用这种排水系统。这种系统所造成的污染危害很大,现在一般不采用。

(2) 截流式合流制

截流式合流制管渠系统是指在街道管渠中合流的生活污水、工业废水和雨水一起排向沿河的截流干管。晴天时全部输送至污水处理厂;雨天时当雨水、生活污水和工业废水的混合水量超过一定数量时,其超出部分通过溢流井溢入水体,如图9-9所示。截流式合流制排水系统是目前较常用的排水系统,同时也是国内外改造旧城市合流制排水系统常用的方式。

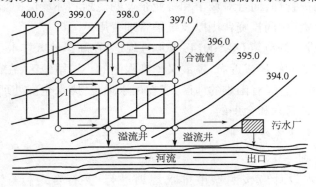

图9-9 截流式合流制排水系统(高程单位:m)

这种系统比直排式合流制排水系统有所进步,但仍有部分混合污水未经处理直接排放,成为水体的污染源而使水体遭受污染。

2)分流制排水系统

分流制排水系统是指将生活污水、工业废水和雨水分别在两个或两个以上各自独立的管渠内排除的排水系统。根据排除雨水方式的不同,又分为完全分流制排水系统和不完全分流制排水系统。

(1)完全分流制

完全分流制排水系统是具有完整的污水排水系统和雨水排水系统,污水排至污水处理厂处理后排放至天然水体,雨水就近排入水体,如图9-10所示。

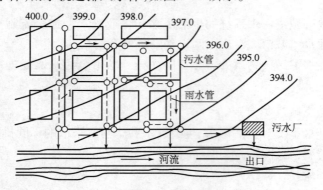

图9-10 分流制排水系统(高程单位:m)

(2)不完全分流制

不完全分流制只有污水排水系统,未建雨水排水系统。雨水沿天然地面、街道边沟、水渠等原有雨水渠道系统排泄,或者在原有渠道系统输水能力不足之处修建部分雨水管道,待城市进一步发展后再修建雨水排水系统,逐步改造成完全分流制排水系统。

在一些大城市中,由于各区域的自然条件存在差异,同时排水系统的建设是逐步进行和完善的,有时会出现混合制排水系统,即既有分流制也有合流制的排水系统。混合制排水系统在具有合流制的城市进行排水系统的扩建时常常出现。

3. 城市道路排水体制的选择

排水体制的选择是城市和工业企业排水系统设计中的重要问题,不仅从根本上影响排水系统的设计、施工、维护管理,而且对城市和工业企业的规划和环境保护影响深远,同时也影响排水系统工程的总投资、初期投资费用以及维护管理费用。

我国《室外排水设计规范》(GB 50014—2006)规定,在新建地区排水系统一般应采用分流制。在附近有水量充沛的河流或近海,发展又受到限制的小城镇地区,在街道较窄地下设施较多,修建污水和雨水两条管线有困难的地区,或在雨水稀少,废水全部处理的地区等,采用合流制排水系统有时可能是有利和合理的。

4. 城市道路雨水排水系统设计

1)设计范围及原则

(1)城市道路排水设计应按照城市排水规划进行,并符合现行《室外排水设计规范》(GB 50014)的规定。无排水规划时,应先做出排水规划,再进行设计。因修建道路引起两侧的建筑物或街道排水困难时,应在排水设计中解决。

(2)城区道路排水一般采用管道形式。设计时应根据当地材料和道路类别来选择。城区道路排水设计包括边沟、雨水口和连接管的布设,不包括排水管设计。

(3)郊区道路排水设计包括边沟、排水沟与涵洞设计等。设计流量可按当地的水文公式计算。

(4)郊区道路排水设计应处理好与农田的排灌关系。

(5)快速路的路面水应排泄迅速,防止路面形成水膜,影响行车安全。

2)设计标准

(1)城区道路排水设计重现期见表9-17规定。重现期高于地区排水标准时,应增设必要的排水设施。

城区道路排水设计重现期(a)　　　　　表9-17

城市规模	道路类别					
	快速路	主干路	次干路	支路	广场停车场	立体交叉
大城市	2~5	1~3	0.5~2	0.5~1	1~3	2~5
中、小城市		0.5~2	0.5~1	0.33~0.5	1~3	

(2)当郊区道路所在地区有城市排水管网或排水规划时,应按表9-17规定选用适当的重现期。

(3)郊区道路为公路性质时,排水标准可参照《标准》和《公路排水设计规范》(JTG/T D33—2012)的规定进行设计。

(4)道路雨水径流量按现行的《室外排水设计规范》(GB 50014—2006)执行。

(5)计算道路雨水口径流量时,边沟水深不宜大于缘石高度的2/3。

5.基于海绵城市理念的排水系统设计

近年来,我国城镇排水与污水处理事业取得较大发展,但也存在一些突出问题。一是城镇排涝基础设施建设滞后,暴雨内涝灾害频发。一些地方对城镇基础设施建设缺乏整体规划,重地上、轻地下,重应急处置、轻平时预防,建设不配套,标准偏低,硬化地面与透水地面比例失衡,城镇排涝能力建设滞后于城镇规模的快速扩张。

2013年3月25日,《国务院办公厅关于做好城市排水防涝设施建设工作的通知》(国办发〔2013〕23号)中提出:2014年底前,要在摸清现状基础上,编制完成城市排水防涝设施建设规划,力争用5年时间完成排水管网的雨污分流改造,用10年左右的时间,建成较为完善的城市排水防涝工程体系。积极推行低影响开发建设模式。各地区旧城改造与新区建设必须树立尊重自然、顺应自然、保护自然的生态文明理念;要按照对城市生态环境影响最低的开发建设理念,控制开发强度,合理安排布局,有效控制地表径流,最大限度地减少对城市原有水生态环境的破坏;新建城区硬化地面中,可渗透地面面积比例不宜低于40%;有条件的地区应对现有硬化路面进行透水性改造,提高对雨水的吸纳能力和蓄滞能力。

2014年11月2日,中华人民共和国住房和城乡建设部发布了《海绵城市建设技术指南》,大力推进建设自然积存、自然渗透、自然净化的"海绵城市",节约水资源,保护和改善城市生态环境,促进生态文明建设。明确了城市规划、工程设计、建设、维护及管理过程中,低影响开发雨水系统构建的内容、要求和方法。

2015年1月20日,贯彻"节水优先、空间均衡、系统治理、两手发力"的治水思路及中央城镇化工作会议精神,由财政部、住房和城乡建设部及水利部共同启动了2015年中央财政支持海绵城市建设试点城市申报工作,大力推进海绵城市建设。

建立以"海绵城市"概念为核心的城市排水设计和系统,不仅成为当前城市正常交通通行的迫切要求,更是城市未来建设和发展对市政建设工程提出的进一步要求。2014年11月2日,住房和城乡建设部对外印发《海绵城市建设技术指南》,中国城镇排水防涝系统的建设理念发生了彻底转变。另外,近期我国中央财政部就建设"海绵城市"试点工作发出通知,意味着建设"海绵城市"成为我国政策上的一项具体要求。因此,加强"海绵城市"的城市排水设计成为我国当前城市建设的重要任务。加强城市排水能力和效率,具体可以采取以下两点措施:

(1) 建设海绵城市道路

城市道路面积占城市总体面积的15%~25%,是实现整体城市海绵建设需要克服和面对的主要区域,也是建设和实现"海绵城市"的主要措施之一。目前建设海绵城市交通道路的设计思路主要是"JW生态工法",其中主要就建立海绵城市交通道路提出大胆设想和详细的设计思路,可较好改善我国城市道路路面渗水能力较差的现况。"JW生态工法"中道路施工工序的设计和施工工序为:

①路基碎石层的铺设

"JW生态工法"在路基碎石层的铺设上,相较于传统碎石层铺设施工而言,要求碎石铺设厚度达到一定要求,且含有空体的储水球,以便渗透进碎石层的雨水可及时渗透到土壤表层,一部分可对土壤进行湿润,另一部分则透过土壤表层进而转化为地下水,或直接转入地下排水通道,排入"吸水区域"的湖泊和江河中。

②混凝土的浇筑

"JW生态工法"在混凝土的浇筑上,需要在碎石层和混凝土层间隙中架设为网络架构的PP塑料导水管,对使用的导水管具有明确的标准和要求,即可重复利用、可回收、导水性强和架构性高。

③导水管的分布

网络架构的导水管铺设及分布标准大致为100个$/m^2$,混凝土路面凝固完成后,即可将导水管的封口盖打开。一旦城市降水过多时,经此施工工序的海绵城市交通道路即可较快排水,降低城市发生雨水洪涝的概率,同时也可尽快恢复城市道路交通通行,减缓交通压力。导水管还可实现路面空气的对流,形成地表和地面的空气循环系统,活化地表土壤,净化渗透的雨水,提升地下水的净化效果,实现地下水的循环生态系统。

(2) 建设海绵绿化带

目前,我国交通主干道路都建有一定规模的绿化带,但目前绿化带的建设更多是为了改善城市空气环境和提高视觉空间搭配,并未与"海绵城市"的建设相结合,这主要由于城市绿化带普遍设立在距地面有一定高度的位置上,无法将积水及降水排入绿化带,进而达到绿化带排水的目的。因此,建设海绵绿化带,则是将绿化带设立在与地面相平或低于地面的位置,引导路面积水及降水流入绿化带,不仅能利用绿化带的土壤将雨水导入地下通道和地下层,而且也

第九章 道路附属设施设计

能利用植物生长的净化层对降水形成较好的净化。

某城市道路基于海绵城市的排水系统如图 9-11 所示；其设施布局方案如图 9-12 所示；透水铺装如图 9-13 所示；下沉式机非隔离带如图 9-14 所示。

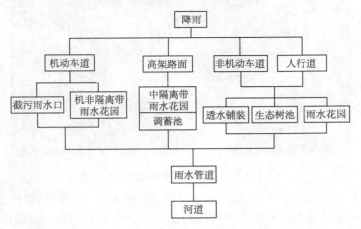

图 9-11 基于海绵城市的道路排水系统

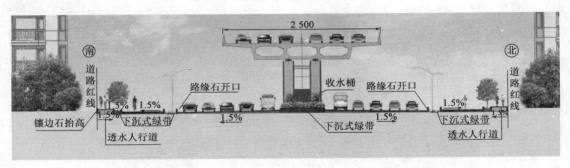

图 9-12 基于海绵城市的道路排水设施布局（尺寸单位：cm）

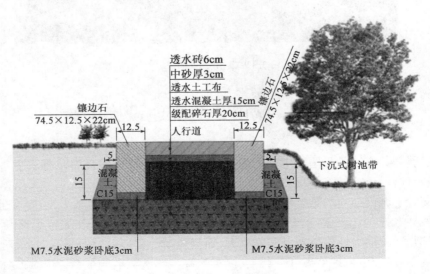

图 9-13 透水铺装示意

355

图9-14 下沉式机非隔离带示意

雨水花园主要由5个部分组成,自上而下依次是:蓄水层、覆盖层、种植土层、人工填料层和砾石层。其中在填料层和砾石层之间可以铺设一层砂层或土工布。根据雨水花园与周边建筑物的距离和环境条件可以采用防渗或不防渗两种做法。当有回用要求或要排入水体时还可以在砾石层中埋置集水穿孔管。雨水花园示意图如图9-15所示。

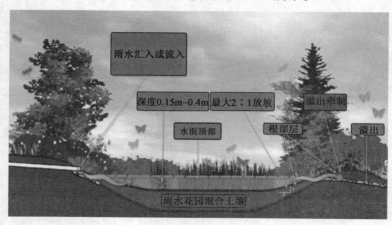

图9-15 雨水花园示意

第五节 城市公共交通设施设计

优先发展公共交通是我国城市交通的一项基本政策。城市的公共交通发达、完善与否,将直接影响城市居民出行的方便程度。

公共交通是城市交通的重要组成部分。公共交通包括公共电、汽车,轨道交通,缆车索道和轮渡等各种方式,城市道路主要涉及公共电、汽车。公共电、汽车在城市道路交通中特点明显,一般车型较大、动力性能较差且实载率大,而且还要经常停靠以便乘客上下,对城市道路交通的干扰较严重,应该合理处理好公共电、汽车的有关问题。本节主要讨论城市公共交通站点及停靠站的布置问题。

一、城市公共电、汽车站点的布置

1. 城市公共电、汽车站点的种类和布置

城市公共电、汽车的站点分为终点站、枢纽站和中间停靠站。

(1) 终点站

各种公共电、汽车辆在终点处都需要有回头(调头)的场地。通常在市区要找一块专用的场地比较困难。当道路较宽时可以利用车行道回头,要求的宽度不小于公共交通车辆最小转弯半径的两倍。这时,公共汽车要求车行道宽度 20~30m,无轨电车要求 30~40m,也可利用交叉口回车(图 9-16)或绕街坊回车(图 9-17)。最好在路边另设专用停车场地,用于当客运负荷到低峰时,路线上有部分车辆需要暂时停歇。另外,车辆加水、清洁、保养和小修工作也需要有一定的场地来进行。

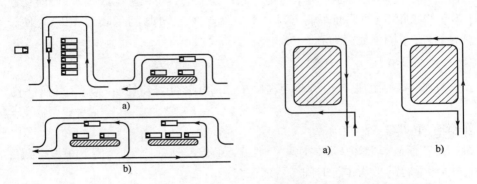

图 9-16　路边终点站回车　　　图 9-17　车辆绕街坊进行回车

终点回车如采用绕街坊行驶,须注意道路上的交通状况。公共汽车绕街坊可顺时针或逆时针回转,一般以顺时针为宜,只设置右转弯,但要注意第一次左转弯应设在哪个交叉口为好,如图 9-17a) 所示。至于无轨电车,为了减少架空接触的交叉,应该逆时针方向绕行,如图 9-17b) 所示。

(2) 枢纽点(又称集散点)

在城市居民大量集散之处,常设有数条公交线路经过,这里上下车和换乘的乘客多。为了方便乘客,各条线路站点常设得比较集中,相互紧密配合,这种站点称为枢纽点。有时为了使客运能力与客运负荷相协调,也常需要在此停备一些公交车辆,以便做区间调头之用。所以,在这些枢纽点的路边宜另辟场地,至少应将附近的人行道拓宽以便乘客换车和候车。

在考虑换乘站时,应注意保证乘客、行人和车辆的安全,并使换车乘客尽量不穿越车行道,且步行距离最短。

(3) 中间停靠站

中间停靠站一般都靠近交叉口设置。其位置又分两种:车辆不过交叉口停靠和车辆过交叉口后再停靠。前者的优点是对安全有利,因为车辆刚刚启动,穿越交叉口的速度较慢,还可减少可能遇到红灯第二次停车,因为已停靠的车辆可待看到绿灯后再启动行驶;缺点是在交通繁忙尤其是车行道狭窄的路口,车辆一旦停靠则会阻碍右转弯车辆的通行和其他车辆的视线。

公共汽车过交叉口停靠比前者更节约时间,但过交叉口设站往往也会影响后来车辆的停靠,以致出现车辆排长队现象,造成交叉口阻塞。

如果乘客集中在街道的一端,则两个方向的停靠站最好能设在同一个路口上,方便乘客候车,也避免大量乘客穿越横道线而阻碍交通。

站点越靠近交叉口对乘客越方便,但考虑安全和交通流畅,一般至少应离开交叉口20～50m。从保证交叉口交通流通畅方面考虑,停靠站的位置应尽量避开交叉口这一道路网上交通繁忙的"点"。

当无轨电车与公共汽车在同一路口设站时,一般无轨电车站设在公共汽车前面,因为它启动快,可免去超车。对有些站点,虽有两条或两条以上的路线经过,但如车辆不多、上下乘客也不多(车辆停站时间不超过全天路线营业时间的10%～20%),它们可以合用一个站台停靠,站牌可挂在一根杆柱上。如果乘客量悬殊较大,则应分开设站,乘客少的设在前面,乘客多的设在后面,前后站牌的间距视有无超车而定。允许超车时,间距应有20～25m(即在停着的车辆间有约10m的净距,以便后面车辆出站方便);不允许超车时,间距取15～25m(便于大型的或带托挂车的公交车辆停靠)即可。

2. 平均站距的计算

公共电、汽车停靠站的设置应方便乘客候车,节省乘客出行时间。乘客出行时间(T)包括3部分:

(1)步行时间($T_{步}$)

步行时间($T_{步}$)是指乘客从居住地步行到最近的停靠站,以及到站后下车步行到目的地所用的时间。全部乘客的平均步行时间$T_{步}$按下式计算:

$$T_{步} = \frac{d/4}{V_{步}} \cdot 2 \cdot P \cdot 60$$

故

$$T_{步} = \frac{30 \cdot d \cdot P}{V_{步}} \quad (9\text{-}1)$$

式中:d——平均站距,km;

$T_{步}$——步行时间,min;

P——乘客上车人数,人;

$V_{步}$——步行速度,km/h。

(2)靠站时间($T_{停}$)

公共电、汽车辆沿线的靠站时间$T_{停}$等于每个站点的停靠时间乘以站点数目,故得:

$$T_{步} = T_{停} \cdot \frac{l}{d} \cdot Q \quad (9\text{-}2)$$

式中:$T_{停}$——每个站点的停靠时间,包括公共交通车辆减速进站、乘客上(下)车、加速离站等三部分时间,min;

l——平均乘距,km;

d——平均站距,km;

Q——车上的下车人数,人。

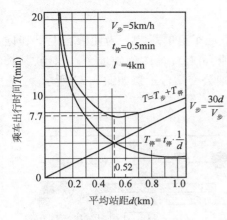

图9-18 $d-T$ 关系曲线

(3) 路上行车时间

它与站距无关,设置站点应使乘客出行时间为最少,上述三部分时间中,路上行车时间与站距无关,故站距的布置应使步行时间 $T_\text{步}$ 与靠站时间 $T_\text{停}$ 之和为最小。

设 $V_\text{步}=5\text{km/h}, T_\text{停}=0.5\text{min}, l=4\text{km}$,则可得出如图9-18所示的平均站距($d$)与乘客出行时间($T$)的关系曲线。当 $T=(T_\text{步}+T_\text{停})$ 为最小值时(图9-18中 $T=7.7\text{min}$ 时),相应的平均站距 d 则是最合适的(图9-18中 d 为 0.52km,即520m)。

从图9-18所示的 $d-T$ 关系曲线中可以明显看出:当 $T_\text{步}=T_\text{停}$ 时,则 $T=(T_\text{步}+T_\text{停})$ 的数值为最小值,故得:

$$\frac{30 \cdot d \cdot P}{V_\text{步}} = T_\text{停} \cdot \frac{l}{d} \cdot Q$$

即:

$$d = \sqrt{\frac{1}{30} \cdot T_\text{停} \cdot l \cdot V_\text{步} \cdot \frac{Q}{P}}$$

通常 $P \approx Q$,则最为合适的平均站距 d 为:

$$d = \sqrt{\frac{1}{30} \cdot T_\text{停} \cdot l \cdot V_\text{步}} \tag{9-3}$$

式(9-3)只是按乘客出行时间为最小的情况下计算平均站距,但实际上乘客的心理却更希望少走点路,而在车上多待一些时间。因此,选用的平均站距 d 值应比式(9-3)算出的理论值小些(图9-18)。在城区,站距一般取 500~600m。

求出最合适的平均站距后,在具体设置站点时,还应根据居民点、商店、工厂、学校、娱乐场所、交叉口等人流较集中地点的具体位置进行合理布置。

二、公共电、汽车停靠站的布置方式

公共电、汽车停靠站台的布置方式与道路横断面形式有关,主要有沿人行道边设置和沿分隔带设置两种。

1. 沿人行道边设置的站台

此种站台形式采用比较普遍,构造简单,只用在人行道上辟出一定的用地作为站台,供乘客候车和上下即可,如图9-19所示。站台高度宜为30cm,并予以铺砌。这种站台对乘客上下最安全,但与非机动车相互影响较大。为了减小停靠站对车行道宽度的挤占,来往方向的站点应错开15~30m为宜。

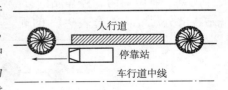

图9-19 沿人行道边设置停靠站

在机动车与非机动车混行的一块板或两块板道路上,沿人行道边设置停靠站台,公交车辆在进出停靠站台时要穿越非机动车流,相互有影响。为了避免这种影响,在一些单向交通的道路上,则可组织机动车与非机动车分向行驶,如图9-20所示。实践证明,这样可提高车辆通过速度和保证交通安全。

2. 沿车道分隔带设置的站台

此类站台对非机动车影响小,只有上下乘客穿行非机动车道的影响。为使乘客上下和候车方便、安全,分隔带至少应有1m宽。如果分隔带为绿地,可在此段改为硬地予以铺砌,其长度视停靠的车辆数而定,如图9-21所示。某路中岛式快速公交站台示意如图9-22所示。

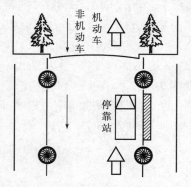

图9-20 机动车与非机动车分向行驶

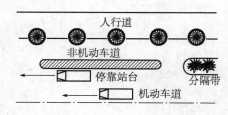

图9-21 沿车道分隔带设置停靠站

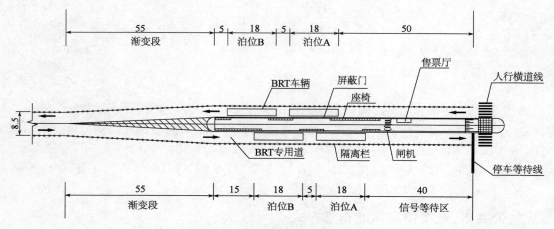

图9-22 某路中岛式快速公交站台示意(尺寸单位:m)

在具有宽分隔带的三块板横断面形式的分隔带上布置港湾式停靠站(图9-23),车辆停靠时不影响车行道上的通行能力,同时,分隔带还具有兼做自行车停放场地、有利绿化、布置美观等优点。兼做港湾式停靠站的分隔带,其宽度不宜小于4m,最好设计为5～7m。港湾式停靠站各部分尺寸应符合表9-18的规定。

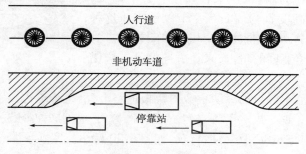

图9-23 港湾式停靠站

港湾式停靠站各部尺寸 表 9-18

主线设计速度(km/h)	80	60	50	40	30	20
计算加减速段长度采用速度(km/h)	60	50	40	35	30	20
减速段长度(m)	90	65	40	30	25	10
站台长度(m)	20	20	20	20	20	20
加速段长度(m)	140	95	60	45	35	15
总长度(m)	250	180	120	95	80	45

在布置停靠站时,应注意以下3点:

(1)道路交叉口附近的站位,宜安排在交叉口出口道一侧,距交叉口50~100m为宜。

(2)港湾式停靠站出入口的缘石应圆顺,停靠站范围内的路拱坡度应符合规定值要求,纵坡度应不大于2%,地形困难路段应不大于3%。

(3)各类停靠站台上均应进行铺装,铺装的最小宽度为1.5m。长度可根据同一停靠站停车的公共交通线路的数量及乘客流量大小等具体情况确定。

第六节　停车场设计

城市停车场的布置与设计应结合城市规划、用地条件及服务对象等条件,按不同情况采取分散或配合广场一并规划的方式。如对一些中小城市,在受地形、用地等条件限制,或车辆较少的情况下,可设计多功能的广场,一场多用。

停车场设计的内容除根据停车的方式确定停车带和通行道的宽度及其布置形式外,还应考虑场内路面结构、绿化、照明、排水、竖向设计等问题。对于专用停车场,还应根据不同的情况设置相应的附属设施。

一、停车场的类型

1. 按车辆的性质分类

(1)机动车停车场。即各种类型的机动车停车场。

(2)非机动车停车场。在城市中非机动车停车场主要是指自行车停车场。

2. 按服务对象分类

(1)专用停车场。这类停车场专为机关或单位使用,如机关、宾馆,以及公交公司的停车场、保养场等。

(2)公用停车场。这类停车场为社会各种车辆停车服务,如分布在城市出入口为外地进城的车辆或为过境车辆临时停放的停车场,或设置在百货大楼、电影院、体育场等公共建筑附近的停车场,以及城市道路路段上的停车场等。

二、汽车停车场的设计

1. 汽车停车场的设计原则

(1)停车场的设置应结合城市规划布局和道路交通组织需要,合理分布。在大型公共建筑、重要机关单位门前,以及公共汽车首末站等处均应布置适当容量的停车场。大型建筑物的停车场应与建筑物位于主干路的同侧;人流量、车流量大的公共活动广场、集散广场宜按分区就近原则,适当分散安排停车场;对于商业文化街和商业步行街,可适当集中安排停车场。

(2) 公用停车场的规模应按服务对象的要求、车辆到达与离去的交通特征、高峰日平均吸引车次总量、停车场地日有效周转次数,以及平均停放时间和车位停放不均匀性等因素,结合城市交通发展规划确定。

(3) 公用停车场的停车区距所服务公共建筑出入口的距离宜采用50～100m。对于风景名胜区,当考虑到环境保护需要或受用地限制时,距主要入口可增至150～250m;对于医院、疗养院、学校、公共图书馆与居住区,为保持环境宁静、减少交通噪声或空气污染的影响,应使停车场与这类建筑物之间保持一定距离。

停车场的出入口不宜设在主干路上,可设在次干路或支路上并远离交叉口;不应设在人行横道、公共交通停靠站以及桥隧引道处。出入口的缘石转弯曲线切点距铁路道口的最外侧钢轨外缘应不小于30m。距人行天桥应不小于50m。

停车场出入口及停车场内应设置交通标志、标线,以指明场内通道和停车车位。

(4) 停车场平面设计应有效利用场地,合理安排停车区及通道,便于车辆进出,满足防火安全要求,并留出布设附属设施的位置。

(5) 停车场采用的设计车型及外廓尺寸见表9-19。设计时应以停车场停车高峰时所占比重较大的车型为设计车型。如有特殊车型,应以实际外廓尺寸为设计依据。

停车场设计车型及外廓尺寸(单位:m) 表9-19

设计车型	总 长	总 宽	总 高
微型汽车	3.2	1.6	1.8
小型汽车	5.0	1.8	1.6
中型汽车	8.7	2.5	4.0
普通汽车	12.0	2.5	4.0
铰接车	18.0	2.5	4.0

注:微型汽车包括微型客货车、机动三轮车;中型汽车包括中型客车、旅游车和载重4t以下的货车。

(6) 停车位面积应根据车辆类型,停放方式,车辆进出、乘客上下所需的纵向与横向净距的要求确定。车辆停放的纵、横向净距见表9-20。

车辆停放纵横向净距(单位:m) 表9-20

项 目		设 计 车 型	
		微型汽车 小型汽车	中型汽车、普通汽车、铰接型汽车
车间纵向净距		2.0	4.0
背对停车时车间尾距		1.0	1.0
车间横向净距		1.0	1.0
车与围墙、护栏及其他构筑物间净距	纵向	0.5	0.5
	横向	1.0	1.0

(7) 停车场内车位布置可按纵向或横向排列分组安排,每组停车不应超过50辆。各组之

间无通道时,亦应留出不小于 6m 的消防通道。

停车场出入口不应少于两个,其净距宜大于 10m;条件困难或停车容量小于 50 辆时,可设一个出入口,但其进出通道的宽度宜采用 9~10m。

停车场出入口应有良好的通视条件,并设置交通标志。

(8)停车场的竖向设计应与排水设计相结合,最小坡度与广场要求相同,与通道平行方向的最大纵坡度为 1%,与通道垂直方向为 3%。

2. 车辆的停放方式

停车场内车辆的停放方式影响到停车面积的计算、车位的组合,以及停车场的设计。

车辆的停放方式按其与通道的关系可分为 3 种类型:平行式、垂直式和斜放式。

(1)平行式。车辆平行于通行道的方向停放,如图 9-24 所示。这种方式的特点是所需停车带较窄,驶出车辆方便、迅速,但占地最长,单位长度内停放的车辆数最少。

(2)垂直式。车辆垂直于通行道的方向停放,如图 9-25 所示。此种方式的特点是单位长度内停放的车辆数最多,用地比较紧凑,但停车带占地较宽(需要以车型的车身长度为准),且在进出停车位时,需要倒车一次,因而要求通道至少有两个车道宽。布置时可两边停车,合用中间一条通道。

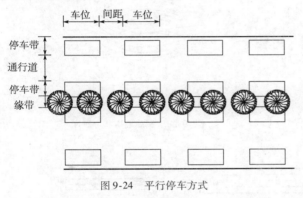

图 9-24 平行停车方式

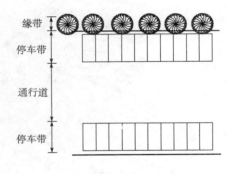

图 9-25 垂直停车方式

(3)斜放式。车辆与通道成一定角度停放,如图 9-26 所示。此种方式一般按 30°、45°、60° 3 种角度停放。其特点是停车带的宽度随车身长度和停放角度而异,适宜于场地受限制时采用。这种方式车辆出入及停车均较方便,故有利迅速停置和疏散。其缺点是单位停车面积(因部分三角块利用率不高)比垂直停放方式要多,特别是 30°停放,用地最浪费,故较少采用。

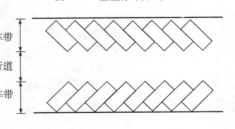

图 9-26 斜放停车方式

以上 3 种停放方式各有优缺点,选用何种方式布置应根据停车场的性质、疏散要求和用地条件等因素综合考虑。目前我国一些城市较多采用"平行式"和"垂直式"两种停车方式。

为了便于停车场的使用、管理和疏散,在城市道路上常将停车场布置在与道路毗连而又在车行道以外的专用场地上。

随着城市交通的发展,停车场需要量逐渐增多,特别在旧城改建或用地条件受到限制时,城市停车场的设置可考虑向空间或地下(结合人防工程)发展,利用建筑物的底层或屋顶平台设置停车场,或者修建停车楼(多层车库)、地下停车场等,以节约城市用地。

目前我国一些大城市,如北京、上海、哈尔滨、南京、西安、成都、重庆等地已经修建或正计划修建多层车库或地下停车场。国外不少大城市的汽车数量增长很快,而用地又紧张,为了解决停车场的问题,在汽车交通较为集中的地方,如城市中心地区、对外交通枢纽(候机楼、火车站、码头)、大型公共建筑附近等处,修建了各种形式的停车场。这些停车场虽比露天停车场节约用地,但工程结构较为复杂,建设投资大,故应结合当地具体情况慎重选择。

多层车库按车辆进库就位的不同情况,可分为坡道式停车库和机械化停车库两类。其中,常见的坡道式车库有包括直坡道式停车库、螺旋坡道式停车库、错层式停车库、斜坡楼板式停车库等。各类坡道式车库示意图如图 9-27～图 9-30 所示。

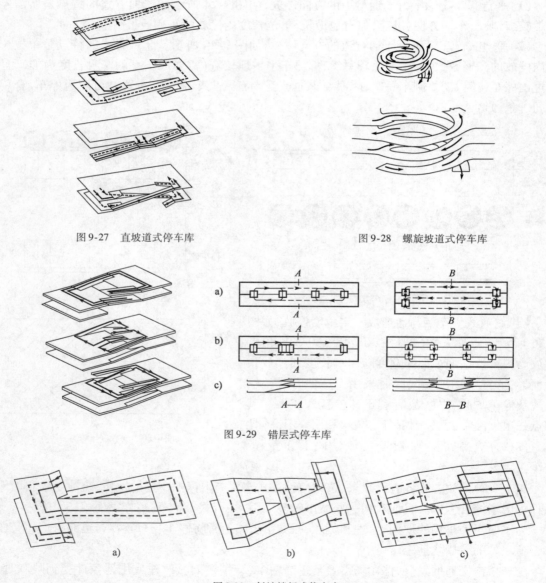

图 9-27 直坡道式停车库

图 9-28 螺旋坡道式停车库

图 9-29 错层式停车库

图 9-30 斜坡楼板式停车库

3. 停车带和通道宽度的确定

停车带和通道是停车场的主要组成部分，其宽度的确定与4个因素有关：①设计时所选定的车型（平面尺寸：车长、车宽、车门宽）；②车辆进入停车位置的状况和发车状况；③车辆的性能（如最小转弯半径）；④驾驶员的驾驶技能和熟练程度等。

（1）车型的确定。车辆种类不同，其尺寸大小各异。不同性质的停车场停放不同类型的车辆，则需要不同的停车面积。

（2）车辆停发方式。由于车辆进入停车位置的状况和发车状况不同，其所需回转面积和通道的宽度亦不相同。一般车辆有下列3种停发方式：一是前进式停车、后退式发车；二是后退式停车、前进式发车；三是前进式停车、前进式发车。

（3）确定停车带和通道宽度。停车带的宽度与车辆尺寸、停车方式和车辆之间的安全净距有关。确定车辆之间的安全净距时，若车辆前后纵列停放，要能保证后面车辆安全出入停车位置，若车辆平行横列停放，则要确保车门能够开启。

上述3种方式中，常采用的是后退式停车、前进式发车，其优点是发车迅速方便，占地亦不多。前进式停车、前进式发车虽更为方便，但占地面积较大，除有特殊要求外，一般较少采用。

确定通道的宽度除包括停车带上述的3个因素外，还与车辆的机械性能、驾驶员的技术水平有关，一般多采用调查和车辆试验相结合的方法进行确定。在实测通道所需最小宽度时，应以一定的车型和停车方式为准。

4. 单位停车面积的确定

单位停车面积是停放一辆汽车所需的用地面积，它与车辆尺寸和停放方式、通道的条数、车辆集散要求，以及绿化面积等因素有关。一般在设计停车场时，可按使用和管理要求，预估停车数量和了解停车类型、停车方式，以确定面积。

垂直于通道停放时，单位停车面积A_1以及平行于通道停放时，单位停车面积A_2可按以下两式计算：

$$A_1 = (l+0.5)(b+c_1) + (b+c_1)\frac{w_1}{2} \tag{9-4}$$

$$A_2 = (l+c_2)(b+1.0) + (l+c_2)\frac{w_2}{2} \tag{9-5}$$

式中：A_1——垂直于通道停车时，单位停车面积，m^2；

A_2——平行于通道停车时，单位停车面积，m^2；

l——车身长度，m；

b——车身宽度，m；

c_1——垂直停放时两车车厢之间净距，m；

c_2——平行停放时两车车厢之间净距，m；

w_1——垂直式停车通道宽度，m；

w_2——平行式停车通道宽度，m。

三、自行车停车场设计

由于自行车体积小、使用灵活、对场地的形状和大小要求比较自由，自行车停车场布置设计也简单。目前,在自行车使用较广泛的城市,自行车停车场非常缺乏,特别是大型公共建筑、地铁站、商业中心、体育场等附近的自行车停车场,往往容量不够,造成自行车到处停放,侵占市区主要干道的人行道(甚至侵占非机动车道),把行人挤到车行道,既妨碍干道交通,威胁行人安全,又影响市容。因此,在城市规划和设计大型公共建筑时,需要合理选择自行车停车场的位置,并根据具体条件进行设计。

1. 自行车停车场的种类

(1)固定的、经常性的专用停车场。此类停车场设有固定的自行车支架及车棚(也有露天的),并设有专职管理人员。

(2)临时性的停车场。此类停车场没有经常停车的地点,根据聚会活动的临时需要,用绳圈划场地作停车使用,其场地无停车支架和车棚等设施。

(3)街道停车场。在繁华街道两侧的商店或交通换乘站附近的人行道上,利用部分用地设置的停车场,以及小街小巷(胡同、里弄)内的停车场(或寄存处)。此类停车场为数最多,是目前解决停车场缺乏的主要方式,可随时改换地点,其场地大小可根据情况随时调整。

2. 自行车停车场的设计

1)设计原则

(1)自行车停车场的规模应根据所服务的公共建筑性质、平均高峰日吸引车次总量、平均停放时间、每日场地有效周转次数及停车不均衡系数等确定。

(2)自行车停车场出入口不应少于2个。出入口宽度应满足两辆车同时进出,一般为2.5~3.5m。场内停车区应分组安排,每组场地长度以15~20m为宜。

(3)场地铺装应平整、坚实、防滑。坡度不宜大于4%,最小坡度为0.3%。停车区宜有车棚、存架等设施。

(4)自行车停车场应结合道路、广场和公共建筑布置,划定专门用地、合理安排。

2)停放方式

自行车的停放方式有垂直式和斜列式两种。平面布置可按场地条件采用单排或双排排列。

第七节 道路照明设施设计

道路照明是城市建设中不可缺少的一项公用设施。它的首要任务是保证车辆和行人交通的安全与畅通。道路照明可以为驾驶员安全行车提供良好的视觉条件,以减小交通事故量;道路照明还可提高运输效率,对美化城市环境也有重要意义。

道路照明技术经过照度、亮度和视觉功能评价3个发展阶段,现已在国际上形成一个专门的学科。道路照明过去沿用人眼不能直接感觉的照度评价指标,经过生理光学的发展,照明设计已逐渐过渡到以人眼所感受到的亮度为基础。我国城市道路照明采用照度与亮度并用,由照度逐步向亮度过渡的标准。

道路照明涉及的内容较广,本节主要介绍与道路设计有关的道路照明设计内容。

一、道路照明的主要技术指标与照明标准

为了保证道路照明质量,达到辨认可靠和视觉舒适的基本要求,道路照明应满足平均亮度(照度)、亮度(照度)均匀度和眩光限制 3 项主要指标。此外,道路照明设施还应能提供良好的诱导性。

1. 路面平均亮度

在道路照明中,驾驶员观察路面障碍物的背景主要是驾驶员前方的路面,障碍物本身表面和路面之间至少要有一定的(最低限度的)亮度差(对比)才能被觉察到。觉察障碍物所需的对比值取决于视角及观察者视场中的亮度分布,视角越大(当观察者至障碍物的距离不变时,即障碍物越大),路面亮度越高则眼睛的对比灵敏度越高,也就是阈值对比越低,发觉障碍物的机会也就越大。因此提高路面平均亮度(照度)值将有利于提高驾驶员的辨认可靠性。

2. 路面亮度均匀度

道路照明装置尽管能为路面提供良好的平均亮度,但还有可能在路面上某些区域产生很低的亮度。一般情况下,最差的对比往往出现在路面上较暗的区域。因此,为了使路面上各点均有足够的识别效果,应确定路面最小亮度(照度)和平均亮度(照度)之间的允许比值,即应满足一定的均匀度要求。

3. 眩光限制

眩光可分为两类,第一类称为失能眩光,它损害人眼看物体的能力。第二类称为不舒适眩光,通常引起不舒适的感觉和疲劳。

(1)失能眩光(生理眩光)从可见度损失的角度来评价道路照明装置。没有眩光时勉强可以看见物体,有眩光时则看不到,除非增加实际对比。有眩光时能勉强看见物体所增加的额外对比除以有效对比所得值(即所谓阈值增量)作为对失能眩光引起的视功能损失的一种度量。

(2)不舒适眩光(心理眩光)表示在车辆行进状态下,从降低驾驶舒适感的角度对道路照明装置所做的评价。眩光所引起的不舒适感程度用眩光控制等级(G)表示。G 值取决于灯具的某些光度参数和其他有关道路照明装置的特性。

4. 诱导性

道路照明设施应能提供良好的诱导性,它对交通安全和舒适所起的作用犹如亮度水平或眩光控制一样重要,但诱导性不可能用光度参数来表示。

诱导性可分为视觉诱导和光学诱导。

(1)视觉诱导——通过道路的诱导辅助设施,如路面中线、路缘或路面标志,应急路桩等,驾驶员明确自身所在的位置和道路前方走向。

(2)光学诱导——通过灯杆和灯具的排列,灯具式样、灯光颜色或其强度的变化表示道路走向的改变或将要接近交叉路口等特殊地点。

在设置连续照明的道路上,通过合理选择装置设置方式和整齐的灯具排列,能得到良好的诱导性。如中间设有分隔带的双幅路,宜将灯杆设在分隔带中;在曲线路段上宜将灯杆设在外侧等。

通向交叉口的道路、相邻的道路或类别、功能不同的道路可通过下列方式改善道路照明所

提供的诱导性。

(1)改变照明系统:通向交叉口的道路及交叉口本身可采用不同的照明系统,如前者采用常规照明,后者采用高杆照明。

(2)改变光源颜色:如通向交叉口的主、次道路可采用颜色不同的光源。在规划城市道路照明时,主、次道路,环路和过境道路等可有计划地采用不同的光源,使道路照明起到道路指示牌的作用。

(3)改变灯具的式样或安装高度:如设在停车场、加油站的道路,通向这些服务设施的支路可采用和主路式样不同的灯具或不同的安装高度,即使在白天也能提供良好的诱导性。

(4)改变灯具的安装布置方式:如采用中心对称布置的道路,接近交叉口时可改变道路两侧的对称布置,这种变化可作为一种信号提醒驾驶员他正在接近危险的路口。

与各类道路相应的各级道路照明标准见表9-21。

机动车道路照明标准值 表9-21

级别	道路类型	路面亮度			路面照度		眩光限制阈值增量 TI(%) 最大初始值	环境比 SR 最小值
		平均亮度 L_{av}(cd/m^2) 维持度	总均匀度 UO 最小值	纵向均匀度 UL 最小值	平均照度 E_{av}(lx) 维持度	照度均匀度 UE 最小值		
Ⅰ	快速路、主干路	1.5/2.0	0.4	0.7	20/30	0.4	10	0.5
Ⅱ	次干路	0.75/1.0	0.4	0.5	10/15	0.35	10	0.5
Ⅲ	支路	0.5/0.75	0.4	—	8/10	0.3	15	—

注:1. 表中所列的平均照度仅适用于沥青路面,若为水泥混凝土路面,其平均照度值可相应降低约30%;
    2. 表中对每一级道路的平均亮度和平均照度给出了两档标准度,"/"的左侧为低档值,右侧为高档值。对同一级道路选定照明标准值时,中小城市可选择低档值;交通控制系统和道路分隔设施完善的道路,宜选择低档值。

城市道路照明应根据道路功能及技术等级确定其设计标准。照明标准值应符合表9-21的规定,表中高档值和低档值应根据城市的性质和规模以及交通控制系统和道路分隔设施完善性来选择。

二、照明装置的布置方法

1. 平直路段

照明装置在平面上一般有5种基本布置形式,如图9-31所示。

(1)单侧布置

即所有灯具均布置在道路的同一侧[图9-31a)]。这种布灯方式适合于比较窄的道路,它要求灯具的安装高度不小于路面有效宽度(灯具与不设灯一侧路缘之间的水平距离)。单侧布置的优点是诱导性好、造价比较低;缺点是不设灯的一侧路面亮度比设灯的一侧低,因而两个不同方向行驶的车辆得到的照明条件不同。

(2)交错布置

即把灯具交替排列在道路两侧[图9-31b)]。这种布置方式适合于比较宽的道路,它要求灯具的安装高度不小于路面有效宽度的0.7。交错布置的优点是可以满足对亮度总均匀度的要求,在雨天提供的照明条件比单侧布置的要好;缺点是亮度纵向均匀度一般较差,诱导性也不及单侧布置好。

(3) 对称布置

即灯具对称排列在道路两侧[图9-31c)]。这种布置方式适合于较宽的路面,它要求灯具的安装高度不应小于路面有效宽度的一半。

(4) 横向悬索式布置

即把灯具挂在横跨道路的缆绳上,灯具的垂直对称面与道路轴线成直角[图9-31d)]。这种布置方式的灯具安装高度一般都比较低(6~8m),多用于树木较多,遮光比较严重的道路,也用于楼群区难于安装灯杆的狭窄街道,这时可直接把缆绳的两端固定在街道两侧的建筑物上。

(5) 中心对称布置

此方式适用于有中间分车带的双幅路[图9-31e)]。灯具安装在位于中间分车带的Y形灯杆上,灯具的安装高度应不小于单向车行道的路面有效宽度。

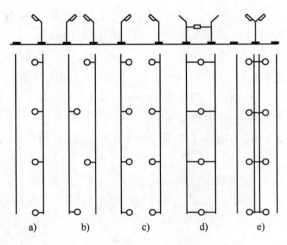

图9-31　灯具布置的五种基本形式

当中间分车带不太宽时,中心对称布置的灯具其车道侧和人行道侧的光对路面亮度都有贡献,而双侧对称布置的灯具主要是车道侧的光对路面亮度有贡献。因此,中心对称布置比两侧对称布置的效率要高一些。

2. 曲线路段

(1) 半径不小于1 000m的曲线路段,其照明可按直线路段处理。

(2) 在半径较小的曲线路段上,灯具应沿曲线外侧布置以获得良好的诱导性,并为路面提供较大的宽度。为了得到较均匀的路面亮度,应减小灯具的间距(通常为平直路段的0.5~0.75)和悬挑长度。不同弯道半径的路灯间距见表9-22。弯道上灯具的布置如图9-32所示。

不同弯道半径的路灯间距　　　　表9-22

弯道半径(m)	<200	200~250	250~300	>300
路灯间距(m)	<20	<25	<30	<35

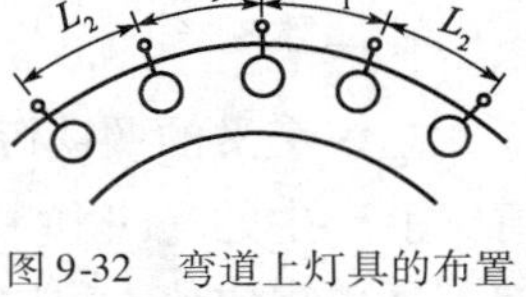

图9-32　弯道上灯具的布置

在反向曲线路段上,宜在固定的一侧设置灯具,发生视线障碍时,可在曲线外侧增设附加灯具。

（3）若曲线路段路面较宽,灯具采用单侧布置不能满足要求而需要采用双侧布置时,宜采用对称布置以避免失去诱导效果。

（4）道路转弯处的灯具不得安装在直线路段灯具的延长线上,以免驾驶员误认为是道路向前延伸而导致事故。

3. 平面交叉

（1）平面交叉应设置照明的条件

①相交道路中至少一条道路有照明；

②复杂的平面交叉；

③经常有雾的地区。

（2）平面交叉的照明光源

可采用与通向该交叉口的道路光色不同的光源,主、次干路采用不同形式的灯具或采用不同的布灯方式等。必要时可另行安装偏离规则排列的附加灯具。

（3）平面交叉的亮度（照度）

平面交叉的亮度（照度）应高于每一条通向该交叉口道路的亮度（照度）。交叉口的车辆、行人、交通岛、分隔带、缘石等应有一定的垂直照度。

（4）几种平面交叉口典型的布灯方案

①有照明的道路与无照明的道路的交叉口,其灯位的设置同样有单侧、交错、对称3种形式,图9-33为交错形式。

②两条同样重要并且都有照明设施的道路交叉口,其灯位设置见图9-34。

③两条有照明的道路T形交叉口的灯位设置见图9-35。道路尽端设置的路灯不仅可以有效地照明交叉路段,而且有利于驾驶员识别道路的尽端。

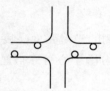 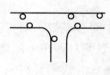

图9-33　有照明与无照明的交叉口　　图9-34　两条有照明的交叉口　　图9-35　两条有照明道路的T形交叉口

4. 环形交叉口

环形交叉口设灯时,应将灯具设在环道外侧。若中心岛直径较大可采用高杆照明,但应使车行道的亮度（照度）高于中心岛内亮度（照度）。

5. 立体交叉

立体交叉的照明除应为路面提供足够的亮度（照度）外,还应考虑下穿道路的灯具在下穿道路上产生的光斑和上跨道路的灯具在下穿道路上产生的光斑衔接协调,使该处的照明均匀度不低于规定值,并应防止下穿道路的灯具在上跨道路上造成眩光。

当互通式立体交叉不设连续照明（如远离城区的立交）时,在交叉口、出入口、曲线路段、坡道等交通复杂的路段都应设置照明。同时,照明装置应延伸到临界区之外并逐渐降低。

过渡照明路段(约200m)灯具的设置通常是保持原来的安装高度和间距,逐渐减少光源功率,直至路面亮度水平降至 $0.3cd/m^2$ 左右。

6. 其他特殊地点

1)道路与铁路平面交叉口

(1)交叉口应有足够的照明以便识别道口、路面的不规律性、是否有火车通过或接近交叉口、在交叉口及其附近有没有车辆、行人及其他障碍物。

交叉口的照明方向和照明水平应有助于识别装设在垂直路面上的信号或路面上的标志。灯光颜色不得与信号灯颜色相混淆。

(2)交叉口铁轨两侧各30m范围内路面的亮度(照度)水平应高于所在道路的水平,而且要有一定的均匀度。

2)广场和停车场

广场照明设计应根据广场性质、夜间人流、车辆集散活动规模、路面铺装材料以及绿化布置等情况分别采用双侧对称布灯、周边式布灯等常规照明或高杆照明。广场通道、出入口与人群集中活动区的照明水平及均匀度应略高于与其衔接的道路。

停车场应根据使用要求、夜间车辆进出的频繁程度,合理设置照明。

3)桥梁

(1)中小型桥梁的照明应与其连接的道路照明一致,若桥面的宽度小于与其连接的路面宽度,则桥的栏杆、路缘石要有足够的垂直照度,在桥的入口处应设照明灯。

(2)大型桥梁照明要进行专门设计,既要满足功能要求,又要顾及艺术效果,做到和大桥的风格相协调。

(3)桥梁照明要限制眩光。一是避免对其连接或临近道路上的道路使用者造成眩光,二是当桥下有船只通航时避免给船上的领航员造成眩光。为此,必要时应采用严格的控光灯具(有时在灯具内装上专用的挡光板或格栅)。

(4)坡道

在坡道上设置照明时,应使灯具的开口平面平行坡道。在凸形竖曲线坡道范围内应缩小灯具的间距并采用截光型灯具。

(5)人行地道

除地道外的光线能穿过的,直线段人行地道白天可不设照明外,一般均可按下列原则设置照明:

①入口处宜设照明装置,夜间可以照亮上下阶梯,白天可以起到指示牌的作用,引导人们走人行地道。

②比较窄的人行地道,可在顶部或一侧的墙面上布置一排灯具,比较宽的人行地道,可在两侧墙壁上各布置一排灯具或在顶部布置两排灯具。

③地道内平均水平照度,夜间为20lx,白天以50~100lx为宜。

7. 高杆照明

高杆照明通常是指灯具(通常是一组灯具)的安装高度不小于20m的照明。干道上的复杂合流点、分流点、立体交叉点、大型广场、公共停车场以及宽阔的道路可采用高杆照明。高杆照明有以下8个特点：

(1) 被照面的照度、亮度均匀度好，可以避免或大大减弱眩光，即照明质量好；

(2) 灯杆少，为驾驶员提供一幅道路或整个立交的完整清晰图像；

(3) 可以照明空间，有助于创造类似白天的照明条件；照射面积大，不但可以照亮路面，而且可以照亮环境，这就为驾驶员创造一个良好的视觉环境，从而改善驾驶员的可见度；

(4) 杆位选择合理时，可以消除旗杆事故，且维护时不影响正常交通；

(5) 比较容易增加每基杆上灯具的数量，灯具内可以采用大功率的光源，因此容易在被照面上获得高照度、高亮度；

(6) 造型比较美观，可以起到美化城市的作用；

(7) 造价一般比较高，除非采用升降式或内爬式，否则需要采用专门的液压高架车；

(8) 光通利用率较低，能耗较大。

三、照明设计

1. 照明设计的主要内容

照明设计包括以下11个方面内容：

(1) 道路的几何特征：机动车道、非机动车道、人行道及分车带等道路横断面形式，坡道坡度、平曲线半径、道路出入口、平面交叉与立体交叉布局等；

(2) 路面材料及其反光特性；

(3) 道路周围环境（路旁建筑物、分车带的绿化、环境污染程度等）及其附近的发展规划；

(4) 道路类别及相应照明标准：路面平均亮度（照度），亮度（照度）均匀度及眩光限制等；

(5) 可供选择的光源、灯具及其附件的型号、规格、光电特性和价格等；

(6) 可供选择的供电、线路敷设及控制方式等；

(7) 确定灯具的布置方式；

(8) 确定灯具的安装高度、间距、悬挑和仰角；

(9) 确定光源的类型和规格；

(10) 确定灯具的类型和规格；

(11) 确定灯杆、灯台及其他照明器材的类型和规格。

2. 照明设计的步骤

(1) 结合当地条件和实践经验选一种灯具布置方式。并根据所选用的光源、灯具的光度特性初选光源和灯具；

(2) 初选灯具的安装高度、间距、悬挑和仰角；

(3) 进行平均亮度（照度）、亮度（照度）均匀度及眩光限制水平的计算，并将计算的结果与应达到的标准进行比较；

(4) 若计算结果未能达到标准的要求，则应调整设计方案、变更灯具的类型、布置方式、安装高度、间距或灯泡的类型、功率之中的一项或某几项，重新进行计算直至符合标准。如此反复，通常可以提出几种能符合标准的设计方案；

(5)对设计方案进行技术经济和能耗的综合分析比较,并适当考虑当地民众的爱好、习惯,最终确定一种设计方案。

3. 照明计算

1)资料收集:

(1)道路的横断面及各部分宽度;

(2)路面材料及其亮度系数或简化亮度系数;

(3)灯具的布置方式及安装高度、间距、仰角和悬挑等;

(4)光源及灯具的类型、规格等;

(5)灯具的利用系数曲线图、等光强曲线图(或光强分布表)、亮度产生曲线图等光度数据;

(6)灯具的维护系数。

2)水平照度及其均匀度的计算

(1)路面上任意一点 P 水平照度的计算,见图9-36。

①一个灯具在某一点 P 所产生的照度计算式为:

$$E_p = \frac{I_{rc}}{h^2}\cos^3 r \tag{9-6}$$

式中:r、c——分别为计算点 P 相对于该灯具的垂直角和水平角;

I_{rc}——灯具指向为 r、c 所确定的计算点 P 的光强;

h——灯具安装高度。

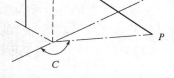

图9-36 任意点 P 的水平照度示意

②数个灯具在计算点 P 处产生的总照度计算式为:

$$E_p = \sum_{i=1}^{n} E_{pi} \tag{9-7}$$

计算时,首先应根据计算点 P 的位置,确定其相对于每个灯具的坐标(r,c),并从该种灯具的等光强曲线图(或光强表)得出每个灯具指向 P 点的光强,代入式(9-6)计算,并乘以 klm 为单位的光源光通量,在实际使用的条件下还应乘以适当的维护系数。

计算路面上某点的照度时一般只需考虑附近的 3~4 个灯具对该点的影响。

(2)路面平均水平照度计算,包括以下 2 个部分:

①数值计算

先确定路面上的照度计算点。一般可把照度测量点作为计算点,计算出各点的照度,然后计算出路面上的平均照度,计算式为:

$$E_{av} = \frac{\sum_{i=1}^{n} E_i}{n} \tag{9-8}$$

式中:E_{av}——路面平均水平照度;

E_i——第 i 个计算点上的照度;

n——计算点的总数。

②根据利用系数曲线图进行计算,计算式为:

$$E_{av} = \frac{\eta \varphi M N}{W S} \tag{9-9}$$

式中：η——利用系数，根据道路的宽度和灯具的高度、间距、悬挑和仰角，由灯具的利用系数曲线图查出；

φ——灯泡的光通量；

M——维护系数，依灯的使用环境条件及维护状况的不同而异；

N——每个灯具内实际点燃的灯泡数目；

W——路面宽度；

S——灯具间距。

（3）水平照度均匀度的计算

通常道路照明标准规定的照度均匀度（U）为路面上的最小照度（E_{min}）与平均照度之比。

$$U = \frac{E_{min}}{E_{av}} \tag{9-10}$$

式中：E_{min}——最小水平照度；

E_{av}根据式(9-8)或式(9-9)计算。E_{min}可由计算得出的规则布置的点的照度值中选出。若要求照度均匀度的计算准确度高，则计算点就得增多。

3）路面亮度及其均匀度的计算

（1）路面上任意一点亮度的计算式为：

$$L_p = \sum_{i=1}^{n} \frac{I(c_i, r_i)}{h^2} \cos^3 r_i \cdot q(\beta_i, r_i) = \sum_{i=1}^{n} r(\beta_i, r_i) \frac{I(c_i, r_i)}{h^2} \tag{9-11}$$

式中：c_i, r_i——计算点 P 相对于第 i 个灯具的坐标；

$I(c_i, r_i)$——第 i 个灯具指向计算点 P 的光强值，由该种灯具的等光强曲线图查出；

$r(\beta_i, r_i)$——简化亮度系数可从实际路面测量得或从实际路面相对应的标准路面的 r 表中查出，见《城市道路照明设计标准》（CJJ 45—2015）。

计算路面上某一点的亮度时，只需考虑位于计算点前方 5 倍高度、后方 12 倍安装高度，两侧各 5 倍安装高度范围内的灯具对该点亮度的贡献。

（2）路面平均亮度的计算

①计算式为：

$$L_{av} = \frac{\sum_{i=1}^{n} L_i}{n} \tag{9-12}$$

式中：L_{av}——路面平均亮度；

L_i——在布点规则的路面上第 i 点的亮度值，可根据式(9-11)计算；

n——计算点的总数。

②利用亮度产生曲线图计算式为：

$$L_{av} = \frac{\eta_L q_{L0} \varphi}{SW} \tag{9-13}$$

式中：η_L——灯具的亮度产生系数，根据道路的几何尺寸，灯具安装条件及观察者位置，由该种灯具的亮度产生曲线图查出；

φ——光源光通量,lm;

S——灯具的安装高度,m;

W——路面平均亮度系数,cd/m²/lx。

若需计算维持平均亮度,应在式(9-13)上乘以维持系数 M。

(3)亮度均匀度的计算

①总均匀度的计算式为:

$$U_0 = \frac{L_{\min}}{L_{av}} \quad (9\text{-}14)$$

式中:U_0——亮度总均匀度;

$L_{\min}$——整个路面最小亮度。

由式(9-11)逐点计算得到的亮度值中找出最小亮度值与根据式(9-12)或式(9-13)计算得到的平均亮度值相除。

②纵向均匀度的计算式为:

$$U_L = \frac{L'_{\min}}{L'_{\max}} \quad (9\text{-}15)$$

式中:U_L——亮度纵向均匀度;

$L'_{\max}$——每条车道中心线上的最大亮度;

$L'_{\min}$——每条车道中心线上的最小亮度。

对位于每条车道中心线上的观察者计算出的每条车道中心线上的亮度分布中,找出最大亮度值和最小亮度值,代入式(9-15),计算出每条车道的纵向均匀度,然后进行比较,从中选出最小值作为整个路面的纵向均匀度。

某城市道路照明布置图如图 9-37 所示。

4. 安装高度、间距和仰角

(1)安装高度

灯具的安装高度首先要根据灯具的布置方式和路面有效宽度、灯具的配光、光源功率来决定,还应考虑维护条件、经费支出等其他因素。一般来说,安装高度越低,总的投资也越低;但安装高度减小,灯具的眩光就会增加。

(2)安装间距

对已知的照明布置方式和灯具的光分布,灯具的安装间距与安装高度与要求达到的路面亮度纵向均匀度有关。安装得越高,间距就可以越大。对于给定的纵向均匀度和行车速度,增大间距还可以减小路面亮度的变化,从而改善驾驶员的视觉反应特性和视觉舒适感。

(3)安装仰角

使灯具有一定的仰角是为了增加灯具在某一安装高度下对路面的照射范围。如果路面有效宽度超过安装高度较多,增大灯具的仰角只增加了到达灯具对面一侧路面光线的量,但亮度却不会成比例地增加。这是因为射在路面上的光线难以反射到驾驶员的眼睛。灯具仰角过大,特别是在弯道上,产生眩光的机会就会增加。因此,灯具的仰角应予以限制,一般不宜超过 15°。

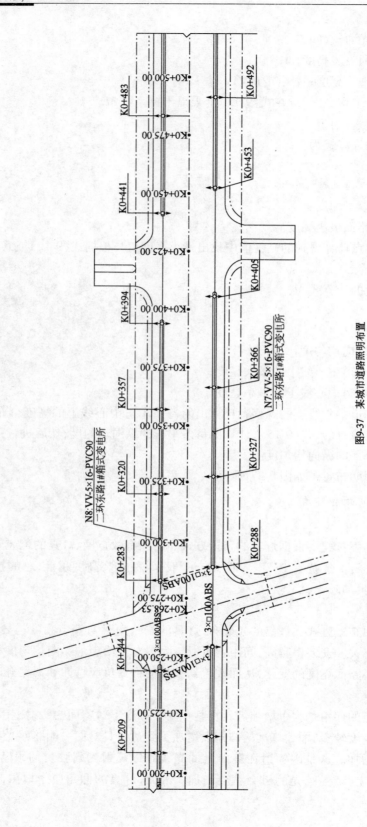

图9-37 某城市道路照明布置

第八节　道路绿化设计

道路绿化就是沿道路纵向种植绿带,形成一条"线",它沟通了城市园林绿化的"点"和"面"。

一、道路绿化的作用

道路绿化对保持生态平衡,保护、美化环境等都有重要的意义和作用。

对公路而言,道路绿化既能稳固路基、美化路容、诱导视线、减轻驾驶员的疲劳、增加乘客的舒适感和安全感,又能积累木材、增加收益。积雪、风沙地区还能起到防雪、防沙作用。

城市道路的绿化是整个城市绿化的主要组成部分。道路绿化除了具有改善城市环境、美化城市街景的作用,在绿化带下埋设管线还可减少管线维修对路面破坏造成的损失。

二、道路绿化的布置

1. 公路绿化

公路两侧种植行道树是公路绿化的常见方式。但要注意以下问题:公路路肩上不得植树,在交叉口范围内和弯道内侧种树,必须满足行车视距的要求;市郊、风景区、疗养区等路段应尽量选用常绿树种栽植风景林;行道树及风景林经过农田或经济作物区时,可植在护坡道或路堤边坡上以减少占地。

公路绿化常用树种应根据气候、土壤、防污染要求等因素进行选择,要满足绿化设计功能的要求;要具有较强的抗污染和净化空气的功能;要具有苗期生长快、根系发枝性好、能迅速稳定边坡的能力;要易繁殖、移植和管理,抗病虫害能力强;要具有良好的景观效果,能与附近的植被和景观协调。

公路绿化设计按功能分为保护环境绿化和改善环境绿化两类。

保护环境绿化主要通过绿化栽植以降噪、防尘、保持水土、稳定边坡。它包括防护栽植、防污栽植、护坡栽植。

改善环境绿化是通过绿化栽植以改善视觉环境,增进行车安全。它包括诱导栽植、过渡栽植、防眩栽植、缓冲栽植、遮蔽栽植、标示栽植、隔离栽植等。

2. 城市道路绿化

城市道路常见的绿化布置有行道树、林荫树、绿荫、绿篱、花丛和条形草地。

城市道路绿化应满足以下 4 点要求:

(1)道路绿化设计应综合考虑沿街建筑性质、环境、日照、通风等因素分段种植。在同一路段内的树种、形态、高矮与色彩不宜变化过多,并做到整齐、规则、和谐、一致。

(2)绿化宽度宜为红线宽度的 15% ~ 30% 。对游览性道路、滨河路及有美化要求的道路可提高绿化比例。

(3)道路绿化设计应处理好与道路照明、交通设施、地上杆线、地下管线等的关系。

(4)在道路平面、纵断面与横断面设计时应注意保护古树名木。

【习题与思考题】

9-1 公路沿线设施及城市道路附属设施分别包括哪些?

9-2 公路服务区与停车区的主要区别是什么?规模如何确定?

9-3 高速公路服务区的布置形式及特点是什么?

9-4 高速公路收费站的布置形式有哪些?各自特点是什么?

9-5 公路排水系统包括哪几个方面?城市道路排水体制的分类有哪些?

9-6 公共电、汽车站点有哪些种类?

9-7 公共电、汽车停靠站的布置形式及特点是什么?

9-8 停车场车辆停放方式有哪几种?各自特点有哪些?

9-9 道路照明设计内容由哪几部分组成?道路照明装置的布置形式有哪几种?

9-10 道路绿化的作用有哪些?城市道路绿化应满足哪些方面的要求?

第十章
道路改扩建设计

第一节 概 述

道路改扩建是指在现有道路基础上,为提高道路技术等级、增加道路容量或改善道路技术指标而进行的道路建设工程。道路改扩建的概念主要包括两层含义:一是因现有道路及附属设施不能满足交通量需求而进行的道路技术等级提高改扩建,即升级改造工程;二是因道路结构强度不能满足交通流轴载需求而进行的道路结构强度改扩建工程。通过实施道路改造或扩容建设,可以提高道路的通行能力、承载能力及服务水平,有利于充分发挥道路的整体功能。

一、国外公路改扩建发展历程及经验

西方发达国家早在 20 世纪 30 年代就开始大规模开展高速公路修建及改造扩容建设,经过数十年的发展,对于公路改扩建有了比较系统完备的建设思路及成熟经验。随着科学技术的不断进步,社会对环保等的重视程度越来越高,国外高速公路改扩建已由过去简单地考虑满足交通功能为目的的改扩建模式向考虑交通、生态、环境、经济、技术、社会影响等综合效益的模式转变。现以美国、加拿大及日本等发达国家的公路改扩建为例进行简要介绍。

1. 美国

第二次世界大战以来,美国开始在国内大规模建设高速公路,至 20 世纪 60 年代中期,基

本形成了高速公路网络。随着经济水平发展,汽车工业发展迅猛,加之州际高速公路不收费政策,致使美国高速公路交通量增长较快。20世纪70年代起,美国开始逐渐进入高速公路扩建时期。由于美国的土地政策相对宽松,在公路设计阶段又坚持了长远的观点,早期建设的高速公路多采用了宽中央分隔带的形式。基于此条件,美国高速公路扩建多采用原位加宽的方式,车道数从4车道增加为8车道或10车道。为了充分发挥高速公路快速通过能力,交通量大的高速公路两侧大多设置了集散车道,用于收集和疏散高速公路交通,这形成了美国高速公路的一个特色。

15号州际高速公路拉斯维加斯至洛杉矶段原来以双向6车道为主,局部为双向4车道。随着交通量的增长,道路服务水平开始下降,内华达州开始实施道路扩建。15号高速公路与美国大部分高速公路一样采用了宽中央分隔带的方式,扩建工程采用内侧加宽的方式将道路扩建为双向8车道,把原来的宽中央分隔带改为护栏。

59号高速公路是休斯顿(美国)西南方向的重要出口道路,建成于1976年,为双向4车道高速公路。随着交通量的增加,从1992年开始分段实施扩建,到2002年全线建成了以双向10车道+1HOV车道为主的高速公路。公路两侧设置了集散车道,集散车道与高速公路的连接分集中连接与分散连接两种,集中连接是在较短的距离内允许匝道交叉设置主线出口和主线进口,分散连接是间隔一定的距离分别设置主线出口和主线进口。

2. 日本

日本在20世纪80年代初步形成了高速公路干线网络,此后又大规模兴建其他较高等级的支线道路。日本的高速公路也经历了高速发展、注重提高质量、兼顾维修保养出精品三个阶段。日本在高速公路建设前期也非常重视长远规划,以经济实用为原则,尽量为后续改扩建留有空间。日本的高速公路改扩建也大都以原路扩建为主,由于受当地地形地质限制,道路路基多是填筑山间峡谷或开挖山体而成,多以单侧加宽为主,局部结构物采取分离新建的改扩建形式。同时,在改扩建过程中,注重技术创新及实用技术的研究,如采用轻质填料进行路基填筑、桥梁拼接技术等。

3. 加拿大

401高速公路改扩建是加拿大具有代表性的道路改扩建工程。401公路是多伦多市内东西向主要干线高速公路。多伦多是加拿大人口最多的城市,交通需求量大,高速公路网发达。该道路于1952年开始建设,断面车道数为4~22。

401高速公路在各个建设时期的不同路段采用了不同的标准,且标准差异较大,建成后不同路段交通量发展不同,其中一些路段进行了扩建。扩建形式采取了向中央扩建与两侧加宽扩建相结合的方法以增加车道数。在交通量大的城市路段,早在建设时期就已考虑了多车道方案,或通过新建分离式路基方式来解决多车道的交通组织问题。401高速公路分离式路基交通转换的连接方式与美国高速公路的集散车道交通转换连接方式相似,也有集中转换与分散转换两种方式,但其标准不同。401公路是在同一高速公路分离车道间的转换,连接车道技术指标较高。401高速公路的改扩建模式为处理多车道高速公路改扩建提供了借鉴。

二、我国开展道路改扩建设的必要性

在经历了数十年的发展和建设后,我国的道路基础设施日渐完善。由于近年来我国经济社会一直处于高速增长的态势,早期修建的大批国省干线公路(含高速公路,下同)交通量已趋近饱和或过饱和,且随着道路使用年限的不断增加,路面的使用状况也越来越差。因此,对早期修建的国省干线公路进行改扩建来提高通行能力,改善路面使用性能,已经成为当前道路建设任务中的重要部分。

(1)满足日益增长的交通需求,充分发挥道路功能

由于受我国早期经济水平及社会发展程度的限制,我国早期修建的国省干线公路大部分为4车道及以下道路,仅能满足建成后一定年限的交通需求。近年来,我国社会经济一直保持迅猛增长的势头,且道路建设对沿线经济产生了促进和带动作用,道路交通需求迅速增长,部分道路开始出现交通拥堵、事故频发等运营问题。通过道路改建或扩容建设,可以提高道路的通行能力,消除道路交通拥堵,减少道路交通事故,保证道路功能的充分发挥。

(2)提高道路服务水平,促进经济社会发展

道路交通量的不断增长,导致的最直接的后果就是服务水平下降,开始出现行车速度降低、通行效率下降等问题,不能满足驾驶人对高等级干线公路快速、便捷及舒适的要求,从而制约了社会经济的发展。同时,我国早期道路建设由于受经济水平等因素的限制,结构设计标准往往相对偏低,施工技术不够成熟,加上近年来超限、超载车辆增多,使得路面及道路结构病害现象加剧,不但影响行车的舒适性,而且严重危害行车的安全性。因此,对旧路根据交通需求及结构现状进行综合分析,开展道路提升改造或扩容建设是十分必要的。

三、道路改扩建相对于新建道路的优势

与新建道路相比,对已有道路进行改建或扩建,在投资、建设周期及节约土地资源等方面都有着明显的优势,也是贯彻建设节约型社会发展模式的重要体现。

(1)与新建道路相比,旧路改扩建具有节约土地资源、施工周期短、配套工程少、工程投资相对较低等优点,且从技术角度讲,路基、路面拼接,桥梁拓宽及拼接技术等已相对成熟。据测算,与新建道路相比,旧路改扩建一般可以节约50%~60%以上的土地,节约40%~60%的工程造价。

(2)从实际通行能力及运营效果分析,扩建形成的8车道公路的实际通行能力大于2条4车道公路的通行能力之和。

(3)从对社会和环境影响角度分析,因旧路两侧沿线经济带的发展基础,新建道路短期内很难吸引旧路的交通量,短期内分流作用相对较弱。此外,旧路改扩建相比于新建道路,对沿线环境的影响较小,旧路改扩建可以充分利用废旧道路材料,更符合建设集约型环保社会的要求。

(4)从管理和养护角度分析,旧路改扩建更有利于充分利用现有的道路管理场站、设施及人员配置,能节约大量的人力和物力。

第二节　道路改扩建类型

不同国家、不同地区,因国情、土地资源、管理模式不同,其改扩建方案会有所不同。如美国土地资源丰富,早期建设的高速公路采用中间预留方式,可一次规划、分期实施,扩建时少征

地或不征地,拆迁少,给扩建创造有利条件,降低扩建难度,扩建方案相对简单,实施难度亦不大,扩建时为了充分发挥高速公路快速通过能力,应在交通量大的高速公路两侧设置集散车道,用于收集和疏散高速公路交通。而日本土地资源稀有,较多地采取设置停车岛开辟硬路肩为车道的改扩建方案,也有一部分采取了现有道路上设高架的方式进行扩建。

一、道路改扩建的形式

道路改扩建包括通行能力约束改造和技术指标提升两大类。总结我国已完成的国家干线公路的改扩建工程,采用的主要改扩建形式包括原路扩建、同走廊内新建复线、另辟走廊新建复线等模式,各种模式的建设特点及适用条件均有所不同。

1. 原路扩建

原路扩建是项目影响区域内土地资源紧张或产业布局受限时较多采用的改扩建形式。原路扩建是以原有道路为建设基础,通过增加车道数、提高线形条件来提升道路的通行能力。根据道路断面的形式,原路扩建可分为分离加宽与拼接加宽两大类。根据其具体的加宽形式,又可将加宽方案划分为单侧加宽方案、两侧加宽方案以及混合加宽方案。原路扩建加宽方案的建设形式见表10-1,加宽方案效果图见图 10-1。原路扩建形式能节约土地资源,充分利用旧路及既有设施,对区域路网及城市规划的影响较小,对沿线环境产生的影响也较小。但在施工过程中,对旧路通行的影响较大。

原路扩建加宽方案的建设形式　　　　　表 10-1

加宽方案	具体建设形式	与原路对比
单侧加宽	拼接加宽	平、纵面均与原路相同
	分离加宽	平面分离加宽
		纵面分离加宽
两侧加宽	拼接加宽	平、纵面均与原路相同
	分离加宽	平面分离加宽
		纵面分离加宽
混合加宽	单侧加宽与两侧加宽的组合	

a)两侧拼接加宽　　　　　　　　b)单侧分离加宽

图 10-1

c)两侧拼接与两侧分离加宽相结合1

d)两侧拼接与两侧分离加宽相结合2

图 10-1　各类原路加宽方案效果图

2. 同走廊带内新建复线

走廊带是指具有明确控制点的一个有限宽度的带状地带。同一走廊带的基本条件是控制点相同。同走廊新建复线与原路扩建的根本区别在于复线以新建道路为主，原路扩建以原路利用为主。同走廊带内新建复线受到走廊带控制点的控制，与原路往往距离较近，就像铁路公路并行、高速公路与低等级公路并行状况一样，经常存在规划协调、土地利用、未来跨越等诸多社会与技术问题。此种形式对走廊带的范围、地形特点及沿线城市规划等条件要求较高，因此适用性相对较低。

3. 另辟走廊带新建复线

另辟走廊带新建复线是指通过新建道路来增加路网连通度，提高区域路网的密度，提高整个区域路网的通行能力。新建方案对原有道路影响有限，对区域路网的出行分布产生的影响较大。另辟走廊带新建复线的改建形式能在一定程度上提高路网容量，施工过程中对旧路交通也基本无影响，但受城市总体规划和区域地形地物的限制较大，需要重新占用走廊带，占用大量土地资源。

4. 局部路段原路扩建、局部路段新建复线

新建复线与原路扩建是相互关联的统一体，在实际道路改扩建方案确定过程中，往往采用局部路段原路扩建、局部路段新建的综合加宽方案，针对不同路段的不同特点，灵活选用加宽形式。

二、国内具有代表性的道路改扩建工程

目前，我国早期建设的高等级公路大多已完成改扩建并已通车。在这些项目的改扩建过程中，在扩建方案论证阶段进行了大量的分析研究工作，取得了丰硕的研究成果。

（1）沈大高速公路（沈阳—大连）：沈大高速公路扩建工程研究始于 2000 年，研究阶段设计单位针对新建、扩建及扩建形式进行了深入的研究，最后推荐两侧拼接为主、单侧分离为辅（隧道和海湾大桥）的扩建形式。工程于 2002 年 5 月开工建设，2004 年 8 月全线通车。沈大高速公路开创了国内高速公路大规模扩建的先河，尝试了全封闭施工、全部路面重建、全部桥梁上部结构重建（含利用）、全部交通工程及沿线设施重建的"沈大模式"，扩建规模为双向 4

车道扩建为双向 8 车道。改扩建中和改扩建后的沈大高速公路分别如图 10-2 和图 10-3 所示。

图 10-2　改扩建中的沈大高速公路　　　　　图 10-3　改扩建完的沈大高速公路

(2)杭甬高速公路:杭甬高速公路扩建工程始于 2000 年 10 月,采取分段逐步实施的方案进行扩建,采取两侧拼接扩建方式,扩建规模为双向 6 车道和 8 车道两种。杭甬高速公路扩建工程立足于提高通行能力,重点解决好软土地基处理技术等方面的问题。工程采取不中断交通的方式进行施工,实现了扩建、运营两不误。其建设思路具有代表性,称之为"杭甬模式"。改扩建中和改扩建后的杭甬高速公路分别如图 10-4 和图 10-5 所示。

图 10-4　改扩建中的杭甬高速公路　　　　　图 10-5　改扩建完成后的杭甬高速公路

(3)沪宁高速公路:沪宁高速公路是我国早期建设的知名高速公路之一,代表了一个时代的丰碑。项目建设选择了两侧拼接为主、局部分离为辅的扩建方式,扩建形式有:①两侧整体拼宽(整体运营)。②两侧分离加宽(3 幅分离运营)2 种形式,对路线单一段力求两侧整体拼接形式,对不能直接拼宽的桥、枢纽互通采用两侧分离加宽(3 幅分离运营)形式。扩建规模为双向 4 车道扩至双向 8 车道。项目于 2003 年 10 月开工建设,2005 年 6 月半幅建成正常运行,2005 年 12 月 31 日全线主体工程建成通车,全线恢复正常运营,2006 年 6 月全面建成,提前一年完成了建设任务。沪宁高速公路扩建工程是在不中断交通的条件下完成的,工程实施中既充分考虑了原路的利用(路面、结构物、交通工程等),又对原路存在的病害进行了较为彻底的防治,工程建设既追求高质量又避免盲目高指标,在技术指标合理确定和旧材料利用方面取得了明显的成绩。沪宁高速公路扩建工程的建设模式不同于"沈大模式"和"杭甬模式",称之为"沪宁模式"。改扩建中和改扩建后的沪宁高速公路分别如图 10-6 和图 10-7 所示。

图 10-6　改扩建中的沪宁高速公路　　　　　图 10-7　改扩建完成后的沪宁高速公路

（4）广东佛开高速：佛开高速公路于1996年12月建成通车，全线里程80km，双向4车道，设计速度120km/h。扩建规模为双向4车道扩建为双向8车道。根据工程具体实际，采用了灵活的扩建形式，以两侧拼接为主，在通过佛山市区路段（从汾江大桥北岸至北江大桥南岸）采用集散车道加快速车道（外侧加宽车道设计速度为100km/h，主要供往返佛山市区域交通量的转换，原道路维持原设计速度120km/h，供过境车辆直行）的方式，在九江大桥路段采用单侧分离扩建方案，体现了因地制宜的基本原则。

第三节　道路改扩建设计程序

一、道路改扩建工程可行性研究

道路改扩建项目的可行性研究是在项目立项以前，对与建设项目有关的主要问题，包括区域经济社会现状及规划、交通发展现状及规划、现有道路的状况和桥涵结构物的状况等，通过调查分析，对项目建设的必要性、技术可行性、经济合理性、建设时机、环境影响、节能情况等方面进行全方面论证，从而做出科学合理的决策。工程可行性研究是建设项目决策的基础和依据，是道路建设项目的重要程序之一。通过开展改扩建项目的工程可行性研究，可以有效避免或减少因决策失误而造成的投资浪费，保证工程项目投入使用后的运营效益。

1. 可行性研究的意义

随着我国道路交通运输事业的快速发展，为了满足不断增长的交通需求，从20世纪80年代开始，我国就陆续开建了一些高速公路的改扩建工程。为了保证投入资金效能的充分发挥，在工程设计之前必须做好改扩建工程的可行性研究。主要意义如下：

（1）改扩建工程可行性研究报告是项目立项与否的重要依据。在目前的国家经济环境及政策下，道路建设项目的融资已经形成了多元化投资格局。项目建设管理单位及审批单位主要根据可行性研究报告的评价结果确定项目的投资计划和时机，可行性研究报告是决策建设时机的关键性文件。

（2）改扩建工程可行性研究是项目建设管理单位筹措资金、申请资金的重要依据。银行或国家有关部门通过对可行性研究报告的审查,确认项目可行之后,才会给予资金补助。

(3)改扩建工程可行性研究是编制项目设计任务书的依据。工程可行性研究过程中,对建设项目的规模、技术标准、路线方案、桥梁方案、建设实施方案、工程投资等内容进行初步确定,为下阶段的设计方案起到了一定的指导和控制作用。

(4)改扩建工程可行性研究是控制工程造价的关键环节。工程项目的建设成本控制的准确程度在很大程度上取决于可行性研究报告的编制质量。根据测算,工程项目的前期可行性研究可控制70%以上的工程投资,而通过材料、施工工艺等仅能控制不到30%。

2. 可行性研究的基本流程

道路改扩建工程可行性研究是在对现有道路交通量及结构状况充分调研和分析的基础上,以改扩建方案的比较和经济评价为核心的研究。改扩建工程可行性研究的基本流程如下:

(1)现有道路的状况调查及技术评定

对现有道路的路面状况开展调查、检测及评定,是改扩建工程可行性研究的重要基础环节。通过对改扩建项目的旧路技术等级、路面破损状况、弯沉、平整度等指标的检测,以及结构物的承载力等的调查,掌握现有资源的可利用度,科学分析现有道路的不适应性及改扩建的必要性,为确定改扩建方案提供较为可靠的依据。

(2)现有道路的交通量、车型比例及相关预测分析

交通量调查及预测分析是道路建设项目工程可行性研究的重要内容,是确定道路技术等级及建设规模的主要量化依据。与新建道路有所不同,改扩建道路在进行交通量调查及预测分析的基础上,还应重点对车型比例进行采集及预测分析,用以确定路面的改扩建思路及方案。

(3)改扩建道路的技术标准及建设规模的确定

道路项目的技术等级及标准不仅仅是根据交通量预测结果理论计算得出,还与道路功能定位及沿线经济社会现状及发展规划、自然条件、建设资金情况等因素有关。在研究改扩建道路的建设规模及技术标准环节,应综合分析项目所在地的经济社会状况、交通需求发展状况、道路功能定位情况及其他限制条件等因素,论证确定合理的技术标准及恰当的建设规模。

(4)改扩建方案比选及相关评价

在确定了技术标准及建设规模后,要开展改扩建工程方案的拟定及比选。为确保投资合理性及方案可行性,可行性研究阶段需要将所有可能的改扩建方案列出并进行定量比较,并开展必要的经济、环境、节能等方面的分析及评价,确定最优方案。

(5)制定实施方案及交通组织方案

改扩建道路与新建道路相比,往往施工技术相对复杂,且交通流组织难度较大。因此,改扩建道路的可行性研究中,应将实施方案及交通组织方案作为重要环节进行研究分析,制定切实可行的建设进度方案及实施计划,做好交通组织方案设计,确保工程交通安全及顺利实施。

二、改扩建工程的基础数据调查分析

1. 交通轴载调查

轴载测定工作的目的是为了更准确地分析交通量对路面结构的影响。轴载调查一般是在道路交通量调查基础上完成的。交通量调查资料可为通行能力分析及技术等级的选定提供基础数据支持,而轴载调查主要是为路面结构设计提供基础数据,是为了预测改扩建周期内车辆

行驶对路面的破坏作用,进而科学合理地制定路面结构方案及厚度,保证工程投资的准确性及结构安全性。

多轴、大吨位车辆是目前货运车辆发展的趋势和方向。在轴载测定及调查时,首先应收集交通部门的交通量观测站数据,对轴载相关数据进行预估及计算;同时,应对部分交通量观测站提前配置轴载仪,通过记录通行车辆的轴数和轴载大小,按照轴载大小分类统计累计轴载数,绘制轴载谱。同时,为了保证数据全面,还应开展各轴载组成比例的相关调查。

2. 道路线形评价

在确定道路改扩建方案之前,应对现有道路的平面、纵断面等线形指标及线形组合情况进行综合分析及评价,分析现有道路指标与技术等级的符合性,为确定现有路线的可利用率及改建方案提供量化数据。

3. 公路技术状况调查

公路技术状况调查及评价包含路面、路基、桥隧结构物和沿线设施4部分内容。路面部分包括路面损坏程度、平整度、车辙、抗滑性能和结构强度5项指标。桥隧结构物调查包括桥梁、隧道和涵洞3类。

公路技术状况的检测以1 000m路段为基本检测或调查单元。高速公路及一级公路按照上行方向(桩号递增方向)和下行方向(桩号递减方向)分别进行。二、三、四级公路可不分上下行。

路面损坏形态多样,对路面损坏类型按形态分类统计是十分必要的。沥青路面损坏类型可分为龟裂、块裂、纵向裂缝、横向裂缝、坑槽、松散、沉陷、车辙、拥包、泛油、修补等。水泥混凝土路面损坏类型主要包括破碎板、裂缝、板角断裂、错台、唧泥、边角剥落、接缝料损坏、坑洞、拱起、露骨、修补等。路面损坏调查及检测手段较多,在实际生产中,多采用自动化的快速检测方法,条件不具备的可采用人工调查法。自动化快速检测法一般沿纵向连续检测,横向检测宽度不得小于车道宽度的70%。采用人工法调查时,调查范围应包括所有行车道,紧急停车带按照路肩处理。有条件的地区可以借助便携式路况数据采集仪进行现场调查及汇总。路面损坏的调查及检测数据应以100m(人工检测)或10m(快速检测)为单位长期保存。

路面平整度多采用快速检测设备检测,一般结合路面损坏和车辙一并检测。单独检测路面平整度时,应采用高精度的断面类检测设备。条件不具备的三、四级公路,路面平整度可采用3m直尺人工检测。路面平整度检测数据应以100m(人工检测)或20m(快速检测)为单位长期保存。

路面车辙多采用快速检测设备检测,一般结合路面损坏和路面平整度一并检测。根据断面数据计算路面车辙深度(RD),计算结果以10m为单位长期保存。

路面抗滑性能多采用基于横向力系数的路面抗滑性能检测设备或其他具有可靠数据标定关系的自动化检测设备检测。路面抗滑性能检测数据(横向力系数)以20m为单位长期保存。

路面结构强度多采用具有可靠数据标定关系的自动检测设备检测,检测结果须能换算成我国相关技术规范规定的回弹弯沉值。弯沉检测数据以20m为单位长期保存。条件不具备时,可以采用贝克曼梁检测,检测数据应不小于20点/(km·车道)。

路基技术状况调查内容主要包括对路肩边沟不洁、边坡坍塌、水毁冲沟、路基构造物损坏、路缘石缺损、路基沉降及排水系统淤塞等损坏情况,分轻、中、重分别记录。

桥隧结构物技术状况调查主要包括对桥梁评定等级(桥梁检测评定)、隧道异常危险与否、涵洞危险与否等情况的调查。

沿线设施技术状况调查主要是对防护设施缺损、隔离栅损坏、标志缺损、标线缺损、绿化管养不善等情况按轻重程度进行统计和记录。

4. 公路技术状况评定

改扩建工程项目中旧路技术状况评定的目的是通过对旧路路面结构承载能力及残余强度的评价和分析,为制定路面结构改造方案提供支持和依据。

路面破损状况评定的主要指标是路面损坏状况指数 PCI,该指标是评价路面服务水平的重要指标。造成路面损坏的原因包括行车荷载因素(超载、重复加载、水平荷载等)、环境因素(温度变化、湿度变化、冰冻作用等)、建筑材料因素及施工工艺等。路面破损状况评定是在损坏分类调查统计的基础上,根据扣分标准,对损坏状况进行测量、分类和评价,最终得出路面损坏状况指数 PCI。

路面平整度是影响路面行驶质量的最主要因素。路面行驶质量指数 RQI 是路面平整度的评价指标。路面行驶质量指数 RQI 一般由检测仪器直接输出。

路面结构强度用路面结构强度指数 PSSI 评价。路面结构强度评价的目的是确定路面的残余强度,即在达到预定的损坏状况之前还能使用的年数或者承受的标准轴载累计作用次数。同时,分析路面出现过早损坏的原因,为加铺补强设计提供参数和数据。

路基技术状况是用路基技术状况指数 SCI 评价;桥隧结构物技术状况采用桥隧结构物技术状况指数 BCI 评价;沿线设施技术状况采用沿线设施技术状况指数 TCI 评价。上述指标均是采用调查内容,并对应赋予权重进行计算。具体计算方法及公式可参照有关规范标准,本书不再赘述。

5. 桥梁承载力调查与评价

对改扩建工程项目中旧桥的承载能力检算是制定桥梁加固改建方案的重要基础工作。桥梁承载力的评价是根据桥梁的调查、检算及荷载试验情况,引入桥梁检算系数、耐久性恶化系数、截面折减系数和活载修正系数等,计算并比较判定结构或构件的承载能力状况。桥梁承载力试验以静载试验为主、动载试验为辅。

静载试验是通过在桥梁结构上施加与设计荷载或使用荷载基本相当的外荷载,检测桥梁结构的控制部位或控制截面在各级试验荷载作用下的挠度、应力、裂缝等特性的变化,将测试结果与结构按相应荷载作用下的计算值、规范值比较,评价桥梁结构的承载能力。

动载试验的目的是研究桥梁结构的动力性能。通过检测桥梁结构在动荷载作用下受强迫振动的桥梁结构上各控制部位的动挠度、动应变、模态参数等动力学参数,对旧桥的承载力进行评价。动载试验能反映出桥梁的整体工作性能,由桥梁结构的振型、自振频率、校验系数、阻尼比体现。

三、改扩建总体方案设计及评价

1. 改扩建总体方案制定的原则

改扩建总体方案应尽可能满足交通量增长需求,同时尽量降低对现有道路及沿线环境的不利影响,同时兼顾工程投资的经济性。制定改扩建总体方案的基本原则如下:

(1)应结合路网规划的实际情况,充分考虑近期和远期交通发展需求,合理确定拟改扩建项目的技术标准和建设规模,以保证建成的道路具有与交通量发展相适应的通行能力,并保持高质量的服务水平。

(2)改扩建总体方案的制定过程中,应将节约土地资源、减少拆迁数量、保护环境等作为重要因素考虑。

(3)改扩建道路的行车安全是改扩建方案制定中应考虑的重点。

(4)对现有工程的利用程度和工程造价也是制定改扩建方案过程中应考虑的一个要素,但应服从于通行能力、服务水平、节约土地、环境保护等因素。

(5)改扩建方案的制定还应充分考虑道路养护、交通事故处理时交通组织的需要,要利于道路养护和交通管理。

(6)改扩建方案的制定还需要考虑施工难易程度,兼顾与现有施工技术的匹配,确保方案的可行。

2. 改扩建总体设计的基本内容

(1)改扩建技术标准的选定

改扩建道路技术标准的确定是总体设计的第一步,也是对改扩建道路功能的定位。对技术标准的比选,应以满足交通量远期增长需求、提高道路服务水平、投资经济效果突出、简化施工难度、保证施工质量等因素为比选依据。合理的技术标准应能满足道路使用年限的远景交通量需求、保证一定时期内道路处于较高的服务水平、经济指标突出且避免二次浪费、施工相对简单、能保证施工质量及工期等要求。

(2)改扩建方式的选定

改扩建方式的比选,应结合项目实际,比较各类改扩建方式的优缺点,针对不同路段确定合理的道路改扩建方式。

原路扩建能很好地适应现有交通流的需求,贴近交通发生源,能在一定时间内最大限度地满足沿线交通需求。原路扩建可以节约占地,为走廊带的后续发展留有更多余地,为路网合理布局提供条件,减少与未来规划的矛盾。但原路扩建往往对施工技术要求较高,路基、路面、桥涵、互通式立体交叉的拼接技术以及施工交通组织等方面相对复杂,新旧路基之间易因不均匀沉降而引起纵向裂缝。

与新建复线相比,原路扩建虽然在拼宽、施工期交通组织分流、施工组织等方面较为复杂,但可以节约大量土地资源,而且旧路拼宽的工程规模相对较小,占地少,有利于后期管理养护。另外,从理论上讲,原路扩建后的总通行能力要大于新建复线。根据国内已有的工程经验,现阶段我国道路改扩建大部分优先考虑原路扩建方案,条件受限时考虑新建复线方式。

原路扩建形式又包括分离式加宽路基和整体式加宽路基两种方案。分离式路基施工期间可避免对现有道路的通行造成影响,有效避免路基、路面、桥梁、立交的拼接及互通立交改造的技术难点,但是相对于整体式加宽路基,具有占地多、工程量相对较大、拆迁量大、分离路基之间排水困难等技术难点。整体式路基具有占地相对较少、工程量小、对环境影响小等优点,但相对于分离式加宽路基,具有拼接技术复杂、施工难度大等缺点。因此,对于两种加宽路基形式的选择,应根据实际地形、路线特点综合比较后确定。

对双侧、单侧加宽的方案选择,也应从多个方面进行论证比选。对拟改扩建的道路,一般情况下原道路占地线位于道路坡脚外 1~3m,这为道路双侧加宽提供了一定的有利条件。采用双侧加宽,可以沿用原路平面及纵断线形,工程设计难度相对较低,并可以减少大量拆迁。单侧加宽往往需要调整原有道路线形并进行前后顺接,因路线向一侧偏离,拆迁量也相对较大。因此,一般情况下双侧加宽较为有利,也较为常用。一些道路节点(如收费站、互通式立体交叉等)应根据项目实际需要,选择确定合理的加宽方案。

关键技术方案的设计相关内容详见本章第四节。

3. 改扩建方案的经济评价

在完成改扩建总体方案设计后,进入方案比选和投资决策环节时,经济评价是比选的重要依据之一。通过经济评价,可较准确地分析项目建设在经济上的合理性和财务上的可行性。

改扩建工程的经济评价是指从国民经济及企业经济的角度,对拟改扩建项目的设计方案进行经济效益论证分析,从而评定设计方案的经济合理性。

改扩建工程经济评价的常用方法是通过"有无对比"法进行费用和效益计算,求得增量费用和效益数据,并计算效益指标。经济评价一般包括3个部分:国民经济评价、财务评价(收费公路)和敏感性分析。

国民经济评价是按照资源合理配置的原则,从国家整体的角度计算评价改扩建工程的效益和费用,采用影子价格、影子工资、影子汇率和社会折现率等经济参数分析,进行盈利能力分析,计算国民经济的净现值,从而评价项目经济合理性。

财务评价是根据国家现行财税制度和价格体系,分析、计算改扩建工程项目直接发生的财务效益和费用,编制财务报表、计算评价指标,考察项目的盈利能力、清偿能力及外汇平衡等财务状况,以分析财务上的可行性。

敏感性分析是通过分析、预测改扩建工程项目的主要经济要素发生的变化对经济评价指标的影响,从而找出敏感要素,并确定其影响程度,以便做好风险控制,为项目决策提供参考。

改扩建工程项目经济评价与新建项目经济评价相比较为复杂。改扩建工程大都有利用原路部分,新增投资与原有利用投资共同发挥作用。在进行改扩建项目经济评价工作中,一般以增量效益和费用计算,但又难以准确划分新旧部分。改扩建工程的效益是指新增投资产生的增量效益,计算方法与新建道路有所区别。另外,原有道路已在运营,即便不进行改扩建,原有状况也会发生变化。改扩建项目的建设期内,建设与运营往往同步进行,费用计算不仅包括新增投资、新增成本等,而且还包括因改扩建项目实施引起的原有公路停止运营或运营车辆减少带来的损失和部分原有资产减少。

4. 改扩建方案的安全性评价

对道路改扩建设计方案开展安全性评价,能够及时发现事故隐患和不利于安全的设计,提出改善措施,提升道路安全状况,降低事故率和事故严重程度,减少直接和间接的经济损失。

目前,国内道路设计方案安全性评价主要依据现行规范,借助于国外现有安全性评价手册,利用国内外成熟的道路安全研究成果,借鉴现有公路设计、运营阶段取得的经验、教训,对项目设计方案进行全方位的安全评价。评价的范围及内容包括:

(1)总体评价。主要包括安全水平评价、设计符合性评价、速度协调性评价、交通适用性分析等4个方面。

(2)路线线形评价。主要包括平面、纵断面、超高、视距等路线设计参数的分析与评价。

(3)路基横断面评价。主要包括横断面组成要素几何尺寸、路侧安全净空区、净空区内的障碍物及停车设施布设的分析与评价。

（4）互通式立体交叉评价。主要包括立体交叉形式、主线线形主要技术指标、匝道与主线速度协调性、匝道视距及被交道路平面交叉口的安全性评价。

（5）安全设施状况评价。主要包括标志、标线、护栏等设施的安全适用性评价。

第四节　道路改扩建设计关键技术

一、路线设计

改扩建道路路线设计与新建道路路线设计侧重点有所不同。改扩建道路路线设计方法与所选择的改扩建方案密切相关。对于原路扩建的项目，双侧加宽路段道路线形基本维持不变；单侧加宽路段，需要根据单侧加宽宽度调整路线中线位置。对于新建复线改建的项目，路线设计要点基本与新建项目路线设计相同，其路线设计方法及流程在前述章节中均有详细介绍，在此不再赘述。

二、旧路路基拼宽设计

旧路路基拼宽技术是改扩建道路设计中的关键技术之一。路基拼宽技术主要应用于采用原路扩建工程中。

对于路基挖方路段，拼宽方案较为简单，一般在清除原边坡防护后，直接向道路两侧拓宽压实。而填方路段，拼宽技术相对复杂，为解决新旧路基不均匀沉降造成拼宽衔接处产生纵向裂缝等问题，常见的拼接处理技术有以下4类：

（1）原有路基挖台阶

自原有土路肩与硬路肩结合处开始自下而上挖台阶，台阶深度1m、宽度不小于2m，台阶地面向路中心设置4%的横坡，台阶挖至与原地面齐平。

（2）新旧路基结合处铺设土工格栅

为减少新旧路基的不均匀沉降差，多采用在新旧路基搭接处地基顶、路床顶面各铺设一层土工格栅，土工格栅层数可根据实际需要调整。新旧路基拼接设计如图10-8所示。

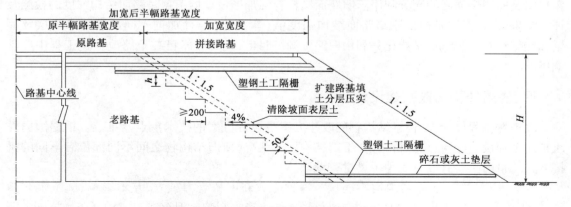

图10-8　新旧路基横向拼接示意图(尺寸单位:cm)

(3)控制路基填料的优良性

为减少新旧路基的不均匀沉降差,新填路基要求选用优良的路基填料,优先选用砾类土、砂类土作为路床填料。路基施工时应严格采取分层填筑,合理确定松铺厚度和宽度。

(4)加强路堤压实度及特殊路基处理

新填路基压实度应适当提高,一般提高1%~2%,在满足正常压实规定下,逐层加强冲击压实。

对于软土路基,一般先采用粉喷桩、水泥搅拌桩清淤换填等方法进行地基处理,之后按正常路基进行拼接加宽;对于高填方路段,多辅以强夯等处理措施,减少新旧路基的不均匀沉降差。某道路改扩建工程软土地基新旧路基拼接设计如图10-9所示。

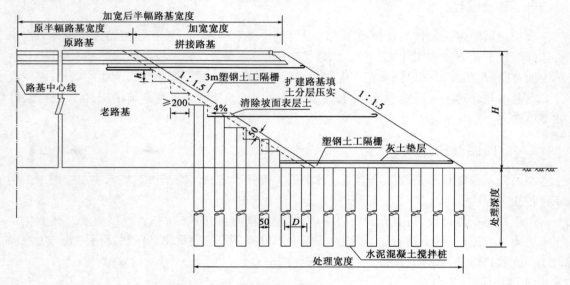

图10-9 软土地基新旧路基搭接示意图(尺寸单位:cm)

三、旧路路面结构补强设计

路面补强及加铺设计是道路改扩建工程设计的重要内容,也是关键环节。已有工程实践及研究成果表明,对原路进行补强加铺,作为路面改建措施,不仅可以提高路面强度,而且可以实现旧路面残余强度的充分利用。旧路面结构补强加铺设计的依据是路面结构强度的检测及评定结果,设计方法是根据原路路面结构强度值(弯沉值)设计加铺不同厚度的水稳层及面层,既能节约工程造价,又能充分利用旧路资源。目前,此种技术已在道路改扩建工程中广泛应用。

四、桥梁结构物改扩建设计

改扩建工程设计中,桥梁结构物的改建方案是设计方案的技术重点及难点。根据国内外改扩建工程设计经验,结合桥梁上、下部结构质量情况,新旧结构物之间不同部位有不同的拼接方式。目前主要有以下3种桥梁拼宽设计技术:

(1)上部结构与下部结构均不连接。这种方式新旧桥受力独立、互不影响、施工工艺简单、施工难度小,施工期间对旧桥的交通及受力均不产生影响。但存在建成后新旧桥挠度及沉降不均匀,新旧桥面铺装层容易拉裂和错台,影响行车舒适性等问题,同时会增加管养难度及费用。

(2)上部结构与下部结构均连接。这种方式能使新旧桥梁形成一体,减少了由于基础不均匀沉降、汽车荷载、温度荷载等所导致的新旧桥梁连接处的不均匀变形。但由于新旧桥梁上部结构混凝土变形量不一致,容易在结构连接处出现裂缝,影响桥梁行车安全。同时,施工工艺较为复杂,且施工过程中对旧桥的影响较大。

(3)上部结构连接下部结构不连接。新旧桥上部结构相连接,形成整体,有利于上部结构共同受力、行车舒适及路容美观。而新旧桥下部结构不连接,各自受力,可以减少由于新旧桥上部结构变形不一致而引起的附加内力。但由于上部结构连接,会因温度等引起新旧结构变形不一致而产生结构次应力。

国内已完成的沈大高速公路改扩建中,多采用的上、下部结构均连接方案,而沪宁高速公路和沪杭高速公路改扩建中,多采用上部连接下部不连接方案,如图10-10所示。

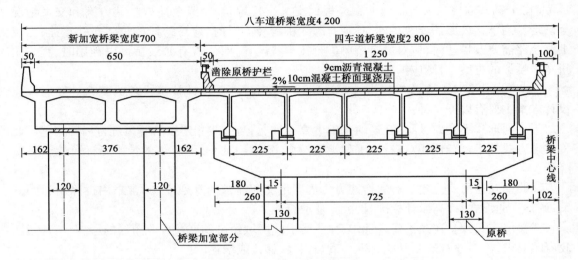

图10-10　上部连接、下部不连接桥梁拼宽方案图(尺寸单位:cm)

五、路线交叉改扩建设计

1. 平面交叉改扩建

在对道路平面交叉改扩建之前,应收集该交叉口的交通管理方式、现状及预测交通量、几何构造、设施现状,以及交通事故的频率、性质、严重程度及其原因等数据,以确定合理的改扩建方案。

平面交叉改扩建设计方案主要包括以下8种:
(1)增加引道的车道数,如增辟转弯车道、变速车道和非机动车道等。
(2)完善交叉口的渠化设计。
(3)道路斜交角较大的,对部分道路的平面线形作局部改移。
(4)改善视距设计。
(5)改善引道纵面线形,并做好交叉口竖向处理。
(6)改善转弯曲线。

（7）改变交通管理方式,完善或重新设置标志、标线和信号。

（8）指定行人和非机动车的横穿位置或改善行人横穿设施,可增辟越路避险岛、建设过街天桥或通道等。

平面交叉密度较高的路段,除采取相应措施改善部分平面交叉外,必要时应通过调整路网中的局部结点,取消部分平面交叉,截断次要公路或建设分离式立交。

对于采取多种改建措施仍不能满足交叉口通行能力或保证交通安全要求的,可考虑采用"平改立"的改扩建方案,改建为互通式立体交叉。

2. 立体交叉改扩建

当道路立体交叉通行能力不足、运行安全问题突出、交叉道路改扩建或新增交叉道路时,道路立体交叉应进行改扩建。道路立体交叉改扩建设计应结合工程现状、当前交通条件等,对拟改扩建工程的工程规模、技术标准、建设条件、交通组织、功能、安全、环境和投资效益等进行综合论证后,确定改扩建重点和实施方案。

（1）分离式立体交叉改扩建方案应根据交叉工程现状、交叉公路改扩建方案和交叉情况等确定。当下穿公路需要改扩建,且现有跨线桥跨径不足时,应对跨线桥重新布孔重建;当仅上跨公路需要改扩建时,应对原有桥梁进行技术状况评估;当现有跨线桥可以利用时,宜采用拼宽原桥梁的方案,否则应拆除重建。

（2）互通式立体交叉改扩建设计受道路线形控制较大,设计技术也较为复杂。互通改建设计方案主要有以下3种：

①互通形式不变,在原有互通的基础上直接加宽,与主线相连接的匝道进行局部调整。此种改建方式技术复杂性相对较低,工程规模较小,新增用地少,但匝道的技术指标可能会有所降低。

②改变互通形式重建。对通行能力无法满足交通需求的互通立交,常采用拆除新建的方案,调整互通形式,提高设计标准,扩大互通通行能力。

③移位或归并。在改扩建设计中,往往受沿线区域经济发展及产业布局的影响,结合当地政府的要求,需对原有的互通立交进行适当归并、移位或增建。

六、路面材料再利用设计

旧路路面材料的再利用是节约资源、保护环境的重要举措,在道路改扩建设计中逐渐得到重视。目前常用的旧料再利用技术主要有沥青再生技术等。

自20世纪80年代起,我国就开始对沥青再生技术进行系统的试验和研究,并在多个改扩建工程及大中修工程中应用,目前沥青再生技术应用已较为成熟。根据再生混合料拌制温度不同,沥青再生可以分为热再生与冷再生;根据施工场地和施工工艺不同,可以分为厂拌再生和就地再生。

热再生技术是沥青老化的逆过程,采用调节沥青的黏度和旧沥青的流变行为,实现沥青的再利用。冷再生是指将旧沥青材料作为新的集料加以再生利用,加入黏结料后形成一定强度的材料。对沥青再生方式的选择应根据具体工程需要,结合道路损坏状况、道路承载力及旧沥青的基本情况,综合分析确定。

1. 厂拌热再生

厂拌热再生技术是先将旧沥青混凝土路面铣刨后运回工厂,通过破碎、筛分,并根据旧料中沥青含量、沥青老化程度、碎石级配等指标,掺入一定数量的新集料、沥青和再生剂进行拌合达到相应指标后重新铺筑。厂拌热再生技术适用性强,生产成本相对较低,应用较为广泛,可用于各种等级道路的改扩建面层。

2. 厂拌冷再生

厂拌冷再生技术是将沥青混凝土回收运至沥青拌和厂,经过破碎、筛分,以一定比例与新集料混合,并加入活性填料、再生结合料等常温拌和,然后铺筑于基层或底基层。厂拌冷再生技术主要应用于高等级公路的基层或底基层,对于不能热再生的旧料,采用冷再生能充分利用并减少环境污染问题。

3. 现场热再生

现场热再生技术,即表层再生技术。通过现场加热、翻耕、混拌、摊铺、碾压等工序,一次性实现就地沥青路面再生。现场热再生技术适用于路面表层损坏较轻微的高等级公路,再生层一般作为上面层或中面层。

4. 现场冷再生

现场冷再生技术是利用专用机械现场铣刨、破碎、加入新集料及结合料,拌和、摊铺、预压,再由压路机进一步压实。现场冷再生技术主要用于低等级公路路面面层和高等级公路路面基层,不适用于高等级公路路面面层。

第五节 道路改扩建施工期交通组织设计

施工期的交通组织设计是道路改扩建设计中的重要组成部分,是保障改扩建工程顺利、安全实施的重要措施。合理全面的交通组织设计,可以充分把握道路施工对区域公路交通格局以及周边路网带来的影响,提前做好路网分流、交通疏导等施工期交通组织工作,尽量降低对沿线区域经济、社会、交通出行以及对扩建工程自身带来的负面效应,有利于改善施工期间整个路网的交通环境,提高道路的服务水平。

一、施工期间交通组织层面划分

施工期间的交通组织内容可以分3个层面:

(1) 路网分流

在深入调研分析周边路网的基础上,根据道路交通和交通状况的网络结构,制定科学合理的交通改道及交通转换方案,以实现健康、有序运行的路网交通。

(2) 路段交通组织

主要研究道路改扩建工程在各个施工阶段的交通组织。改扩建工程一般分为3个施工阶段:①路基和桥梁下部结构的施工;②路面和桥梁上部结构的施工;③交通标志、临时交通工程的施工。结合交通分流方案,对施工区间路段上的交通流控制、交通转换、临时交通工程设施和管理措施等进行分析、设计、研究和应用。

(3) 关键点交通组织

主要研究改扩建工程施工过程中的一些关键点的交通组织,包括互通式立体交叉、服务区、主线收费站等。

在道路施工封闭或半封闭的情况下,针对原有道路功能和服务对象的特点,结合周边路网的条件,一般采用绕行其他道路进行分流的措施;对于在路网中地位特别重要、承担较大交通量的公路,除了采用分流绕行的措施外,还需要通过对公路沿线的交通发生源和吸引源进行适当控制,尽可能减少出行交通压力。

二、交通组织设计的基础条件

为了保证道路改扩建施工期间的交通组织方案科学、合理、可操作性强,必须明确改扩建项目沿线与该区间及相关道路的交通特征和建设特征,这是确定合理的交通组织方案的基础。制定作业区施工期间交通组织方案需具备的基础条件主要包括:

(1)道路的路线和流量分担。
(2)道路改扩建施工方案的设计。
(3)道路交通影响区域的道路交通布局和设施设置。
(4)沿线服务设施和交通工程设施设置。
(5)道路出入口及重要交叉点设置。
(6)沿线互通式立交桥的设计类型、施工方法。

三、交通组织设计程序

道路改扩建施工期间,交通组织方案是改扩建工程能否顺利实施的关键。交通组织方案的影响涵盖交通、经济等多方面,其能否发挥效能对区域交通运行有重大意义。交通组织设计的主要内容有:

1.基础数据调查

道路改扩建工程施工期交通组织方案应在充分掌握工程在路网中的位置、对区域社会经济情况的影响、道路的交通流量、交通量密集时段、车辆组成等数据的基础上制定。需要调查的数据有社会经济状况数据、路网现状数据及交通特性数据和改扩建道路状况及交通特性数据3大类。

(1)社会经济状况数据

项目影响区域内的社会、经济状况和统计数据等。

(2)路网现状数据及交通特性数据

拟改扩建项目所在路网的布局情况、相关周边路网主要干道上的交通量、交通组成、路网内各等级公路的交通承担率等。

(3)改扩建道路路况及交通特征数据

改扩建道路交通的交通组成、运行速度、交通事故、几何参数,以及交通运输调查和分析的特征参数。

某施工作业区交通特征数据采集点布置见图10-11。

2.路网布局及影响区域分析

为了确定与改扩建道路存在交通联系的道路,需对项目所在的路网布局进行分析,并划分直接影响区、间接影响区及项目所在区域,进而为确定交通分流节点提供依据。

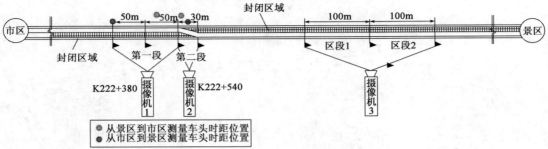

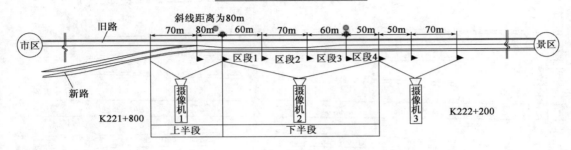

图 10-11　施工作业区交通特征数据采集点布置图

3. 改扩建作业区施工期间交通量预测

交通量预测是改扩建道路交通组织设计的重要内容之一,对改扩建道路影响区内交通发生量、吸引量进行预测,可以从根本上掌握改扩建作业对道路本身及周边交通的影响程度。

4. 交通组织方案设计

对改扩建作业区交通流进行组织,首先应对道路的交通量进行控制,从道路所在的路网整体出发进行路网交通流组织优化,对拟改扩建道路不同交通方向上的交通流进行合理分配。某一级公路改建工程路网交通流组织设计如图 10-12 所示。其次,要从整体进行路段交通流组织,根据施工组织计划选择合理的交通流组织方案,是组织和优化交通流要解决的主要问题。最后,对改扩建的施工关键点(桥梁、立体交叉、收费站、服务区等)进行交通组织优化。桥梁、立体交叉的改扩建施工期和交通流组织方案优劣会直接影响整个改扩建工程的进度。某改扩建工程路段交通流组织设计如图 10-13 所示。

(1) 路段交通组织设计

道路路基、路面的改扩建方式主要有单侧加宽、双侧加宽、分离式加宽以及混合式加宽等。单侧加宽方式和分离式加宽方式对旧路影响较小,主要是对半幅新线与旧路衔接路段的交通造成影响,原有的道路可继续维持交通,路基路面施工期间可不考虑其交通组织,因此本节主要介绍双侧加宽路段路基路面施工期间交通组织设计。

对于高速公路改扩建,双侧加宽路段施工期间,高速公路两侧原有的隔离栅需拆除,此时人、畜容易进入高速公路,横向干扰大大增加,因此交通组织主要采取有效措施排除横向干扰,避免由此产生的交通延误或交通事故。在路侧护栏拆除后,为保障路基路面的稳定和行车安全,应设置相应的安全隔离设施和各种提醒标志,组织车辆安全通行。

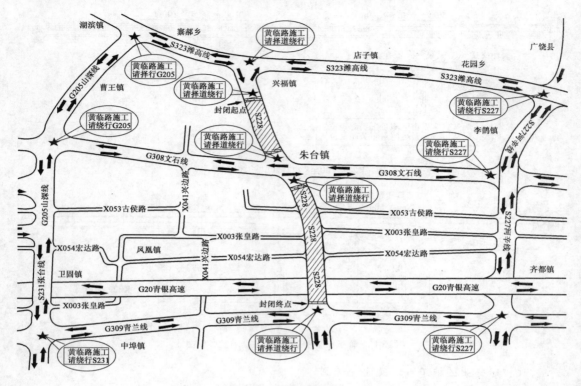

图 10-12　路网交通流组织设计图

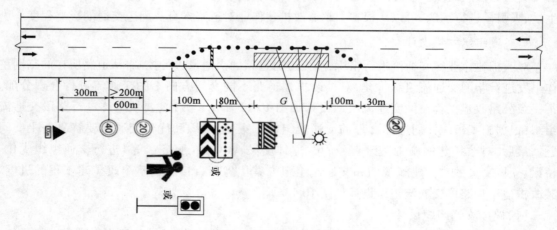

图 10-13　路段交通流组织设计图

（2）互通式立体交叉交通组织设计

互通式立体交叉工程施工集中,在施工过程中对交通影响较大,需要根据不同的互通式立体交叉的特点,采用不同的施工组织方案和交通组织方案。作业区主线上跨互通式立体交叉的施工组织主要是主线的拼接加宽以及匝道与主线连接部的局部调整。改建主线下穿的互通式立体交叉施工组织相对复杂,要保证施工时互通式立体交叉的交通分流顺利进行,需要修建临时性便道(便桥)、移位新建匝道等措施。施工期应根据合理的施工顺序采用相应的交通组织方案,以保证车辆正常通行,缩短交通中断时间。

(3)桥涵施工交通组织设计

桥梁工程施工对改扩建作业区交通影响较大,涵洞工程的施工影响则相对较小。桥涵施工阶段,交通组织应考虑改扩建工程的交通实际情况和桥涵改扩建设计方案,并结合路基路面施工进行交通组织方案设计。

(4)交通工程及沿线设施施工交通组织设计

交通工程设施施工与路基路面工程、互通式立体交叉工程和桥涵工程施工相比,施工简单、工期较短、对交通影响不大,故交通工程及沿线设施施工区交通组织较简单,不做赘述。

第六节　道路改扩建设计的工程实例

一、工程概况

某省级高速公路(K58+467～K131+146段)位于我国东部地区,南北走向。现有公路共分3段按不同技术标准修建。其中第一段于2002年建成通车,设计速度120km/h,双向4车道,路基宽度28.0m;第二段于2002年建成通车,设计速度100km/h,双向4车道,路基宽度26.0m;第三段段于1999年建成通车,设计速度80km/h,双向4车道,路基宽度23.0m。全线现状桥梁设计荷载标准为汽超-20、挂-120。

该路建成以来,对促进沿线经济发展作出了极大的贡献,取得了显著的社会效益和经济效益。根据交通量预测结果,远期交通量达65 217pcu/d,为适应未来交通发展需求,保障公路运输主通道安全畅通,提出应对本工程及时进行改扩建。

二、技术标准及车道数

根据交通量及通行能力计算结果,并结合拟改扩建道路在高速公路网中的地位及对沿线经济发展所起到的作用,综合确定拟采用的技术标准。第一段采用设计速度120km/h、双向8车道高速公路标准,远期(目标年限)为三级服务水平;第二、三段采用设计速度100km/h、双向8车道高速公路标准,远期(目标年限)为三级服务水平。

三、总体改扩建方案

受沿线城市布局和已规划、建设路网控制,本项目改扩建可能存在的方案有4种:①同走廊内全路段新建复线;②另辟走廊新建复线;③局部路段扩建、局部路段新建;④全路段扩建。

结合项目实际,本项目同一走廊内分布有多条国道、省道,且第三段位于山岭重丘区,原路线布设选择区域位于地形起伏相对较小的地带,已占用了走廊带内相对适宜建设的区域,同时,拟扩建项目部分路段已经处于沿线城市规划区域。同走廊内新建复线则受地形和城市规划的限制无法实现。受沿线城市总体规划和区域地形地物的限制,新建复线的走廊带选择也非常困难。

经过多次比选论证,确定本项目采用"平原区两侧拼宽,山区及上跨铁路段单侧分离,局部新建"的整体扩建方案。各路段的加宽方式及技术标准见表 10-2。

各段加宽方式与技术标准一览表　　　　　　　　　　　　　表 10-2

加 宽 方 式	技 术 标 准
两侧拼宽 （K58+467.8～K64+592.8 段）	整体式路基采用设计速度 120km/h、双向 8 车道高速公路标准,路基宽度 42.0m
右侧分离加宽 （K64+592.8～K66+689.2 段）	加宽分离式路基采用设计速度 120km/h、单向 4 车道高速公路标准,路基宽度 20.75m。原全幅路基宽 28.0m 改为 4 车道单向行驶
两侧拼宽 （K66+689.2～K72+817.2 段）	整体式路基采用设计速度 120km/h、双向 8 车道高速公路标准,路基宽度 42.0m
左侧分离加宽 （K72+817.2～K77+422.9 段）	加宽分离式路基采用设计速度 120km/h、单向 4 车道高速公路标准,路基宽度 20.75m。原全幅路基宽 28.0m 改为 4 车道单向行驶
左侧分离加宽 （K77+422.9～K95+148.1 段）	加宽分离式路基采用设计速度 100km/h、单向 4 车道高速公路标准,路基宽度 20.50m。原全幅路基宽 26.0m 改为 4 车道单向行驶
新建八车道 （K95+148.1～K121+914.0 段）	采用设计速度 100km/h、双向 8 车道高速公路标准,整体式路基宽度 41.0m,分离式路基宽度 20.5m
右侧分离加宽 （K121+914.0～K130+026.8 段）	加宽分离式路基采用设计速度 100km/h、单向 4 车道高速公路标准,路基宽度 20.5m 原全幅路基宽 23.0m 改为 4 车道单向行驶
两侧拼宽 （K130+026.8～K131+146.1 段）	整体式路基采用设计速度 100km/h、双向 8 车道高速公路标准,路基宽度 41.0m

四、工程概略设计

1. 原路状况评价

（1）现状交通参数评价

该路段 2013 年全线平均汽车交通量为 37 701pcu/d,自 2003 年以来年均增长 12.2%。从历年交通量构成情况可以看出,本段货车比重始终保持在 41%～65% 之间,其中大型货运车辆(大货车、特大货车、拖挂货车、集装箱车)比重 23%～43% 之间。交通需求中以长途货运需求为主。经计算,2013 年第一段为三级服务水平,饱和度为 0.566;第二段为三级服务水平,饱和度为 0.651;第三段为四级服务水平,饱和度为 0.854,局部路段时常发生交通拥堵现象。

（2）路线线形评价

该路段路线总体走向符合交通需求及地方总体规划要求,扩建工程无须调整路线走向。第一、二段基本位于平原微丘区,平纵面指标较高,线形流畅;第三段位于山岭重丘区,深挖路堑路段多;平面指标较低。圆曲线半径为 1 500m 的平曲线有 5 处,圆曲线半径小于 2 500m 的平曲线有 11 处,均未设置缓和曲线和超高,不能满足 100km/h 的扩建技术标准要求;纵坡 5% 的路段(极限值)共 6 处,纵坡 3% 及以上的路段共 23 处(总长 13.6km),占路段总长 42%,由于大型车辆比重大,经常出现占压超车道低速行驶等,通行能力较低;最小竖曲线半径 $R_凸$ = 4 000m,小于《规范》80km/h 设计车速最小竖曲线(凸形)半径一般值 4 500m 的要求,视距不良。

(3)公路技术状况评价

根据路面检测报告,现状路面平整度 RQI 优良率 100%,路面病害极少,主要病害类型以路面横向裂缝(轻度)和路面修补为主,路面损坏状况指数 PCI 优良率 100%,路面车辙 RDI 优良率 94.1%,部分路段有轻度车辙,路面抗滑性能 SRI 优良率 80%,路面使用状况良好。原路基、路面的设计采用高速公路技术标准,原路路基、路面基本适应扩建要求,应尽可能利用。

由于近年来沿线经济发展迅速,交通量增长较快,沿线桥梁出现不同程度的破损及病害。桥梁、涵洞、通道不同病害进行维护加固处理后,基本可进行拼接利用。对出现沉降病害的涵洞,可采取措施提高地基承载能力,以避免扩建后出现同类病害。

全线原有互通式立体交叉 6 处,其中与高速公路交叉枢纽立体交叉 1 处,与一般公路交叉立体交叉 5 处。与高速公路交叉 1 处为混合式;与一般公路交叉中,单喇叭形 2 处,双喇叭形 3 处。

现有服务区不能满足相关规范和标准要求,且停车场面积偏小、路面破坏严重,不能满足使用要求,需进行相应的改扩建和增设部分服务区、停车区。

沿线的交通标志在 2010 年已按照《道路交通标志和标线》(GB 5768—2009)进行了全面的改造,仅需对部分影响路段进行迁移、改造。目前道路护栏不满足规范的要求,需重新设置;其他安全设施由于使用年限较长,部分损坏情况严重。监控、收费、通信设施规模不满足《标准》的要求。扩建后,其监控、收费、通信设施规模按照《标准》的要求,应按 A1 类标准实施,因此,需相应补充、完善外场信息采集和发布设施,按照交通量预测结果和收费年限扩建收费车道,并改造中心设备和通信设施以满足系统的支撑需求。同时,待项目实施时,应根据设备的使用年限一并对老化设备进行更新。

2. 路线设计

针对不同路段特点,确定改扩建方案及加宽形式,提高平纵面线形设计标准,实现安全、顺畅、舒适;通过提高交通工程沿线设施配建标准等措施,改善行车条件。

3. 路基、路面设计

(1)路基标准横断面

结合交通量预测结果及道路功能定位,拟定第一段采用设计速度 120km/h,双向 8 车道,整体式路基宽度 42.0m,分离式单幅路基宽度 20.75m;第二、三段设计速度 100km/h,双向 8 车道,整体式路基宽度 41.0m,分离式单幅路基宽度 20.5m。不同地形不同加宽方式的部分典型标准横断面见图 10-14 ~ 图 10-16。

(2)路基拼接

全线路基高度较低,新建路基、拼接路基采用砂性土填筑,边坡率 1∶1.5;边坡高度大于 8m 的路段进行特殊设计。由于新旧路基填土在填料强度、填料压实度、地基强度等多方面存在差异,致使新旧路结合部位容易产生纵向开裂和不均匀沉降。为了保证加宽路基与旧路基的良好衔接,使其成为一个较好的整体,避免或减少横向错台和纵向裂缝的发生,针对不同路段特点,可对原地基采取加铺土工格栅、粉喷桩、清淤换填、强夯压实等处理措施。

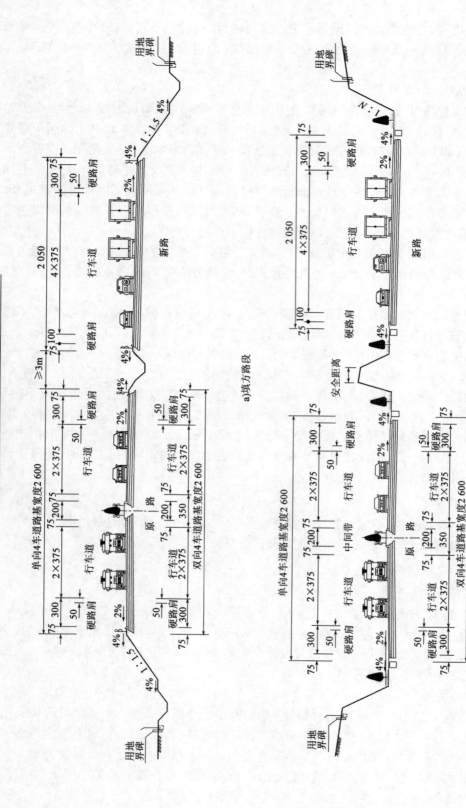

图10-14 单侧加宽分离式(尺寸单位:cm)

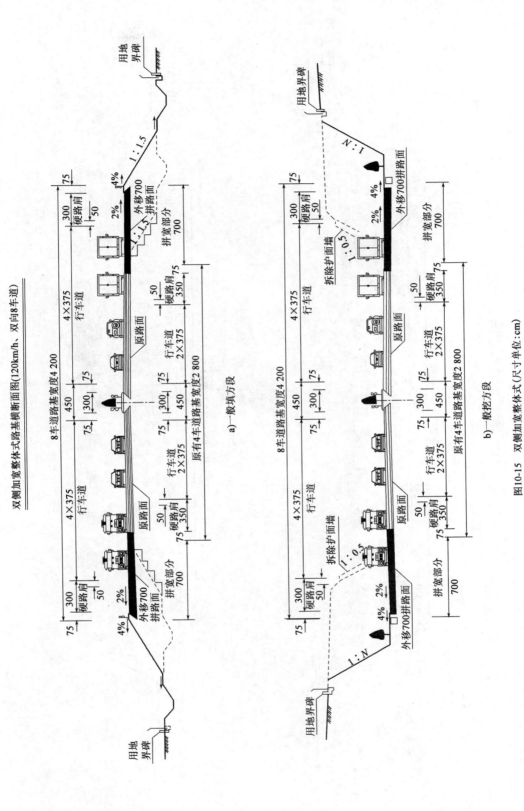

图10-15 双侧加宽整体式(尺寸单位:cm)

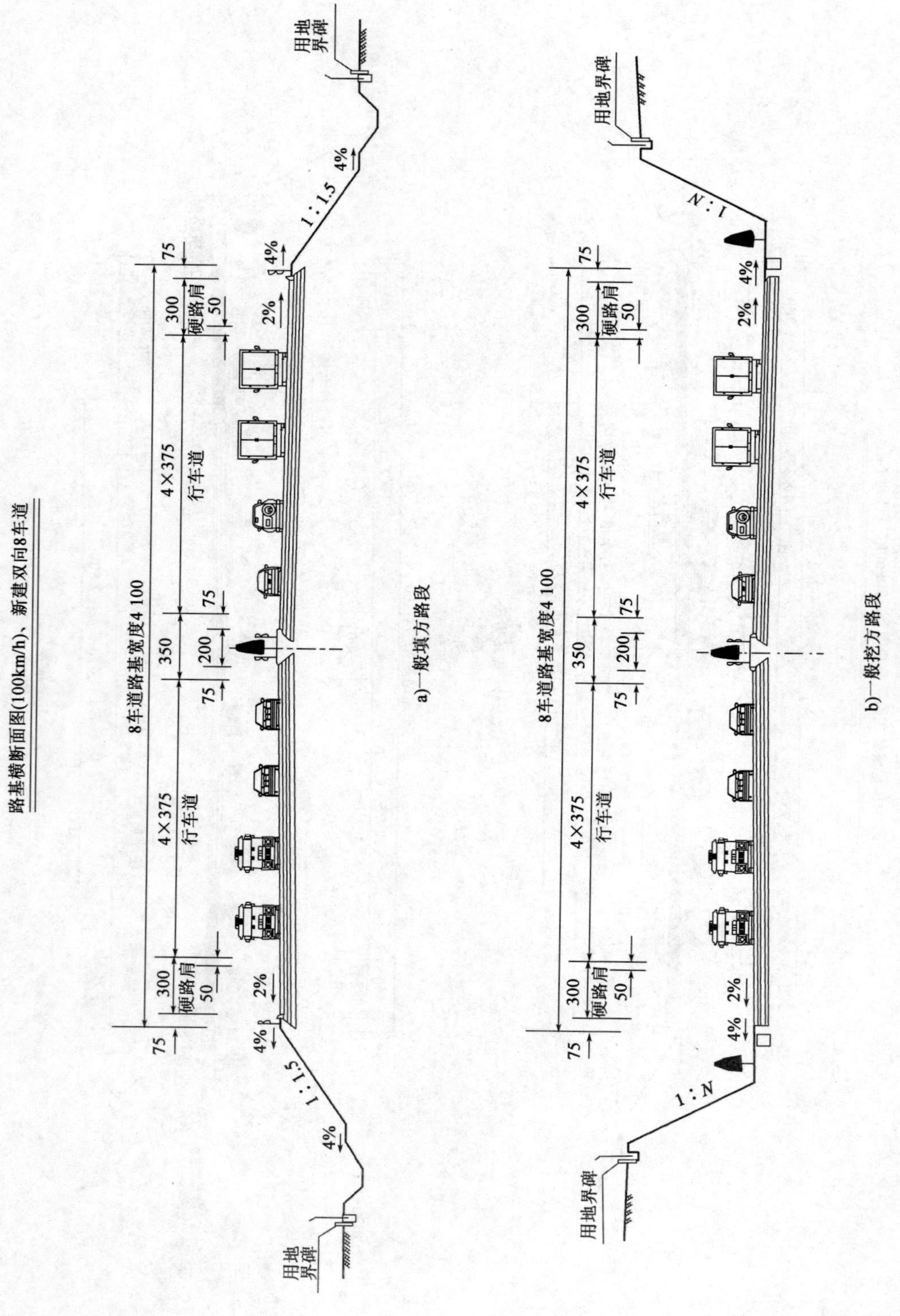

路基横断面图(100km/h)，新建双向8车道

a) 一般填方路段

b) 一般挖方路段

图10-16 新建复线断面（尺寸单位：cm）

(3) 路面拼接

在两侧拼宽的路段中,新旧路面拼接采用台阶拼接方式,按照原路面结构层厚度分层开挖台阶,台阶宽度一般不小于30cm;在路面沥青层与半刚性基层之间可增设幅宽1.0m的玻璃纤维格栅以消减接缝处的集中应力,防止产生反射裂缝。对接缝采用涂刷改性沥青聚合物密封材料来增强接缝处的连接。路面拼接设计如图10-17所示。

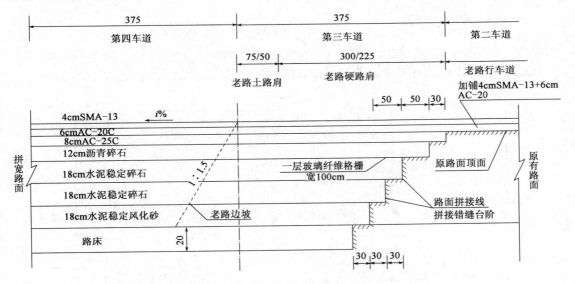

图10-17 路面拼接设计(尺寸单位:cm)

4. 桥梁改扩建设计

为了便于新旧桥梁的拼接,扩建桥梁保持与原桥孔径相同或相近,上部构造及下部构造采用与原桥相同结构形式及外形尺寸的原则,同时兼顾协调性及美观性。对于斜交跨越等级道路的桥梁,受桥下通行净空的限制,扩宽桥梁的孔径可根据具体情况进行调整;对于原有的盖板涵和小跨径的盖板通道,拼宽部分采用同跨径的箱形结构进行拼接,这样可以在不影响外观的前提下,更好地满足结构的整体性。

加宽桥梁应尽量不影响原桥构造的受力状态,尽可能减小对原结构产生的附加应力。原有结构设计并未考虑到加宽工况,并且结构收缩徐变和地基沉降已基本完成。新加结构如果过多地影响到原有结构,会使受力状态变得复杂,同时也会增加施工难度,出现一些不确定的因素,另一方面也会增加施工期间对营运交通的影响。所以,新结构和原有结构建议采用上部连接下部不连接的方式,如图10-18所示。

5. 互通立体交叉改扩建设计

结合旧路情况及工程实际,推荐"主体老路扩建、局部新建扩容"的改扩建方式。全线旧路现有互通立体交叉5处,改造后互通立体交叉为8处,保留原老路互通立体交叉5处,新增设3处互通立体交叉。

互通改建尽可能地利用现有工程和用地,以节约工程投资,减少新增用地,缩短改建工期。根据远期交通量预测值,结合路网分析,合理确定改建、扩建方式,确定互通规模,包括互通匝道技术标准的提高、收费站规模的扩大、出入口交通条件的改善、路网分流措施等,综合处理主线拓宽带来的"主线标准提高,与之衔接的匝道标准、互通整体要求相应提高"的问题。同时,还应注重互通内宽容的路侧设计,宽容的排水设施,宽容的交通工程等设计理念的应用。

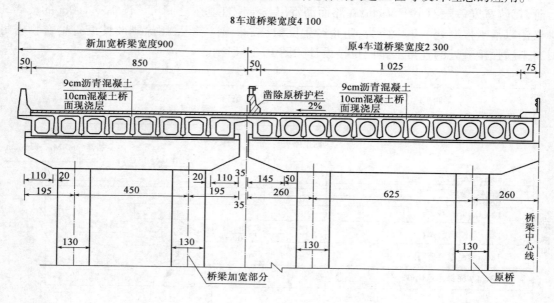

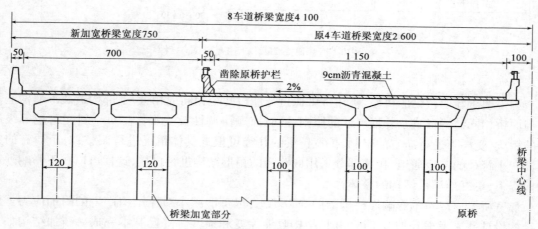

图 10-18 桥梁上部连接、下部不连接拼宽设计(尺寸单位:cm)

6. 交通工程及沿线设施改扩建设计

现有服务区停车场面积偏小,且路面破坏严重,不能满足使用要求。结合主体改扩建方案综合考虑服务区的改扩建,完善服务设施、提高服务水平。本次改扩建工程中新增停车区1处,其他设施按照相关规范改造完善。

五、施工期间交通组织

施工期间的交通组织应同加宽扩建工程一并考虑。若全线封闭施工,虽施工组织简便易行,可缩短一定工期,但现有路网难以分担因本工程封闭所增加的巨大交通量;若不封闭施工,车辆正常通行情况下新旧路基,特别是新旧桥涵的衔接施工将受到一定的干扰,施工难度增加,工期较长。在本工程施工期交通组织设计中,单侧分离加宽对旧路通行影响较小,仅需对局部关键节点进行重点分析;双侧拼宽对旧路通行影响较大,应作为交通组织设计的重点。

1. 路段交通组织

在原路双向通行的前提下,按照"先拼宽、后统一铺筑面层"的原则进行。拼宽部分的路基施工两侧同时进行,车辆在旧路面行车道正常通行。铺筑上面层施工时,设过渡路面,半幅通行、半幅封闭施工。

路基两侧以挖台阶的方式进行路基加宽,拆除原有路侧防撞护栏,挖除原有土路肩、硬路肩。进行加宽部分的路面底基层、基层和中、下面层施工,暂留上面层沥青不铺,设置过渡路面。重新施划临时标线,设置隔离防撞设施,实施超车管制,并设置限速标志。本阶段施工期间车辆正常通行,前期车速不降低,全线维持现状交通。

施工区段的东侧半幅封闭,将交通流通过中央分隔带开口转移到相应区段的西侧半幅。改建东侧行车道的旧路面,与拓宽部分同时铺筑上面层。

施工区段的西侧半幅封闭,将交通流通过中央分隔带开口转移到相应区段的东侧半幅。改建西侧车道的旧路面,与拓宽部分同时铺筑上面层。

2. 关键节点交通组织

(1) 上跨桥梁

针对上跨桥的施工,为保障地方路网的正常交通出行,提出"先增后改,先建后拆,分批改造"的交通组织原则,即:先实施新增的支线上跨桥,再改建旧的上跨桥。就近移位重建的要先建后拆,其他的上跨桥采取间隔分批改建,间隔交叉安排。在支线上跨桥的结构形式上,尽量采用工期短、方便交通组织的桥型结构,以有利于施工组织。

全线重建的上跨桥既要考虑拆除重建工程实施,同时也要兼顾地方路网正常交通需要。交通组织不断转换,复杂多变,涉及建设管理单位、施工单位及交警、路政、当地政府等多方管理部门,交通组织实施难度较大。上跨桥施工阶段的交通组织应在尽量保障主线交通流通畅行驶的基础上,改善上跨桥交通流的通过条件;在上跨桥必须先拆后建时,应做好交通路网分流组织。

在拆除过程中,采用"封闭半幅交通,另半幅借道双向通行"的交通组织方案,按《公路养护安全作业规程》(JTG H30—2015)的相关规定,设置交通标志、车道隔离等设施,拆除半幅桥梁后,再转换拆除另半幅。重建过程中,在一侧留出一个车道作为施工场地进行中墩施工,中墩施工完成进入梁板吊装阶段也同样分幅交替施工、交替管制。对于特殊的连续梁等需要搭设支架的,采取"分幅封闭施工,另半幅借道双向通行"的交通组织方案。

(2) 互通式立体交叉交通组织

施工期间保证互通式立体交叉正常的交通运营,对于主线的畅通起着很重要的作用。互通、枢纽改造施工过程中对主线直行交通流量影响不大,但对主线上需使用互通进入相交公路,或是相交公路上需使用互通进入主线的交通量有很大影响。互通改造施工期间应在相关路段做好互通施工预告提示,避免车辆绕行较长距离。

【习题与思考题】

10-1 道路改扩建的主要形式及适用条件有哪些?

10-2 道路改扩建工程可行性研究的主要步骤及流程有哪些?

10-3 原路加宽改建有哪几种形式?各自特点是什么?

10-4 道路改扩建工程总体方案的设计原则有哪些?

10-5 道路改扩建设计中的关键技术包括哪几个方面?

10-6 常见的路面材料再利用设计方案主要有哪几种?

10-7 道路改扩建工程交通组织设计可分为哪几个层面?各个层面包括哪些主要内容?

参 考 文 献

[1] 中华人民共和国行业标准.JTG B01—2014 公路工程技术标准[S].北京:人民交通出版社股份有限公司,2014.
[2] 中华人民共和国行业标准.CJJ 37—2012(2016年版) 城市道路工程设计规范[S].北京:中国建筑工业出版社,2016.
[3] 中华人民共和国行业标准.JTG D20—2017 公路路线设计规范[S].北京:人民交通出版社股份有限公司,2017.
[4] 中华人民共和国行业标准.CJJ 193—2012 城市道路路线设计规范[S].北京:中国建筑工业出版社,2012.
[5] 中华人民共和国行业标准.JTG C10—2007 公路勘测规范[S].北京:人民交通出版社,2007.
[6] 中华人民共和国交通部.公路工程基本建设项目设计文件编制办法[S].北京:人民交通出版社,2007.
[7] 中华人民共和国住房城乡建设部.市政公用工程设计文件编制深度规定(2013年版)[S].北京:中国建筑工业出版社,2013.
[8] 中华人民共和国行业标准.JTG D30—2015 公路路基设计规范[S].北京:人民交通出版社股份有限公司,2015.
[9] 中华人民共和国行业标准.CJJ 194—2013 城市道路路基设计规范[S].北京:中国建筑工业出版社,2013.
[10] 中华人民共和国行业标准.JTG D50—2017 公路沥青路面设计规范[S].北京:人民交通出版社股份有限公司,2017.
[11] 中华人民共和国行业标准.JTG D50—2011 公路水泥混凝土路面设计规范[S].北京:人民交通出版社,2011.
[12] 中华人民共和国行业标准.CJJ 169—2012 城镇道路路面设计规范[S].北京:中国建筑工业出版社,2012.
[13] 中华人民共和国国家标准.GB 50647—2011 城市道路交叉口规划规范[S].北京:中国计划出版社,2011.
[14] 中华人民共和国行业标准.CJJ 152—2010 城市道路交叉口设计规程[S].北京:中国建筑工业出版社,2010.
[15] 中华人民共和国行业推荐性标准.JTG/T D21—2014 公路立体交叉设计细则[S].北京:人民交通出版社股份有限公司,2014.
[16] 中华人民共和国行业标准.JTG B05—2015 公路项目安全性评价规范[S].北京:人民交通出版社股份有限公司,2015.
[17] 中华人民共和国国家标准.GB 5768—2009 道路交通标志和标线[S].北京:中国标准出版社,2009.
[18] 中华人民共和国国家标准.GB 50688—2011 城市道路交通设施设计规范[S].北京:中国计划出版社,2011.
[19] 中华人民共和国国家标准.GB 51038—2015 城市道路交通标志和标线设置规范[S].

北京:中国计划出版社,2015.

[20] 中华人民共和国行业标准. JTG D81—2017 公路交通安全设施设计规范[S].北京:人民交通出版社股份有限公司,2017.

[21] 中华人民共和国行业标准. JTG D80—2006 高速公路交通工程及沿线设施设计通用规范[S].北京:人民交通出版社,2006.

[22] 中华人民共和国行业推荐性标准. CJJ/T 15—2011 城市道路公共交通站、场、厂工程设计规范[S].北京:中国建筑工业出版社,2011.

[23] 中华人民共和国行业推荐性标准. GA/T 850—2009 城市道路路内停车泊位设置规范[S].北京:中国标准出版社,2009.

[24] 中华人民共和国行业推荐性标准. JTG/T D33—2012 公路排水设计规范[S].北京:人民交通出版社,2012.

[25] 中华人民共和国国家标准. GB 50014—2006(2014年版) 室外排水设计规范[S].北京:中国计划出版社,2014.

[26] 中华人民共和国行业标准. CJJ 45—2015 城市道路照明设计标准[S].北京:中国建筑工业出版社,2015.

[27] 中华人民共和国行业推荐性标准. JTG/T L11—2014 高速公路改扩建设计细则[S].北京:人民交通出版社股份有限公司,2014.

[28] 中华人民共和国行业标准. JTG H30—2015 公路养护作业规程[S].北京:人民交通出版社股份有限公司,2015.

[29] 中华人民共和国交通运输部.公路工程项目建设用地指标[S].北京:人民交通出版社,2011.

[30] 中华人民共和国住房和城乡建设部.海绵城市建设技术指南——低影响开发雨水系统构建(试行)[S].北京:中国建筑工业出版社,2014.

[31] 中华人民共和国交通运输部.2017年交通运输行业发展统计公报[R].北京:人民交通出版社股份有限公司,2018.

[32] 中华人民共和国住房和城乡建设部.2016年城乡建设统计公报[EB/OL].http://www.mohurd.gov.cn/.

[33] 中华人民共和国交通运输部.交通建设项目可行性研究报告编制办法汇编[C].北京:人民交通出版社,2010.

[34] 裴玉龙.道路勘测设计[M].北京:人民交通出版社,2009.

[35] 裴玉龙.道路勘测设计[M].哈尔滨:哈尔滨工业大学出版社,2005.

[36] 杨少伟.道路勘测设计[M].3版.北京:人民交通出版社,2009.

[37] 余志生.汽车理论[M].5版.北京:机械工业出版社,2009.

[38] 张金水.道路勘测设计[M].3版.上海:同济大学出版社,2015.

[39] 孙家驷.道路勘测设计[M].3版.北京:人民交通出版社,2012.

[40] 赵永平,唐勇.道路勘测设计[M].2版.北京:高等教育出版社,2013.

[41] 裴玉龙.公路网规划[M].2版.北京:人民交通出版社,2011.

[42] 潘兵宏,张弛.公路路线计算机辅助设计与实例[M].北京:人民交通出版社,2007.

[43] 李佳朋.道路勘测设计工程师手册[M].北京:中国科技文化出版社,2006.

[44] 徐强,等.高速公路改扩建工程技术与实践[M].北京:人民交通出版社,2010.

[45] 张中和.最新城市道路及地下管线设计手册[M].北京:中国建筑工业出版社,2006.

[46] 周蔚吾.公路平面交叉口优化设计[M].北京:知识产权出版社,2006.

[47] 黄兴安.公路与城市道路设计手册[M].北京:中国建筑工业出版社,2005.

[48] 李峻利.交通工程设施设计[M].北京:人民交通出版社,2001.

[49] 郭腾峰,王蒙.道路三维动态可视化几何设计[M].北京:中国电力出版社,2002.

[50] 秦建平.道路与机场工程排水[M].北京:人民交通出版社股份有限公司,2015.

[51] 刘朝晖,等.公路线形与环境设计[M].北京:人民交通出版社,2002.

[52] 孙家驷.道路设计资料集[M].北京:人民交通出版社,2001.

[53] 高速公路丛书编委会.高速公路交叉工程[M].北京:人民交通出版社,2001.

[54] 陈胜营,汪亚干,张剑飞.公路设计指南[M].北京:人民交通出版社,2000.

[55] 杨少伟.道路立体交叉规划与设计[M].北京:人民交通出版社,2000.

[56] 刘培文.现代公路勘测设计实用技术[M].北京:人民交通出版社,1999.

[57] 许金良.公路CAD技术[M].北京:人民交通出版社,1999.

[58] 高速公路丛书编委会.高速公路规划与设计[M].北京:人民交通出版社,1999.

[59] 裴玉龙.公路勘测设计[M].哈尔滨:黑龙江科学技术出版社,1997.

[60] 裴玉龙.城市道路与立体交叉[M].哈尔滨:黑龙江科学技术出版社,1997.

[61] 张雨化.道路勘测设计[M].北京:人民交通出版社,1997.

[62] 张廷楷.道路勘测设计[M].上海:同济大学出版社,1996.

[63] 潘兵宏.山区高速公路平均纵坡研究[D].西安:长安大学,2008.

[64] 陈渤.山区高速公路长大下坡路段避险车道设计方法研究[D].成都:西南交通大学,2007.

[65] 张飞军.基于熵的公路路线设计安全评价研究[D].长春:吉林大学,2007.

[66] 周豪.BIM在城市道路设计中的应用研究[D].南京:南京林业大学,2015.

[67] 中国公路学报编辑部.中国道路工程学术研究综述2013[J].中国公路学报,2013(3).

[68] 裴玉龙,程国柱.高速公路运行车速调查与限制车速问题研究[J].哈尔滨工业大学学报,2003,(02).

[69] 裴玉龙,程国柱.高速公路车速离散性与交通事故的关系及车速管理研究[J].中国公路学报,2004,(01).

[70] 裴玉龙,李松龄,薛长龙.快速路交织区车头时距分布特征[J].公路交通科技,2008,(06).

[71] 裴玉龙,曹弋,付川云.基于动量定理的汽车单次三维碰撞运动状态参数计算模型[J].中国公路学报,2011,24(03).

[72] 裴玉龙,邢恩辉.高等级公路纵坡的坡度、坡长限制分析[J].哈尔滨工业大学学报,2005,(05).

[73] 裴玉龙,马艳丽.寒冷地区城市道路交叉口条件与交通事故关系[J].哈尔滨工业大学学报,2005,(01).

[74] 裴玉龙,程国柱.基于交通仿真的拓宽交叉口服务通行能力研究[J].交通与计算机,2003,(05).

[75] 程国柱,裴玉龙,池利兵.基于汽车行驶广义费用最小的高速公路最高车速限制方法[J].吉林大学学报(工学版),2009,39(04).

[76] 程国柱,裴玉龙.高速公路85%位车速特征分析及车速限制建议[J].公路工程,2008,(01).

[77] 程国柱,裴玉龙.高速公路直线段最大长度合理取值研究[J].公路交通科技,2008,(08).

[78] 程国柱,裴玉龙.高速公路破损路面的最高车速限制[J].西南交通大学学报,2008,43(06).

[79] 何永明,裴玉龙.高速公路车速指导系统实验仿真研究[J].公路,2014,59(06).

[80] 陈科明.无人航测技术在道路勘测中的应用研究[J].测绘技术装备,2015(2).

[81] 郑程辉.无人机航测技术在公路勘测中的应用及其实践[J].福建建筑,2016(8).

[82] 邱蒙,等.BIM在市政道路设计中的应用探索[J].城市道桥与防洪,2017(4).

[83] 中国公路工程咨询集团有限公司.腾冲县中和至马站二级公路初步设计[Z].2010.

[84] 山东省交通规划设计院.滨莱高速公路淄博西至莱芜段扩建工程工程可行性研究报告[Z].2014.

人民交通出版社股份有限公司 公路教育出版中心
交通工程/交通运输类教材

一、专业核心课

1. ◆▲交通规划(第二版)(王 炜) ……………… 40元
2. ◆▲交通设计(杨晓光) ……………… 35元
3. ◆▲道路交通安全(裴玉龙) ……………… 36元
4. ◆交通系统分析(王殿海) ……………… 31元
5. ▲交通管理与控制(徐建闽) ……………… 26元
6. ▲交通经济学(邵春福) ……………… 25元
7. 交通工程总论(第四版)(徐吉谦) ……………… 42元
8. ◆▲交通工程学(第三版)(任福田) ……………… 40元
9. 交通工程学(第三版)(李作敏) ……………… 48元
10. ◆交通运输工程导论(第三版)(顾保南) ……………… 25元
11. 交通运输导论(黄晓明) ……………… 43元
12. 交通运输工程学(过秀成) ……………… 45元
13. Traffic Enginering 交通工程学(王武宏) ……………… 38元
14. Introduction to Traffic Engineering 交通工程总论
    (杨孝宽) ……………… 59元
15. Transportation Planning(王元庆) ……………… 58元
16. ◆交通管理与控制(第五版)(吴 兵) ……………… 40元
17. 交通管理与控制(第二版)(罗 霞) ……………… 38元
18. Traffic Management and Control(杨 飞) ……………… 24元
19. 交通管理与控制案例集(罗 霞) ……………… 25元
20. 交通管理与控制实验(罗 霞) ……………… 22元
21. ◆道路交通管理与控制(袁振洲) ……………… 40元
22. ▲道路交通设计(项乔君) ……………… 38元
23. 交通调查与分析(第二版)(王建军) ……………… 38元
24. ◆交通工程设计理论与方法(第二版)
    (梁国华) ……………… 36元
25. 交通工程设施设计(李峻利) ……………… 35元
26. 交通工程设施设计(丁柏群) ……………… 45元
27. 道路交通安全及设施设计(王建军) ……………… 45元
28. ◆道路交通工程系统分析方法(第二版)
    (王 炜) ……………… 33元
29. 交通工程专业英语(裴玉龙) ……………… 29元
30. ◆智能运输系统概论(第三版)(杨兆升) ……………… 49元
31. 智能运输系统(ITS)概论(第二版)
    (黄 卫) ……………… 24元
32. 运输工程(第二版)(陈大伟) ……………… 39元
33. ◆运输经济学(第二版)(严作人) ……………… 44元
34. 运输组织(彭 勇) ……………… 40元

二、专业选修课

35. 道路勘测设计(第二版)(裴玉龙) ……………… 59元
36. 微观交通仿真基础(张国强) ……………… 35元
37. ◆道路通行能力分析(第二版)(陈宽民) ……………… 28元
38. 道路运输统计(张志俊) ……………… 28元
39. ◆公路网规划(第二版)(裴玉龙) ……………… 30元
40. 城市客运交通系统(李旭宏) ……………… 32元
41. 城市客运枢纽规划与设计(过秀成) ……………… 35元
42. 综合交通枢纽规划理论与方法(何世伟) ……………… 46元
43. 交通项目评估与管理(第二版)(谢海红) ……………… 45元
44. 公路建设项目可行性研究(过秀成) ……………… 27元
45. 交通组织设计(张水潮) ……………… 30元
46. ◆交通运输设施与管理(第二版)
    (郭忠印) ……………… 38元
47. 交通预测与评估(王花兰) ……………… 45元
48. 交通工程项目经济与造价管理(臧晓冬) ……………… 40元
49. 交通工程基础方法论(臧晓冬) ……………… 38元
50. ◆交通与环境(陈 红) ……………… 30元
51. 道路交通环境影响评价(王晓宁) ……………… 25元
52. 交通信息工程概论(崔建明) ……………… 40元
53. 交通地理信息系统(符锌砂) ……………… 31元
54. 高速公路通信技术(关 可) ……………… 36元
55. 交通供配电与照明技术(第二版)
    (杨 林) ……………… 36元
56. 信息技术在道路运输中的应用(王 炼) ……………… 42元
57. 运输市场管理(郭洪太) ……………… 38元
58. 交通类专业大学生职业发展与就业指导
    (白 华) ……………… 30元

了解教材信息及订购教材,可查询:"中国交通书城"(www.jtbook.com.cn)
天猫"人民交通出版社旗舰店"

公路教育出版中心咨询及投稿电话:(010)85285984,85285865
欢迎读者对我中心教材提出宝贵意见

注:◆教育部普通高等教育"十一五""十二五"国家级规划教材
▲交通工程教学指导分委员会推荐教材、"十三五"规划教材